广东广播丛书

从“珠江模式”到跨越式发展

广东广播改革开放30年历史回顾

白　玲　申启武　著

暨南大学出版社
JINAN UNIVERSITY PRESS
中国·广州

图书在版编目（CIP）数据

从"珠江模式"到跨越式发展：广东广播改革开放30年历史回顾/白玲，申启武著. —广州：暨南大学出版社，2008.12
ISBN 978-7-81135-135-4

Ⅰ.从… Ⅱ.①白…②申… Ⅲ.广播事业—研究—广东省 Ⅳ.G229.276.5

中国版本图书馆CIP数据核字（2008）第175092号

出版发行：暨南大学出版社

地　址：中国广州暨南大学
电　话：总编室（8620）85221601
营销部（8620）85225284　85228291　85220693（邮购）
传　真：（8620）85221583（办公室）　85223774（营销部）
邮　编：510630
网　址：http://www.jnupress.com　http://press.jnu.edu.cn

排　版：暨南大学出版社照排中心
印　刷：暨南大学印刷厂

开　本：787mm×1092mm　1/16
印　张：19.5
字　数：382千
版　次：2008年12月第1版
印　次：2008年12月第1次
印　数：1—2000册

定　价：34.00元

（暨大版图书如有印装质量问题，请与出版社总编室联系调换）

“战士指看南粤，更加郁郁葱葱”
（代序）

张振华

2008 年 12 月 10 日至 12 日，我在广州度过了紧张而愉快的三天。说其紧张，是因为除了参加了两整天的中国广播新闻评奖，还抽空参观了开平碉楼，从中西融合的建筑载体中体味了广东的华侨文化。说其愉快，首先因为这是一次广播人的聚会；其次得知广东电台白玲台长和申启武教授合写的大作《从“珠江模式”到跨越式发展——广东广播改革开放 30 年历史回顾》即将出版；此外，12 日晚又参加了“广东广播电视协会 20 周年的庆祝活动暨南粤广播电视发展基金会的揭牌仪式”。

白玲台长（据悉她前不久调任南方广播影视集团党委书记）10 日晚为评委们举行的聚会可以说是在典型时间、典型地点又有典型人物参加的一次广播人的聚会。“典型时间”是指今年是改革开放 30 周年；“典型地点”是指当年中国广播电视的改革发轫于广东，是广东电台的“珠江模式”引领了中国广播电视改革的大潮；“典型人物”是指参加聚会的除了白玲台长以外，还有中央台以及北京台、天津台、上海台、辽宁台、河南台、河北台、黑龙江台、新疆台、江西台、青岛台等众多优秀广播媒体的领军人物或相关负责人。

十分有趣的是，在众多优秀广播媒体的领军人物中，女性台长十分耀眼，成了中国广播界的一道美丽风景。从南向北，有广东台的白玲台长，江西台的杨玲玲台长（现任江西电视台台长）、河南台的赖谦进台长（现调任河南省委宣传部副部长）、天津台的李英华台长、辽宁台的姜丽彬台长、吉林台的谭铁鹰台长（现调任吉林电视台台长）、黑龙江台曾主持工作的王春莉常务副台长（现任黑龙江广电局总编辑）以及新疆台的徐樟梅台长。仅参加这次聚会的就有白玲、李英华、姜丽彬、徐樟梅四位女台长，大家笑称“四朵金花”。

这些女性台长有一种共同的特点，她们既有女性之柔、之韧，又不乏男性之刚、之毅；既“心大”，又“心细”。所谓“心大”是指她们都有一股不服输、非要把广播做出光彩来的信念与志气；所谓“心细”，是指她们既放眼宏观与大局，又不放弃微观与细节，事事都追求完美。总之，她们是中国广播界的一批理想主义者。正因为如此，不仅她们自己干得很累、很苦，而且职工也跟着很累、很苦。但大家累得高兴、苦得欣然。因为苦与累换来了广播的生气与活力，赢得了广播的发展与业绩。

古人云："论从史出"、"观今宜鉴古，无古不成今"。在改革开放30周年之际，总结中国广播的发展历程是十分必要的。因为总结过去不仅是为了过去，更是为了未来。因为事物的发展总离不开正面或反面的历史依据和逻辑线索。因为历史是未来最好的向导。正因为如此，白玲台长和申启武教授联手撰写《从"珠江模式"到跨越式发展——广东广播改革开放30年历史回顾》一书，是件十分值得称道的事。正如本书导论的第一句话所说："中国广播拥有今天的辉煌，广东广播功不可没。"的确，在中国广播30年的发展历程中，是"珠江模式"引发了广播节目形态的根本性变革；是"珠江模式"带来了广播频率专业化的建设浪潮；是"珠江模式"促进了广播产业的规模化经营和科学化管理。仅此一点，总结和研究广东广播这个中国广播改革的源头就十分必要。况且广东广播并未躺在"珠江模式"的功劳簿上酣睡，而是秉承"珠江模式"的创造精神，不断探索和谋求新的发展。比如进入新世纪后，在仔细分析媒介环境及其所具备的各种条件的基础上，广东电台又制定了跨越式发展战略，并围绕这一战略进行着多方面的改革。广东广播正在走着一条成功之路，这成功背后既凝聚着广东广播人对广播的挚爱与追求，也凝聚着他们的智慧、胆识、坚韧与艰辛。

本书作者白玲台长和申启武教授，一位是业界精英，一位是学界专家。白玲台长不仅是"珠江模式"的亲历者，后来作为一台之长，还是跨越式发展战略的制定者。作为同行和朋友，我们相知多年。白玲台长激情中不乏稳健，果敢中不乏缜密，是业界有名的女将之一。启武教授不仅有10余年的广播从业经历，而且是国内为数不多的从教后仍钟情于广播和研究广播的学者之一。我主编的《中国广播电视学刊》就得益于他经常赐稿。这两人的合作称得上是珠联璧合。全书共分为五章，即"中国广播改革的序幕在这里率先拉开"、"'珠江模式'引领中国广播改革潮流"、"跨越式发展塑造广东广播新形象"、"机遇与挑战：多媒体时代的广东广播"以及"广东广播的战略选择"。可谓虚实相济、有血有肉，既有30年的纵深感，又有一定的前瞻性。

本书看似一部史作，但它在记录历史的同时还对广东乃至中国广播存在的问题和发展路径进行了思考与探讨。因此，它不仅为我们了解广东广播提供了一个窗口，而且为我们进一步把握广播的基本规律开启了一扇思考之门。

会议期间，我又应邀参加了"广东省广播电视协会成立20周年的庆祝活动暨南粤广播电视发展基金会的揭牌仪式"，并在会上表达了自己的感想。

纵观中国改革开放30年，经济发展突飞猛进，而文化发展却相对滞后，以致这些年，我们经常听到西方鼓噪各种"中国威胁论"，如"军事威胁论"、"制造威胁论”、“粮食威胁论”、“能源威胁论”等，这些都属硬实力范畴，却很少听到有关中国的“文化威胁论”。英国前首相撒切尔夫人甚至说，不用担心中国，因为中国只出口电视机，却没出口文化。

文化发展的滞后，使中国在综合国力竞争中，文化成了弱项。有人说，19世纪的竞争靠军事、20世纪的竞争靠工业、21世纪的竞争靠文化。但纵观历史，世界上没有一个国家能够仅仅依靠物质力量的强大而成为具有长久影响力的大国。从罗马帝国、奥斯曼帝国到大英帝国，无一不说明了这一点。同物质力量相比，文化才是终极竞争力。从这个意义上讲，文化的发展，不仅任重，而且道远。这其中就包括广播电视。因此，我们绝不能满足已有的成绩，必须奋进、再奋进。

同一个国家一样，广播电视也有硬实力和软实力之分、之争。同国外广播电视相比，中国广电的硬实力如技术装备、办公条件等不在其下，差距在于软实力；与国内的同级台相比，硬实力水平也不相上下，差距同样在于软实力。

正是为了提升广东广电的软实力，广东广电总局和广东南方广播影视传媒集团不仅十分重视和支持广东广播电视协会的工作，而且决意成立广播电视发展基金会，为广东广电的发展添加另一部发动机、助推器。这是广东广电的又一创造，而白玲同志又是这一基金会的积极倡导者和推动者之一。

广东广播电视发展基金会取名“南粤”。这使我想起毛泽东同志在《清平乐·会昌》一词中的名句：“战士指看南粤，更加郁郁葱葱。”30年前，东广广播推出的“珠江模式”为中国广电的改革发挥了破冰作用；30年后的今天，广东又首创广播电视发展基金会，这是广东广电将士迈向改革开放第二个30年的新征程，吹响新的集结号的一声号音，是他们决心创造“更加郁郁葱葱”的南粤广电的再一次出发。我衷心期待他们为中国广电改革再次贡献新的经验、续写新的篇章。

在“广东广电协会成立20周年庆祝活动暨南粤广播电视发展基金会的揭牌仪式”上，白玲台长要我为她和申启武教授合写的这部专著写篇序言，我欣然应允。这一方面缘于我对广东广播、对白玲台长和广东广播同仁们的敬佩，也缘于可借此向中国广播界众多的男女白玲们和所有广播同仁表达敬意，并送上我对未来中国广播的祈望与祝福。

2008年12月16日于北京

作者系原国家广电部（现广电总局）党组成员

中国国际广播电台台长、总编辑

中华广播影视交流协会会长

中国广播电视协会副会长

目录……

contents

创新，“珠江模式”的核心价值

突破，跨越式发展战略的实施

导　论

创新精神：广东广播**革新与发展**的动力和源泉

【002—009】

中国广播拥有今天的辉煌，广东广播功不可没。之所以这样认为，是因为得改革开放风气之先的广东广播早在1978年12月党的十一届三中全会召开以后就逐步意识到了听众在广播传播中的重要性，开始变传者本位为受众本位。在拨乱反正的基础上，以新闻改革为突破口进行探索改革，首先确立新闻在广播中的主体地位，同时尝试在社教类的专题节目中采用主持人、大板块节目的播出方式，诞生了我国最早的一批主持人和第一个“大板块”结构的节目，并且在文艺节目的改革中变“文艺广播”为“广播的文艺”。这些改革的实践率先拉开了中国广播改革的序幕，为“珠江模式”的诞生做了较为充分的准备，同时为广东广播历史性的全面改革奠定了坚实的基础。

随着珠江经济广播电台于1986年12月15日的开播，轰轰烈烈、异彩纷呈的中国广播改革帷幕也正式拉开。在开放的广东大地上，由珠江经济台首创的大板块节目结构，以新闻、经济信息为节目骨架，主持人直播、热线电话互动等崭新的广播模式，使得因遭受境外媒体强势冲击一度显得疲弱不堪的广东广播又焕发出勃勃生机。“珠江模式”带来的广播改革的春风，也迅速吹向全国各地。此后的二十多年里，改革和创新成了中国广播发展的强大动力。而创立了“珠江模式”的广东电台也以“珠江模式”所蕴含的创新精神不断地开拓新领域、创造新局面，并在跨入新世纪以后有了新的突破，开始了跨越式发展的新旅程。

一、创新：“珠江模式”的核心价值

珠江台的成立，从办台思路、节目形态到播出方式等都有了与国内以往的广播大不一样的变化，这种全新的变化被后来的专家学者概括为“珠江模式”。“珠江模式”尽管为人们所称道，一时间被内地广播电台学习借鉴并广为复制，是大板块节目、主持人直播、热线电话互动等看得见的形式，但实质上，“珠江模式”最重要的价值和内涵不仅仅是形式方面的追求，而是改革创新精神。

1. 改革开放的潮流是“珠江模式”创新的初始动力

党的十一届三中全会，特别是1979年邓小平同志第一次南巡之后，改革开放的春风在广东大地频频吹起。在这改革开放的潮流中，面对着传统广播观念对改革开放发展形势的种种不适应，面对着电视这个新兴媒体对广播形成的强势冲击，面对着广东电台与香港各家电台的收听率3：7的尴尬，广东电台萌生了改革的冲动，鼓起了创新的勇气。

2. 珠江经济台的成功实践是“珠江模式”创新的典型示范

“珠江，珠江，珠江通四海，经济第一台！”随着这一声呼号，珠江经济广播电台正式开播，全国第一家全直播的广播电台横空出世！

此后，珠江经济台又创造了多个全国第一：

第一个采用大板块内容组合的节目形态；

第一个采用主持人直播；
第一个让听众通过热线电话直接参与节目；
第一个实施全天候滚动式新闻播出；
第一个在公共场所设立固定直播室；
……
这一个个第一，每一次既是创新的成果，也是创新精神的具体展示。

二、突破：跨越式发展战略的实施

正是由于广东广播的决策者意识到“珠江模式”的核心价值在于创新，所以当珠江经济台开播，特别是当“珠江模式”正式确立后，广东电台在随后多年的发展中特别注重创新精神的弘扬以及创新能力的提升。2003 年以后，广东电台更是将这种创新精神推上了一个新的层次——跨越式发展。这里所说的跨越主要体现在以下 5 个方面：

1. 观念的跨越

这是最关键，也最难做到的跨越。观念不改，行为难变。因此，在 2003 年初的党委中心学习组扩大会议上，广东电台明确提出要更新观念，超越自我。经过几年的努力，广东电台在多种观念上实现了跨越：

一是发展的观念。打破自满自足观念，树立跨越式发展目标。“珠江模式”开创了中国广播先河，这一次创业成功后，尽管广东电台年年有创新、有进步，但是对远期目标的探讨不够，创造新经验的冲劲不足，再创辉煌的激情不高。广东电台强烈地意识到，大浪淘沙，不进则退。在新的形势面前，必须要有跨越式的发展。

二是广播的观念。广播，给人的印象往往是只闻其声，不见其人，曾经在听众中颇有神秘感。改革开放以后，广东电台逐步开设了户外直播室，开展了一些户外活动，但一直没有人从观念上把这些与广播联系起来。在提出跨越式发展的时候，他们明确地提出了办“看得见的广播”这个概念，鼓励各专业广播开办更多的户外直播活动和节目。通过办“看得见的广播”，广东电台的名主持人和名记者走近听众，既扩大他们的品牌影响力，也加深听众对电台本身及其节目的品牌印象。在办“看得见的广播”观念的影响下，近几年，广东电台每年举办的户外直播活动多达 250 余场。广大听众不仅能从收音机里听得到广东电台的播音员、主持人的声音，还能够在广州市的各大舞台、各个广场上，在全省各地的城镇和乡村中看见这些播音员、主持人的形象和风采。

三是品牌的观念。研究品牌的专家认为，品牌战略是当前市场决战的焦点。这一观点对于广播市场同样适应。在当前激烈的竞争中，广播也只有凭借品牌才能更有效地占领市场，并且站稳市场。过去，广东电台也重视抓名牌、出精品；

现在，他们已开始用品牌的理念来经营节目，要使打造品牌成为每个节目、每个专业广播所追求的目标。由办出名牌到创造品牌，是一种质的提升，更是一种观念的跨越。由于强化了品牌观念，近年来，各专业广播的品牌节目越来越多。如新闻广播的《民声热线》，音乐之声的《天生快活人》、《美丽早晨》，珠江经济台的《以案说法》，交通之声的《大吉利车队》，南粤之声的《非常美丽非常夜》等，在广播界和听众中都已成了响当当的品牌。随着品牌意识的增长和品牌节目的增多，广东电台的收听率和收听市场份额都有大幅度增长。综合央视—索福瑞、尼尔森和赛立信等媒介市场调查公司的调查结果，数据显示广东电台的总体收听率连续多年保持50%的增幅，收听市场份额一直保持在70%左右。

四是经营的观念。在一段时间内，广东电台实施专业广播二级经营承包责任制，积极开展广告经营，获得了很大的成功。但是，广告份额有限，市场竞争激烈，继续遵循以往的路子，维持原有的增长水平都备感艰难，要实现广电总局提出的五年翻一番目标更是天方夜谭。于是，他们调整了经营方针，要求紧紧抓住广播广告这一主营业务，努力拓展广告外市场。为此，广东电台采取了扩大和改善覆盖，开发新的广告市场；积极探索演出、制作、节目营销、职业培训等广告外的经营；整合资源，发挥群体优势，实现规模效益等措施。经营观念的变化，带来了经营成效的明显增强。最近几年，广东电台每年的经营增长速度都在20%以上。国家广电总局2002年年底提出的五年翻一番的目标，他们在2005年就已提前实现。

2. 模式的跨越

广东电台创造了“珠江模式”。然而，模式一旦形成，就可能成为进一步创造的桎梏。“珠江模式”只是一种适应当时形式的广播生产方式的变革。在市场经济深入人心、传媒竞争格局出现新的变化之后，“珠江模式”原有的一些内涵显然已经过时。广东电台要寻求发展，要做强做大，就必须跨越自己创造的模式。基于这样的认识，广东电台重新研究市场，重新研究受众，重新研究自己，在管理体制、经营模式、节目营销、技术革新、品牌战略、机制创新等方面，进行了大胆的开拓和探索，以“珠江模式”所蕴含的创新精神，跨越了模式本身给电台的经营和运作带来的束缚。

3. 体制的跨越

我国广播电视体制是依照行政辖属分级，不同级别广播电视实行的是属地管理，条块分割严重。这样不仅造成了广播电视有系无统、支离破碎、重复建设、水平参差不齐等弊端，而且因为各属一方政府，广播电视的发展一直难以跨越属地的鸿沟。集团化改革为广东广播改变这种状况提供了极好的机会。为了贯彻落实中央关于文化体制改革的有关精神，做大做强广播电视产业，2004年广东组建了全国第一个由省、市、县三级广电系统联合组成的全省性广电传媒集团——

南方广播影视传媒集团。在集团的统一部署下，广东电台在以往与全省各市县台广泛的业务合作的基础上，创造性地以联合发展的方式在跨级别、跨地域经营与发展方面进行了成功的探索。

一是省内跨级别的联合。从2004年2月26日广东电台首次与云浮广播电视台签署联合发展协议，到目前为止，广东电台已经同佛山市、江门市、韶关市、河源市、梅州市、揭阳市、阳江市、汕尾市以及怀集、台山、罗定、潮安、遂溪、廉江等20多家市县广播电视台（电台）实现了联合发展。广东电台与联合发展台从宣传业务、人才交流培训、技术、节目、大型活动、经营等方面进行多层次联合协作，同时为每个合作台专门指定省台的一个专业频率与其对口。

二是跨地域的联合。2005年1月21日，广东电台与广西梧州电台签署了跨省区联合发展协议。联合发展当年，梧州台两个频率收听率就提高1倍以上，在梧州可以收听到的11个电台中占了78%的市场份额；广告创收翻了一番，员工全年人均收入也比上一年增加了31.2%。广西壮族自治区广电局、国家广电总局都已正式发文充分肯定了这种跨地区发展的机制和做法。

实践证明，联合发展对于跨越现行广播电视体制、改变条块分割现状以及解决广播电视有效覆盖、从而更好地把党和政府的声音传入千家万户，都是行之有效的。

4. 媒体的跨越

广东电台的媒体跨越主要体现在两个方面：

首先是从单一的广播媒体向综合媒体跨越。广东电台以前主要经营的是9个广播频率，还有《声报》和《投资快报》两家报纸。近年来，广东电台和各专业广播先后开设了自己的网站。2006年广东电台又实现了新的突破：开办了两个数字电视频道——《开心购物》（现更名为《天天购物》）和《邮轮旅游》频道，在全国广播界创造了广播人办数字电视的先例。

其次是广泛开展跨媒体合作。广东电台在2003年就与《羊城晚报》达成了有关宣传信息交流的合作意向，并已进行了多次联合采访，例如，在2006年青藏铁路全线通车之前，两家就联合前往采访，以《重走青藏，再看天龙》为专栏进行报道。他们也与新华社广东分社签署协议，建立长期战略合作伙伴关系。从2005年起广东电台还与新华社广东分社、南方日报社合作主办年度广东十大新闻人物评选活动。不仅如此，广东电台还利用羊城交通广播的品牌节目——广播小品《大吉利车队》的节目品牌和资源，与广东电视台合作制作《大吉利车队》动漫版。2006年“五一”黄金周期间，该节目在广东电视台试播，收视率就达到了4个百分点。

5. 行业的跨越

在市场上，行业经营往往导致垄断。而行业垄断从某种意义上说也是行业自身发展的障碍。要破除这一障碍，就需要实行跨行业经营。清华大学陆地教授在他的专著《中国电视产业的危机与转机》中认为："跨行业经营能把中国电视产业从近乎孤立和神秘的垄断状态中解放出来，参与国内国际产业市场的大循环，从而获得超常规发展的能量。"在广东电台的决策者看来，这一观点对于广播也是适应的。因此，近几年来，广东电台在跨行业合作与经营领域作了多方面的尝试。

广东电台的《民声热线》节目是跨行业合作办节目的成功范例。这个节目由省政府纠风办和广东电台联合主办，每个月由一个政府职能部门的领导到直播室来参与节目，倾听群众的呼声，解决群众的问题。2005 年 11 月开播以后，《民声热线》社会反响强烈，舆论引导效果良好。中共中央政治局委员、原广东省委书记张德江，省长黄华华，原省纪委书记王华元都分别作了批示予以肯定和支持。

广东电台《南粤之声》与深圳多家汽车公司、商场连锁店签订协议，近 3 000 台公共汽车和出租车、10 家名店全天播放《南粤之声》节目。股市广播举办"粤港金股汇"系列活动，与香港新城财经台合作，引导国际著名的财团和金融机构进军内地，组织两地金融企业家和投资者进行交流。他们还成立了"天天精彩文化传播公司"、"广东天网联动信息网络有限公司"，主要从事广播电视节目策划，文化活动组织与策划，信息服务，电视剧、综艺、专题、动画故事片的制作、复制、发行等业务。天网公司充分利用媒体的优势，和各大运营商紧密合作，不断拓展电信、移动的增值业务，走多元化的发展道路。通过这些跨行业的合作与经营，广东电台"获得超常规发展的能量"。

三、产业发展：跨越式发展的新目标

经过 30 年的改革创新，中国广播有了很大的发展，但不可否认的是，直到今天，广播依然面临着不少困境。从广东电台的角度来说，目前遭遇的主要冲击有：

一是中国加入世界贸易组织的 5 年过渡期已过，经济全球化进程加速，国际媒体进入中国市场的势头必将会越来越强劲。

二是网络、数字电视、移动电视、手机媒体、IP 电视等新媒体在广东异常活跃。

三是国家特批的 9 家在广东落地的境外电视影响颇大。

四是广东的媒体都在强势发展。南方日报、羊城晚报、广州日报和深圳特区报四大报业集团广告经营占有绝对优势；电视除了广东电视台、南方电视台外，广州、深圳的电视台都经营得红红火火；广东全省有 98 家电台，共 122 套节目。广东全省每年的广告规模约 250 亿元，其中广播仅占 8 亿元左右。蛋糕难以增

大，而分蛋糕者却既强又多。

五是广东移动、广东电信、广东联通等都在大力拓展增值业务，其中多数项目都涉及广播电视。

六是不知从何时悄然兴起并迅速蔓延的医疗广告与医卫合办节目，在为广播带来了可观收益的同时，也给广播造成了较大的负面影响。随着政策和法规的逐步建立健全，医卫广告市场只会越来越规范。

在这种形势下，广东广播需要尝试新的突破，要坚持“珠江模式”的改革创新精神，不再追求新的模式上的再创造，而要力争发展的新跨越。我们认为，广东广播今后的发展可以从下面几个方面进行探索：

1. 向广播经营的网络化方向迈进

一是扩大省内联合。提升全省广播整体影响力，增强广播整体核心竞争力，扩大广播整体市场占有份额，转变广播弱势局面和氛围。

二是拓展跨省区联合。各省区兄弟台优势互补，互惠互利，共同把广播媒体做大做强，逐渐形成以市场为手段的全国广播网络。

三是构筑广播节目网络合作平台。通过广东电台过去几年的实践，广东省内已经形成以省电台为龙头的新闻信息网络合作平台，这个新闻信息网络合作平台是把全省的新闻信息资源全部集中在这个平台上，全省各市县公正、公平、实时地互相交流，充分把这个资源使用最大化。广东电台在这方面已经尝到了甜头。

四是建立品牌节目联合制作机制。由北京音乐台、广东电台音乐之声等全国十几家音乐广播频道共同打造的全国音乐广播协作网已经进行了成功的尝试。其他类型的频率或节目也都可以在这方面大有作为。

五是建立大型活动合作机制。广东电台联合了“9+2”，11家广播电台共同打造的“流行音乐排行榜”是一个非常好的平台。电台还希望这类品牌平台能够在全国广播界共同打造，做得更大。还有全球华语歌曲排行榜，也是广东电台一个跨省区的大型活动品牌。

通过这一系列的联合，争取逐步形成全省性的，乃至更大的跨省区广播合作网，从而促使全国、全省广播的合力与实力的提升。

2. 向广播产业的多元化方向发展

一是利用电视拓展传统广播与网络广播相结合，打造电视广播与商品营销新的营销模式平台。

二是努力拓展广播视频与互联网三位一体、时时互动的网络电台。这已经处在实验阶段，小范围实验初步取得可喜的成果。

三是利用音乐广播的资源优势，向广播与演艺、娱乐、展览等产业融合的方向发展。广东电台音乐之声举办的国际音响唱片大展已经进行了十几年了，每年只有3天的展览会为该台带来的收入一共达到4 000多万元。

四是利用交通广播资源的优势，通过广东电台羊城交通广播公司，以公司化运作，以市场为手段，迅速展开全省驾驶会员俱乐部的营销。

3. 向广播技术的数字化方向推移

现在电视已经全面向数字化转变，将来不久的一天，模拟广播也会全面向数字广播转变，因此，广播媒介应该重视数字 DAB 广播，或者说重视数字广播由模拟向数字化改变的基础工作。国家广电总局在广东省试验 DAB 数字广播多年，现在已经初步建成以广州市到珠江三角区域的数字广播的传输网络。广东电台已有两套音乐节目在试播，待国家广电总局正式批复后，将会播出更多的数字广播节目。数字 DAB 广播、图文广播将会为广播产业的发展带来新的生机。

所要指出的是，在本书中，我们对改革开放 30 年来广东广播改革与发展的历史回顾，主要是以广东电台 30 年来的改革与发展作为研究和考察对象的。之所以如此，是因为广东电台是省级电台，处于全省广播的核心地位，其创办历史、创新经验、综合实力乃至市场影响都能够反映广东广播的总体状况。从某种意义上说，改革开放 30 年来广东电台的改革与发展是广东广播改革与发展的一个缩影。因此，回顾与考察改革开放 30 年来广东广播改革与发展的历史，有必要将关注的目光锁定广东电台。

第一章

中国广播改革的序幕在这里率先拉开

【010—025】

1978 年 12 月，党的十一届三中全会在北京召开。这次会议作出了把全党工作的重点和全国人民的注意力转移到社会主义现代化建设上来的战略决策。在这一思想精神的指引下，各个领域都进行了拨乱反正，从根本上纠正了“左”的错误倾向，努力为改革开放和社会主义现代化建设铺平了道路。1982 年 9 月召开的党的第十二次全国代表大会，总结了拨乱反正的经验，制定了全面开创社会主义现代化建设新局面的纲领。从此，改革开放在全国范围内迅速展开。

党的十一届三中全会确立的指导方针以及思想政治路线明确了广播改革和发展的方向。1980 年 10 月，第十次全国广播工作会议召开，重新提出“自己走路”的方针。此后的 1983 年三四月间，第十一次全国广播电视工作会议在北京举行，进一步提出“扬独家之优势，汇天下之精华”的指导方针，并确定了“以新闻改革为突破口，推动整个广播电视宣传的改革”的发展思路。而 1983 年 10 月 26 日，中共中央下达了［1983］37 号文件，不仅明确了广播电视的根本性质、根本任务以及努力的方向，并且强调了广播电视的特点和作用，进一步激发了全国广播工作者的改革热情。

1979 年，党中央、国务院批准广东、福建在对外经济活动中实行“特殊政策、灵活措施”，并决定在深圳、珠海、厦门和汕头试办经济特区，福建省和广东省成为全国最早实行对外开放的省份之一。与得改革开放风气之先的广东其他各项事业一样，十一届三中全会以后，广东广播的决策者们逐步意识到了听众在广播传播中地位的重要性，开始变传者本位为受众本位，所以“在拨乱反正的基础上，以新闻改革为突破口进行探索改革，首先确立新闻在广播中的主体地位，把新闻的触角伸向社会的各个角落，并在国内率先实现了正点新闻播出。与此同时，在社教节目中试验了主持人、大板块节目的播出方式，诞生了我国最早的一批主持人和第一个‘大板块’结构的节目；在文艺节目中进行了将‘文艺广播’变为‘广播的文艺’的改革”①。这些改革的实验为“珠江模式”的诞生做了较为充分的准备，同时为广东广播历史性的全面改革奠定了坚实的基础。

第一节　变传播者本位为受众本位

所谓受众，“指的是大众传播的传播对象或信息的接受者。受众通常是一个模糊的集合概念，它不是特指社会的某个阶层和群体，而是指社会的一般人”。“而受众本位是与传播者本位相对的一个概念，指的是大众传播媒介在信息传播

① 曾广星．横空出世——广播“珠江模式”的理论与实践．中国广播电视出版社，1999. 3

活动中，以受众为中心，以最大限度地维护受众的根本利益为出发点，满足受众获取信息的需要"①。

我国的人民广播事业是在战争中诞生并成长起来的。新中国成立之前，广播是中国共产党武装夺取政权的一条战线；新中国成立以后的很长时期，广播一直是国家政权的有机组成部分。事业由党和政府开办，经费从财政划拨，机构设置、管理规则以及人员编制与机关同轨并行，媒体的主要功能是作为党和政府的喉舌，为其中心工作提供舆论服务和舆论支持。宣传党的路线、方针和政策无疑成了广播媒体的历史责任和光荣使命。因此，长期以来，广播媒体在宣传中更多地强调对受众的塑造、引导，必然介入主观性的内容，同时会公开标明自己的政治立场。② 当然，在特定的历史条件下，媒体实施宣传策略是有其合理性的。但是，我们也应该看到，媒体的宣传策略与传播者本位往往是一对孪生兄弟，二者关系密切、形影不离。而在传播者本位思想的支配和影响下，广播传播者既是信息的控制者，又是信息的解释者，他们决定着传播方式、传播内容，并对内容进行唯一的价值判断，而受众只是被动的接受者。面对社会上出现的新闻事件，广播新闻工作者在新闻内容的取舍方面往往会以自己的好恶为标准，在具体的传播过程中也常常会以自己的意志取代受众的意志，而且总是居高临下地用灌输和训导的方式将受众作为"靶子"，按照自己的预期目标，强迫受众接受自己的思想情感和主观意愿，很少会考虑受众的感受。因此，传播者本位决定了广播的传播方式更多的是"我播你听"，广播传递的信息也往往是教育性和教导性的信息，受众只有接受的份而没有参与对信息进行分析与解读的机会。

传播者本位是计划经济体制下的必然结果。当然，在信息匮乏的时代，传播者本位的观念确实拥有一定的生存空间。然而，改革开放以后，随着大众传播事业的迅猛发展，整个社会由过去的信息匮乏开始变成了信息过剩，受众选择接受信息的渠道越来越多。大众传播也由过去的"卖方市场"向"买方市场"转变。在残酷激烈的媒体竞争中，受众成了影响大众传媒生存与发展的决定性因素，成了大众传媒的"衣食父母"。这样，广播的传播观念由传播者本位向受众本位转变就成了历史的必然。

值得称道的是，得改革开放风气之先的广东广播由传播者本位向受众本位的转变，除了受大众传播业由"卖方市场"向"买方市场"转变影响之外，更多地表现为受众本位意识的自觉。因为早在 1978 年 10 月，主管广东电台工作的省广播事业管理局党委副书记、革委会副主任杨繁就率领广东电台各部门负责人前往北京、上海、江苏和浙江等省市电台考察，在参观学习中积极探讨广东广播未

---

① 王彩娜．受众本位 VS 传播者本位．中国广播电视学刊，2003（4）

② 王明华．媒体的位移．中国广播，2003（7）

来的发展大计。于是，经过拨乱反正，告别了新闻报道中的“假、大、空、硬”之后，广东电台于1979年提出了“面向群众，面向生活，面向基层”的“三面向”方针，努力让广播传播从单一走向多元，从工作走向生活，从官方走向基层，从灌输走向引导，从训导走向服务，并要求记者改变过去的采访路线，“深入基层，多跑下头，从群众需要的角度，按党的政策去开展报道”。不仅如此，广东广播还在实践中又进一步总结和归纳出广播传播“为其服务，适其需要，对其口味，使其理解，引其参与，与其交流，对其引导，受其监督”的“八其”要诀。在这里，不但广播的传受关系发生了根本性的变化，而且广播的传播方式也发生了根本性的变化。也正是在这样一种传播观念的作用和支配下，广东电台在全国广播界率先对广播节目进行了一系列改革。

一、改革新闻节目与社教节目

为了发挥广播传播的快捷性优势，满足广大听众在第一时间了解新闻信息的收听要求，广东电台在广播新闻的时效性方面下工夫，努力以最快的速度在第一时间将新闻信息传递给广大听众。1980年开始，广东电台以“快”为突破口，并强调快中求新，快中求广，引导记者在遵守新闻纪律、坚持新闻真实性的原则下抢发新闻；还制定了“除了由于政治需要，有些新闻要推迟播发外，要力争上午发生的重要新闻上午播，下午发生的重要新闻下午播，晚上发生的重要新闻晚班新闻播”的要求，不仅“今日消息”多了，广州当天的新闻多了，还增加了“本台记者从某地来电”和“记者刚刚发来的消息”等。如1983年9月“七号”强台风袭击广州、1985年11月广州市文德路文化大楼失火、1986年10月英女王访穗等许多报道，都几乎与现场事实同步进行。为了强化新闻时效，编辑部设立了专用电话，专门接收记者、通讯员和听众提供的新闻和新闻线索。因此，广东广播的新闻节目基本做到了条多面广，“快、多、密、短”的特点相当突出。1984年5月1日起，广东电台一套节目、广州广播频率已经做到了逢正点播报新闻，二套节目更是做到了逢半点播报新闻。不仅如此，为了更好地面向群众、面向生活，满足听众多方面的需求，新闻节目在宣传好党的中心工作的同时，增加了社会新闻以及市场、交通、旅游、气象、文化、体育等服务性新闻和带有知识性、趣味性的消息，并鼓励记者拿起话筒采访，进行音响报道和现场口头报道。1981年广东电台向记者发出“拿起话筒去采访”的号召，短小精悍的录音报道迅速增多。1984年以后，广东电台进一步提倡记者深入现场，亲自观察，出“口说新闻”、“口头述评”等。于是，现场报道、口头述评逐渐多了起来。

在改革新闻节目的同时，广东电台对专题性的社教节目也进行了改革。1979年之前，广东电台的社教节目多以对象性节目出现，像《对工人广播》、

《对农村人民公社社员广播》、《解放军与民兵》、《对青年广播》等都聚集了众多的专题性节目。这些节目每天在各广播频率重复播出，稿件较长，内容枯燥，形式单调，既不能适应时代的要求，也无法满足听众的接受需要。因此，从1979年1月1日起，广东电台对对象性节目进行大刀阔斧的改革，除保留对农村广播外，取消其他一切对象性节目，重新创办了面向广大听众、为群众服务的《大众生活》和《大众科学》节目。为了满足听众的收听需要，在这两个节目中还设置了一些小栏目，如《大众生活》就开设了《大众信箱》、《大众论坛》、《仓边路口》、《新风赞》等，使节目生动活泼，吸引听众。《大众生活》和《大众科学》节目播出后，受到广大听众的欢迎和喜爱，在社会上产生了良好的效果。随着广播改革的不断深入，1983年5月，广东电台开办了《文化生活》和《学习》节目，一年后又开办了《农村生活》，形成了一系列的社教节目，比较全面地满足了广大听众的接受需求。

在此基础上，广东电台还根据不同时期的宣传需要和社会热点问题，围绕一个个有意义而又为听众感兴趣的主题，联合有关单位，组织具有广播特色的社会活动，以节目为阵地充分发动听众参与，努力做到以活动促进宣传，在宣传中开展活动。1980年秋，《大众生活》节目联合省妇联、省总工会在全省14个城市广泛开展模范家庭评选活动，受到广大听众的高度评价，社会反响强烈。1981年，《大众生活》节目联合共青团广州市委举办了广州市新中国成立以来规模最盛大的集体婚礼，有100多对青年参加。省委书记兼广州市委第一书记梁灵光亲临现场做证婚人，广东电视台现场直播。第二天又组织新人分别到北京、上海、杭州、桂林等地欢度婚假，一时间在社会上传为佳话。1983年春节，《大众生活》又组织了广州市孤儿春节大团年活动，邀请省委书记和广州市市长及各界名人与孤儿一起吃团年饭。此次活动被制作成广播节目在广东电台播出后，在全国优秀广播节目评选活动中获一等奖。

为支持专业户，提高他们的社会地位，1984年《农村生活》节目联合省农委等7个单位举办优秀专业户评选活动，不仅引起全社会的广泛关注，而且引起了省委、省政府的高度重视。当时的省委第一书记任仲夷亲自给优秀专业户颁奖，并作了长达3小时的讲话，对这一活动给予了高度评价。

《文化生活》节目举办了听众音乐比赛、"爱我中华，知我中华"读书演讲比赛、向安珂烈士学习征诗活动，等等。

《大众科学》节目则开展了各种各样的知识测验活动，如开展地质知识测验，并选出优胜者参加地质夏令营活动；还开展了"讲科学，破迷信"、"计划生育"，以及"预防肝炎"等知识测验。

社会活动的开展对搞好宣传、办活节目、缩短节目与听众的距离、密切广播与听众的关系、增强广播的传播效果及扩大广播的社会影响，均发挥着积极而重要的作用。

二、改革文艺节目

经过拨乱反正，广东广播的文艺节目在“解放思想、解放人力和解放节目”的大胆改革中逐步朝着欣赏性、知识性和趣味性的方向发展。1979 年开始陆续恢复播出了“文革”期间被搁置多年的在听众中较有影响的名牌栏目，如《教唱歌》、《听众特约的音乐节目》、《小说连播》、《文学广播杂志》等，新办了《音乐之窗》、《戏曲园地》等栏目。考虑到广东得改革开放风气之先，市场经济发展较快，开放意识与日俱增，而且面临境外广播的强有力竞争，传统的广播文艺节目在播出方式和内容方面已经难以适应时代的要求和听众的需要，所以广东电台的广播文艺工作者们深入研究广播特点，了解新时期听众的心态变化，努力做到“扬独家之优势，汇天下之精华”，做到人无我有，人有我优。为此，广东电台在以下几方面进行了卓有成效的改革：

1. 集中力量办好主要栏目

广东电台集中力量办好《音乐之窗》、《文学广播杂志》和《戏曲园地》这 3 个杂志型节目，努力使知识性、欣赏性和趣味性在节目中得到更加充分的体现。

2. 缩短战线，突出重点，调整不适应时代节拍的节目

将成套冗长的话剧、电影、粤剧等浓缩成片断或故事介绍或选场播出，以适应改革时代听众快节奏的生活方式和生活习惯，满足听众的审美需求和欣赏需要。

3. 举办各种各样的知识性有奖猜谜活动，增强听众的参与感

从 1981 年开始，广东电台在广播文艺节目中就举办了各种类型的知识性有奖活动，如“成语故事有奖猜谜”、“音乐知识有奖猜谜”和“戏曲知识有奖猜谜”等。这些活动往往是以与企业合作的形式出现，听众面非常广，社会影响非常大，较好地普及了文艺知识，真正体现了寓教于乐的宗旨。

4. 创办高质量的大板块节目，由编辑担任主持人

1986 年 1 月，广东电台推出了全台第一个由音乐编辑自己主持的音乐大板块节目《与你同乐》。主持人以亲切的谈话方式、通俗的生活语言，以自身丰富的音乐知识，与听众拉近了距离，给听众耳目一新的感觉。

5. 拓展广播剧的新样式和新品种

改革开放初期，广播剧拥有相当数量的听众，所以广东电台也不失时机地大力发展广播剧，平均每年制作单本剧 30 个以上。1981 年，广东电台进入全国广播剧研究会理事会。1981 年、1982 年录制的广播剧《一座雕像的诞生》和《碧血黄花》被评为全国优秀广播剧；1985 年录制的儿童广播剧《蓝背心》获全国

广播剧金猴奖铜牌奖。这段时间，广东电台除加强单本剧的录制外，还积极进行广播连续剧和立体声广播剧的制作，先后录制了17集广播连续剧《特别小队》、24集广播连续剧《安吉堡磨工》和17集广播连续剧《计斩僧王》，同时引进了香港54集广播连续剧《块肉余生》。1981年录制了全国第一部立体声广播剧《渔夫和金鱼的故事》，为提升全国广播剧制作艺术迈出了可喜的第一步。

6. 精办《小说连播》节目

《小说连播》恢复播出以后一直受到广大听众的欢迎和喜爱。该节目拥有几千万的听众，成了广东电台的拳头节目之一。从1985年开始，该节目由每天一档发展到每天三档。新增的两档节目，一档是用粤语广播的《夜半书场》，另一档是用普通话广播的《说书场》。为了让听众从中得到知识、得到健康的消遣，对播出的作品都要进行改编，使之更加口语化，发挥听觉艺术的优势。选取的题材也相当广泛，既有现代题材的小说，也有古今中外的名著；既有广东民间通俗故事，也有传统的武侠名篇。其中，《水浒传》、《西游记》、《杨家将》、《红楼梦》、《东周列国志》、《济公传》和《芙蓉镇》等成了有口皆碑的好节目。

7. 横向联合办节目，走向社会搞活动

广东电台广播文艺节目改革的新尝试是横向联合办节目，以此来拓宽节目的来源。1984年起，广东电台与北京、上海等地的9家电台联合举办一年一度的“10省市广播剧汇播”，集中播出各地新录制的优秀广播剧。类似的联合办节目还有“9省市相声联播”等，不但扩大了广播的影响，还增加了一批节目源。1984年、1985年，广东电台与北京、天津、上海3家电台联合举办“京、津、沪、粤空中音乐联欢会”，汇集四地优秀节目，特邀著名演员关牧村、刘晓庆加盟。节目在京、津、沪、粤四地广播中同时播出，影响较大。

1985年，广东电台与中央电台、上海、福建以及浙江电台联合举办“海洋诗会”，邀请全国著名诗人公刘、柯岩、岑桑、柯原、韩笑等10人，跨越4省市，行程2 000多公里，沿东南海岸的上海、宁波、舟山、福州、厦门、珠海、深圳、广州等9城市，创作诗歌200多首。“海洋诗会”专题系列在中央电台和四省市电台播出，受到文化界的好评。

1986年，广东电台与中央电台等全国32家电台联合举办音乐系列节目“今日长征路”，组织著名词曲作家郑秋枫、瞿琮、韩笑等一行10人，沿广东粤北山区红军长征路线采风，为期10天，录制歌曲10首。专题系列节目“今日长征路”同年10月在全国32家电台同时播出，共32集，阵容大、影响大，还为广东电台增加新歌曲节目300多个。

走向社会，举办大型活动是广东广播文艺节目改革的又一突破。

1980年、1982年及1986年，广东电台参与举办在全国有较大影响的第二届、第三届、第四届羊城音乐花会，录制40台音乐会实况，连续8天向全省听众现场直播10场音乐会实况，是建台以后连续直播大型音乐会最多的一次。

1981年，广东电台与广东省音乐家协会、广东省文化局以及广州市文化局等联合举办“80年代新一辈征歌活动”，历时1年，征稿500件，组织录制歌曲100余首。其中15首被评为省优秀歌曲，3首在全国获奖。

1982年，广东电台与羊城晚报、广东人民出版社以及广东省音乐家协会等11个单位联合举办历时两个月的“红五月少年儿童歌咏比赛”。

1986年开始，广东电台举办一年一度的“广东省十大广播歌曲健牌大将评选活动”，推动了本省流行歌曲创作朝健康、清新、优美、动听的方向发展。该活动颁奖演唱会为广州残疾人福利基金会筹建盲童学校义演捐款2万多元，取得了很好的社会效益。

1986年，广东电台与广东作家协会、华夏诗报及海南电台联合举办的“海南诗会”，创作反映海南岛改革开放新面貌的诗歌近百首。

三、改革广播传播方式

过去，与全国各地的其他电台一样，广东电台的节目形式单调呆板，风格厚实凝重。不管什么样内容和类型的节目，总是先由记者、编辑提供稿件，然后再由播音员演播，因此许多节目的传播方式表现出一种居高临下“我播你听”的状态就不可避免。随着改革开放的不断深入和听众主体意识的增强，这种传播方式与听众的接受需求相距甚远。为了缩短广播与听众的距离，增强广播的传播效果，广东电台大胆采用主持人的播出方式来进行听觉形象的塑造，让主持人通过谈心式的播讲方式同听众进行思想沟通和情感交流。1981年4月，《大众生活》节目的《大众信箱》栏目由编辑李一萍担任节目主持人。她自己编写稿件，自己播讲，以亲切的话语及诚恳的态度，回答听众有关事业理想、读书学习、友谊爱情、婚姻家庭等诸多方面的问题。该播出形式一出现，便在社会上产生热烈反响，赢得众多听众的赞许和支持。节目播出20多天，就收到听众来信1 000多封。许多听众非常愿意与李一萍谈自己的知心话。他们都把自己的想法、问题在书信中向“李姐姐”、“李阿姨”倾诉、“交底”。后来，李一萍和中央人民广播电台对台广播《空中之友》的主持人徐曼，由于主持节目的成功，被誉为“南李北徐”。1982年，《文化生活》和《大众科学》又分别推出了主持人周郁、丁纪明主持的节目；《大众生活》增加了李东主持的节目。其中，在《大众科学》节目的《家庭顾问》栏目中，主持人丁纪明和一位客座主持人一起畅谈衣、食、住、行等方方面面的事情，以亲切自然的风格和朴实无华的语言征服了众多听众，一时间，《家庭顾问》成为千万个家庭必听的节目。而在《文化生活》节目的《楷叔谈戏经》栏目中，主持人周郁与著名话剧演员张悦楷主持节目时有说有笑，娓娓道来，颇有吸引力。

在此基础上，广东电台进一步改革广播的传播方式，尝试采用大板块形式办节目。1985 年 7 月，广东电台试办了两个 50 分钟的“大板块”节目《星期天早晨》和《农村天地》。这两个节目的推出，是广东电台贯彻“寓教育于娱乐之中，寓宣传于服务之中”方针的深化。节目一出现，就引起广大听众的关注。

第二节　确立广播新闻的主体地位

中国人民广播事业从诞生的那一天起就与新闻传播有着密不可分的关系，但是由于广播在新闻传播方面过分倚重报纸和通讯社，更多的是以报纸的有声版面貌出现，没有充分体现自身的特性，发挥自身的优势，所以广播传播新闻的功能反而被人们忽视。长期以来，人们往往认为广播的主要功能是提供消遣和娱乐。然而，第十次全国广播工作会议和第十一次全国广播电视工作会议分别提出“自己走路”和“扬独家之优势，汇天下之精华”的方针在推动广播不断改革的同时，也使得人们对广播的传播特性和社会功能有了新的认识。广播工作者开始认识到，虽然广播的社会功能比较多，但是传播新闻、引导舆论应该是广播最主要的社会功能；人们收听广播的主要目的也是了解新闻，获取信息。也正是基于这样的认识，1986 年 8 月，在广东省第九次广播电视工作会议上，广东省广播电视厅提出了“把广播电视新闻办成新闻总汇和舆论中心之一”。广播新闻的主体地位得以正式确立。而事实上，改革开放以后，广东电台一直也是朝这方面作积极努力的。

广东电台从机构的设置、人力的配备、领导力量等方面来加强新闻工作，成立了新闻中心，由主管新闻的副台长兼任新闻中心主任，还建立了每天的编前会、每周一次新闻中心例会和编发例会简报制度。从 1979 年 1 月 1 日开始，新闻节目注意增加播出次数，增加内容，缩短每次新闻节目的长度。1983 年，广东电台的一套节目、二套节目，以及广州广播频率自办的新闻节目从 1978 年每天 17 次增加到 38 次，1984 年增加到 45 次，1985 年增加到 50 次，总播出时数达 8 小时 40 分。广东电台基本形成了以新闻为“骨架”的节目总体结构，在广大听众中产生了较大的社会影响。《全省新闻联播》节目恢复播出后，全省一半以上的台、站转播该节目。为了充分体现广播新闻的主体地位，发挥广播新闻的主体功能作用，真正实现“把广播电视新闻办成新闻总汇和舆论中心之一”的目标，广东电台又进一步作了以下几方面的努力：

一、扩大报道面，增加信息量

在坚持四项基本原则与改革开放两个基本点结合实际这一主旋律的基础上，

广东电台把新闻的报道面扩大到社会生活的各个领域，及时报道党的路线方针政策的落实情况，报道有意义的、群众感兴趣的信息，摒弃那些不讲时效、缺乏信息、主题雷同、枯燥乏味的“生产稿”、“万岁稿”，努力经营内涵深刻又具有新鲜感的独家新闻。题材上做到“三减三增”，即减少没有实质性内容的一般性会议报道，减少一般性生产经验、生产进度的报道，减少一般性的外事报道；增加听众具有共同兴趣的，从消费者、市场角度写的经济新闻，增加有情趣的文化、体育新闻，增加社会新闻。通过报道社会新闻弘扬社会新风，鞭挞邪恶，潜移默化地对听众进行社会主义精神文明教育。

为了扩大报道面，增加信息来源，同时也为了实现全省广播新闻总汇的目标创造条件，1985 年 8 月，广东电台在番禺县召开汕头、海南、湛江、深圳等 23 个广播局、台、站业务工作交流会，并建立起第一批集体记者。1986 年 8 月又召开了第二次集体记者会，集体记者从 23 个广播局、台、站发展到 73 个广播局、台、站。

二、加强批评性报道和广播评论，发挥舆论监督作用

广东电台既坚持以正面报道为主，又注意加强批评性报道，所以在新闻改革中一直把加强新闻评论、实施舆论监督放在重要的位置，如《广州蔬菜丰收，为何市民吃不到便宜的蔬菜》、《我省部分家电质量低劣》、《广州屠宰场亟待加强管理》、《广州市出现套购粮食现象亟待加强管理》及《我省一些地方卷烟市场管理混乱》等一批批评性报道，都是当时在社会上有一定影响的报道。在组织这类批评性报道时，明确批评的目的是为了改进工作，推动社会进步，而不是相反的。这些批评性报道，既注重实事求是，掌握分寸，又不回避问题，因而取得较好的社会效应。其中，广州蔬菜问题的报道，因敢于揭开蔬菜流通管理体制中存在的弊端，引起了广州市政府的关注，促使广州蔬菜管理部门的体制改革。这组报道获 1984 年全国好新闻一等奖。而《我省一些地方卷烟市场管理混乱》一组报道，记者从南海大沥镇非法卷烟批发市场的明察暗访开始，一直追到普宁、惠州的香烟走私活动。这组报道引起广东省和国家烟草专卖局的高度重视，促使他们采取措施，禁止此类违法活动，并因此荣获 1986 年广东省和全国广播好新闻一等奖。

与此同时，他们除了对一些重大的政策问题和重要报道配发评论、短评、编后话、记者述评外，还特别注意采用听众自己评说的方式，体现大众舆论的特点。为此，广东电台在新闻节目中开设了评论性的栏目《市民谈改革》和《大家谈改革》，让听众从个人、家庭和社会的变化，以切身的感受谈改革开放的意义。《全省新闻联播》节目还专门开辟了大众论坛式的《长空短语》专栏。该专栏每天一篇，每篇 200 多字，一事一议，就事论理，短小精悍，细水长流，对社

会生活中的真善美，对改革开放、两个文明建设中的新人新事加以赞扬，对社会生活中的假、丑、恶、腐败、违反社会公德行为加以无情的揭露和鞭挞，对社会上需要关注的问题提出呼吁和建议，深受听众的欢迎和好评。

三、加强社会协商对话报道

随着国家政治体制改革的深入开展，广大听众的民主意识增强，广东电台在新闻传播中加强了社会协商对话报道。1986 年 10 月 5 日，广东电台广州广播频率与广州市委、市政府联合开办了新闻性的《公仆与市民》节目。在这个节目中，广州市委、市政府和各区、局领导经常与市民代表就听众关心的热点、难点问题，如群众用水、用电、市场物价、社会治安、市政建设等诸多方面开展对话，共谋解决办法，取得共识。这既密切了党和人民群众的关系，又增强了群众作为主人翁的责任感和干部的公仆意识，社会效果甚佳。比如 20 世纪 80 年代中期，广州地区电力不足，经常停电，市民叫苦不迭。《公仆与市民》节目主持人邀请了主管市政建设的副市长和市供电局长在广播中通过热线电话和市民交流。两位嘉宾在听了市民的意见和建议之后，既陈述了目前电力不足的困难，也指出了市政府为解决电力问题所做的努力以及对未来的展望。在这里，公仆与市民心心相通，市民们的怨气消除了。由于《公仆与市民》节目具有创新性和开放性，不仅在听众中反响强烈，而且引起了兄弟媒体的关注，《羊城晚报》、《广州日报》、《南方日报》、《人民日报》乃至《澳门日报》、《欧洲时报》、《香港明报》都先后作了报道。

第三节　节目形态变革体现广播媒介特性

从延安窑洞里走来的人民广播起初是缺乏节目形态概念的。新闻节目往往播送报纸、通讯社刊发的国内外消息以及党和边区政府的重要文件、公告。20 世纪 50 年代初期，胡乔木提出广播“要学会自己走路”，根据自身的特点自力更生办广播。从此，广播节目形态问题得到应有的重视。然而，由于受技术和设备等因素的制约，新中国成立以后 17 年的时间里，广播电台虽然播出过一些符合广播特性的节目，甚至像实况广播这样广播特有的节目形态有时也会与听众见面，但是仍然没能从根本上改变“报纸有声版”的形态格局；所以广播节目一直是广播消息、广播专题、广播评论这三种形态占据主流。而“文革”十年，17 年来积累的成果几乎丧失殆尽。党的十一届三中全会确立的指导方针以及思想政治路线明确了广播改革和发展的方向。第十次全国广播工作会议重新提出“自己走路”的方针。此后的第十一次全国广播电视工作会议又进一步提出“扬独家之优势，汇天下之精华”的指导方针。在这些指导方针的推动下，广东广播在确立新闻主体地位的同时，努力按照自身的媒介特性进行节目形态的变革。于是，诚如上文所言，“文革”中尘封多年的节目得以恢复播出，一些传统的节目形态重新与听众见面，有的节目形态在调整中得到有效改善，而且随着节目主持人的出现，新的节目形态应运而生。

一、篇幅之“短”和音响元素在新闻节目中开始得到应有的重视

广播是通过有声语言诉诸听众听觉器官的。传播学者对信息的接受能力进行研究时指出，“阅读文字能记住10%，收听语言能记住20%，观看图画能记住30%，边听边看能记住”。视听结合，两个通道各自汲取信息互不干扰且又加强记忆深度的原理是不言而喻的。① 显然，广播听众对新闻信息的接受仅凭听觉通道是缺少记忆优势的。因此，长篇大论的新闻节目对广播听众来说是难以收到理想的传播效果的。而20世纪70年代，国内广播电台的新闻节目更多的是依赖报纸和通讯社办节目，难免造成新闻节目篇幅普遍偏长，与广播的传播特性相抵牾。广东广播的新闻节目也往往是“两长一少”，即节目时间长，平均每次节目20分钟，稿子长，每条稿子在1 000字左右，但是节目的条数偏少，每次节目只有四五条新闻。广播新闻呈现明显的报纸化现象。但是，1979年以后，随着本台消息的增多，在广播新闻节目内在的结构规则保持不变的前提下，篇幅之“短”成了其最基本的形态追求。每次新闻节目则从原来的25分钟仅播四五条1 000字左右的新闻，改为以5分钟新闻和简明新闻为主、10分钟新闻次之、15分钟的新闻每天仅有两次的播出格局。同时要求：5分钟新闻节目平均发10条稿以上，10分钟新闻节目平均发12条稿以上，15分钟新闻发15条稿以上。录音报道每篇3分钟左右，通讯、评论一般在800字之内，努力做到节目短小精悍，使每次的新闻节目尽量容纳更多的信息，对于一些重大题材的新闻信息，短新闻无法容纳，就采取连续报道或系列报道的方式，化整为零，化长为短，从纵向、横向加以跟踪和开掘，做到既短又深。

与此同时，音响元素在新闻节目中也开始得到应有的重视。应该看到，新闻表达音响化是广播媒介特性的基本要求。诚如王明华先生所言：“和报纸、电视、网络等各种不同介质媒体不同，广播有自己不同于其他媒体的独特的话语方式，广播作品的样式和制作生产的思维方式也都有别于其他媒介，最大限度地发挥广播的音响专长，才能突出特色，托举起自己的比较优势，进而取得不可替代的特色地位——大幅度提升作品的吸引力、表现力。”② 当然，改革开放初期，

---

① 黄匡宇．电视新闻语言学．中国广播电视出版社，2000. 123

② 王明华．导向为本　传播为述——中国之声改版的实践与思考．中国广播，2005（1）

国内广播界对音响的意义与作用的认识还没有这么深刻，但是音响在广播新闻节目中已得到应有的重视，解说加音响逐渐成了广播新闻基本的节目形态。而广东电台更是鼓励记者深入新闻第一线进行录音采访和现场报道。我们在上文中已经看到，1981年广东电台向记者发出“拿起话筒去采访”的号召，短小精悍的录音报道迅速增多。1984年以后，广东电台进一步提倡记者深入现场，亲自观察，出“口说新闻”、“口头述评”。于是，录音新闻、现场报道、口头述评逐渐多了起来。获1983年度全国广播优秀广播节目一等奖的录音访谈《共产主义精神哺育着孩子成长——访安珂烈士的母亲胡莘华》和获1985年度广东省好新闻一等奖的现场报道《有惊无险十一秒》，以及获1986年度广东省好新闻一等奖的录音新闻《市长守岁》等就是这一时期的代表作，在当时影响比较大。

二、谈话类节目显露雏形

广播传播属于大众传播，大众传播不同于人际传播，它要借助于特定的物质中介向广大听众传递信息，而信息符号只能是有声语言、音响和音乐。而人际传播则是面对面或一对一的信息交流，使用的媒介是人自身的感官，表达的信息除了有声语言符号外，还有副语言符号的表情和动作等身体语言。传播的双方互为信源信宿，角色转换自如，交流起来比较轻松，彼此接受信息也非常容易。因此，在很多人看来，广播传播与人际传播应该有着无法逾越的鸿沟。但是，我们应该看到，广播虽然需要借助物质中介向听众传递信息，但是它毕竟主要是通过有声语言符号与广大听众见面的。传统意义上的“我播你听”的广播节目虽然也是借助有声语言传递信息，但是居高临下的灌输式、训导式传播信息并不能真正发挥有声语言符号的功能优势。当节目主持人出现以后，作为大众传播的广播传播与人际传播则有了一定程度的契合，因为节目主持人在节目中一改过去“我播你听”的灌输与训导的口吻，往往采用与听众“面对面”或“一对一”的谈话形式与听众谈心交流，而且节目主持人常常又是由节目的编辑担任，非常熟悉自己采编的节目内容，用不着对节目进行刻意的雕琢和修改，谈起话来得心应手，挥洒自如，显得自然亲切，轻松活泼。因此，从某种意义上说，节目主持人的出现使广播的媒介特性得到了较为充分的体现，同时广播的传播优势也因此在很大程度上得到了较为充分的发挥。

广东电台第一批采用主持人主持的节目有《大众生活》节目的《大众信箱》栏目，《大众科学》节目的《空间科学馆》和《科学信箱》两个栏目，《文化生活》节目的《楷叔谈戏经》栏目等。这些节目每周播出1~2次，每次节目的时间为20分钟左右。经过试验和播出实际效果验证，节目便改为固定的“主持人”主持播出。起初，节目主持人全部由节目编辑担任，后来挑选个别播音员和聘请社会知名人士共同担任。

节目主持人以第一人称出现，既是电台的代表，又是听众的朋友。他们以自己独有的风格与听众交流，引导听众领会党的路线、方针和政策，解答听众在生产生活中遇到的问题，为听众提供各种必要的服务，因而深受听众的欢迎。采用主持人形式播出的节目很快就成了家喻户晓的名牌节目，而节目主持人也很快成了听众熟悉和信赖的知心朋友。以主持人李一萍为例，一次，一名男青年给李一萍写了一封信，告诉她因为考不上大学以及其他一些原因而感到前途渺茫，萌生了轻生的念头。李一萍在《大众信箱》中呼唤这位青年振作起来走自学成才之路，还建议他到九嶷山自学成才大学学习。后来，这位青年消除了轻生的念头，走上九嶷山，重新扬起生活的风帆。还有不少听众登门求见李一萍，希望她帮助排解各种思想难题。有位女青年因失恋想不开要自杀，自杀前跑来找李一萍，在李一萍的安慰帮助下，这位年轻的姑娘重新燃起生活的希望，高兴地离开了电台。节目主持人的出现为广播谈话类节目提供了前提性的条件。从李一萍主持的节目中，我们看到，主持人在主持节目的过程中虽然不是与听众面对面的交流对话，但是完全改变过去那种“我播你听”的单向灌输的方式，更多地借鉴人际传播的方式，用平等的态度、商讨的口吻、柔和的语调、亲切的语气回答听众来信中提出的问题，与听众进行“一对一”的谈心，为听众服务。因此，在这里，谈话类节目已经初步显露自己的雏形。而《大众科学》节目的《家庭顾问》栏目中的主持人丁纪明以亲切自然的风格和朴实无华的语言与一位嘉宾主持人一起畅谈衣、食、住、行等方方面面的事情，以及《文化生活》节目的《楷叔谈戏经》栏目中的主持人周郁与著名话剧演员张悦楷主持节目时有说有笑，娓娓道来，侃谈戏经，使得谈话类节目的形态特征基本明朗。当热线电话介入广播传播以后，1986 年 10 月 5 日，随着广东电台广州频道与广州市委、市政府联合开办了新闻性的《公仆与市民》节目的开播，听众与主持人和嘉宾通过热线电话已经可以进行直接的交流对话，就听众关心的热点、难点问题，如群众用水、用电、市场物价、社会治安、市政建设等诸多方面开展对话，共谋解决办法，取得共识，这意味着真正意义上的谈话类节目与听众见面了。

三、大板块节目应运而生

节目主持人的出现，需要有适合主持人施展才华的舞台，所以当节目主持人在广播中与听众见面以后，大板块节目应运而生。大板块是借用地质学上的名词来表述的一种节目形态，其基本特点有以下三点：一是时间跨度比较长，节目往往变 15 分钟、20 分钟为 1 个小时。二是综合性，节目常常把各种各样的、不同类型的内容围绕一个中心综合在一起。三是一贯性，节目尽管内容庞杂，话题丰富，但是在节目主持人的主持牵引与串联之下则总能前后连贯、张弛有度。1985 年 7 月，广东电台开始试验主持人大板块节目。《大众生活》的《星期天早晨》

栏目和《农村天地》节目是广东电台开办最早的两个大板块节目。《星期天早晨》时长50分钟，内容包括家庭话题、人生话题和各种生活知识等，中间穿插音乐歌曲。《农村天地》是由原来的《农村生活》和《农村文化室》合并而成，时长50分钟，每天播一次，节目主要面向农村听众，反映农村新人新事，解答政策问题，提供经济信息和文化娱乐等，融教育性、知识性、娱乐性、服务性于一体，由主持人串连成一个完整的整体。在上文中我们已经提到，1986年1月，广东电台又推出了第一个由音乐编辑自己主持的音乐大板块节目《与你同行》。主持人以亲切的谈话方式和通俗的生活语言以及自身丰富的音乐知识，与听众拉近了距离，给听众耳目一新的感觉。

大板块节目的问世同样从某种意义上说明了广播在努力张扬自身的个性。按照广播的传播规律办节目，意在最大限度地适应广大听众的收听习惯，满足多层次听众多方面的欣赏兴趣和收听需求。广东电台原台长周无忌曾在探讨大板块节目时谈到了其具有以下几点好处①：

1. 大板块节目可以克服广播节目原来的断裂感，比较好地吸引听众

过去，广播节目的设置比较零碎，15分钟一次节目，20分钟一次节目，半个小时一次节目，不断地说“这次节目播送完了，下次节目再会”。节目与节目之间存在明显地断裂，而这种断裂往往会强化听众的关机意识。同时，如果节目与节目之间时间的衔接不十分准确，长时间的间隙用音乐填补是能够奏效的，但是短时间的间隙比如20秒、10秒或5秒是难以用音乐填补的。这样，一段间隙就是一段空白，久而久之，不能不让听众厌烦。而大板块节目就可以比较好地解决这个问题，因为它的内容是综合式的，一个环节扣着一个环节，话题与话题之间主持人可以通过语言的串联巧妙地过渡，不会有停顿与断裂的感觉。

2. 大板块节目可以比较好地克服听众的疲劳感

大板块节目可以比较好地克服听众的疲劳感，这是由板块节目内容的综合性决定的。假如听众总是听一个单调的声音、一个单调的内容，很容易疲劳。一般说来，收听广播常常是处于非专注状态，广播节目如果在较短的时间里不能吸引听众，其注意力就会转移。同样的内容，同样的形式，长时间不变，听众就容易产生收听疲劳。因此，广播节目的内容应该不断地变化。当听众要厌倦的时候，新的内容又来了，而且是一环扣一环地吸引。这样，节目就能够克服听众的收听疲劳。

3. 大板块节目给予节目主持人充分的发挥余地

过去的广播节目，播音员播讲的都是别人的稿件，而自身在内容方面是没有任何创造空间的。这种“别人的脑袋，自己的嘴巴”的机械式工作方式势必造

---

① 周无忌．主持人与“大板块”．广播之路，1989（1）

成节目的沉闷呆板，而主持人集采、编、播于一身的时候，在大时段节目的舞台上，主持人能够充分施展才华，发挥潜能，其驾驭场面能力、控制节奏能力、语言表达能力以及捕捉信息能力都能够得到比较充分的展示。

4. 大板块节目在内容处理方面比较灵活

直播状态中的板块节目遇到突发性的新闻事件，能够及时插播，不需等到固定的新闻节目时间。不仅如此，主持人在主持节目的过程中可以灵活处理节目话题，内容长了，可以适当调节一下，重要的多说一些，可听性强的也可以多说两句，反之，则少讲两句。一切都可以由主持人自己把握。

不过，改革开放初期，广东广播只是在个别频率的部分时段尝试设置大板块节目，还仅仅属于试验性质，与真正意义上的大板块节目还是有一段距离的。“珠江模式”问世以后，真正意义上的大板块节目才随之与广大听众见面。但是，在传统的广播节目形态根深蒂固的形势下，广东广播能够积极进行板块节目的探索与实践，创造性地向前迈出了艰难而又重要的一步，已经非常不容易了。

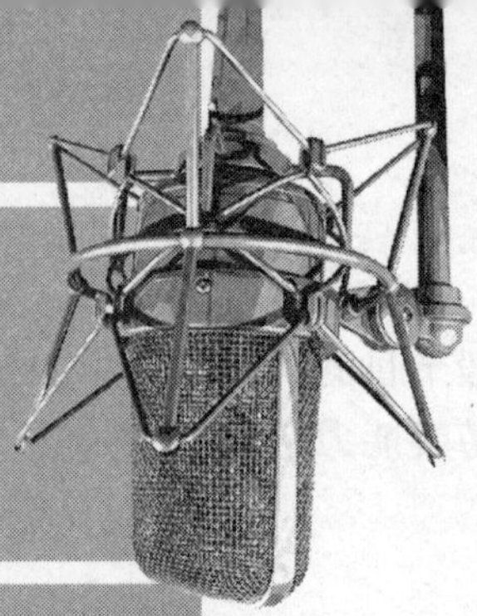

第二章

“珠江模式”引领中国广播改革潮流

【026—068】

改革的序幕拉开之后，一系列创造性的改革举措既为广东广播带来了成功的喜悦，也为广东广播的未来发展积累了丰富的经验。成功增添信心，经验成就未来。正是在连续多年不断探索、大胆实践的基础上，广东电台酝酿着更大的改革目标，打算用5年或稍长的时间把该台当时已有的6套节目建成不同对象、不同风格、各具特色的多功能、多层次的新闻、经济、教育、音乐、外语和文艺等系列电台，并确定将该台第二套节目改建为珠江经济广播电台，作为系列台建设的突破口。1985年2月25日，广东电台珠江经济台筹办小组成立。4月18日，广东电台上报省委《关于将省二台改为经济台的报告》；7月11日，上报国家广播电影电视部。7月1日和8月16日，中共广东省委和国家广播电影电视部分别批准了《关于将省二台改为经济台的请示报告》。1986年12月15日清晨5时整，当负责该台的两位主持人周郁和黄曦熟练地摁下播控室直通发射台的按钮以后，激越昂扬的开台曲伴着“珠江通四海，经济第一台”的呼号响彻南粤上空。珠江经济广播电台正式与广大听众见面了。

第一节 “珠江模式”的本质内涵与社会影响

珠江经济广播电台面向珠江三角洲地区，同时兼顾全省广大听众。其基本宗旨是通过发布新闻、传播信息、介绍知识、提供文娱，为发展商品经济、丰富人民生活、培养良好社会风气、建设社会主义物质文明和精神文明服务。人们不禁要问，珠江经济台及其所形成的“珠江模式”究竟具有怎样的社会意义与存在价值呢？为了从理论上获得一个比较理想的答案，本节我们将着重阐述“珠江模式”的本质内涵与社会影响。

一、“珠江模式”基本的形态特征

珠江经济台摒弃了我国广播传播几十年一直沿用的结构模式，充分利用过去几年广播改革所积累的经验和成果，并借鉴境外广播尤其是香港广播先进的办台理念，大胆创新，确定了“以新闻、信息为骨架，以大时段（大板块）节目为肌体”的广播模式，这就形成了“珠江模式”的基本结构。经过一段时间的实践，“珠江模式”崭露头角。与国内广播几十年不变的传统的传播模式相比，“珠江模式”在具体的形态结构方面有以下几个基本特征：

1. 多向互动，实时直播

“珠江模式”是现代广播先进的传输技术催生的结果，因为现代广播先进的传输技术使实时直播成为可能，也就是说，当节目主持人摁下播控室直通发射台的按钮以后，广播就进入节目播出状态，节目主持人在直播室中每一句话都将通过话筒即时传递给收音机边的听众朋友。不仅如此，当现代通讯技术与广播传输技术合理对接以后，电话开始介入广播传播领域。电话的介入不仅实现了广播新闻的多点连线报道，而且实现了广播传受双方的多向互动交流。因此，不同时段、不同层次、不同方式的听众参与是珠江经济台节目的一大特色。可以这么说，建台初期，珠江电台的不少节目都是借助电话来完成信息的传播与交流的。这种在同一时段展开的多向互动交流，既能够以最快的速度传递信息，使广播新闻快捷性的传播优势发挥到了极致，也能够为广大听众提供与节目主持人直接进行对话交流，参与节目，同时就自己关心的问题发表意见的机会。

1989 年 10 月 31 日，离“两院一部”《通告》规定的要求犯罪分子自首坦白期限只剩下最后 4 小时的时间里，珠江经济台采用同步直播，连续报道的方式制作了特别直播节目《最后四小时——贯彻两院一部〈通告〉特别节目》，敦促经济犯罪分子投案自首，由前方记者在各地现场以电话连线的形式随时报道各地犯罪分子投案自首的消息，加上主持人评述式的串连，形成了强大的舆论攻势，收到了理想的传播效果。而 1991 年夏，华东地区发生了历史上罕见的洪灾，珠江电台与湖北楚天电台、南京经济电台、浙江经济电台以及安徽电台以“珠江长江一线牵，水患无情人有情”为题，联合制作了一档抗洪救灾特别直播节目。节目在五地主持人的通力合作中，通过灾情的介绍、省长之间的对话及广东听众与灾区听众的交流，较好地反映“一方有难，八方支援”的良好社会风尚，充分发挥了广播跨地域、大容量、同步报道的优势。在节目进行的过程中，各地的听众还纷纷打电话到直播室认捐，3 个小时就认捐了 70 多万元，支援灾区人民战胜洪涝灾害。

在《珠江第一线》节目中，主持人经常就听众参与节目时反映的问题，及时通过热线电话让所涉及的政府有关职能部门作出解释和回应。比如，听众电话反映广州市解困办新交售的某处住宅楼附属设施不尽如人意，购房者迟迟不得入住。节目主持人立即拨通广州解困办的电话，让他们作出解释。与此同时，主持人又接通负责施工的单位领导的电话，实现了投诉者、施工单位、解困办和主持人四方直接交流对话，促成了问题的解决。

2. 节目由集采、编、播、控于一身的主持人主持

主持人是“珠江模式”的基础，没有主持人就没有“珠江模式”。之所以这样认为，是因为直播状态下的传授互动、交流沟通离不开主持人，大板块节目也必须依赖主持人才能被广大听众接受。当然，我们从上文的叙述中看到，1981 年 4 月，广东电台就推出了主持人节目，而且李一萍还因此成了许多听众熟悉与信赖的知心朋友。但是，以李一萍为代表的节目主持人更多的是在录音播出的状态下主持节目的，纵然整个节目从酝酿、采写到编辑、播出也是处在主持人的掌握与控制之下，但是录音播出状态下的主持人对节目内容、形式和节奏的把握和

控制是得心应手、游刃有余的，因为节目主持人有足够的时间和机会对节目进行反复的揣摩和思考，对于一些不如意的地方可以推倒重来。而“珠江模式”中的主持人完全是在直播状态下主持节目的，主持人往往是集采、编、播、控于一身，事前没有准备好的节目文本，有的只是提纲与材料，节目一旦进入播出状态就没有任何思考与揣摩的时间与机会了。由于直播状态下的节目在运行过程中的不确定性因素很多，节目对主持人的应变与控制能力要求很高，这就全部依赖主持人平时的综合素养与基本训练了。因此，从某种意义上说，主持人是节目的核心与灵魂，主持人的个性特征决定了节目的风格特征，主持人表现的优劣得失决定了节目的成功与失败。

事实证明，一个有个性的主持人往往是内涵丰富、训练有素的主持人，也是听众喜爱和信赖的主持人。1987 年 6 月，粤西高州发生特大水灾，交通受阻，通讯中断。主持人周郁在播完《省政府采取紧急措施帮助高州人民》的新闻消息后，情不自禁地向灾区人民表示：“虽然交通中断了，但珠江台的电波仍与你们保持联系，全省人民的目光都在注视着你们，你们一定会战胜洪水，重建家园。”后来，高州一位中学生写信给主持人周郁。信中写道：“洪水淹没了操场，同学们挤在课室里，心里非常害怕。这时，听到你的声音，同学们都感动得哭了。当时，我觉得你是世界上最好的人。”对自己在主持节目中的出色表现，周郁自己的理解是，主持人所代表的不是自己，灾区听众所感受的是社会、是党对他们的关怀。因此，在她看来，通过热线电话回答听众提出的问题，往往是靠主持人对政策的理解，用自己的话与听众交流，这样的效果比起照本宣科来讲当然好得多。一个主持人讲话是否有一定的“权威性”，主要看是否有政策水平。①

3. 大板块综合性的节目结构

如果说大板块节目在珠江经济台开播之前还只是在个别频率的部分时段中所进行的一些适量的尝试，还仍然从属于传统的节目编排，那么，珠江经济台开播之后的大板块则是以整个频率为单位，除了半点播出新闻和整点播出信息之外，其余时间全是大板块节目结构。每天按时间顺序划分若干个大板块，每一个板块的方针主要根据收听对象及其收听规律来确定。早晨以新闻、信息和服务性的内容为主，及时告诉听众当天重要新闻，穿插有关服务性话题；上午节目突出知识性、服务性和娱乐性；中午节目以反映听众呼声的服务性和娱乐性内容为主；下午至晚上的节目主要是知识性、服务性和娱乐性内容。周六和周日另外设计一套特别节目。经济电台的大板块节目以大时段、综合性和主持人主持为特征，打破了新闻节目与其他类型节目的分类设置的格局，融新闻性、知识性、服务性、娱乐性、教育性于一体，由主持人将不同内容的栏目贯穿综合在一起而形成一个整

---

① 周郁．主持人形象．中国广播电视学刊（增刊），1988

体。其中，有大板块，也有小板块，大板块中也可以套小板块。内容方面，突出综合则构成综合性板块，突出文艺则构成文艺性板块，突出新闻则构成新闻性板块。各个小的栏目虽然在内容与形式上呈综合性、多样性特征，但是在主持人的“耦合”① 作用下，其不同的功能却共同作用于节目整体，进而体现节目整体的表现功能与社会功能。我们将下面所附的广东电台一套节目夏时制时间表（见表2－1）和珠江经济台夏时制时间表（见表2－2）进行比较，就很容易看出“珠江模式”大板块节目结构的基本特征。

表2－1　广东电台一套节目夏时制时间表

（1987年4月12日起实行）

第一次播音		第二次播音	
播出时间	播出内容	播出时间	播出内容
4：50	开始曲，预告节目	10：50	开始曲，预告节目（周一至周六）
5：00	新闻	11：00	新闻
5：10	中央农业广播学校（周一、周三、周五、周日） 戏曲（周二、周四、周六）	11：05	戏曲（周一、周三、周六） 名人戏曲（周二到11：45） 文学（周四、周日） 音乐（周五）
5：40	音乐		
6：50	音乐（周一、周三、周五） 每周一歌（周二、周四、周六、周日）	11：30	德叔时间（周一、周四、周六） 文化生活（周三、周五、周日）
7：00	新闻和报纸摘要	11：45	音乐
7：30	新闻	11：55	广告或音乐
7：40	体育之声	12：00	新闻
7：50	天气预报	12：10	大众生活（周一、周二、周三、周四、周五、周日）
8：00	新闻		音乐（周六）
8：05	休息（周一至周六到10：50） 戏曲（周日到10：00） 音乐之窗 （周日10：00到11：00）	12：50	大众科学（周二至周日） 音乐（周一）
		12：50	体育之声

① 王振业，方毅华，张晓红．广播电视新闻性节目规范研究．中国广播电视出版社，2002. 278

（续上表）

第一次播音		第二次播音	
播出时间	播出内容	播出时间	播出内容
13：00	新闻	18：40	音乐
13：05	广播剧	18：50	天气预报
14：00	新闻	19：00	新闻
14：10	天气预报	19：05	交通信息
14：20	戏曲（周一、周五、周六）	19：10	广告或音乐
	文学（周二）	19：15	音乐
	音乐（周三、周四、周日）	19：30	农村生活（周一至周六）
14：40	天气形势和天气预报		广播剧（周日到20：00）
15：00	新闻	19：50	音乐（周一至周六）
15：05	戏曲（周一、周二、周三）	20：00	各地人民广播电台联播节目
	相声集锦（周四）	20：30	音乐
	宝岛琼花（周五）音乐（周六）	20：40	英语广播讲座
	客家艺苑（周日）	21：00	新闻
16：00	新闻	21：05	京剧欣赏（周一）
16：20	广播英语业余师专班（周一至周六）		戏曲（周二）
17：00	新闻		戏曲（周二）
17：05	音乐		戏曲（周二）
17：15	预告节目		空中银幕（周五）
17：25	广告或音乐		听众点播音乐节目（上）（周六）
17：30	在祖国各地	22：00	新闻
17：50	音乐	22：05	大众生活（周一、周二、周三、周四、周五、周日）
18：00	新闻		听众点播音乐节目（中）（周六）
18：15	广告或音乐	23：00	新闻
18：20	学习节目（周一、周二、周四、周五）	23：10	文学
	戏曲（周三到18：50）	23：50	天气预报
	音乐（周六到18：50）	0：00	新闻
	名人名曲（周日18：50）	0：10	结束曲，播音结束

表 2－2　珠江经济广播电台夏时制节目时间表

（1987 年 4 月 12 日起实行）

播音时间	主持人节目		经济科技信息	新　闻
	日	一　二　三　四　五　六	每天	每天
5：30 开台				
6：00—				
6：30—	星期天，早晨！		—市场信息 5 分钟	
7：00—		珠江晨曲	—综合信息 5 分钟	—中央台新闻 10 分钟
7：30—				—天气预报（7：05）
8：00—			—科技信息 5 分钟	
8：30—				—早晨新闻专辑 10 分钟
9：00—			—市场信息 5 分钟	
9：30—	星期俱乐部		—金融信息、物价信息 5 分钟	—体坛快讯 5 分钟
10：00—				
10：30—		朝朝新节拍	—海外商情 5 分钟	—新闻与交通消息 5 分钟
11：00—				
11：30—	游戏一百分			
12：00—				
12：30—	热线电话		—综合信息 5 分钟	—新闻与交通消息 5 分钟
13：00—		午间快语		
13：30—	三江水暖		—供销行情 5 分钟	
14：00—				—中午新闻专辑 10 分钟
14：30—	农村天地		—综合信息 5 分钟	
15：00—				
15：30—			—科技信息 5 分钟	—天气预报（13：20）
16：00—	南国艺苑	休息 / 南国艺苑	—供销行情 5 分钟	
16：30—				—体坛快讯 5 分钟
17：00—			—金融信息、物价信息 5 分钟	
17：30—	少年乐园	少年乐园		—简明新闻 5 分钟
18：00—	话筒前后		—今日信息总汇（粤语）10 分钟	
18：30—	八面来风	七彩黄昏		—简明新闻 5 分钟
19：00—	长篇小说或连续广播剧			
19：30—				—新闻与交通消息 5 分钟
20：00—	八面来风	旋转歌厅	—今日信息总汇（普通话）10 分钟	
20：30—				
21：00—	农村天地（重播）		—综合信息 5 分钟	—新闻与交通消息 5 分钟
21：30—				
22：00—			—科技信息 5 分钟	
22：30—			—今日信息总汇（粤语）10 分钟	
23：00—				—下午新闻专辑 10 分钟
23：30—	莺歌夜话		—今日信息总汇（普通话）10 分钟	
0：00—				
0：30—				—体坛快讯 5 分钟
0：40 收台				

（续上表）

播音时间	主持人节目							经济科技信息	新闻
	日	一	二	三	四	五	六	每天	每天
									—天气预报（19:35） —简明新闻5分 —简明新闻5分 —晚间新闻专辑10分 —简明新闻5分 —天气预报（23:50） —简明新闻5分

二、“珠江模式”本质内涵与存在价值

一提起“珠江模式”，人们很容易想到“主持人、大板块和直播化”，甚至将其与“珠江模式”画上等号。事实上，从上文对“珠江模式”形态特征的介绍和分析中不难看出，“主持人”、“大板块”和“直播化”只是“珠江模式”基本的结构要素，这三个基本结构要素的相互融合、共同作用形成了一种与传统的广播节目截然不同的节目形式，即“珠江模式”。当然，“主持人、大板块和直播化”三者之间的作用与融合不是无序的，而是始终在“贯穿一条红线”、“恪守一条规律”、“确立一个中心”① 的前提下有序地进行着。根据业内资深学者白谦诚先生的理解，其中的“一条红线”即听众是广播的主人，也就是说，“珠江模式”始终把听众放在主人的位置上，节目的设置和制播都是为了满足听众的需要，体现人民广播为人民服务的宗旨；“一条规律”即按广播的规律办广播，也就是说，“珠江模式”与传统的广播传播模式相比，最大的区别在于它更符合广播的传播规律，更好地发挥了广播的特点和优势，因而受到听众的欢迎和喜爱；“一个中心”即节目主持人，也就是说，“珠江模式”确立了节目主持人在节目制播群体中和节目演播过程中的中心位置。节目主持人不一定是群体的负责人，但是代表这个群体与听众见面的。主持人的形象就是节目的形象。因此，节目制播的群体应该为塑造主持人的形象服务。不过，我们应该看到，“恪守一

① 白谦诚．“珠江模式”的要素和精髓．中国广播电视学刊（增刊），1996

条规律”也好，“确立一个中心”也罢，其基本依据是“一条红线”，也就是说，“珠江模式”是在受众本位的思想主导下形成的，在本质上使广播认识到了受众的作用与价值，强化了受众观念，并在大众传播与人际传播之间找到了理想的契合点，根据受众的兴趣和需求，变革节目形态，按广播的规律办广播。显然，“珠江模式”在广播与受众之间建立起了一种新型的传受关系。也正是因为如此，“珠江模式”成了中国广播改革的方向，并引领中国广播改革的潮流。

那么，与传统的广播节目形式相比，“珠江模式”究竟有哪些传播优势或者说存在价值呢？我们依然援引白谦诚先生以下5个观点来回答这个问题。①

1. 内容的综合性

传统的广播节目样式，新闻、社教、文艺、服务等几大类型节目，都是各自独立、泾渭分明的，每个节目在内容和题材上都是单一的，甚至是一篇稿件一贯到底；“珠江模式”采用大板块结构，一个节目可以融新闻、社教、文艺、服务等内容为一体，可以满足听众多方面的需求。

2. 形式的多样性

传统的广播节目样式、内容的单一性决定了形式的单一性，一个节目如播通讯就是一篇通讯，如播录音报道就是一篇录音报道，如播对话就是一篇对话；“珠江模式”内容的综合性决定了形式的多样性。主持人在一档节目里，既可以报告新闻，传播信息，谈论某一话题，又可以接听电话，与嘉宾交谈，放段音乐，讲个笑话，读一首小诗，播一则广告……灵活机动，花样翻新。

3. 播讲的贴近性

传统的广播节目样式产生了传统的播音方式，播音员正襟危坐，照稿播读，字正腔圆，节奏较慢；“珠江模式”则要求主持人采用规范化的生活语言与听众交流，除新闻与信息以外，即使有稿子，也不是播读，而是播讲。主持人谈话的口气，使用的语汇以及谈话的节奏，都更加接近听众的日常生活，人际传播的方式融入了大众传播之中，这就使主持人节目比较贴近生活，贴近听众。

4. 收听的连贯性

这一点，我们在谈大板块节目的优势时已作介绍，这里不妨重申一下。传统的广播节目样式，除体育比赛实况转播、戏剧节目和电影录音剪辑等以外，节目时段均较短小，一般为15分钟或20分钟，30分钟就是长节目了。每个节目都有开始曲，最后都要说“这次节目播送完了，是由某某某、某某某播送的”，有的还要加上“各位听众，再见”。这种节目设置方式，造成节目之间的断裂感，刺激听众的“关机意识”；而“珠江模式”由于采用的是大板块结构，节目时段较长，各板块之间由主持人串联，所以转换灵活，过渡自然，不断刺激听众的收

---

① 白谦诚．“珠江模式”的要素和精髓．中国广播电视学刊（增刊），1996

听欲望，使听众流连忘返，欲罢不能。

5. 深度的参与性

传统的广播节目样式，由于没有开通电话，听众只能通过写信来参与。编辑部研究听众来信，主要是了解听众反应，作为改进节目的参考，真正在节目里播出听众来信，可以说是凤毛麟角；“珠江模式”开通了热线电话，极大地便利了听众对广播的参与。听众参与广播的广度、深度以及便捷性、即时性，是传统广播节目样式所无法比拟的。

三、“珠江模式”的原因分析与社会影响

“珠江模式”的出现不是偶然的，它是广东广播的决策者们本着“听众是广播的主人”的传播观念，在认真分析广播的媒介特性和传播规律，借鉴境外电台尤其是香港电台传播经验，以及深刻反思过去几十年传播模式的基础上诞生的。在广东广播的决策者们看来，广播像过去那样过分倚重报纸媒体，以训导者的姿态向听众作灌输式的宣传是无法实现应有的传播效果的；广播电台要发挥主流媒体在改革开放和社会主义现代化建设中的作用，不仅要依靠自己的力量办广播，自己走路，而且还要走自己的路，按广播的规律办广播。“珠江模式”出现的具体原因可以从以下几个方面来分析：

首先，改革开放以后，广东率先实行了对外开放政策，社会环境日渐宽松。随着商品经济的蓬勃发展，各种各样的新事物、新思想、新观念此起彼伏，层出不穷，这无疑拓宽了人们的视野，活跃了人们的思维。人们的内心深处萌生出一种超越自我、了解外部世界种种变化的欲望。与此同时，香港广播加强对珠三角地区的覆盖，珠三角地区的听众能够收听多套境内外广播节目，从而出现了多家电台激烈竞争的局面。与广东广播灌输式、宣教式传播不同的是，香港广播受西方发达国家尤其是英、美等国广播运作模式的影响，长期以来在政府的监管下，走市场化、商业化路线，节目内容丰富多彩，形式生动活泼，所以吸引了珠三角地区的大量听众。一时间，广州的大街小巷到处充斥着香港广播的声音，广东广播的收听率迅速下降。有资料显示，广东广播在珠三角的收听率为46.7%，境外的香港电台在同一地区的收听率则高达53.3%；而在广州市区部分街道所做的抽样调查中，广东广播与香港广播的收听率比更达3∶7。这一状况不能不让广东广播的决策者们在感受到来自香港电台的竞争压力的同时意识到问题的严重性。这样，如何将本土的听众从香港广播那里拉回到自己身边，无疑成为他们必须面对的问题。

其次，电视的迅速普及让广播不得不在改革中寻求生存与发展的空间。20世纪70年代末期广东的本土观众还不具备收看香港电视的环境和条件，但改革开放后，广东经济的迅速崛起使珠三角地区居民的生活水平很快得到提高，电视

机逐步普及，数量逐年增加。有关资料调查显示，1983年广州市每百户居民已拥有电视机91台。同年，广东电视台一项自办节目情况调查表明，该台平均每天播出时间达到22小时40分。其节目来源不断扩大，品种日益丰富。与此同时，香港电视的影响力也随之不断增强。珠三角地区观众只要安装“鱼骨天线”就能清晰地收看香港无线和亚洲电视4个频道的节目。当然，内地政策并不允许这些地区的居民私自收看香港电视节目，但是用粤语方言播音，洋溢着浓郁的本土化色彩和西方现代生活情调的香港电视对当时对外部世界缺乏了解、精神文化生活相对贫乏的珠三角地区的本土观众来说则具有巨大的诱惑力和吸引力。因此这些地区的观众依然顶着压力收看香港电视节目。一时间，珠三角各城镇天线林立，成为当地一道独特的景观。这样，本土电视的发展与境外电视的强力渗透，导致了受众资源的再分配，无疑给广播本已恶劣的行业生态环境雪上加霜。那么，如何通过变革观念，在节目内容、形式和风格的不断革新与调整中赢得更多受众的支持，从而在新一轮的竞争中立于不败之地，是广东广播的决策者们不得不考虑的问题。

第三，由于广东率先实行了对外开放、对内搞活，所以广东的受众尤其是珠江三角洲地区的受众较早地享受到了改革开放的成果。迅猛发展的商品经济，改变了人们的思维方式、工作方式以及生活方式。人们越来越深切地感受到经济发展过程中信息的重要性，对信息的渴求越来越强烈，因而对包括广播在内的现代传播媒介的期望值也就越来越高。许多听众对广播传统陈旧的传播模式已经无法适应，更加难以接受广播居高临下的“我播你听”的灌输式、训导式表达。因此，受众强烈的平等参与和话语表达愿望为“珠江模式”的诞生提供了肥沃的土壤。

总之，社会的发展、竞争的加剧、受众的觉醒，这一切的一切让广东广播的决策者们清醒地认识到改革已迫在眉睫，广东广播必须在短时间内加快步伐，由有限的局部单向改革向全面的整体改革推进，变传统的单向传播为互动的多向传播，从而最大限度地满足广大听众的信息需求和交流欲望。于是，一种崭新的传播模式在广东广播的决策者心中逐步酝酿。

事实证明，以“主持人、大板块和直播化”为标志的“珠江模式”一经问世便获得了巨大成功。珠江经济台一炮打响，成为社会关注的焦点。据广州市统计局当时的调查材料显示，广州市的居民100%把珠江经济台列为“每天必听”的电台；广东省及周边的广西、湖南和福建的部分地区也出现了收听珠江电台的热潮。“珠江模式”在国内外产生了广泛的社会反响。

（1）听众来信激增。1987年，寄给珠江经济台的来信超过100万封，平均每天300封。每逢珠江电台举办活动，听众来信就大量增加。面对堆积如山的听众来信，邮政局枢纽中心用麻包一袋袋装起来，要求电台用车拉回来。编辑部也

“紧急动员”，把信分到各节目组，实行“包产到户”，让大家一起拆信。这种情况使前来参观的法国同行大为惊讶，表示“羡慕到嫉妒的地步”。

（2）听众电话激增。开播第一年，广东电台每天接到的听众电话达到两三百个。当年在节目中播出的共计 3 000 个。珠江电台的热线电话从早到晚响个不停。

（3）听众参与电台活动的人数激增。珠江电台开播后，把活动空间从直播室扩展到户外现场，抓住不同的时机，结合各种宣传手段，举办形式多样的户外活动，使户外活动变成听众参与的重要途径。1987 年，直接参与珠江电台活动的听众多达 30 万人。1987 年 9 月 20 日，珠江经济台在人民路高架路通车前夕，举办大型群众性活动“笑迎六运万人行”，吸引了十多万人参加。人们扶老携幼，从广州的东西南北，从珠江三角洲的村镇，涌向活动现场，把全长 3 公里的高架路挤得水泄不通。

（4）广播收听率激增。“珠江模式”全新播出方式受到广大听众的欢迎和喜爱。广播竞争的态势迅速改变。资料显示，改革后 4 个月，广东广播在珠三角地区的收听率就上升到了 78%，而香港电台的收听率则降为 22%。当时，在广州的大街小巷，在珠江三角洲的城乡，到处都可以听到珠江经济台的声音。各大商场的收音机专柜甚至一度出现收音机脱销的现象，令商家喜出望外。

（5）经济效益明显。由于珠江经济台的收听率大幅提高，广告客户纷纷找上门来要求做广告。广东电台的广告收入 1986 年还只有 168. 7 万元，1987 年则增加到 328. 8 万元。珠江经济台成了广东广播经营创收的支柱。

（6）国内外广播界对“珠江模式”产生了浓厚兴趣。珠江经济台开播一年里，先后有 100 多家电台派员参观或采访报道珠江经济台，并纷纷效仿“珠江模式”开办经济广播。此后的 10 多年里，全国有 70 多家经济电台先后与听众见面。与此同时，国外的广播界及其他媒体也十分关注珠江经济台。美联社、纽约时报、美国之音、加拿大国家广播电台、法国国家广播电台、英国 BBC、德国之声以及日本、前苏联、匈牙利、澳大利亚等 20 多个国家和港澳地区的报纸、通讯社、电台、电视台先后对珠江经济台作了报道。1988 年 6 月，广播电影电视部研究室在广州召开为期半个月的全国各省、市电台台长和节目主持人讲习班，专门请广东省广播电视厅和省广播电台的领导介绍广播改革与珠江经济台的办台经验，请珠江经济台各节目的监制、主持人介绍节目制作方式和主持艺术。有人认为，珠江经济台的成功具有里程碑的意义，它带动了 20 世纪 80 年代中期全国广播改革的第一次热潮。还有人认为，“珠江模式”的创立，标志着我国广播改革进入了全面改革的新阶段，为中国广播史写下了光辉夺目的一页。

第二节 系列台建设如火如荼

“珠江模式”有广义与狭义之分。上一节中，我们谈到的“珠江模式”是从狭义的角度阐述其本质内涵的，而广义的“珠江模式”则应该涵盖珠江经济台的一切做法与经验。因此，我们还应该看到，珠江经济台的开播是广东广播整体改革的起点，也是广东广播系列台建设的第一步。其实，广东广播的系列台建设开始于20世纪80年代初期。1980年12月29日，广东电台立体声文艺广播开播。随后的1984年9月3日，广东电台教育广播开播。然而，这两个广播频率虽然说具有系列广播的某种功能，在一定程度上发挥了系列广播的作用，但是当时广东广播的决策者们还没有拿出一整套的系列台建设的方案，或者说，当时办系列广播的条件还不成熟。直到珠江经济台开播前夕，对广播的社会功能、产业属性、运作机制和内在规律的理解和认识才逐渐深刻和清晰。在他们看来，不同的听众有着不同的文化水平，对广播的接受力、理解力和欣赏力存在着一定的差异，同时，不同年龄、不同经历、不同职业、不同性格以及不同爱好、不同兴趣的听众也会形成不同的听众群体，而不同的听众群体对广播的兴趣和要求也不尽相同，所以广播电台应该根据不同听众的不同兴趣和要求，进行适当的专业分工：有的突出体现传递新闻信息和发布政令，对听众进行舆论引导；有的体现思想教育和知识教育；有的提供消遣娱乐和艺术欣赏，有的提供商品介绍，提供服务……各个系列台根据自身的定位在传播内容方面有所侧重，不同的听众就能够根据自己的兴趣和要求选择喜爱的频率，各类听众都可以各适其需，就能够满足最大多数的听众的欣赏口味。基于这样的认识，在10多年的深入探索和大胆实践中，广东广播经过第一系列和第二系列的建设以及不断地调整与壮大，相继建成珠江经济台、卫星广播、音乐台、教育台、英语台、羊城交通台、股市台、健康之声以及城市之声等9个系列台，这不仅使广播的社会功能得到多渠道、全方位的发挥，而且对全国广播的改革与发展也产生了广泛而深刻的影响。

一、办大众型广播，第一系列在改革中诞生

珠江经济台的一炮打响，极大地鼓舞了广东广播系列台建设的信心。于是，广东广播的决策者开始着手对第一套节目进行改革：在1987年11月15日该套节目第一步成功推出《南粤纵横》、《青春夜话》和《文化广场》三个板块的基础上，1989年11月15日，以传达党和政府政令、发挥喉舌作用为己任，以新闻节目为主体的综合性电台——广东新闻台顺利开播；1991年1月23日，以弘扬民族音乐、提倡高雅艺术为宗旨的电台——广东音乐台也顺利开播；1992年2

月28日，全国第一家省级英语台——广东英语台开播；加上原有的广东文艺台和广东教育台，广东广播已经拥有针对不同听众，具有不同风格、多功能、多层次的6个系列电台。这6个系列电台在广东广播发展史上通常被称为第一系列。

第一系列主要以“珠江模式”为行为样板，在“听众是广播的主人”这一传播观念的主导和支配下，着重对节目形态和播出方式进行改革，努力把自身打造成大众型广播。这里，我们以新闻台和音乐台为例来具体看看广东广播第一系列的基本特点与追求。

1. 新闻台：挖掘广播潜能，发挥广播优势，彰显广播魅力

“珠江模式”的成功让我们看到，直播化的播出方式不仅能够使广播的快捷性优势发挥到极致，而且让传受双方的即时互动成为可能。但是，在节目具体的经营和运作过程中，如何挖掘广播潜能，发挥广播优势，充分利用直播这个理想的播出平台则是广播工作者应该深入研究和着力思考的问题。值得称道的是，广东新闻台不仅全程采用直播化的播出方式，而且在直播的过程中还深入挖掘广播潜能，充分发挥广播的独特优势，通过新闻信息的传递与表达进一步彰显广播的魅力。①

（1）“滚动式”报道让广播新闻快起来。为了发挥广播快捷性的优势，真正使广播新闻“新”起来，广东新闻台开播以后率先在全国广播界办起了每半个小时的“滚动式”新闻。这种“滚动式”新闻随着新闻事实发生的时间推移和空间转换，采用短周期、高密度、快节奏的编排方法对新闻客体进行快速、多面、全方位的报道。它要求每次新闻节目都应有新的内容；重大的事件性新闻要作快速连续报道；重大的非事件性新闻要从各个不同的侧面、不同角度作全方位的报道，使整个新闻节目滚动向前。随着社会生活节奏的加快和人们接受信息的迫切要求，“滚动式”显示了广播新闻不可比拟的传播优势，因而受到普遍欢迎。如1986年10月，英国女王伊丽莎白第一次访问中国时，广东新闻台采用“滚动式”报道方式对此报道就非常成功。女王最后一站是经广州去香港。在中英关于香港问题的联合声明签订不久，英女王的来访无疑是一件具有重大历史意义的大事。为此，新闻部出动了10多名记者，采取了“接力赛”的报道方式，从中午12点到晚上8点，在不同的时间、不同的场合发回了12条有关英女王在广州短短几个小时的活动报道。许多时候英女王还未离开现场，报道已经播出了，令跟随采访的其他媒体的记者刮目相看，赞叹不已。又如1991年“七号”强台风登陆汕头的报道，登陆当天，从下午4时半到晚上10时，新闻节目就陆续播出了。驻地记者冒着生命危险抢风头、追风尾，现场采制的《强台风横过

---

① 江英，陈永光，余碧君．广东电台新闻改革的回顾与展望．中国广播电视学刊（增刊），1996

南澳岛》、《强台风前锋到达汕头市》、《强台风在汕头正式登陆》等5则新闻，对强台风登陆过程作了“滚动式”报道。接下来，记者又对台风造成的损失、当地干部抗灾救灾、重建家园等情况不断进行多侧面、全方位报道。

此后，在1993年广州皮鞋厂厂房倒塌、深圳清水河仓库大爆炸和珠海染织厂火灾坍塌事故以及1994年广东大水灾等诸多重大突发性新闻事件中，广东新闻台都采用“滚动式”报道方式，收到了比较理想的传播效果。

不仅如此，为了确保每次新闻节目都有新内容给听众，除了要求本台记者、通讯员尽量多地采写稿件以外，广东新闻台还广开信息来源，采用新华社、中新社和中国国际广播电台的稿件，摘播当地其他传媒的报道以及选编全国各地电台、报纸的消息等。这样，基本做到了平均每次新闻节目有1/3左右的新内容。有时，新闻每小时就能够更新一次。

与此同时，在办好滚动报道、发挥广播新闻快捷性传播优势的同时，广东新闻台还注意加强对重大新闻作深度报道。为此，广东新闻台开办了一个新闻性板块节目《午间两小时》。节目提出“滚出来，深下去”的口号。其中的《时事传真》栏目对滚动新闻中的重要新闻或跟群众关系密切的新闻进行深度报道，或进行综合性、分析性报道；提供新闻背景；评价新闻事件；分析不同方面的反应；预测未来发展；对重要事件和群众关心的问题及时发表评论等。节目的基本形式是记者和主持人共同主持节目，回答听众问题，或者主持人在直播室通过电话与前方记者交流对话等。由于许多报道内容是从滚动新闻中滚出来的，而且往往由原来的记者在直播室或通过电话接受主持人的访问，直接进行述说和评议，因而与新闻消息联成一体，实际上是新闻节目的延伸与深化。如中发的士司机经济纠纷案、阳江市部分干部以权谋房严重受查处分、珠海重奖科技人员等事件，都是播发消息不久，就进行新闻背景的挖掘，把话题深化。这样就发掘了广播的潜能，满足了听众进一步了解新闻来龙去脉的欲望和更深层次意义的要求。

（2）“参与式”评论让传受双方互动起来。在传播学者看来，大众传播是缺少互动或是互动滞后的，但是热线电话的介入不仅刷新了大众传播学的传统观念，而且实现了大众传播传受双方的即时互动。正是考虑到现代广播所拥有的这一优势，广东新闻台开播以后，在经营好本台评论、本台短评和一事一议的小评论、编前编后话等传统的广播评论的同时，大胆尝试开办一些像《社会论坛》和《家庭咏叹调》等让社会各界人士直接参与，就某种社会现象或社会问题平等地畅谈看法、发表议论的互动式谈话节目。1992年元旦，该台在总结这两个节目的基础上，在每天18：30到20：00又开办了《今日热线》节目，以记者的专题调查或报纸发表的群众关心的报道为由头，在直播室接听、播出各地听众参与讨论热线电话，必要时还邀请政府部门负责同志或有关专家走进直播室接受咨询，参与讨论。1992年5月4日，《今日热线》就《广州日报》刊登的一则

《残疾人勇救落水少女》记述的一少女不慎落水，前来观看的人很多，却无人伸出援助之手，路过的残疾人郭志成见状纵身跳下江中，两青年为之感动，一起下江救起少女的社会新闻展开讨论。节目中，主持人打电话请作者详细介绍救人勇士郭志成当时下水救人的情景以及他平时的表现。在一个多小时的讨论中，参加者有工人、干部、学生，有青年人也有老年人，有外地人，也有郭志成的同事。他们从民族传统、道德观念、社会风气、家庭教育以及商品经济的大环境等方面去探索产生这一现象的原因。意见不尽相同，但经过主持人的引导、归纳，最后归结到精神文明建设必须落实到树立正确的人生观和价值观，培养高尚的道德情操和正义感上来，使听众受到一次深刻的教育。

（3）“直播式”访谈让节目轻松起来。广播是单信道传播，声音是听众收听广播节目时可感知的唯一信号，所以传统意义上的解说加音响的新闻节目，尤其是持续时间较长的新闻专题节目，往往会因为声音元素的单一以及制作手法的呆滞与僵硬给听众带来单调、乏味之感。有人认为，广播媒体更适合做资讯类节目，道理就在这里。不过，更适合做资讯服务，不代表广播媒体就不可以解读新闻，也不意味着广播媒体就不能做深度报道，关键在于能否消除节目的单调、乏味感，让听众在一种相对轻松的状态下收听节目。“直播式”访谈节目的出现从某种意义上说就适应了听众的这一要求。“直播式”访谈有两种方式：一种将访谈对象请进直播室，与主持人面对面交流对话；二是主持人在直播室通过热线电话与访谈对象远程交流对话。由于节目处于直播状态，访谈的过程也就是播出的过程，访谈对象既与主持人交流，同时还可以和四面八方的听众交流对话，回答他们的问题。因此，节目真实可信，生动活泼。比如广东新闻台的《灿烂星河》，在一个小时的节目中，访谈对象在直播室中既接受主持人采访，又回答现场听众提出的问题，还通过热线电话与收音机边的听众交流对话，听众无须借助记者的文字就能够感受其音容笑貌、魅力风采；再比如在采访台湾女田径名将纪政的节目中，主持人采用长途电话与她交流对话，通过本人的自述，把这个亚洲“女飞人”的个人经历、成就、爱好真实地传递给听众，感染力之强，令人难以忘怀。而获1991年度中国广播奖一等奖的《你好，南极人》，在国家南极考察委员会办公室和广州海岸电台的帮助下，更是跨越时空，在主持人的牵引之下，将广州、北京和南极连接在电波中，把广播“直播式”访谈做到了极地，从而最大限度地开拓了广播的空间，缩短了听众与广播的距离。

（4）“开放式”社会活动让广播“活”起来。组织社会活动是广东新闻台丰富节目内容、密切与听众联系的重要举措。其中，1990年全天特别节目《九十年代，新的希望》中的一个环节就是把直播室搬到街头，和听众一起讨论共同关注的问题。这一举措在中国广播界堪称首创。1991年11月15日，广东新闻台开播两周年，他们把这一天定为“听众日”，活动主题是“广播，是我们大家的”，把全天的15个板块节目交给听众自己设计、撰稿和主持。听众把节目做得有声有色。1992年6月7日，举办连续12小时的特别节目《希望工程——广播听众爱心大行动》，在全省15家电台联播，这一活动在全省范围为“希望工程”宣传募捐打响了第一枪。关于广东广播社会活动的开展情况，我们将在下一节作专门的介绍。

当然，广东新闻台并没有把自己定位为纯新闻广播，而是以综合性的新闻广播出现在听众面前，所以除了下工夫经营好主体的新闻节目外，还精心安排其他方面的内容作调节和补充，比如设置了《学习之友》、《社会服务网》、《跨越彩虹》、《我们的小世界》和《静夜心曲》等融教育、知识、欣赏、娱乐和服务等方面于一体的综合性节目。这样，主体的新闻内容通过综合性的节目内容来调节，从而使广东新闻台的节目能够吸引更多的听众。

2. 音乐台：发挥资源与人才优势，体现音乐品种多样化和鉴赏专业化

1991年开播的广东音乐台创下了多项全国第一：第一家以直播形式播出音乐节目的专业广播电台；第一家举办本地原创歌曲大赛且持续十年举办本地原创歌曲排行榜的广播电台；第一家在每年元旦之夜举办被誉为“精神文明软雕塑”的新年音乐会的广播电台等。为了独树一帜、卓然超群，在节目的经营与运作过程中，广东音乐台充分发挥自身优势，努力打造成为一个特色鲜明的电台，从而在竞争中求得生存与发展。[①]

（1）发挥音乐资源优势，体现音乐品种多样化特色。广东音乐台的前身是广东调频立体声电台，创办十几年来积累了丰富的音乐资源，而且许多内容是市面上无法找到的。随着国际性音乐交流机会的增多，广东音乐台又以其独有的专业地位和优势与国内外许多唱片公司和广播机构建立了长期的合作伙伴关系，源源不断地得到他们提供的最新最具代表性的音乐素材。考虑到广东广播的音乐节目普遍存在着音乐品种单调和音乐水准偏低的状况，无法满足音乐品位日益提高、音乐兴趣日趋多样的广大音乐爱好者的需求，广东音乐台开播之初就决定发挥自身音乐资源丰富的优势，在节目中充分体现音乐品种多样化的特点。为此，广东音乐台专门设置了以严肃音乐为主要内容的《交响天地漫游》、《交响音乐欣赏》、《大剧院》和《老梁谈音乐》等栏目，使严肃音乐作品能够得到充分传播与普及。与此同时，在《清晨的旋律》和《夜空浪漫》两个板块中，设置了《音乐日历》和《名家之夜》栏目，更是从各个侧面去深入细致地介绍严肃音乐的内容，使很多精致又著名的古典音乐小品、室内乐、小型乐曲有了专门的播出栏目。对于本土的中国音乐，广东音乐台设置了《高山流水会知音》和《中国歌曲热线》两个主题鲜明的栏目。为了繁荣广东本地音乐创作，广东音乐台专

---

① 王玉琼. 音乐台的专业化和多元化. 广播之路，1996（1）

门设置了本地创作歌曲展播，还以“新歌榜”和“歌曲热线”的方式，使这类节目达到内容与形式的优化组合，一批由广东音乐人创作和广东歌手演唱的原创歌曲经过音乐台的推介、展播迅速走红。因此，在广东音乐台的节目中，既能够欣赏到古老派巴赫的管风琴乐曲，又能听到现代派科普兰的爵士钢琴曲；不仅有中国民乐古风，而且还有世界摇滚电声，内容广博丰富，古今中外并存。广东音乐台不仅为听众提供了欣赏音乐的空中舞台和学习音乐的空中教室，而且成为推动本地乐坛、培养音乐新人的阵地。

（2）发挥音乐人才优势，体现音乐鉴赏专业化特色。在广东音乐台的编辑者看来，树立音乐台的权威形象，音乐鉴赏的专业化是重要特征，它要求节目从音乐专业的角度全面地介绍音乐作品，包括作品的历史背景、创作特征、作者生平和作品风格等。音乐鉴赏专业化不是一般的欣赏、满足于感官需要，而是深入分析探讨其内容，以求正确掌握音乐本质的高层次的鉴赏，通过这种专业化的音乐鉴赏引导听众欣赏音乐，提高听众音乐鉴赏能力。无疑，这给广东音乐台的编辑和主持人提出了更高的专业要求。好在广东音乐台拥有一支专业上非常过硬的编播队伍，他们在实践这一传播理念的过程中发挥了积极的作用，并成功推出了一些既有一定的文化品位，又深受听众欢迎的节目，比如《交响乐热线》往往是邀请本地知名的音乐专家作主持嘉宾，还千方百计约请全国乃至国外的音乐专家，像德国圆号家、瑞士指挥家、钢琴家刘诗昆、指挥家郑小瑛、声乐教育家周小燕等都曾走进直播室做过主持嘉宾。专家们丰富的音乐知识，权威的介绍吸引了不少交响乐迷。值得称道的是，像《音乐现象大家谈》和《乐坛赞弹录》等带有音乐评论色彩的栏目，在对待流行音乐的态度上不是仅满足于歌迷对歌星的好奇追求作表面化介绍，而是从音乐鉴赏的专业角度加以推介，相较于其他电台的流行音乐，其专业性和权威性明显高出一筹。

二、办服务型广播，第二系列在产业经营中形成

1992年春天，邓小平南方谈话强调的“计划经济不等于社会主义”、“市场经济不等于资本主义”以及党的十四大明确提出的建立社会主义市场经济体制，为广播工作者进一步解放思想、更新观念指明了方向，为广播媒体在坚持政治属性、喉舌功能的同时，实事求是地正视它的经济属性，开发它的产业功能提供了理论支持和政策依据。同年6月，中共中央、国务院在《关于加快发展第三产业的决定》中将广播电视正式列入第三产业。文件指出：“以产业为方向，建立充满活力的自我发展机制，现有大部分福利型、公益性和事业性第三产业逐步向经营型转变。”广播媒体的事业单位的属性虽然没有改变，但是其产业属性已经基本明朗。随着经济体制改革步伐的不断加快，广播媒体在其拉动下也加快了市场化进程。“事业单位，企业化管理”已经成为现代广播一种普遍的经营模式。

财政拨款已经不是广播运营的主要经费来源，广播日常运转的开支几乎全部依赖广告经营。广播媒体的运营目标在把社会效益放在第一位的同时，把经济效益也放在了一个非常突出的位置。因此，考虑到收听率在广播媒体的经营和运作过程中扮演着越来越重要的角色，研究广播的产业属性，研究它在市场经济大环境中的生存发展之道，成了广播改革的新课题。于是，从1992年下半年起，广东电台根据本台所拥有的频率资源优势和当时市场经济发展的趋势，系列台建设和办台方向从宣传型向宣传经营型转变，利用SCA调频副讯道开办了针对不同人群提供不同服务的第二系列专业广播，即1993年4月28日开播的珠江股市台、1993年7月30日开播的羊城交通台和1994年10月8日开播的广东儿童台。至此，广东广播已经建成9个系列电台。第二系列电台特别强调专业性和服务性，在坚持正确的舆论导向的前提下，注重广播的产业属性，在体制上作了新的探索和尝试。下面，我们以羊城交通台和珠江股市台为例来看看第二系列的经营与运作情况。

1. 羊城交通台：发挥优势，依靠社会，服务交通

20世纪90年代，随着改革开放的不断深入和经济建设的蓬勃发展，“行路难”成了广州非常突出的矛盾，市区交通混乱，堵车现象严重。针对这一状况，有关部门不得不着手考虑交通疏导问题。由于广播传播速度快及其“解放眼球”的功能，广播对于每一位交通参与者来说就有着其他媒体无法超越的优势。也正是考虑到广播伴随性和移动性收听的独特功能，让广播在疏导交通、服务社会方面发挥自身的作用成了广东电台新的追求。因此，羊城交通台开播以后，以“宣传交通，服务交通，推动交通，文明建设”为宗旨，并为建设广州国际大都市，提高全民交通意识，拓展广播服务功能，促进广州市两个文明建设作积极努力，取得了比较理想的社会效果。具体表现在以下几个方面①：

（1）节目设计突出交通消息这一主线，强调服务功能，体现办台的专业特色。羊城交通台全天设置了46次交通信息，繁忙时每15分钟播送一次，遇到交通事故或突发性事件造成的交通堵塞，更是随时插播。如此高密度、大容量的交通信息，构成了该台的节目骨架。专题节目则以交通服务为中心设置了以宣传新的交通法规和提议新的交通措施为主要内容的《交通备忘录》；让司机们对交通领域不公平事件进行投诉，力求为司机讨回公道的《午餐话题》；提供交通领域法律咨询、法律援助的《律师热线》；邀请各交通职能部门负责同志走进直播室接受听众咨询的《都市红绿灯星期热线》以及介绍车的知识、趣事、历史和车中的故事的《汽车嘉年华》等。音乐节目的设置则不要求主持人在主持节目的

---

① 张云江，林玲．羊城交通台依靠社会服务社会的尝试．中国广播电视学刊（增刊），1996

过程中推介歌曲音乐，因为其主要目的是让听众自娱自乐和调节情绪。新闻节目也不与任何系列电台争高低，而是简明扼要地介绍一些天下大事、社会新闻等，因为其出发点就是说好交通方面的事，让司机满意即可。

（2）借助社会力量，以高投入确保节目的高产出。羊城交通台与广州市交警支队和羊城经贸信息公司合作办台，由市交警支队负责协办交通信息节目和进行交通法规的宣传、解释，羊城经贸信息公司开展经营工作，采用自收自支、自负盈亏、自我积累和自我发展的运作方式，既为交通服务，又向市场要效益。因此，他们在节目投入上下了很大工夫。

①在全国首家采用电脑监控系统，和广州市交警支队交通指挥中心的电脑监控联网，随时监视广州市区的24个路口的交通情况。

②在全国首家建立出租车司机交通消息报道队，在50部出租车上安装对讲系统，由出租车司机随时为电台提供交通信息。

③和省内主要交通职能部门如民航、铁路、航运、高速公路等建立固定联系，由他们每日定时提供各自的交通信息，并利用市区一些主要出入口的电话亭，由特约信息员提供所在地的交通信息。

④有一支反应快速的记者队伍，每人都配有摩托车、对讲机，另备有手机在现场报道使用。事实证明，高投入带来了高产出。羊城交通台的交通信息在实效性、准确性和权威性上体现了专业广播的专业特色，树立了良好的社会形象。

（3）以创优意识制作内容丰富、形式新颖的交通信息节目。羊城交通台的信息节目内容相当丰富，包括市区各路段的交通信息以及火车、飞机、客轮等大交通的交通信息，甚至火车站、机场、码头的客流量也包括在内，目的就是对司机的行车进行疏导，同时对客运业务进行力所能及的帮助。与此同时，为了避免内容的单调乏味，他们专门设计了由路灵灵、路文文、路路通和路路得4位主持人组成的“路氏家族”这一主持群体来播报信息。每个成员均有不同的节目定位，或温柔，或机灵，或潇洒，或得意，主持人按照节目定位设计自己的版头、宣传声带，设计自己的播报语言、播音节奏，力求让各时段的交通信息各有特色，易于接受。实践证明，这一设计是成功的，不仅交通信息成了司机们必听的节目，而且“路氏家族”的成员也成了司机心目中的偶像主持人。

2. 珠江股市台：发挥广播优势，体现专业特色，服务广大股民

伴随着经济的快速发展，股票市场迅速勃兴起来。为了让广大股民及时了解和掌握股市信息，股市报道应运而生。而广播传递信息快捷和移动性、伴随性的收听优势与广大股民对股市信息的需求相契合，珠江股市台开播以后，努力发挥广播优势，最大限度地体现股市广播的专业特色，所以在一定程度上满足了广大股民接受信息的需求。

（1）全方位、多方面地传递股市信息。珠江股市台采用主持人直播化的播

出方式，大时段、大容量、不间断地传递股市信息，涵盖面广，几乎囊括了股市各方面的内容，这从该台的栏目设置方面便可见一斑。珠江股市台的栏目设置涉及新闻、行情、分析和讨论四个方面的内容。其中，新闻方面的栏目主要有《股市综合新闻》、《午间速递》和《周末专访》；行情方面的栏目包括《即时股市行情》和《深、沪股市收市行情》；分析性的栏目主要有《早晨提点》、《股市第一线》、《中午、下午深沪股市分析》、《一周分析》、《技术分析热线》、《基金热线》和《庄稼股点评》等；讨论类的栏目则包括《自己友论坛》、《股市大家谈》和《周日股市擂台》等。

（2）为了让广大股民在第一时间了解股市信息，珠江股市台充分发挥广播快捷性的传播优势，从开市到收市，一直通过电脑终端接收深、沪两市即时行情，并同步即时播出。与此同时，他们还在第一时间插播新闻和市场动态。在每天的节目时间里，经常随时插播市场分析和盘面的异动以及突发新闻、消息等。此外，每天上午收市和下午收市以后，都有一个“中午收市述评”和“下午收市述评”，及时分析股市走势情况。

珠江股市台全方位、多方面、快节奏地报道了股市信息与行情，使广大股民从广播中了解了从其他媒体了解不到的内容，以很强的服务性和指导性创出了自己的特色，受到听众的欢迎与喜爱。虽然收听珠江股市台的节目需要购买加密的专用收音机，但是前来购机的听众仍络绎不绝，因此取得了社会效益与经济效益的双丰收。

三、面对竞争，系列台在调整中走向壮大与成熟

20 世纪 90 年代中期，在广东地区的传媒市场上，电视的强势传播逐步奠定了自身的“霸主”地位，报纸经营也在不断改革中渐入佳境，这无形之中给广播带来了比较大的经营压力。而广播行业内部也出现了同一家电台不同频率之间无序竞争，同一地区不同电台的各类频率之间恶性竞争的现象。针对这一状况，广东广播的决策者在审视系列台建设的布局时开始认识到其中的某些不足，于是决定优化频率资源和人力资源，对系列台布局进行重新调整，具体方针是“收缩战线，提高质量，多出精品，增加效益”。根据这一方针，广东电台对系列台进行了如下调整：

（1）突出重点，集中全台力量办好综合性电台，在综合台中又从人力、物力、财力方面保证办好新闻台，特别是新闻台和珠江经济台的新闻节目，抓好新闻这个龙头，确保舆论导向的正确。基于这样的认识，为了更好地发挥新闻台在宣传上的龙头作用，把新闻台推上新台阶，1996 年 7 月 8 日，新闻台更名为卫星广播，通过“亚洲二号”卫星传送节目，覆盖东至太平洋地区，西至非洲大部分地区，北至俄罗斯，南至澳洲的广大区域，传送范围大幅度扩大，传递质量

也不断提高。与此同时，继续办好已比较定型的音乐台、羊城交通台和股市台。

（2）收缩战线，将九台中的教育台、英语台和儿童台合并为一个台，并组建“广东电台教育培训中心”。

（3）优化频率资源，对两个效益不理想的台进行调整，形成系列台建设的新格局。首先，充分利用调频频率资源，在文艺台的基础上，调整节目方针，于1996年4月18日开办一套以广州市和珠江三角洲新兴城市为服务对象的城市之声。同时，利用教育台、英语台和儿童台合并后空置的频率AM999于1996年4月28日开办一套为听众提供健康服务、为病人和中老年人提供娱乐、健康服务的健康之声。在广播市场激烈的竞争中，各系列台逐渐认识到频率资源的重要性，在节目内容上，越来越明确自己的定位，明确个性经营、特色节目在经营中的意义和价值；在经营方面，采用两级经营、统一管理的体制，一些台开始尝试与社会力量合作经营，推行广告代理，引进竞争机制；在管理方面，优化组合，竞争上岗，总监负责制等逐步实施，成本意识、风险意识和效益意识在各系列台达成共识。

下面我们以城市之声为例来看一看他们优化频率资源的具体做法。

城市之声开播之初其节目就定位于广州市及以广州市为中心的珠江三角洲地区。针对该地区听众的特殊需求，坚持“以资讯、娱乐为主要特色，以文艺为主要内容”的办台宗旨，形成以贴近市民生活、反映城市现状、调节生活节奏和渗透社会大教育的总体设计，办出独具地方特色和都市特色的广播节目。既突出一般市民的共性需求，如新闻、天气预报、音乐等；又注意不同年龄、职业、文化层次和兴趣爱好的各阶层市民，服务各种特殊社会群体，如为股民开办《交易大厅》，为求职者开办《找工跳槽》，为司机开办《巡城师爷》提供路况信息等。与此同时，城市之声针对南方都市人的生活特点，切合市民饮早茶、夜生活丰富的规律，开办《城市早晨》、《突破空间》等栏目以适应广州及周边地区市民的生活，反映城市中出现的各种问题；开办《城市焦点》以反映老百姓身边的事。

城市之声无论是资讯还是音乐，都是以城市题材为定位方向，通过轻松愉悦的节目形式，引导城市文化艺术生活；无论是严肃高雅还是通俗流行，是历史的还是现代的，都在节目中有所体现。多种文化的和谐共存、相互融合，构成了城市之声的文化特色，比如综艺节目《突破空间》和《飞越珠玑路》以表现市井文化、人间真情为主，品位高雅，韵味浓厚；粤曲板块节目《饮茶粤海未能忘》吸引不同年龄层的戏迷听众；《突破空间》晚间节目则经常播送经典歌剧、交响乐、古典文艺作品以及名人访谈、读书话题等；《都市足印》则专门反映广州历史沿革与文化变迁。

为了强化节目的服务特色，城市之声注重听众的听觉规律、作息习惯，在不同的时段，安排不同的节目内容。比如《城市快讯》在正点播报，《巡城师爷》则在半点播报。早晨的要闻简报、天气状况，结合记者的现场采访，使节目更加及时和贴近。每天的《新闻特辑》、《体育消息》，将国内外大事尽收其中。而《精彩每一天》以“多环节”、“快滚动”的方式向股民、司机和求职者提供各种实用信息。《公仆热线》、《法庭直击》、《消费 3·15》和《投资绝招》也都以不同的内容和形式，面向不同需求的听众。

不仅如此，为了提升节目质量，在残酷激烈的媒体竞争中获得生存发展的机会，城市之声摒弃旧有的观念，对节目策划、制作人员和广告经营人员进行明确的责任分工，节目策划、制作人员不必担负经营创收任务，将全部精力用于节目的策划与制作。这样，广告经营主要依靠优质的节目来带动，形成了广播经营产业链的良性循环。

第三节 “看得见的广播”精彩无限

广播媒介“只闻其声，不见其人”的单一性传播有着先天性的弱点。当然，主持人、大板块、直播化的播出方式已经改变了广播传统的传播模式，在一定程度上拉近了广播与听众的距离，但是封闭的直播室使得听众只能借助电话与主持人进行远程的沟通与交流，也就是说，时空的局限仍然会令听众在收听广播时产生接受上的隔膜。为了克服广播传播的这些弱点，办“看得见的广播”成了广东广播新的追求。于是，广场活动、文艺演出、大众论坛、户外直播等形式揭开了广播神秘的面纱，成了广东广播与广大听众建立密切联系的有效手段。这一实践给广播传播带来了革命性的变化，大大拓展了广播传播的新空间。这是“珠江模式”对中国广播改革与发展的一个新的贡献。

一、广场文化活动不断翻新

1987 年 5 月 1 日，珠江经济台在广州文化公园举办了“珠江欢乐传万家”的大型广场联欢活动，周郁、黄曦、嘉欣、赵彦红、李丹、林小溪、黄海和谢亮等一个个听众耳熟能详的主持人在公园搭建的中心舞台登台亮相，活脱脱地走到听众的面前。7 万多人参加了联欢，整个文化公园被围得水泄不通，连树上都爬满了人。文化公园门前的车道被堵塞两个多小时，无奈之下，公安机关紧急出动大量警力维持秩序。这次大型广场活动写下了主持人走出直播室，办“看得见的广播”的第一页，开创了广播开放、参与的新形象。从此，珠江经济台多种内容、多种形式、多种风格的广场文化活动不断活跃在听众中。广州、茂名、湛江、深圳、珠海、肇庆以及珠江三角洲多数地区都留下了他们的足迹。1987 年在广州举办的“高架路上万人行”活动，1988年与广州市十大公园、八大商场联合举办的“空中大联欢”活动，1989年在肇庆举办的“珠江欢乐传万家”，1990年举办的“南湖欢腾一、二、三”，1992年举办的“海陆空大放送”等活动，都非常有创意，也都在社会上产生了一定的轰动效应。1996年卫星广播、新闻中心与团省委于“6·26”国际禁毒日在全省范围内举行了“禁毒风雷——广东省禁毒誓师大会”。主会场设在广州交易会广场，分会场分别设在珠海、深圳、汕头、惠州等城市。有关领导、专家、医生出席指导，戒毒人员现身说法，吸毒人员家属痛诉血泪教训。活动采用多点直播的形式，前方各路记者直击报道分会场情况，影响面遍及全省。从珠江经济台开播到90年代末期的10多年的时间里，从城市到乡村，从田间到街头，先后举办各类活动数以百计。其中，每次大型活动都在社会上掀起了一股“珠江热潮”。

在“珠江热潮”的推动下，办“看得见的广播”在各系列台里也得到积极响应。自“珠江模式”诞生到90年代末期这十多年的时间里，广东广播各系列电台的广场活动不断延伸。内容丰富多彩，形式千姿百态。主要包括以下几方面的内容：

1. 节假日庆祝活动

如“除夕温馨夜，飞马到万家”、“万众化装游园贺中秋”、“太阳岛彩虹暑假”、“虎年新春游乐大观园”、“五月的风采”和“六一欢乐海洋”等活动在社会上都产生过一定的影响。其中，1989年除夕，新闻台策划的“除夕温馨夜，飞马到万家”活动，除了以史话、歌曲和热心电话精心安排好直播室操作的节目内容以外，还派出记者和节目主持人乘坐被喻为“飞马”的汽车叩开广州市民的家门，以特别准备的礼物向市民祝贺新春，并通过电话把市民家庭欢度除夕的“实况”插入直播室节目里。“飞马”驾到的家庭接过礼物，喜出望外；听众通过广播追寻一个又一个家庭的乐事，兴味盎然。节目内外荡漾着浓烈的节日喜庆气氛。1990年10月1日，新闻台在广州市政府门前举行了“敬礼，五星红旗”大型群众性广场文化活动。活动以“敬国旗，唱国歌，颂祖国”为主题，主要内容包括“长跑队护送国旗”、“升旗仪式”、“三军仪仗队奏国歌”、“著名诗人现身”和“大型文艺表演”等等。活动邀请了新中国第一代女飞行员等我国各个历史时期的见证人以及与五星红旗有关的人物，如毛泽东主席在开国大典中升起的第一面五星红旗的缝制者赵文瑞、第一个把五星红旗带到南极极点的科考队员秦大河、国庆节当天在亚运会上以获得金牌的成绩使五星红旗高高升起的运动员等与群众见面。特殊的联系产生了特殊的感受，在他们以特殊的感受进行交流的过程中，又深深地感染了在场观众。不少群众也参与了活动，一个共同的话题——“我们应该如何为五星红旗添光彩”，激荡着每一个参与者的情怀。对国旗的歌颂与敬仰激发了广大市民的爱国热情，产生了良好的社会效果。

2. 公益宣传活动

如“为孤儿找妈妈”、“春风行动”、“星光熠熠城市暖流夜”、“为失学儿童交学费”、“珠江长江一线牵，水患无情人有情”、“在井冈山的天空画出彩虹”、“装点新世纪——白云山城市红枫林植树”和“名 DJ 爱心大献血”等活动都获得了听众的赞誉和好评。其中，1995 年新闻台、音乐台与香港电台携手在广州举办了“粤港暖流行动——老幼两相亲”活动，除了为广州市残疾儿童康复设施进行了大型筹款义演以外，还由两地热心社会公益的几十位老人组成暖流先锋队，探访广州残疾儿童机构，为残疾儿童送去温暖与关爱。1996 年由新闻台发起的“名 DJ 爱心大献血”活动，堪称广播史上的创举。在“广州市无偿献血日”当天，广州市六家电台在市政府门前以特别的方式进行广场直播。11 位听众喜爱的节目主持人一边献血，一边主持节目。台上主持人侃侃而谈，台下观众热情高涨，不断用掌声和欢笑声为主持人风格各异、异彩纷呈的节目和义举加油喝彩。主持人用语言和行动感染了在场的每一位观众，有数百位志愿者加入了献血的队伍，以致当日的献血量大大超过了原来的采血计划，创下了广州献血史上的最高纪录。

3. 企业宣传策划活动

如“为下岗工人献爱心”、“广啤欢乐夜”、“雀巢卡米奇故事大赛”和“保时捷 98 展雄风”等对企业形象的展示均起到一定作用。其中，1989 年广东电台策划组织了“中华博览会”，期间举办了“五羊自行车大赛”，分设家庭接力赛、速度赛和慢速竞技赛三个项目。参赛者统一使用广州五羊自行车工业公司提供的自行车，并以该公司生产的自行车作为优胜者的奖品。活动不仅饶有趣味，而且对五羊自行车品牌也进行了一次实实在在的宣传。

上述这些广场文化活动把广播、听众、企业紧密地联系在一起，大大地提高了广东电台的社会效益和经济效益。随着听众和企业对广场活动的热衷和需要，广东电台各系列台广场文化活动的开展也越来越频繁。从 1997 年起，音乐台与团省委在天河城青年广场每月举办一场以多主题、多形式为特点的广场音乐会。有的台甚至把广场文化活动作为每星期的常设内容，城市之声就有两天内连续转播六场广场文化活动的记录。

二、文艺演出异彩纷呈

除了群众性的广场文化活动，为了让“看得见的广播”更具欣赏价值，广东电台各系列台还根据不同层次不同爱好的听众的欣赏需求和参与需要，经常性地举办一些不同类型的文艺演出活动，从另一方面展现广东广播的魅力与风采。“珠江模式”诞生之后十多年的时间里，广东电台各系列台举办的文艺演出活动数不胜数，内容丰富、异彩纷呈，而且还涌现一些档次较高的文艺演出。

1993年由音乐台最先提出并联合广东省文化厅、广州乐团和广州友谊剧院共同主办的“新年音乐会”是一个很有象征意义的高雅音乐会，以其高品位和独特的内容形式在社会上引起强烈反响，被誉为“广州人精神文明建设的软雕塑”。“新年音乐会”节目年年推陈出新，观众每年都能够从中领略到世界各地不同的歌唱家、指挥家、演奏家的精彩表演。音乐会进行的过程中，台上台下融洽的艺术氛围展现了广州人精神文明的新境界。于是，“新年音乐会”成为广州人的骄傲，并因此持续了许多年。

“广东国际广播音乐博览会”则是广东广播走向世界、参与国际广播大交流的一项重大活动，也是“珠江模式”诞生之后广东广播举办的一项规模最大、影响最广的国际交流活动。在“94广东国际广播音乐博览会”中，全球五大洲数十个国家和地区的广播机构参加了交流，100多位广播界、音乐界专家学者、权威人士和1 000多位艺术家、演员参与了观摩和演出。参与活动的观众达11万人。广东国际广播音乐博览会以“广播、音乐、和平”为口号，开展了丰富多彩的活动，其中有隆重的升旗仪式、大型彩车巡游、开幕式及大型文艺晚会、国际广播音乐节目展播、DJ演示会、国际音响器材展览、国际广播学术研讨会、闭幕式以及各种类型的音乐会，等等。1996年五大洲广播界、音乐界的朋友们再度相逢，广大听众也再次分享了音乐博览会的精彩节目。为了发动更多群众关注、支持和参与这项国际文化交流活动，广东电台以“广东国际广播音乐博览会”的名义，先期推出了一系列活动：电视晚会“相约在今秋”、“广东省著名DJ现场演示会”和广州黄埔造船厂“船台音乐会”等。广东国际广播音乐博览会使广东电台与世界各国广播界建立了密切友好的联系，并为后来成功进行一系列国际交流活动奠定了良好的基础。

“广东广播新歌榜”是广东电台推动广东原创歌曲创作的一项大型活动。从1987年开始，广东电台推出了中国第一个原创歌曲大赛——“金曲擂台大赛”和第一个原创歌曲排行榜“广东创作歌曲‘健牌’大奖赛——广东新歌榜”。1996年广东电台又在各个系列台的歌榜——“‘健牌’广东新歌榜”、“岭南新歌榜”和“新歌新人榜”的基础上，联合全省50多家地市电台，共同主办了全国最大的省级原创歌曲排行榜“广东广播新歌榜”，除了在50多家电台设榜推介外，每季度和年终都在户外举行一场群众性的季选、年选颁奖演出。“广东广播新歌榜”以其规范性、专业性的运作和集约化的规模，汇聚了原创音乐的社会精英，在全省乃至全国范围内充分显示出它的权威性和广泛的影响力，使广东与北京、上海一道成为中国三大原创音乐创作和生产的重要基地。在“广东广播新歌榜”的推动下，广东原创乐坛涌现了一大批优秀歌手和优秀的流行歌曲。毛宁、杨玉莹、林依伦、高林生、李春波、陈明等歌手在全国都有一定的知名度；《涛声依旧》、《弯弯的月亮》、《信天游》、《爱情鸟》、《你在他乡还好吗》、

《牵挂你的人是我》、《大花轿》、《小芳》、《蓝蓝的天蓝蓝的夜》等歌曲也唱红了大江南北。

"珠江模式"诞生之后十多年的时间里，广东电台举办的文艺演出内容丰富，异彩纷呈，既有音乐方面的演出，也有文学方面的演出，还有戏曲方面的演出。其中，音乐方面除了"新年音乐会"、"广东国际广播音乐博览会"和"广东广播新歌榜"的演出活动外，还有"五月的鲜花"、"春之旋律——全国三十家省市级电台评选全国十大歌手"、"跨世纪的颂歌——纪念毛泽东诞辰100周年大型文艺晚会"、"百歌颂中华"、"星月争辉耀天河"、大型音乐会"广州之恋"、"春之声——广东省音乐家新春新作品音乐会"和"京粤港普通话歌曲群英会"等；文学方面有"华夏之春名人名著名曲欣赏会"、"东方之声文学作品欣赏会"和"广东省普通话朗诵大赛"等等；戏曲方面有"全省群众粤曲大奖赛"、"92粤港业余粤曲大赛"、"98粤港业余粤曲大赛"和"万千希望在人间——新马红粤曲演唱会"等。需要提及的是，1993年举办的"万千希望在人间——新马红粤曲演唱会"，是粤港两地文化交流的一大盛事。粤港两地粤剧大师红线女和新马师曾四十多年来首次同台演出。演唱会还别出心裁地邀请香港著名歌星刘德华、叶倩文以及广州红豆粤剧团同献爱心，共同为广州市东山区失学儿童进行捐款义演。广州当地的媒体将这次活动称为"破天荒第一次舞台艺术交流"。

三、公众论坛反响热烈

公众论坛是广东电台办"看得见的广播"的又一主要形式。与以文艺娱乐为主要内容的广场文化活动不同，公众论坛依托某些特定的公共场所，选择一些公共性的社会话题，在主持人的引导下，参与节目的有关专家或政府官员与公众进行面对面的讨论交流。所要指出的是，公众论坛是一个开放性的讨论场所，在节目进行的过程中，路过的行人随时都可以参与节目，加入讨论的行列之中，并就讨论的话题发表个人观点和看法。

可以这样说，广东电台的公共论坛就是一种流动的直播室，山顶、江边、街头、公园、商场和学校等都可能成为它的活动场所。

白云山是广州著名的自然风景保护区。然而，曾几何时，一些单位在山上乱砍滥伐、私建违章建筑，对白云山的自然生态造成了极大的破坏。针对这一现象，1996年2月26日，当广州市政府决定由陈开枝副市长带队上山检查并向违章单位发出"最后通牒"时，珠江经济台联合新闻台在白云山山顶公园以"六百万人的呼声，还我白云山！"为主题举办了一次公众论坛。在这次节目中，既有特邀的嘉宾参与，也有跟随市长的巡山队伍；既有记者通过无线电话发回的现场报道，又有现场群众的即兴发言，还有听众电话的参与讨论。讨论的气氛十分热烈，要求发言的群众排起了长队。带队的陈开枝副市长在节目最后还就部分听众发表的意见作了回应。通过讨论，市民们进一步明确了环境保护和社会经济发展的关系，政府也更坚定了治理白云山的决心。

1995 年新闻台在广东电台 300 平方米的演播厅举行了“不在其位，共谋市政”的大型系列活动，邀请了广州市长黎子流和十年前参与“假如我是市长”市民参政议政活动的“假市长”代表邱金华、刘国成等和著名专栏作家微音，以及 200 多位来自社会各界的听众代表参加讨论。讨论的焦点是“如何把广州建设成为花园式城市”。在场的听众争先恐后地向市长和“假市长”进言，黎子流市长在论坛上与市民平起平坐，不带丝毫的官腔，对听众的建议洗耳恭听，心记笔录，有些问题还当场拍板解决。黎子流市长对论坛活动给予很高评价，他认为：“公民论坛为市领导与市民架起一座沟通的桥梁，让广州六百万市民的脑袋启动起来，建设国际大都市就会有更多的好办法。”

1991 年珠江经济台专门探讨粤港两地交流合作的节目《粤港经贸专线》和《粤港法律专线》先后开播。这两个节目的系列论坛一直是在粤港两地开展。惠州西湖、香港尖沙咀、广州市人大门口和广州经济技术开发区等地都曾是论坛举办的场所。论坛所到之处听众参与的热情非常高涨，反响极为强烈。系列论坛不仅使参与讨论的群众直接了解了有关政策，而且增进了两地人民的沟通和交流。

城市之声开播之后，户外公众论坛接连不断。《星期六讲场》就是比较有代表性的一个栏目。该栏目每周一次，选择市民关心的社会热点问题展开讨论，而且每期节目都在不同的地点举行，步行街、咖啡馆、商场和茶楼等聚众场所都是他们开展论坛的好去处。

“珠江模式”问世以后的十多年的时间里，广东电台开展的公众论坛内容丰富，形式多样，比如在广东迎宾馆举行的“在治理整顿中寻求出路”、在珠江江畔举行的“爱我珠江”、在仁威庙举行的“文物保护大家谈”及在广州花地湾进行的“社会公德大讨论”等等，都引起了强烈的社会反响。

户外公众论坛与听众进行“零距离”接触，看得见，摸得着，便于听众直接参与，在一定程度上满足了听众参政议政、表达思想的愿望和要求，既体现社会主义民主，又容易形成强大的舆论声势，对抨击不正之风、弘扬社会正气发挥了很好的作用。

四、户外直播室别具一格

以上叙述让我们看到，得改革风气之先的广东广播开创了广播改革中的许多第一，使低迷中的中国广播再现生机。其实，在许多的第一之中，户外直播室的创立对中国广播的发展也有着举足轻重的意义。而户外直播恰恰是“看得见的广播”最真实的体现。

1990年元旦，在位于广州市环市东路的友谊商店，人们惊喜地发现，这里平添了一间玻璃屋，里面坐着两个对着话筒说话的人。原来这是广播电台的直播室，直播室里面的两个人是正在主持节目的主持人。直播室背靠商场，面临大街，这是广东电台新闻台的杰作，是他们在20世纪90年代的新创举。尽管这个直播室是临时的，但在广播界引起了关注，在社会上产生了轰动。成百上千的听众涌到这间玻璃屋前，第一次"零距离"地观看广播节目直播。这一天，由新闻台策划的《90年代希望广场》节目在这里直播。一群知名人士被请到直播室，广州市副市长石安海通过电波向广大听众致以新年的问候，并就"90年代广东应树立什么样的社会新风尚"的话题发表了意见和看法。

如果说友谊商店直播室因为其临时性还不能说是真正意义上的户外直播室，那么，1992年珠江经济台与广州南方大厦集团股份公司携手合作，在南方大厦商场设立的"南大直播室"则是全国第一家常设的户外直播室，逢周日上午播出。"南大直播室"节目轻松活泼，参与性强，每次节目都吸引大量听众。每逢周日上午，直播室外总是站满了前来一睹主持人风采的听众。1996年珠江经济台更是双管齐下，分别在华夏康隆商场和广源购物中心办起了两个直播室，周五、周六播出。

值得一提的是，城市之声自它诞生的那一天起就在广州仟村百货商场设立了一个全天候的户外直播室——仟村直播室。在这里，城市之声每天都有一档直播节目与听众见面，这一大胆的尝试使刚刚开播的城市之声迅速提高了知名度，收听率急剧上升。仟村直播室的诞生体现了现代广播贴近听众、融入听众，全方位向听众敞开胸怀的决心和勇气，所以深受听众欢迎。随后，城市之声的东方时代广场直播室、荔湾广场直播室以及音乐台的海印直播室相继诞生。1999年6月28日，广州市第一条地铁开通。广东电台音乐之声把户外直播室设在了连通地铁的地下商场内。这样，"音乐之声流行前线直播室"正式与听众见面，并且非常有创意地提出"站在广播最前线"的口号，让一直坐在调音台前的主持人第一次"站"起来主持节目，因而受到广大听众的热捧。

总之，广场文化活动、文艺演出、公众论坛和户外直播室等在一定程度上使广东广播真正成了"看得见的广播"。而"看得见的广播"则在大众传播的过程中借鉴许多人际传播的因素，所以广东广播的许多节目既符合收音机边广大听众的欣赏口味，又满足了现场听众参与节目的欲望和要求；既充分发挥了广播听觉功能的优势，又弥补了广播视觉功能的某些方面的不足，达到了较为理想的传播效果。"看得见的广播"不仅补充、延伸、完善了广播的社会功能，拉近了广播与听众的距离，提高了广播节目的收听率，而且活跃了广大听众的文化生活，提高了社会效益，扩大了广东广播的知名度和社会影响力。

第四节　经营创收逐步走向辉煌

自党的十一届三中全会明确全党和全国人民的工作重心转移到社会主义现代化建设上来以后，发展经济成了现代化建设的第一要务。根据改革开放和发展经济的需要，广播经营创收工作也开始得到应有的重视。1979 年 3 月 15 日，随着第一条广告“春蕾药效发乳”在上海人民广播电台的恢复播出，广播经营创收工作正式拉开序幕。1979 年 5 月，广东电台恢复广告经营业务，广告有了固定的播出时间，同时有了音乐旋律讯号，同年成立广告科，广告经营有了专门的工作人员，承接国内外广告业务，并于中国出口商品交易会期间，播出了第一条外商广告——瑞士乐都表广告。此后，广东广播在努力经营好广告的同时，还不断拓展创收领域，尝试开展信息经营和加密收费业务，取得了良好的经济效益。因此，从“珠江模式”到 90 年代末期十多年的时间里，广东广播在一个良性的发展态势中逐步走向辉煌的未来。

一、广告经营渐入佳境

恢复广告业务之后，广东电台全力以赴地做好广告经营工作，满腔热情地接待广告客户，精心设计和制作广告节目，努力在传播信息、促进生产、扩大流通、指导消费、活跃经济以及方便群众生活、发展国际贸易等诸多方面发挥积极作用。

1981 年广东电台编印了《广播广告》宣传资料，规定了广播广告实施办法、广告时间与收费标准，明确了广告经营的方向。广播广告有工商广告和包括文体广告、公告启事及寻人广告等在内的非工商广告两大类。其中，工商广告为主体内容。广东电台共有 4 套节目播送广告，每天广告固定时间 30 多次，约 200 分钟。1982 年开始按照“黄金时间”、“非黄金时间”和随时插播 3 种不同广播时间，确定甲、乙、丙 3 种广告收费标准。随着珠江经济台和新闻台的相继开播，特别是珠江经济台收听率的大幅度提升，广告客户对广播广告产生了浓厚兴趣，纷纷与电台签订广告合同，有的半年，有的一年，有的甚至三至四年。

1982 年 5 月，沿海地区广播广告经验交流会在广州召开，12 个省、市广播电台的广告界人士出席了会议。1983 年 3 月，全国省级电台广告经验交流会在广州召开。广东电台广告部的负责同志还先后被选为中国广告协会理事、常务理事、中国广告协会广播委员会副主任、广东省广告协会副会长和广州市广告协会副会长。

1986 年以后，珠江经济台和新闻台采用全新的现代化播控设备，以立体声和中波两种频率同时播出，每天播音19个小时以上，其中广告播放时间约160分钟，在大板块节目时间段里，由主持人在话题中或各个小栏目之间随时插播，而且往往穿插在文艺节目中播出，广告效果明显。与此同时，广告的编辑和设计与制作也非常注重创意，努力在形式上有所创新，像直播、对白、独白、相声、快板、讲话录音、歌曲演唱、微型广播剧及音响配乐等均在广告节目中有所体现。广告时长也逐步朝短的方向发展，每条广告20秒、30秒、45秒不等，最长不超过1分钟。经过多年努力，广东电台探索出了以下具有广泛影响的广告类型①：

（1）与客户合办的专题广告节目。这类广告在栏目的名称上冠以企业名称或产品名称。例如：与广州万宝电器集团公司合办了《万宝之声》、与广州白云山制药总厂合办了《白云山之音》以及与广州红棉大酒店合办了《红棉之声》等。参与合办的单位一般都是比较大型的企业。合同期限最少一年，每天播出1~5分钟。节目的特点是有自己独有的呼号、前奏词或歌曲，能给听众留下深刻的印象，对提高企业的知名度、增长产品的销售量具有一定的促进和帮助作用。

（2）特约专题节目广告。这类广告一般在专题节目前3~5分钟的时间播出。每条广告在三十秒左右，每次安排6~10个企业产品播出，特约的时间可以是一年或半年，也可以是一个季度或一个月。广告形式比较灵活，适合中、小型企业。因为是在品牌节目和“黄金时段”播出，所以收费相对高一些；但是由于效果较好，要求特约播出的企业产品特别多。

（3）在专题节目前后播送的广告。珠江经济台、新闻台的大板块节目中教育性、知识性和娱乐性的栏目比较多。广告客户往往选择在与自己产品有一定联系或听众感兴趣的栏目前后安排产品广告。比如：广东运动饮料有限公司就指定在新闻台的《体坛快讯》前面播出其“健力宝”产品广告；珠江经济台的《一盅两件》深受听众喜爱，广州明兴制药厂和何济公制药厂就长年指定在这个节目前后播送其产品广告；中山洗衣机厂生产的“威力”牌洗衣机是名优产品，为了在消费者中树立企业和产品的品牌形象，自觉倾听消费者意见，接受监督，该厂就选择在《消费者之声》栏目前后安排产品广告。

（4）参与娱乐性节目或大型社会活动的广告。珠江经济台周日播出的节目内容丰富，形式新颖，生动活泼，娱乐性强，为广大听众所喜爱，所以许多企业踊跃参与，要求在节目中穿插播出其产品广告。广东电台举办的许多大型社会活动往往有企业赞助支持，像“齐齐贺新春”、“珠江欢乐传万家”、“笑迎六运万人行”、“广啤欢乐夜”及“‘五四’卡拉OK演唱大赛”等都有企业赞助参与。

---

① 许鸿克．十年广播广告探索．广播之路，1990（1）

（5）一句话广告。此类广告在各类广播节目前后播出。其基本格式是：这次节目是由×××工厂（企业、公司）或由生产×××产品的×××工厂（企业、公司）特约播出。一句话广告的播讲时间最少持续半年以上，每天播1至2次。

（6）套装广告，也叫系列台广告或立体感广告。即以一个台为主，套几次其他几个台，或以一次黄金时间为主，套几次其他时间播出的广告。套装广告的特点是：长年播放，次数较多，宣传面广，价格优惠。一般说来规模不大，资金不多，区域较偏的小型企业适合做套装广告。采用套装广告宣传产品能够达到“少花钱、多宣传、有效益”的目的。

（7）报时广告。电台每逢整点都要报时。在一些企业的负责人看来，运用产品特约报时，能引人关注，把社会效益与经济效益有机结合起来。1979年广东电台恢复播发广告不久，香港一家公司代办的“铁达时”手表在二套节目中报时，由于广告效益好，这条广告持续了3年之久。广东电台一套节目和珠江经济台正点播出的“款款神州，万家追求，国优产品，神州牌热水器敬请各位对时”的广告，由于认真设计，精心制作，效果良好，受到客户好评。

（8）密植型广告。此类广告每天重复播送多次，广告的对象产品与老百姓的日常生活密切相关，如牙膏、化妆品、药品等；或者是季节性较强的产品，如电风扇、饮料、热水器等；或者是刚刚上市而急需在市场竞争中打开销路的新产品；或者是逢年过节家家户户需要购买的日用品、食品。密植型广告精短，每次一般在10～15秒钟。

（9）配合各种商品展销活动的广告。当各大工业企业、百货大楼举办商品展销会、订货会、博览会及迎春花市的时候，广东电台都积极配合客户做好广告宣传，热情为生产者、经营者和消费者服务。

（10）新春佳节贺岁特别广告。新春佳节，辞旧迎新，人们互相拜年，互祝吉祥。许多企业便借此机会通过广播向各界人士拜年，并配上喜气洋洋的音乐或锣鼓、鞭炮音响。此类广告既增添了春节喜庆欢乐的气氛，又满足了企业品牌宣传的愿望和要求。

（11）服务性广告。这类广告突出社会性服务，为建设社会主义物质文明和精神文明服务。收费优惠，有的还免收费用。有的还专门开辟节目时间，如珠江经济台和广东省产品质量服务公司联合举办的《广东省优质名牌产品专题广播广告》，每天上午就专门辟出5分钟时间播出。此外，服务性广告还包括寻人广告、寻物广告和遗失声明等。

（12）公益广告。此类广告针对性强，富于感染力。它是根据党的路线方针政策，针对老百姓的切身利益，让充满爱心、富有诗意的语言通过电台广而告之，传播出去。像“一人参军，全家光荣！广东电台广告部向全省军属致以亲切的问候”、“风高物燥，注意防火！广东电台广告部愿家家平安，人人幸福”、“为了理解，为了沟通，为了友谊，为了发展，为了中国，为了广东，请讲普通话”等都深受听众欢迎和好评。

（13）外商特约的文艺形式广告。这种广告形式活泼，由外商提供最新的文艺、音乐资料，把丰富的文娱生活发掘明日之“星”，与推销产品紧紧联在一起。1979 年播出的第一条外商广告——瑞士乐都表，就是边讲边唱：“迟晤会迟，早晤会早，带表带乐都，时间刚刚好，带表带乐都，样样有分数！”1987 年英国一家客户要推销新产品——逍遥香皂，在珠江经济台开设了十集之多的广播小品——《逍遥寄心声》；1988 年香港智威汤逊广告公司代办的雀巢咖啡公司特约播出了《88 雀巢歌唱大赛——谁是冠军》30 集专题节目。这种广告节目尽管费用比较高，但是由于形式新颖，内容丰富，听众非常喜欢，所以深得外商青睐。

其实，广东广播起初的广告经营并不理想。自 1979 年恢复广告播出业务到“珠江模式”问世，一直在 80 万元至 150 多万元之间徘徊。为了扭转这一局面，广东电台适应广播改革的总体需要，以党的改革开放政策为指导，积极做了以下几方面的工作①：

首先，把竞争机制引入广告经营，实行公开招标，承包经营，招聘广告部总经理。1988 年初，订出招标方案，召开全台广告招标大会，应招者在大会上发表投标演说，经广告招标评委投票评议，人事部门对投标者进行综合考察。结果，当时的台办副主任王复坚以承包年创收 550 万元中标。最后，经台长办公会议讨论，同意聘请王复坚为广告部总经理。

其次，改革经营方针，调整经营战略。过去，广东电台的广告经营进展缓慢的主要原因在于：一是管理方式的大锅饭；二是经营方法“等着吃”；三是广告经营人员缺乏经营积极性。有鉴于此，广告实行承包以后，电台对广告经营的管理采取了宏观上指导，微观由承包者搞活的方针，这就有效地调动了承包者的积极性。王复坚总经理承包广告经营后，当即改革广告内部经营管理，对广告经营工作和广告编录制实行定额管理，超额有奖，不完成任务者扣奖金，打破过去干多干少、干好干坏一个样的“大锅饭”管理体制。与此同时，还明确规定，只要是遵纪守法为电台带来更多的广告创收的，从事经营或编录制工作的人员都可以“捞过界”，不拘于原分工或行业包干组织广告源的约束，尽最大努力多搞创收。这一改革措施大大调动了广告经营者的积极性，增强了他们的竞争与拼搏意识。在此基础上，针对当时社会经济“滑坡”、市场“疲软”的严峻形势，广告

---

① 陈世宽．改革经营管理　开拓广播广告——广东电台改革广告经营管理初探．广播之路，1991（4）

部门的同志们制订出克服“滑坡”与“疲软”的“祛淤活血”的措施：一方面加强广告的自我宣传；一方面审时度势，适时调整广告经营战略，提出跳离小广告圈子，拓展大广告行业的经营方针，把原以广州地区为中心的战略思想调整为巩固和发展广州的大中型企业的广告源，奋力开拓珠江三角洲地区乡镇企业的广告业务，推动全省各市县厂矿企业的广告经营。经过一番努力，广告业务得到有效拓展，广告承包旗开得胜，超额完成了承包任务。

第三，通过立体化服务增强广告经营的竞争力。为了增强广播广告经营的竞争力，广东电台广告部的同志们开展了笑迎天下客的优质服务，对新、旧、大、小的广告客户一视同仁，热心为他们服务。例如，香港智威汤逊中国公司1989年在珠江经济台特约播出《雀巢咖啡流行歌曲快讯》时，广告部的策划人员不厌其烦地和节目监制、主持人一起精心策划并在节目播出期间主动征求对方意见。客户提出新的要求后，策划人员和主持人一起又不厌其烦地补充修改，结果获得极大的成功。听众来信多，反映良好，客户非常满意。1990年底，该公司再度与广东电台合作推出广播剧这种新的节目形式，为电台增加了20多万元的广告创收。与此同时，广东电台在广告经营的过程中还拓展广告服务项目，为客户提供广告宣传、市场信息反馈、为产销牵线搭桥等多层次的立体化综合服务。顺德县鱼类制品厂1988年建厂后由于种种原因经济效益一直上不去，全厂上下都为之十分焦急。于是，他们拿出10万元作为首期广告宣传费用，委托广东电台策划宣传。广告部的同志们仔细分析了当时市场情况和该厂的生产、销售和产品质量状况，制定了“提高产品知名度，利用拳头产品带动其他产品”的宣传策略；不但制作了广播广告，还帮助他们联系制作电视资料片和电视广告片，印刷宣传画册等，总共才花了6万多元，广告宣传却取得了很好的效果。该厂的经济效益得到了明显的提升。

第四，加强自律，团结协作。在广东电台的广告经营者们看来，增强广告经营的竞争力，实质上就是增强广告人才的竞争力。因此，实行广告承包经营后，电台领导和广告部门的负责同志着力抓好队伍建设，通过谈心活动做好思想政治工作，沟通新、旧从业人员的感情，理顺人与人之间的关系，并组织他们参加广告专业函授学习，提高政策水平和广告业务能力。同时制定规章制度加强队伍自律，比如开展广告业务有一定的活动经费，可以请客户吃饭。对此，广告部明确规定：非广告业务不准开支，非广告工作必要，不准请人吃饭；广告业务需要请人吃饭的，不准多人陪餐。针对广告宣传的系统性，需要有关部门协作的现实，广告部设立广告宣传安全奖，奖励广告宣传安全播出工作搞得好的部门，提高了广告宣传质量，密切了广告部与其他播出业务部门团结协作的关系。

由于管理规范、措施得力，广东电台广告经营从1989年10月开始走出低谷，年底则出现了社会经济“滑坡”，广告经营“上坡”的奇迹。全年广告收入达603万元，在社会经济不景气的环境下，较之1988年的583万元依然增加20万元，1990年则创收638万元。

进入90年代，特别是党的十四大以后，市场经济体制改革迅速推进，媒体竞争空前激烈。而当时广东电台的广告经营人员还不到30人。1994年为了加强广告经营队伍，电台从业务部门抽调一批有经营才能的人充实到广告经营队伍，并进一步制定包括评选、奖励创收能手的各项激励措施，吸纳台内外一批有志于经营工作、有经营才能的人从事广告经营工作。到1996年，广东电台的各级经营人员发展到了近百人，形成了一支初具规模的广告经营队伍。为了加强管理，1994年初，根据广告经营工作发展的现实，广东电台陆续抽调一批懂经营、会管理的业务骨干将虚实结合的经营办建成具有实体性质的广告经营管理科，并配备专职的审计员；与此同时，确定经营与管理分开，统一管理，分级经营的经营管理思路，全台所有的经营活动都纳入广东电台统一管理，但具体项目可以分别由系列台或部门各自经营；进而制定了《关于广告经营管理条例》和《关于合办节目管理条例》，改革广告经营管理体制，以广告部为基础组建珠江广播电视广告制作公司，实行企业管理，对电台承担广告代理任务；对于有经营能力的新闻台、经济台、音乐台则采取放开管理政策，让他们通过广告创收解决本台的事业经费、设备购置、人员奖金及工资福利等。这些改革措施理顺了经营和管理的关系，一定程度上把广播的社会效益与经济效益挂起钩来，调动了全台上下的创收积极性，使广告创收有了大幅度增长。1995年这项改革措施又进一步推广到所有的系列台，让他们独立运作，自主经营，接受市场考验，结束了广告部一统天下，各系列台私下经营的局面。事实证明，“统一管理，分级经营”的改革举措取得了很大的成功。1994年广东电台的经营创收1 580万元，1995年为3 760万元，1996年为6 360万元，1998年则突破亿元大关，成为全国第一个过亿的省级电台。①

二、信息经营，生财有道

广东电台在认真开展广告经营工作的基础上，发挥信息渠道畅通的优势，充分利用信息资源在办好信息节目的同时，尝试开展信息经营，把传播信息与信息经营有机结合在一起，为群众服务，为社会主义经济建设服务。经过电台信息部门工作人员的不懈努力，经营范围迅速拓展，业务联系遍及全国，在全国广播界颇有影响，获得了社会效益与经济效益的双丰收。资料显示，在开展信息经营最初的4年时间里，珠江经济台的信息部门通过中介作用产生的社会经济效益超过

---

① 丁俊杰，黄升民．中国广播产业报告——产业发展与经营管理创新．中国传媒大学出版社，2005. 214

亿元，信息服务收入也超过200万元。广东电台开展信息经营的主要形式包括以下主要方面①：

（1）经济、科技信息的有偿播出。这主要是指客户特约播发的“特约信息”。特约信息一般是根据企业自身生产经营活动的需要，由企业特约播出。企业特约信息的内容大致有：产品、物质、原材料的供求信息；技术、专利转让、企业开业、展销等经营活动信息。每条信息200字左右。特约信息参照广告收费标准，收取一定的播出费。

（2）举办各类技术培训班、函授班。根据社会的需要，广东电台信息部和拥有技术培训能力的科研单位、学校合作举办各类技术培训班、函授班。由广东电台负责信息传播和组织学员参加学习，合作方负责教授技术，所得收入按双方投入比例分成。培训内容包括电脑、电器维修、养鸡、养蛙和食用菌养殖技术等以及美容、糕点制作技术，等等。

（3）发行信息刊物，出售技术资料。1991年广东电台信息部办了《珠江经贸快讯》，每月3期，为用户提供国内外经贸信息。常年向听众发售技术资料30多种。

（4）经济、技术活动的中介服务。如和有关单位合作进行房地产市场、技术转让信息咨询服务。

（5）直接介入社会经济生产经营活动，像组织商品展销会，组织专利技术商品的开发生产等。

（6）运用电脑、传真和复印机为客户提供查询、传递信息服务。

总之，广东电台以信息节目为依托，开展多层次多形式的信息有偿服务，通过信息的经营活动，促进信息的开发利用，使之转化为生产力，既取得了社会效益，又增加了电台收入。例如，1989年12月，广东电台在广州天河体育中心举办的“羊城中华博览会”就是该台成功组织策划的一次大规模的综合性的信息经营活动。这次博览会把成都灯会、潍坊风筝和西南土风舞这些中华文化精华集中在一起展示，还举办了大型的商品展销，时间长达51天，参观人数有130万。这次博览会活跃了社会的文化生活，广州的商业、饮食、交通、电力等单位也从这次活动中获得了很大的经济效益。

三、有偿服务拓展经营创收之路

广东电台在经营创收的过程中，在着力开展广告业务和信息经营的同时，还因势利导，充分发挥广播的产业功能，广辟创收渠道，努力通过广播的有偿服务

---

① 许辉耀．开发信息资源　为经济建设服务．广播之路，1991（5、6期合刊）

以经营创收之路。具体做法如下：

（1）羊城交通台向营运性车辆收取有偿信息服务费。上文已述，羊城交通台是按照全新的体制与广州市交警支队和羊城经贸信息公司合作办台。由市交警支队负责协办交通信息节目和进行交通法规的宣传、解释，羊城经贸信息公司开展经营工作，采用自收自支、自负盈亏、自我积累和自我发展的运作方式。因此，羊城集团电台既为交通服务，又向市场要效益。那么，对于一个白手起家的电台来说，在开台之初仅靠广告创收是不够的。于是，羊城交通电台充分发挥三方合作的优势，利用别人之长，在广告经营之外向营运性车辆收取有偿信息服务费，标准是每车每月收费5元，由广州市交警支队车管所设点收取。资料显示，在羊城交通台开播三年多的时间里，收费工作一直很顺利，这是因为广州得改革开放风气之先，省市领导和广大市民的思想都比较先进，商品意识较强；广大的司机听众更是认为羊城交通台就是自己的电台，是为自己服务的电台，为自己服务的电台就应该靠大家一起努力来办好它。当然，羊城交通台本身由于定位准确，节目质量上乘，确确实实为广大司机提供了优良的交通服务，让司机朋友认为收费较为合理，也愿意接受。这样，有偿的信息服务费成了交通电台经济的一个重要来源，保证了该台的正常运转，同时使得合作三方都有能够获得一定的经济回报，所以这一模式很快在上海、成都、西安、广西等地的交通电台推广。

（2）珠江股市台通过加密的专用收音机收取服务费，以费养台。上文已述，由于珠江股市台具有全方位、多方面传递扩散信息的功能，而且在第一时间以最快的速度传递信息，服务性和指导性都很强，受到听众的欢迎与喜爱。虽然珠江股市台使用了SCA副讯道发射的广播新技术，收听股市台的节目需要购买加密的专用收音机，但是前来购机的听众络绎不绝，所以取得了社会效益与经济效益的双丰收。珠江股市台这种广播服务有偿化的做法应该说是市场经济环境下广播经营的一条新路子，在当时的媒介环境下有其存在与发展的空间。

第五节　管理体制改革推动广东广播健康发展

毫无疑问，广播电台是一个具有社会属性和产业属性的媒介组织。在现代社会，媒介的产业属性决定了广播电台就像企业一样要生产作品和销售产品。不过，与一般企业生产的产品不同的是，广播产品是信息产品而非物质作品，而且广播电台的社会属性对自己生产出来的这种信息产品还有着某种规范和要求。因此，广播电台要想健康发展，离不开妥善的经营和科学的管理。那么，按照学者对媒介管理即“运用媒介的人力、财力、物力等资源，以期有效地实现媒介所设定的目标”[①]的理解，这就要求广播电台的管理者研究并考虑如何用良好的计划、健全的组织、适当的人员配置、正确的指挥方法、严密合理的控制程序及有效的内部协调，使广播电台的资源运用发挥出最大效能，从而达到利用最少的资源投入获得最大的社会效益和经济效益的目标，进而实现广播电台的任务。

但是，我们在前面已有所叙述，我国的人民广播事业是在战争中诞生并成长起来的。新中国成立之前，广播是中国共产党武装夺取政权的一条战线；新中国成立以后的很长一个时期，广播一直是国家政权的有机组成部分。事业由党和政府开办，经费从财政划拨，机构设置、管理规则以及人员编制与机关同轨并行，与严格意义上的生产企业差距甚远，不能称得上是经济实体，因为“完整意义上的实体属于实业的范畴，实体是市场主体、利益主体，产业功能是根本功能；实体的生存发展动力在内，管理权力在外，体制机制首先指向效率，总体机能是成长性的。机关则是主体的附属机构，基本功能是为主体服务，运行重程序而轻效率，总体机能是消耗性的”[②]。而这一点在具有几十年历史的省级老台、大台的广东电台身上表现尤为充分，所以在从计划经济向市场经济转型的时期，就显得很被动、很不适应。这种不适应主要表现为：[③] ①整个管理体系基本上是行政机关管理体系，机构设置基本上沿袭政府行政机关的办法，机构臃肿、效率不高；②队伍结构不合理，宣传业务人员和经营人员比例严重失调；③建立在计划经济基础上的行政化的人事管理制度和财务管理制度，不适应竞争的需要；④由于长期习惯于计划经济方式过日子，电台本身既没有市场竞争的压力，也没有一套搞活经营的运转机制和管理制度。

值得称道的是，得改革开放风气之先的广东广播并不甘于平庸，而是积极开拓，锐意进取，在革新传播观念、传播方式以及变革节目形态的过程中也不断进行管理体制的改革与创新，因而使自身得到了较为健康的发展。

一、按照广播传播要求改革宣传管理体制

管理的主要目的是通过组织结构的优化组合发挥其基本的作用和功能，但是怎样管理、如何优化则应该根据管理对象的性质和特点来决定。作为一个通过声音符号传递信息的大众传播媒介，广播有着与其他媒介不同的传播规律，所以其管理和运作的方式方法应该符合广播传播的规律和要求。当广播被等同于行政机关而且其“喉舌”功能又被强化到绝对突出的程度时，广播宣传自然而然地会运用行政管理的模式来管理和运作。这样，广播的传播规律和要求被忽视了，广

① 支庭荣. 媒介管理. 暨南大学出版社，2000. 18

② 王明华. 媒体的位移. 中国广播，2003（7）

③ 曾广星. 十年广播改革回顾与思考. 中国广播电视学刊（增刊），1996

播的传播优势势必难以发挥。因此，打破传统的行政管理体制，通过改革建立具有广播特点的宣传管理体制成了广东广播决策者的首要任务。

在传统的行政管理体制的作用和影响下，广播节目管理和运作的方式方法过去一贯都是按照工作流程和节目内容来考虑组织结构的，这就形成了采、编、播分家和节目分割的模式。这一模式将电台的职能部门划分较为具体，不同的部门各司其职，分工明确，并且严格三级审稿制度，意在确保广播宣传的万无一失。但是各司其职有利于做好分内的事，却容易造成工作环节的脱节，不利于整体开发广播的系统功能。而且三级审稿制虽然保证了广播宣传的万无一失，但是在一定程度上丧失了广播快捷性的传播优势。基于这样的认识，1986 年“珠江模式”问世以后，广东电台以珠江经济台为对象着手对广播的播出方式和工作方法进行改革，为了适应主持人、直播化和大板块的节目运行要求，他们打破了传统的播出管理体制，采用采、编、播一体化的组织结构，由编辑部统管采、编、播业务。编辑部再按时段划分若干个采、编、播功能齐全的节目组，并把话筒直接交给节目主持人，把宣传业务的一线指挥权交给了节目组组长，以节目为单位实行采、编、播一条龙的运作管理。每个节目组配套成龙，自成体系，能够按广播传播规律和节目特点自行运转，而整体上则服从并服务于珠江经济台的运行机制和要求。实践证明，这样的组织结构有利于“珠江模式”节目系统功能的发挥和按广播的规律去管理广播，同时能增强各个层次组织结构的活力，有利于他们主动性与创造性的发挥。1992 年下半年珠江经济台利用“珠江口工程”启用的契机，进一步改革宣传管理体制。他们一方面打破行政管理体制模式，按广播要求设置宣传机构；另一方面理顺台内业务管理关系，将原来的新闻和文艺节目编播划归编辑部管理，使电台的宣传业务管理真正成为一个整体。1993 年广东电台根据事业发展和系列台建设的新情况，提出了《关于广东电台宣传业务管理体制改革的设想》，几经修改补充，形成了《关于广东电台管理体制改革的方案》，并报省委宣传部、省广电厅党组领导批准执行。中共广东省委宣传部和省广电厅党组为广东电台管理体制改革提出明确的方向：“创造条件，逐步过渡为自主经营，企业管理的实体。”广东电台改革方案关于宣传体制的内容主要包括改革新闻业务管理体制，把新闻台作为重点台来办，并重点办好新闻节目，特别是黄金时间的新闻节目；集中全台力量，创造条件，建设一个指挥灵活、反应快捷、运作高效的新闻中心，对新闻节目采、编、播一条龙管理；以系列台为单位，成立编辑部，对内全权负责各台的宣传和经营工作，对外以一个台的名义在社会上独立开展活动。这些改革在一定程度上改变了传统的管理体制使广播宣传权力过于集中的、系列台活力不足的状况。

为了保证安全播出，确保正确的舆论导向，从 1990 年 10 月起，广东电台就建立了安全播出制度。技术部门对系列台的播出质量进行全天候监控，并在每周发布的《监测简报》上通报各系列台的播出差错。这些监测记录详细反映了系列台在几点几分因何人造成何种差错，以及技术人员采取何种补救措施。1996年广东电台制定了一系列管理条例，如《安全播出奖罚条例》、《电话直播节目管理条例》及《客座主持人管理条例》等等。在制度的制约下，各系列台的编辑、记者、主持人和技术人员高度负责，杜绝政治事故的出现，为改革开放和社会稳定提供了良好的舆论氛围。不仅如此，广东电台还把全面提高节目质量作为宣传工作的中心来抓，制定各项措施，鼓励创名牌栏目，出精品佳作。如建立了精品生产责任制，主管副台长全面抓精品生产，定期检查，任务层层落实；台里还制定了精品生产的奖励措施，鼓励大家争创精品佳作。

二、按照广播产业发展要求改革经营管理体制

在传统的行政管理体制下面，作为国家政权机关的一部分的广播电台依靠政府财政拨款来完成广播宣传任务是可以的，但是改革开放后，广播已经被明确作为第三产业进入市场，同时政府对广播也实行了“断奶”的政策，广播的经费来源不得不由过去的财政拨款变为主要依靠自身的经营创收。而且随着改革开放的不断深化，广播的生存与发展对自身经营创收能力的要求越来越高。这就迫切需要广播电台建立一套适应市场经济，并具有自身特点的经营规律体制。应该说，广东电台在这一方面做了积极的探索和努力：

（1）两级经营，统一管理，让系列台拥有独立经营和自我发展的自主权。从1993年开始，广东电台实施新的体制改革，提倡各个系列台以自身的名义在社会上开展活动，以法人身份参与市场竞争，自主经营，自我创收；全面推行总监负责制，系列台总监不仅负责该台常规节目的组织和管理工作，而且以承包经营的形式负责该台的经营创收工作。这样就逼着他们适应听众的要求和市场的需要，努力办好节目，提高收听率。与此同时，在此基础上开拓经营创收门路，取得社会效益与经济效益的双丰收。

（2）加强电台内部统一管理，统一协调。在各系列台向总台承包自主经营的同时，总台没有放弃对它们的管理。上文已述，1994年初，广东电台确定了经营与管理分开，即统一管理、分级经营的思路，并制定了《关于广告经营管理条例》和《关于合并节目管理条例》，在各系列台承包的基础上，实行以广告部、信息部为主体的广告代理制，完善各经营单位的承包责任制，推进各经营单位的优化组合，逐步形成专业化、集约化经营。与此同时，广东电台还对各承包经营单位实行统一政策、统一管理、统一财务和统一监管制度，在台内实现良性竞争，促进良性循环，以提高全台的总体效益。从1998年开始，广东电台从经营管理和财务管理体制入手进行了综合改革，明确了以频率为单位、两级经营和财务全台统一管理的经营体制，规定了全台统筹调控的政策和范围，以及应承担

的经济责任和管理权限，实行经营奖惩与经营实绩挂钩，在强化市场意识和风险意识的基础上，体现效益优先、兼顾公平的分配原则，体现责权利合一的管理法则，逐步建立起一套适应广播经营发展的分配原则。针对经营工作中存在的问题，广东电台制定了《关于规范广告经营行为的试行规定》、《关于实行广告统一优惠政策的试行办法》及《关于广告发票管理的暂行规定》等一系列规章制度，并通过广告管理网络系统对广告经营实行严格的监控，使广东电台的广告经营管理日趋规范，不仅促使经济效益逐年提高，而且有效地控制了效益的流失。

（3）电台内部实行企业化管理，打破过去机关化管理方式，按照市场经济的要求，推进企业化管理过程。为此，他们建立了适应市场竞争的系列台经营机制①：①在合约经营中鼓励竞争。全面推行内部企业化管理，从总监一层起逐步实行"竞选上岗、双向选择、优化组合、择优录用"的原则；经营人员打破大锅饭的形式，个人收入与经营效益挂钩；各承包经营的系列台的人员工资、奖金、补贴、事业经费及经营活动成本由各系列台自行解决。②激励措施与风险抵押并行。各承包系列台必须与总台签订年度经营和约，和约内容包括经营总收入、上缴数额和新增固定资产数额等指标，完成和约指标的给予奖励。③加强经营的监督与管理。广东电台组建经营管理办公室，成立了由台长挂帅，主管经营的副台长、经营办公室主任参加的经营领导小组。全台经营管理方面的重要问题及时提交台内经营领导小组研究解决，全台的经营活动都在台长的视野之中，同时又在职能部门的监管之下。不仅如此，总台还掌握各个系列台的广告经营目录，掌握各个系列台的合同数额和经营数据；并做到广告播出有专人监听，部门和个人经营业绩有专人统计，经营方面的矛盾有人裁决，制度疏漏有人堵塞，黑市广告有人追查。④加强监控与约束。广东电台在对系列台大力鼓励放开和搞活的同时，对于那些不能适应市场竞争，不具备自主经营和自我增值的系列台则采取强有力的监控措施；将未能按月或按合约完成上缴任务的，出现亏损和在财务账上收不抵支的，靠向总台或其他部门借钱方能运转的一律视为不良运营状况。一旦出现这样的系列台即时发出黄牌警告，实施严格的办台经费措施，限期扭转亏损。连续6个月受黄牌警告而无扭亏迹象的将采取必要措施，包括调整领导班子或实行关、停、并、转等。

三、按照市场经济要求改革行政管理体制

"广播行政管理担负人、财、物各种生产要素的配置管理和整个广播系统运作的计划控制、协调、监管和服务等职能，是广播管理系统的中心环节。"② 然

---

① 何乃谦．建立适应市场竞争的系列台经营机制．广播之路，1997（1）

② 李镇祥．广播管理体制改革．中国广播电视学刊（增刊），1996

而，长期以来，国内广播界对行政管理的重要性认识不够，缺乏改革力度，人员编制，晋升职称，干部的录用、任免和调动一直沿袭行政机关管理的做法；财务计划、预算、拨款、核销等也是行政机关那一套。随着市场经济的不断发展和广播宣传改革的不断深化，传统的计划经济时代的行政管理方式越来越无法适应改革的要求，甚至拖改革的后腿。因此，行政管理体制改革在国内广播界形成一种普遍的社会共识。

其实，早在1986年，伴随着“珠江模式”的问世，广东电台就在全国广播界中第一次面向社会公开招聘编辑、记者和节目主持人。在1988年年底即珠江经济台开播3周年之际，广东电台又在全台范围内试行双向选择，以优化组合的方式进行劳动组合，节目监制可以在内部挑选编辑、记者和节目主持人；编辑、记者和节目主持人也可以挑选监制。这一举措表明广东电台已经将改革的触角伸向行政管理体制，对市场经济条件下人力资源的合理配置进行了大胆而有益的尝试。

1992年广东电台在珠江经济台内部进一步探索人事用工制度改革，提出从总监到节目监制一律实行聘任制，节目总监可以是正处级干部，也可以是副处级或正科级干部；同样，节目监制可以是科级，也可以由一般干部担任。干部能上能下，不因人设事，节目根据听众和社会需要而设，有节目才有监制，一旦节目办得不好或办不下去而遭到撤销，节目监制也随之撤销；优化组合后的富余人员离开原岗位应另作安排。1993年年初，广东电台在此基础上进一步完善，提出了全台改革方案，在人事制度改革上引入竞争机制。1994年《声报》班子换届，首先试行总编竞争上岗。1995年又在音乐台采用竞争上岗办法招聘节目总监。1996年，新开办的城市之声、健康之声也采用了竞争上岗聘任总监的办法。1996年以后，广东电台先后制定了《科级干部聘任制规定》、《科以下员工聘用制试行条例》、《富余人员管理工作暂行规定》及《专业技术职务聘任实施细则》等，进一步完善了人事管理制度，为推进广播改革提供了保证。通过不断探索人事制度的改革，一批年轻人走上了各级领导岗位，发挥了积极的作用；一批不适应工作需要的人离开了原岗位，或另行安置，或自找出路。这样，广东电台由1992年的近700人减少至2002年的459人，比过去减少了200多人，整个队伍更精干也更具活力了。

财务管理方面，考虑到广播工作的特殊性，1993年广东电台参照有关规定对财务管理作了调整和改革，经费切块到部门，台只管大的笼子，具体开支原则上由部门掌握，超支不补，节余奖励。不仅如此，按照市场经济和产业管理的要求，1995年广东电台又实行了全台财务集中管理，将全台所有的非独立法人、独立核算单位以及独立核算但不具备设账条件的单位，财务统一收归总台财务科代理，全台资金统一管理、运作，从而解决了电台一度出现的资金运用失控的问题。在此基础上，广东电台对重点项目又实行集中管理。进入21世纪以后，随着高新技术的推广应用，各部门购置新设备的需求很大。他们将其列为重点项目，实行集中管理，指定项目第一责任人，规定："凡2 000元以上设备的购置需向总台申报，交由台器材科和财务科同时进行固定资产登记；凡台内闲置的设备，供应器材科根据需要统一调配，不能重复购置"，较好地遏制了各种浪费现象。

为了配合广播宣传管理体制的改革，广东电台对后勤服务管理体系从机构设置到管理方式也进行了改革。其目的是"理顺关系、转变职能、精简机构、提高效率"，更好地为广播宣传服务。为了精简管理机构，1996年5月，广东电台根据深化广播改革的要求，提出了管理机构改革方案，将全台管理职能高度集中，成立系列台的管理中枢，强化管理；将原来管理机构中的纯粹服务部分分解出来，成立行政后勤服务中心，由原来的行政服务型向经营服务型转变，对内、对外开展有偿服务。其实，1993年广东电台就开始实行汽车使用内部结算办法，各系列台每月按实际用车公里数计费，从用车部门的经费切块中扣除。1996年电台对节目的录音也按照录音时间进行成本登记核算。这些改革本质上虽然还是计划经济的理财办法，但是在一定程度上打破了过去吃大锅饭的思想，有利于增强成本核算意识。

跨越式发展是新形势下广东广播的
必然选择

第三章

跨越式发展塑造 广东广播新形象

【070—153】

上文所述让我们看到，岭南文化“敢为天下先”的精神品质赋予了“珠江模式”开放性与超越性的文化特征，不仅表现在“主持人、大板块、直播化”这一突破传统广播模式的传播方式与系列台建设的大胆变革，而且表现在突破传统观念，积极改革管理体制和运作机制方面。今天，“珠江模式”的管理体制和运作机制已为各地、各级电台所普遍接受，并结合自己的实际而加以改造与运用；对于广播的产业属性更在各地、各级电台的决策者中也都达成共识。

“珠江模式”问世以后，广东广播的改革步伐一刻也没有停止过。他们秉承“珠江模式”“敢为天下先”的传统，进一步突破传统观念，在改革中创新，在创新中谋求“跨越式发展”。2003年初，广东电台提出实现广东广播跨越式发展的战略思路，意在新形势下塑造广东广播的新形象。在贯彻落实跨越式发展战略的过程中，他们坚持改革创新，不断探索实践，在短短的几年时间里，形成了一个良好的发展局面。如今，该台不仅拥有9个专业广播频率、两家报纸、一家影音公司，而且开播了两个数字电视频道、两个网络电台；经营创收近年来也一直保持20%的增幅，经营创收额稳居各省电台首位。2003年全台经营总额达2.51亿元；2004年达2.78亿元；2005年全台总创收实现新的跨越，达到3.24亿元，比2004年净增5 400多万元，增幅达20.2%；2006年达3.63亿元；2007年在国家广电总局进一步加强对医疗卫生类节目的整顿，经营创收工作遭遇到前所未有的困难的情况下，广东电台坚持以科学发展观为指导，按照管理平台整体前移、增强服务、加强集中管理的改革思路，积极拓展，经过各方努力，超额完成了任务，经营创收依然达到了3.894 5亿元。

第一节　跨越式发展是新形势下广东广播的必然选择

跨越式发展的战略思路意在通过观念的跨越、模式的跨越、体制的跨越、媒体的跨越和行业的跨越实现广东广播产业发展的新突破。跨越式发展战略思路的提出不是广东广播决策者们一时的心血来潮，而是他们在认真审视和深刻分析当时的社会形势和社会环境所作出的较为审慎的历史抉择。跨越式发展战略思路的提出是广东建设文化大省对广播的发展提出的新要求，也是广东广播在新的历史时期的内在需要；同时“珠江模式”所积累的成功经验以及广东广播所具有的综合实力则使得跨越式发展战略思路拥有了一定的基础与条件。之所以说跨越式发展是新形势下广东广播的必然选择，是基于以下四方面的考虑：

一、跨越式发展是当时的经济形势与社会环境的客观要求

2002年12月，广东省委提出要把广东建设成为文化大省的目标。广播是文

化的重要组成部分，广东广播因此面临着重大发展机遇，因为要加快建设文化大省的步伐，广东广播必须走跨越式发展之路。正如中共中央政治局委员、时任广东省委书记的张德江同志在全省建设文化大省工作会议上说的："过去广东一马当先，现在全国万马奔腾，我们不快马加鞭就要落后。"而同样是在2002年12月，国家广电总局在广州召开了全国广播工作座谈会，提出了开创广播新局面、实现广告"五年翻一番"的要求，使广东电台很振奋，因为过去走到哪里都是讲电视，而这次会议表明总局是重视广播的；虽然实现会议的目标有一定的困难，但总的说来增添了动力与激情。因此，在当时广播弱势几乎成为定论甚至到了可有可无的情况下，广东广播的决策者们则坚持认为：你说广播是弱势媒体，广东广播却弱势媒体不示弱；你说传统媒体受到冲击，广东广播面临冲击却不保守。2003年初，经过扎实的市场调研和内部分析，广东电台认为，广东电台10多年的广告经营收入年均增长幅度为10%，按照"五年翻一番"的要求，年增长幅度要达到14%，这决定了广东广播必须实现跨越式发展。

广东广播正处在新的发展起点。党的十一届三中全会以后，广东开改革开放风气之先，现代化建设取得举世瞩目的成就。广东经济连续20多年保持快速发展，当时的经济总量占全国1/9，税收占全国1/7，进出口总额占全国1/3，城乡居民人均收入高于全国平均水平。资料显示，1978年广东的人均GDP还处于世界低收入国家的下线，2001年人均GDP则达到了1 655美元。2002年人均GDP达1 800美元，基本上达到世界中等发达国家水平。1978年农村居民人均可供支配只有219元，1989年突破了1 335元，2001年达到了3 769元。虽然1989年到2001年实际增长为5%，但是整体上1979年到2001年平均每年实际增长则在7.2%。城镇居民1978年只有412元，1989年2 086元，2001年突破1万元，达到10 415元，1979年到2001年年均增长6.9%，1989年至2001年增长了8.2%。23年间，城乡居民人均收入翻了四番多，2002年年底城乡居民储蓄已经突破1万亿。2001年广东国税和地税收入2 700亿元，广东财政预算收入1 171亿元，加上中央返还可支配1 371亿元。2002年两税收入则达2 900亿元，支配财力1 500亿元。良好的宏观经济环境，有利于广东广播产业化发展。而中央将广东确定为文化体制改革的试点省区，广东电台被广电总局确定为广播改革的试点单位，则为广东广播的进一步发展创造了良好的政策环境。

广东广播正面临新的发展要求。广播是文化产业的重要组成部分，对经济社会发展具有重要的作用，在社会生活中产生巨大的影响。进入21世纪，我们所处的国内外环境正在发生深刻的变化。如何通过广播工作增强人们对改革开放和现代化建设的信心、对党和政府的信任，用共同理想凝聚全省人民的力量；如何通过广播工作宣传党和政府推进改革与建设的政策措施，疏导问题，解决矛盾，给广东广播提出了更高的要求。

二、跨越式发展是广东广播的内在要求

作为“珠江模式”的发源地，广东电台经过10多年的实践也面临着一些新的问题和挑战：随着全球性的高新技术的飞速发展，以网络媒体为代表的新媒体异军突起；电视媒体迅速普及；平面的报纸媒体尤其是广东报业，更是领改革创新之先抢占市场；而广播的发展状况却不容乐观，粗放经营、恶性竞争、结构失衡成了广播业一时难以医治的顽疾。因此，广东电台有很多忧虑。其实，广东电台当时的经营创收已超过1亿元，对于低成本运营的广播电台来说，他们的日子是不错的。但是，如果按照当时的经营模式朝前走，抱着“小富即安”的思想停留在过小日子的狭隘思维中，“珠江品牌”的光彩还能发亮多久？“珠江模式”的旗帜还能扛到什么时候？这是广东电台所思考的问题，所以电台对“珠江模式”开始进行重新审视。

1. 不实施跨越式发展，不足以抗御传媒市场的竞争

从微观角度来看广播市场，广东广播的决策者看到，随着传播生态多样化，广播陷于“内外交困”。对外，它最活跃的节目要素，已被电视、网络、短信息等“克隆”，逐渐失去市场的影响力。对内，由于广播节目的生产能力远远不能满足市场需要，加上一些电台缺少资金购买节目，或者不想花钱购买节目，在有些地方盗录、盗播成风；有的台为了追求覆盖率，抢占市场份额，擅自扩大功率，造成频率干扰；一些台为了争夺广告客户，不惜竞相压价，形成恶性竞争。广播行业散乱，内耗不已。广东电台认为，无序的市场竞争，实质上反映了广播热引起的行业内的浮躁心理，也是片面追求经济利益的必然结果。只有实现广播产业化，建立现代企业制度，才能消除发展过程中出现的上述问题，从而达到内部调整、优胜劣汰的境界。

广东广播业与海外同行相比，在资本实力、经营理念、管理体制及人才素质上，都存在很大的差距。资金短缺、体制落后和资源配置不合理，是广东广播业面临的问题。改革原有的事业体制，已经成为解放广播生产力、促进广播跨越式发展的关键。在广播产业化进程中，必须对生产关系进行调整：既调整资产结构，也调整人员结构；既进行资产重组，也进行体制创新。

从宏观角度来看媒体市场，广东广播可分为四个市场：第一是受众市场，第二是新闻来源市场，第三是广告客户市场，第四是投资者市场。

（1）受众市场。央视—索福瑞媒介研究2000年、2001年对北京、深圳、杭州和上海4个城市的测试，以及2002年对北京、上海、广州3个城市收听调查数据显示，我国听众人均每天收听广播的时间在1小时到1.5小时之间，远远少于3小时左右的人均每天收看电视的时间。2001年中央台等6家电台开展的一项全国听众收听状况抽样调查结果显示，我国收音设备普及率达69.1%，共

8.29亿人。其中城镇收音设备普及率高达83.2%，农村为62.8%。这充分表明，广播仍有较大的发展潜力。在广东，机动车拥有量每年以20.98%的速度增长。广东电台注意到，随着汽车逐步进入家庭，移动收听人群正成为广播受众的增量资源。

（2）新闻来源市场。随着传播手段的变革创新，记者尽早接近新闻源，尽快发出“原创信息”，是新闻竞争能否取胜的重要因素。“原创信息”对新闻媒体起着越来越重要的作用。任何一家媒体要有竞争力，必须有一定数量可靠、准确、真实的“原创信息”。尽管在长期的节目运作中，广播媒体形成了一整套规范性的做法，比如确保新闻时效、深入现场报道、注意运用音响等，这些严格要求使广播媒体的公信力得到了保证，但是从“原创信息”的角度来说，广播媒体很难同其他媒体抗衡。在这方面，广东广播应该有所作为。

（3）广告客户市场。广东是我国改革开放的前沿地区，整体的经济环境、经济实力为广播发展奠定了坚实的基础和条件。广东GDP连续多年排在全国第一、税收排在第一、进出口贸易排在第一、财政收入排在第一，社会经济持续稳定地发展。这种良好的发展态势和经济环境、商业环境给广播发展带来了很好的机遇和条件。比如，2003年广东广告市场总额162.65亿元，占全省GDP的1.2%，而按世界平均水平计算，这个比值应该为1.5%，也就是说，广东广告市场总额起码还有0.2%的上浮空间，按2004年广东全省的GDP总量在14 000亿，0.2%就是28亿元。预计，2008年广东GDP为20 694亿元，按世界平均水平比例计算，广东广告市场总额应该有310.4亿元。这个预测数据说明，广播经营还有很大的上升空间。另外，新兴行业如房地产、IT产业、汽车产业等快速增长以及本地消费能力的强劲，同样会带动本地广告总量及投放本地媒体意欲的继续扩张。因此，广东电台觉得，有这么好的机遇和条件，应牢牢把握并争取再来一个突破。这就不是继续往前走，而是跨越一大步的问题了。

（4）投资者市场。通过资本运作来扩张规模，整合资源，已经成为我国传媒业进一步发展的必由之路。进入21世纪以后，上市融资、银行信贷及“借壳上市”，更成为我国传媒业吸纳社会资本的主要途径。因此，广东电台认为要把广播业推上一个新台阶，在省内占据进一步发展的制高点，应当大胆探索媒体投融资运作模式，以此作为广播改革的一个突破口。

2. 不实施跨越式发展，无法形成产业规模，难以解决发展中的突出问题

（1）广播覆盖问题。广东电台是唯一覆盖广东全省的广播电台。能否进行有效覆盖，直接关系到收听质量和传播效果。20世纪90年代后期，广东电台加大投入，在各方面大力支持下，完成了同步小调频发射的选点、布点、建点等工作。应该说，发射覆盖情况得到了一定程度的改善，但仍然存在不少问题。比如广州地区的有效覆盖并未完全解决，四大调频发射质量不理想，省内部分地点的

频率覆盖情况比较差，这使他们失去了珠江三角洲一些区域的竞争机会。

广播发射覆盖工作，涉及面广，投入较大。不过，广东电台有明确的思路和具体措施：一方面，他们采取多种手段、多种方式增加广播的有效覆盖；另一方面，争取有关方面的支持，力求在更高层次、更大范围内解决发射覆盖问题。但是，由于涉及各方面的利益，实施难度较大，这实际上反映了从计划经济体制向市场经济体制过渡时期的矛盾。因此，通过跨越式发展加快广播的产业化进程，在市场经济框架下逐步解决有效覆盖、发射成本和技术质量等困扰多年的棘手问题，成了广东电台的必然选择。

（2）市场拓展问题。进入21世纪以后，广东电台的广告经营工作取得了一定的业绩。但广告结构不合理、价格偏低的状况没有改善；系列台发展不均衡，而且各自为政，资源整合缺乏足够的力度，造成许多不必要的浪费，投入与产出的比例不协调；营收渠道单一，广告外经营一直以来没有突破性进展；同时所经营的《声报》与《投资快报》两份报纸的亏损问题仍未得到解决。广东电台看到，广东的报业集团已经凭借规模优势赢得市场份额，成为新一轮传媒市场的增长点；媒体竞争已进入短兵相接阶段；只有在广播产业化过程中扩大规模，增强实力，拓展市场，才能抢占更多市场份额，才能占有更大的生存空间，才能立于不败之地。

（3）队伍结构问题。当时广东电台全台的在岗人员443人，平均年龄为40.15岁，年龄结构偏大。30岁以下52人，占11.74%；30岁到40岁182人，占41.08%；40岁到50岁161人，占36.34%；50岁以上47人，占10.61%。人员的文化结构也不容乐观。按文化程度划分，本科以上136人，占30.7%。按职称等级划分，副高以上31人，约占7%。从人力资源角度看，组织内部结构失调，产业经营管理人才缺乏。总体上，低质量的人力资源仍占一定的比例，由于操作技能差，难以完成一些高质量的工作。先前，广东电台虽然在优化队伍方面也做了一些工作，但成效不大。

（4）思想障碍问题。应该说，“珠江模式”问世之后所进行的一系列改革更多的是在事业单位既有的基础上进行的。这种逆向性建立的市场体制和新的机制，遇到了习惯性和错乱性的障碍，如认识障碍、行为障碍和故态障碍。个别人对改革产生了疑惑、误解或抵触的情绪。一些同志产生了“小富则安，小进则满”的思想，在激烈的竞争面前无所作为，不思进取，消沉，懒散，磨损了改革创新的锐气。

因此，要实现广播跨越式发展，必须努力解决上述问题，也只有解决上述问题，消除人为障碍，才能形成跨越式发展的意志和力量。

三、跨越式发展是广东广播市场与听众的共同要求

广播与经济社会同步发展。当代人类生活节奏逐渐加快，广播特有的优势也日益显现，它已成为人们每天获取信息、吸收知识、享受文化的主要渠道之一。根据2003年1月AC尼尔森市场调查公司发布的广州地区广播收听调查报告，定点定时、按需收听，是大部分听众的生活习惯。在15~64岁的整体普通人群中，有2/3的消费者会定期收听广播。一般来说，59.7%的广州人每天会收听广播，并且有63.9%的人每周会收听广播，平均一周会收听3.7个电台。广播是适应一定的社会需要而产生的，它随着不同时期社会需要的变化而发展变化。富有岭南文化特色的广东收听市场，呼唤广东广播实施跨越式发展。

进入21世纪以后，广东全省人民生活水平总体进入小康，珠江三角洲地区实现初步富裕。物质文化生活丰富多彩，旺盛的文化、娱乐、休闲产业，与广东广播在争夺生存空间；这些行业服务的专业化、对象化、个性化，给广东广播带来一定的压力。广东广播必须加快步伐，追赶时代潮流。随着改革的深化和开放的扩大，随着传播市场的繁荣和媒介覆盖面的扩展，人们开阔了视野，增长了知识，受众欣赏兴趣和接受需求多元化，市场选择也呈现多样化状态。因此，广东广播有必要借鉴报纸、电视、网络以及短信等媒体的发展经验，选取新的传播内容，创造新的传播形式，振奋精神，迎接挑战，实施广播跨越式发展，适应广东群众日趋增长的精神文化与生活服务的需求。

四、广东广播实施跨越式发展的基础与条件

具体来说，广东广播实施跨越式发展战略的基础与条件，可以从以下三方面考察：

1. 20多年广播改革的成功经验

改革开放以来，广播界经历了巨大的变化。以“珠江模式”为代表的广东广播改革，推动了全国的广播改革浪潮。广东广播取得了宣传改革的阶段性成果，也进行了广播产业化的初步探索。在1992年广东电台新闻台开播3周年理论研讨会上，他们就提出了广播的产业属性这个概念。时任台长的余统浩撰文指出，广播的属性是双重的：“一方面，广播作为外在于人的客观存在的物质，有物质固有的自然属性，并由此派生出广播区别于其他大众传播的特点和功能；另一方面，广播又是人们进行社会活动的工具，相对于人类社会活动的不同范畴而具有不同的社会属性。过去，我们对广播属性和功能的研究欠全面也欠深刻。就自然属性而言，我们注意从宣传的角度研究广播特点，这是应当的，但对广播的规律的研究，特别是信息传播规律的研究，就相当肤浅；就社会属性而言，我们

更多地着眼于由广播的社会依附关系决定的社会属性，即广播总是由一定的国家、政党、集团或个人控制，按照传播者的意志来传播信息，不由此形成其他社会功能，这种认识突出表现在一贯特别强调‘喉舌’功能上，而对广播相对于人们的社会经济生活范畴的产业属性可以说一直缺乏探讨。直到最近，中央发出加快发展第三产业的通知，把广播列入第三产业，我们才对此引起普遍的关注。为了在市场经济的条件下推动广播事业的发展，当前必须加强对广播‘产业属性’的研究。”① 随后围绕广播的两个属性开展的探讨，引发了全国范围的广播产业化问题的讨论。这都给后来的系列台改革奠定了思想基础，使我们找到了广播产业化的方向。多年来，广东电台按照产业化的要求，在改革管理体制、发展广播事业和探索企业化管理上积累了一些经验。比如，在实际工作当中，正确把握政治属性与产业属性的关系（也就是指导性与可听性的关系）、行政调控与市场运作的关系、宣传纪律与市场规律的关系、集中与分散的关系、投入与产出的关系、主业与副业的关系、眼前利益与长远利益的关系。又如，在坚持“喉舌”功能的同时，推进广播的产业化，优化配置频率资源；两级经营，统一管理；内部成本核算，资产有偿使用；干部聘任，竞争上岗，等等。这些经验为今后广播的跨越式发展提供了有益的思路。

2. 广东广播跨越式发展的综合实力

抓住机遇，乘势而上，实现广播的跨越式发展，广东电台有着许多优势和有利条件：甩掉了债务的包袱，摆脱了“吃饭经济”，进入了事业发展阶段。广东省广播电视事业蒸蒸日上，给广东电台注入了生机和活力。经过 30 年改革开放的洗礼，广东电台的队伍建设具有良好的基础，人员的综合素质有了较大的提高。在广东省广电局的关心支持下，广东电台拥有结构多元化的事业资源，锤锻出自身的品牌优势，形成了较强的节目策划与制作能力。他们依靠自己投入，在全省部分地区通过联合发展，建设调频发射点，扩大覆盖面，改善收听情况；经营管理体制的创新和探索，也取得一定成效和进展；广告经营创收跻身全国广播行业前列；全台初步建立了集播出、制作、管理和办公于一体，实现网络化和数字化的新型管理模式。不仅如此，广东电台建成了音频网和综合业务网，500 多台电脑全部联网；容量 1 万小时的有声资料库也投入了使用，提高了工作效率，压缩了成本，规范了管理。多媒体资料中心也在加紧筹建。更加难能可贵的是，广东电台还选送一批领导干部和业务骨干，参加北京大学的研究生课程进修班，培养自己的策划、营销、管理人才。

---

① 余统浩．市场经济条件下的广播改革——在广东人民广播电台新闻台理论研讨会上的讲话．岭南视听研究，1993（1）

3. 认识统一，目标明确

广东电台实现跨越式发展的指导思想与基本目标是：坚持以发展为主题，以结构调整为主线，解放思想，更新观念，以新技术应用带动体制创新，增强活力，提高竞争力。在“确保党和人民喉舌的性质不变、党管媒体不变、党管干部不变、坚持正确舆论导向不变”的前提下，实现广告收入五年翻一番，力争把广东电台建成华南地区实力最强、规模最大的跨行业文化传播综合实体。

（1）在集团成立后积极寻求新的政策支持。广播的政治属性和“喉舌”功能，决定了它具有可靠的政策支持。广播是党和人民的事业，党和政府给予了殷切的关怀。新的广东广播中心，是广东省委、省政府拨款2.9亿元兴建的，它是政策支持和财力投入的最好例证。在广东广播的决策者看来，广播产业化与建设文化大省是互相作用、互相促进、互相影响的。广东广播的跨越式发展，与广电集团的组建同步进行，这也是集团建设工作的组成部分。广电集团成立后，广东广播会得到更加充分的政策支持，广播产业化前途广阔。

（2）拓展经营市场，扩大覆盖，联合发展。广东电台以跨越式发展的思路为出发点，制定五个方面的发展战略：

一是创新体制，优化结构，强强联合，资产重组；对部分资源实行股份制、公司化和市场化；按照现代企业管理模式，建立新的管理制度，完成企业内部的全员聘任制，吸纳企业营销、经营管理、财务管理、唱片策划及影视剧节目制作人才；以资本为纽带，通过资产重组，实现资源共享、优势互补，增强整体竞争力，谋求更大的市场空间。目标是5年实现经营目标翻一番，力争3年后着手在香港上市的探索。

二是以《投资快报》为主体，引进资金，组建投资媒体经营有限责任公司，引进现代企业管理制度，发掘新的经营资源，实行《投资快报》转型，探索资本运营的路子。3年分别投入2 000万，经营与投资相关的所有可经营项目，从体制上进行根本的改革。允许职工持股。目前此项目已签署投资意向，待报局审批后实施。具备一定的基础后，拟引入新的经营资源。增加融资，股市台进入投资实体，将其建成广东最大的投融资媒体、优质的投融资咨询媒体和资本运营企业。

三是以原有的系列台为基础，结构重组，实现水平整合，强弱联合，提高广播生产力。根据市场的需求，对部分专业频道重新定位，实现人才资源、节目资源、技术资源使用率和资金利用率的最大化。开辟新的频率资源，做大广播规模，扩大广播专业频率的有效覆盖。此外，积极探索企业广告代理、策划广播以外的广告代理等，探索新的现代广告企业管理体制和运行机制。

四是对外联合，提高市场占有率，扩大市场份额。在上级管理部门的支持下，进一步完成统一的全省新闻、节目网络平台的建设，尽快建成全省的新闻、音乐节目交换平台，形成全省广播产业的合力；努力与省外、省内部分市台联合创办广东电台分台或合作实体，合作经营，合办节目，探索跨地区、跨省区的合作经营。

五是在提高广东电台市场占有率的同时，力争获取更大的市场份额。利用各种技术手段全力扩大有效覆盖，力争三套小调频上星传输；大力应用新兴的广播传播方式，拓展网络多媒体广播；积极开拓电信短信业务与广播节目合作经营项目；继续推进电信短信平台的经营合作，探索有线广播音频互动点播服务，探索有线广播对公共场所提供背景音乐服务。

（3）稳步推进改革，实现人力资源的重新配置。一是加强人才的培养、引进和使用。广播是知识密集型产业，人才是关键。媒体的竞争，主要是人才的竞争、质量的竞争、品牌的竞争。没有人才，就没有品牌，就没有发展。目前，队伍建设赶不上事业需要。当务之急，是引进人才的同时，加强现有人才的使用。要按高、中、低不同梯次，建立和健全人才培训、考核制度。建立名主持、名记者和名编辑评选制度，让优秀人才脱颖而出。二是加快推进制度创新。制度创新，就是依照业务范围和职能任务，创立各种独具特色的内部规则，通过规范性文件约束员工的行为，维持良好的工作秩序，推动事业向前发展。要大力推进以成本核算为核心的现代化企业管理制度，建立以提升节目质量为核心的节目评估预警体系，落实名牌栏目岗位责任制，从制度上为利益分配提供保障，使广播在产业化过程中增强活力，提高效益。三是加强各级领导班子的作风建设和廉政建设，使其成为"干净干事"、廉洁自律的团队。四是创建团结、高效、以人为本的广播企业文化。关心群众生活，改善工作条件和生活环境，让队伍在事业不断发展的同时，享受到更多的实惠。

不仅如此，在跨越式发展的总体思路之下，广东电台又进一步确立了联合发展以做大、品牌打造以做优、技术创新以做先、结构调整以做强四个战略部署。而且，在此后的几年时间里，他们确实是在按照这一战略部署一步一个脚印、踏踏实实地走跨越式发展之路。下面几节，我们将具体看看广东电台在跨越式发展方面所进行的诸多努力，看看他们如何通过跨越式发展来重塑自身的新形象的。

第二节　着力塑造广东广播品牌

谈到品牌，首先应该对品牌概念的基本内涵要有所了解。一般认为，品牌是"一种复杂的关系符号，它包含了产品、消费者与企业三者之间的关系总和。品牌可以通过产品的质量、价格、知名度、档次、包装及广告来展现，它是多方位体现产品和企业的一种标志。品牌是由消费者主导，由企业创建与维护，通过产品和消费来表达的一种复杂而独特的商业关系与符号”[①]。与此同时，品牌价值也同样是通过消费者而不是政府机构评估得出的。在国际上有多种评估品牌资产的方法，最具代表性的是大卫·艾格（Aaker）教授等人提出的品牌资产的五星模型。该理论认为，构筑品牌资产的五大元素是：品牌知名度（Brand Awareness）、品牌认知度（Perceived Brand Quality）、品牌联想度（Brand Association）、品牌忠诚度（Brand Loyalty）和其他独有资产。品牌知名度是消费者对一个品牌的记忆程度。品牌认知度是指消费者对某一品牌在品质上的整体印象，它是品牌差异定位、高价位和品牌延伸的基础。品牌联想度是指透过品牌而产生的所有联想，是对产品特征、消费者利益、使用场合、产地、人物及个性等的人格化描述。这些联想往往能组合出一些意义，形成品牌形象。品牌忠诚度是在购买决策中多次表现出来的对某个品牌有偏向性的（而非随意的）行为反应，也是消费者对某种品牌的心理决策和评估过程。品牌其他资产是指品牌有何商标、专利等知识产权，如何保护这些知识产权，如何防止假冒产品，品牌制造者拥有哪些能带来经济利益的资源如客户资源、管理制度、企业文化和企业形象等。品牌资产五星模型告诉我们：品牌是代表企业或产品的一种视觉的感性和文化的形象，它是存在于消费者心目之中代表全部企业的东西，它不仅是商品标志，而且是信誉标志，是对消费者的一种承诺。[②] 因此，对广播听众来说，品牌是优质的标志，是可听性的代名词；对广播媒体来说，品牌是竞争的武器，是制胜的法宝。广播品牌一旦形成，就会受到广大听众的关注和信赖，就会成为听众的惯性选择。广播媒体拥有自己的品牌，就意味着拥有了较高的收听率和满意度，意味着在残酷激烈的传媒竞争中抢占了一个制高点。换句话说，在残酷激烈的媒体竞争中，广播要想拥有自己的一席之地，必须着力塑造自身品牌。

所要指出的是，广东广播提出跨越式发展的战略思路时，国内广播已基本实现由系列台建设向专业化建设的转轨与过渡。而在“广播发展年”的 2003 年，国家广电总局进一步提出了加快频率专业化、节目对象化的步伐，把广播频率的专业化建设作为提升广播媒介社会地位和影响力的主要途径。以此为契机，广东电台着力塑造专业广播的品牌形象，通过各个专业广播品牌形象的塑造进一步树立广东广播整体的品牌形象。

品牌不是一蹴而就的，它的形成需要经历知晓、认同、提升和归属四个阶段，而且品牌的创新与维护对于推进品牌的发展和延长品牌的生命力具有非同寻常的意义。从上一章的叙述中，我们已经清楚地看到，“珠江模式”问世以后，广东电台就开始了漫长而艰辛的品牌建设之路，而且在他们的不懈努力下，广东

---

① 张静民，陶细泉．创意工业时代的媒介品牌塑造．新世纪出版社，2006

② 陈先红．试论品牌传播的消费者导向原则．现代传播，2002（1）

广播尤其是珠江经济台已经成为听众心目中响当当的品牌。当然，任何品牌都有旺盛期与衰弱期。曾几何时，“珠江模式”作为一面旗帜引领中国广播的全面改革，其品牌价值是不言而喻的，但是进入新世纪以后，社会的政治、经济和文化环境都发生了很大的变化，竞争对手在变，广播听众的价值取向也悄然改变。那么，为了维护广东广播的品牌形象，必须走创新之路，通过专业频率的品牌塑造来树立广东广播新的品牌形象。因此，如果说“珠江模式”使得广东广播在品牌建设方面曾经拥有过辉煌，那么“跨越式发展”则意在通过专业频率的品牌建设创造广东广播新的辉煌，其中蕴涵着许多广东电台在专业频率形象的塑造方面所做的富有创造性的工作。

一、扎实的市场调研

在媒介竞争日趋激烈、媒介环境急剧变化的情况下，广播媒介首先应该在战略上解决“在哪做”和“做什么”的问题，然后才是考虑“如何做”的问题。因为“如何做”是一个具体操作的问题，“在哪做”和“做什么”则是一个宗旨与目标的问题，是战略选择问题。对于广播专业频率的经营和运作而言，解决“在哪做”的问题其实就是解决广播频率的市场定位问题；解决“做什么”的问题则是解决广播频率的功能定位问题。但是，广播的市场定位与功能定位都不是凭空想象的，而应该是建立在市场调研的基础上进行的。关于这方面的问题，美国哈佛商学院教授、竞争战略之父迈克尔·波特的竞争战略理论中的SWOT模型有较详尽的论述。在迈克尔·波特看来，品牌战略的选择是根据市场定位和品牌定位进行的，而市场定位和品牌定位则是在市场调研（包括企业及产品调研、竞争对手调研、消费者调研以及营销环境调研）之后再对调研结果进行SWOT分析（内部优势分析、内部劣势分析、外部机会分析和外部威胁分析）的基础上进行的。由此可见，扎实的市场调研是制定品牌战略的基础。诚然，迈克尔·波特的着眼点和基本目标是在品牌战略而非具体操作的品牌战术，但是其基本思想对品牌战术的具体操作同样具有指导性的作用和价值。

值得称道的是，广东电台在建台之初到20世纪80年代后期，就聘请资深听众及相关的专业人员作为电台的听评员，定期或不定期地召开听评会，由听评员对节目进行评价。同时，在总编室设立群工组，负责处理听众来信，及时向领导和相关的节目部门反馈听众意见。这都是广东电台获取听众意见的主要途径。应该说，这些方法在当时的条件下，对于电台了解听众的意见和需求、做好宣传工作起到了一定的作用。例如1984年，广东电台一批年轻人曾经自发地进行了一次收听调查，从广州的上下九路到北京路，到商店与居民家里了解市民的收音机在播什么节目。一周之后，调查报告出来了，听众收听广东电台与境外电台的比例是3：7。在广州的心脏地带，广东电台只占30%左右的市场份额。这个结果震动了全台，并坚定了广东广播决策者改革的决心，于是催生了“珠江模式”。

进入20世纪90年代，随着广播频率不断增加，听众收听广播的可选择性越来越强。他们对广播传播的内容、形式和质量有了新的要求。而广州电台的开播又打破了广州地区广播市场的平衡，中央、省、市三级电台为争夺本地听众资源展开了竞争，广播媒介市场化进程进一步加快。市场催化竞争，竞争促进发展。竞争要求电台必须做听众喜欢的、能够吸引他们的节目，这就要求电台必须主动地去了解听众，了解听众的需要。1992年，广东电台委托当地的政府统计部门进行收听调查，这是广东电台首次采用科学的抽样调查方法在全省范围内进行的听众调查，在全国同行中也是走在前列。接着，广东电台率先建立了本地区的收听调查网，并成为中国广播电视协会广播受众研究会的首批理事台。为了获得更加科学、规范的听众调查结果，从1996年起，广东电台与全国第一家专门从事广播调研的专业机构——赛立信媒介研究公司建立了合作关系，采用国际上通用的日记法和规范的指标体系，开展科学的收听率调查，为节目评估搜集第一手的市场数据。在调查中，赛立信公司率先在国内使用“收听率”、“听众占有率”等指标来评价广东电台各系列台的节目，客观、全面地反映广东电台的节目在广播市场中的表现。从2001年起，广东电台加大市场调研投入力度，每年斥资上百万元购买权威调查公司的收听调查数据，进行科学的对比分析。除赛立信外，他们又先后委托和购买央视—索福瑞、AC尼尔森等市场调查公司收听调查数据，并结合竞争对手的市场表现，进行综合的分析和比较，为频率市场定位和频率功能定位提供了科学的依据。根据市场调研找准市场、找准目标听众，根据目标听众决定广播节目的内容、形式及其风格特征，这样，就减少了由于盲目投入所带来的经营风险，有利于专业频率的品牌打造，进而提升了专业频率的竞争能力。

珠江经济台从1986年开播到20世纪90年代末，无论收听率、占有率还是广告收入，在广东乃至全国都是首屈一指的；但是进入21世纪以后，该台在广州地区的收听率排名一度跌至第五位或第六位，广告收入增量也大幅度下降。是什么原因导致珠江经济台陷入如此被动局面的呢？为了寻找原因，扭转这一局面，从2002年开始，珠江经济台成为广东电台专业广播中第一家独立斥资购买调查公司数据的广播频率，时刻对第一手的市场资料进行再分析，以客观的态度审视节目的构建，同时进行针对性的市场开拓，做到决策科学，有据可依，有理可循，并重新对频率定位。根据调查数据分析，在广州地区的广播市场中，听众对新闻资讯节目的需求还有很大的缺口，而珠江经济台的新闻资讯节目的收听率和满意度都比较高。因此，他们便打出“资讯·生活·服务”的品牌口号，着手进行整体的频率改版，这样的定位显然是珠江经济台所擅长的强项。由于定位准确，珠江经济台重新夺回了收听市场，并始终处于广东广播收听市场的领先地位。

在珠江经济台的带动下，卫星广播、音乐之声、城市之声以及交通广播等专业广播频率也先后进行了扎实的市场调查，并通过对购买自媒介公司的调查数据进行分析研究，找准频率的市场定位和功能定位，努力提升各自的核心竞争力，逐步形成了自身的品牌形象。

二、准确的品牌定位

媒介市场变化多端、竞争激烈，每一种媒介乃至每一个媒介都在争取自己的市场，都试图瞄准属于自己的生存机会和发展空间。然而，曾几何时，在经济利益驱动下，广东电台各系列台在市场定位和功能定位方面存在严重问题，有的台专业特色不鲜明，各系列台之间重复设置节目的情况时有发生，出现了“专业频率不专业”的现象。不仅如此，各系列台之间的竞争有时还会失控，造成了无序竞争甚至恶性竞争的局面，削弱了广东电台的整体优势，不利于广东电台合理配置，难以实现充分利用有限资源以达到整体听众规模最大化的初衷。针对这一状况，广东电台在进行扎实的市场调研的基础上，于2002年开始实施《广东人民广播电台系列台定位管理条例》，集中治理系列台定位不够明晰的问题，进一步明确了每个频率的目标听众定位。

表3-1　广东电台系列台目标听众群

（2002年实施版）

系列台名称	听众群定位
新闻频道	全省15~70岁的机关干部（包括离退休干部）、大专院校学生、驻粤部队官兵以及在广东境内居住的、具有初中以上文化程度的外地群众
珠江经济台	以我省为中心，包括周边桂、港、澳等地区以粤方言为母语的20~45岁的听众
音乐之声	主要是40岁以下、高中以上文化程度的各阶层的音乐爱好者
城市之声	生活在城市的13~30岁的青年人
健康之声	40岁以上、初中以下文化程度的各阶层群众
交通之声	20~60岁的驾车人士和部分家庭听众
教育之声	30岁以下、初中以上文化程度的学生听众；不同年龄层次、具有不同学习、培训需求的广泛受众
股市广播	18岁以上的成年投资者

资料来源：赛立信媒介研究

由表3－1可以看出，通过强化系列台的定位管理，广东电台理顺了各系列台之间根本性的利益矛盾——争抢听众资源的问题。不过，纯粹的目标听众定位只是解决了“在哪做”的问题，而为了满足目标听众的收听需求，还必须解决“做什么”的问题，即进一步确立专业频率的功能定位，目的是使该频率的节目在目标听众那里发挥效用并产生效果，进而成为听众心目中的广播品牌。这就要求专业频率为听众提供富有特色的节目和个性化的服务。

也正是基于这样的认识，广东电台各系列节目围绕目标听众逐步确立自己的功能定位，尽最大努力为目标听众提供能够满足他们收听要求的广播节目。

1. 卫星广播——打造一个新型的普通话电台

2002年广东卫星广播提出了“我们的声音通天下”的频率定位新口号，进一步强化普通话台的定位，突出了广东卫星广播的个性与特色。广东卫星广播将自己定位为打造一个新型的普通话电台首先就是考虑广东的外来人员已经超过了2 500万，语言的特点使这些“他乡人”收听广播只能选择普通话节目，锁定这部分普通话的目标听众，为他们提供多方面的服务，培养更多的忠实听众，是塑造频率品牌的一种现实选择。同时他们还考虑了以下两个要素：一是坚持普通话办台可以有效地与本地粤语电台进行差异化的错位竞争，在市场的夹缝中求生存、谋发展；二是广东卫星广播作为唯一的覆盖全省的省级普通话电台，其鲜明的普通话台定位使他们在具体的经营和运作过程中有了全国性视角和国际化视野，能显示出普通话台的强大优势。为了将广东卫星广播这样一个新型的普通话电台真正办成“他乡人”喜欢的电台，该频率的经营和决策者们又进一步将频率的功能定位为“为‘新广东人’服务”，并开办和重新包装了《我来自他乡》、《真情面对面》、《妇女心声热线》以及《一点钟情》等一大批节目，反映“他乡人”在广东的创业、工作、学习和生活情况，为他们提供一个思想沟通和情感交流的平台，为他们提供“贴身”服务。

由于目标听众市场定位和频率功能定位的准确，广东卫星广播在激烈的媒介竞争中脱颖而出，仅《我来自他乡》节目一年就吸纳广告上百万元，并拥有一批固定的“核心听众”。而2003年广东卫星广播广告收入历史性地突破3 000万元，为广东广播的跨越式发展作出了巨大贡献。

2. 珠江经济台——运用“差异化策略”进行重新定位

“差异化策略”在媒介的品牌定位过程中使用得比较多。其关键在于从竞争格局中，找到自己与目标消费群之间的独特联系，实现与竞争对手的有效区分。根据珠江经济台购买的权威媒介公司的调查数据，发现在广州的广播市场中，听众对新闻资讯节目的需求还是有很大的缺口，而珠江台的新闻资讯节目获得的听众满意度最高，收听率最好。于是，从2002年起，珠江经济台打出了“资讯·生活·服务”的品牌口号，对企业的品牌意识和传播理念进行再认识，决定以新闻资讯为龙头，集中力量开发金融、法律、房地产、汽车以及饮食等五类专业市场。

所要强调的是，这一定位的关键在于，珠江经济台所做的恰恰是其他电台所不易达到的层面。从定位的可操作性来说，珠江经济台正好可以利用多年的节目制作经验和与政府及企业建立的良好关系，真正实现差异化竞争。这样正好符合珠江经济台目标消费群的市场定位，即有相当消费力和购买力的成熟听众，包括白领阶层、民营企业经营者等。由于定位准确，珠江经济台重新夺回了收听市场，并始终处于广东广播收听市场的领先地位。珠江经济台这一响亮的广播品牌因此得到了有效的保护。①

3. 音乐之声——人无我有，人有我强

音乐之声作为一个专业的音乐频道，不是一个类型化的电台，而是一个综合性的电台。面对音乐资源不能独有的状况，只有努力做到人无我有，人有我强，人强我精，人精我变，凸显差异化竞争，彰显节目的个性化、特色化和地域化，才能打造频道的品牌强势。因此，在充分考虑到目标听众需要的基础上，他们在与异地电台的竞争中，把突出本土特点作为自己的优势；在与本土电台的竞争中，把突出专业特色和明星资源作为自己的优势。特别是在越来越趋向同质化的流行音乐领域，音乐之声将发挥自身在唱片公司、音乐人方面的资源优势，扩大流行音乐类节目的优势；在其他同行所没有涉足或者挖掘不深的高雅音乐、艺术歌曲领域，实现全面占领，突出自身专业优势，力求使每一个类型化的节目都成为受听众欢迎和喜爱的品牌节目。

不仅如此，为了满足广大听众日趋求新、求美的收听口味，让音乐之声的节目更贴近生活、贴近大众，音乐之声经过认真研究广播市场的特点和需求，结合自身的优势，2002 年 1 月 28 日推出了一个全新的节目版面。新版节目是在总结音乐之声多年来成功经验的基础上所作的一次大的调整和充实，推出了《天天向上》、《正点音乐》和《通天娱乐》等一批有闪光点的新节目；同时，对一些老品牌节目，如《天生快活人》、《古典纵横》和《美丽的早晨》等节目进行新的包装定位，使整体节目在内容和设置上更趋于全面、合理，既有古典味又有现代感，既有民族又有流行的节目架构，呈现出音乐化、年轻化、娱乐化、专业化的特色。新版节目一经推出，就得到了台领导以及听众、客户等社会各界的广泛好评。此后，音乐之声又不断跟踪听众和客户的意见和建议，并根据市场和听众的需求，对节目作适时的微调，保持节目常做常新。良好的收听效果，带来了良好的社会效益和经济效益。

---

① 范驰．珠江经济广播电台品牌探索之路．南方广播研究，2006（5）

4. 城市之声——做都市人的电台

作为“都市人的电台”，城市之声努力走亲民路线，围绕广州市民的衣食住行及相关生活内容进行节目制作，满足都市人的信息娱乐需求。在新闻节目选题上围绕民生、社会新闻，及时连线采访新闻的记者讲述现场的情况，为听众最直接地报道身边发生的事情，听众倍感亲切。在市民最喜欢的节目《市民热线》中，节目组更是“急市民之所急，解听众之所需”，联合相关部门和人士解决民生问题。新闻板块节目《听世界》是一个深受听众喜爱的新闻资讯板块节目。应听众的要求，台里对其进行了扩大版面的改革。为了更迎合听众对其的喜爱，2002 年新闻部对《听世界》节目进行了微调，在原来的基础上，增加了“今日社区”、“今日提示”和“今日话题”节目环节，让其更贴近市民，更符合城市台新闻节目的特色。而在“今日提示”节目环节里，增加了市民急需知道的服务信息，让其更具可听性和实用性。这些环节的开设，使得节目收听率节节上升。另外，根据城市之声台新闻资讯的特点，2002 年新闻部设计了一个全新的新闻资讯类节目《新闻点击》。这是一个立足于广州、紧贴市民的、互动感较强的新闻杂志式节目，在这个节目里，除了继续保留“今日社区”节目环节之外，还增加了“今日热点直击”节目环节，动中带热，热中带动，较好地构成了这个节目的新闻特色。为了提供更新的新闻消息和便利听众的出行，城市之声采用最高密度的新闻资讯服务，每日《正半点新闻》播出 22 次，《天气预报》播出 16 次，居全国电台之首。

此外，在节目风格上，城市之声也一直注重亲民，总是用通俗化的语言让听众在享受欢乐中获得相关信息。例如在节目《鬼马双星》中，两位主持人遵从“古灵精怪，鬼马百变”的节目宗旨，通过“街坊自由讲”、“鬼马成语大全”、“鬼马双星讲乜话”、“鬼马双星出唊气”、“鬼马百科全书”、“鬼马金曲推介”等贴近群众生活的环节，为大家带来欢乐和信息。由于节目搞笑火花层出不穷，能够让听众在嬉笑怒骂中放松紧绷的神经，“双星”的形象已深入人心。

5. 健康之声——倡导健康生活

健康之声自开播以来，坚持走专业化道路，努力办出自己的特色。他们在传播医疗卫生方面的政策法规、反映医药卫生行业的管理改革及发展状况的同时，及时发布医药卫生方面的信息，多层面、多角度地宣传和普及医药卫生、防病治病以及食品保健知识，帮助听众寻医问药，增长保健知识，提高了广大听众的健康水平。不过，其目标听众往往集中在老年群体。

2002 年年初，健康之声经过深入细致的调查发现，健康之声的节目存在两个弊端：一是受众群体范围比较狭窄，绝大部分是老年人，而且年龄偏高；二是风格沉闷、呆板，缺乏活力。在他们看来，“健康”是一个内涵相当丰富、外延相当广泛的概念，所以健康之声的节目应该是丰富多彩的，其受众群体也不仅仅限于老年人。市场调研显示，成年女性也是相当关注健康因素的群体，其他年龄层次的听众也有各自的健康关注点。针对这些情况，他们决定调整部分节目的定位，扩大受众群体，并且狠抓节目风格创新。经台编委会批准，健康之声推出了《真情女人》、《靓靓一族》、《快乐厨房》、《936 新视点》、《欢乐时光》和《金色年华》等一批新版节目，使健康之声的节目从整体上看显得轻松明快，可听性更强，资讯更加丰富。事实证明，改版之后，听众群体不断扩大，群众反映良好，有力地带动了经营创收工作。

6. 交通广播——宣传交通，服务交通，一切围绕交通

以“宣传交通，服务交通”为己任，为广州直至珠江三角洲听众提供交通信息和服务的交通广播从开播之日起，就把目标听众锁定在移动中的交通参与者，并围绕目标听众将自己定位为宣传交通、服务交通的专业型、服务型电台。一直以来，交通之声充分利用信息网络的优势，坚定不移地把交通消息作为核心产品和主打品牌。这一产品所具有的鲜明的时效性、权威性、准确性，使它在大量同质化节目中脱颖而出，长期在市场竞争中处于有利地位。调查显示，在交通广播节目中交通资讯的贡献率超过 60%；《报料幸运星》、《资讯直通车》、《午餐话题》、《有车有得挥》以及《大吉利车队》等反映交通专业和交通特色的资讯、娱乐节目也都是收听率排名前列的节目，而且比其他节目高出一截。

不仅如此，交通之声还根据不同层次、不同出行方式和不同时段的目标听众进行细分，并针对性地设置节目。如《资讯直通车》是信息量大、服务性强的节目，主要是考虑到早上出行一族除了最想了解国内外及社区新闻外，更想了解出行的动态信息，如路面施工、改道、公交车调整等；上午的收听群是以营运为主要经营手段的司机、以了解商业信息为主要收听目的的商业从业人员等，新闻信息小品化的《大吉利车队》以及为广大有车一族提供车辆维修、保养信息的《有车有得挥》正好迎合了他们需求；中午时段是大量以出租车司机为主的出行一族的午餐时间，《午餐话题》正好提供一个让他们集中在一起议论身边事的平台；傍晚是一天中交通最繁忙的时段，下班的人最想知道的就是交通的状况及夜生活的信息，《报料幸运星》就提供了及时而准确的信息。

正是这些针对性和服务性强、信息量大的交通资讯节目，满足了听众的收听需求，也得到了他们的充分肯定，因此交通之声的收听率能够在广播市场中稳居前列。

7. 股市之声——树立受投资者欢迎的“股民明星”

从上一章中对股市广播所作的介绍中，我们知道，股市广播是利用 SCA 调频副讯道发射技术传输节目的，收听股市台的节目需要购买加密的专用收音机。但是从 2000 年起，股市广播开始公开播出，这对频率的经营者来说提出了严峻的挑战，如何通过提升频率的品牌形象来吸纳广告客户，对他们来说是一项非常

艰巨的任务。因此，股市广播明确市场定位，努力发挥自身优势，办出人无我有的电台。于是广东电台沿袭过去的传统优势，继续做好股市行情的分析与解说工作，树立受投资者欢迎的“股市明星”形象，形成巩固听众市场的独特资源，同时精心策划设计相关节目，从而形成了《股市第一线》、《股市大家谈》以及《足彩梦工场》等一些优秀节目，在社会上初具品牌效应。

8. 教育之声

虽然在经营创收方面不尽如人意，但广东电台仍然坚持围绕目标听众尽最大努力制作让听众满意的节目。例如2002年3月起，他们新开辟了《教育前线》、《留学天地》等特色鲜明、具有针对性的节目，不但在原来空白的基础上逐步培养了一批能初步适应资讯节目制作需要的人员，而且实现了教育产业广告零的突破。

当然，“品牌定位不是‘一定终身’，而是要在不断适应市场需求的变化中寻求最佳的定位，只有在动中取变，变中求新，形成自己的风格和特色，受众对品牌的忠诚度才能不断得到强化。”①也正是基于这样的认识，在新的竞争环境中，广东电台根据市场需求和经营需要及时对个别不适应市场需求的专业频率的定位进行了适当的结构调整。2005年10月，教育之声更名为文体广播，突出文化、体育专业化形象。2005年12月，健康之声更名为南方生活广播，以广播为载体，展示时尚生活。而2004年8月20日，国家广电总局批准的以广东电台“南粤之声”为呼号的全国第一家广播频率在异地深圳正式开播。该频率以港澳地区和珠江三角洲人群为主要服务对象，以泛珠三角为辐射面，采取SRS5.1环绕立体声广播系统播出。其他频率如卫星广播在功能定位方面也有所调整，2006年他们将“快乐广播”作为自己创新节目的理念，一改过去因强调政治与社会责任的说教而忽视了听众对轻松愉快的需求，开始强调从听众的感觉出发，强调广播的好听，目的是与广播伴随性、移动性的传播特征相契合。为此，除新闻中心制作的各次新闻专题节目外，其他所有节目都强调“快乐”，能够在欢声笑语中体现快乐的时代、快乐的人生、快乐的心情。于是，一批以“快乐”为基调的节目，如《兄弟姐妹唱起来》、《超级娱乐百分百》、《开心彩铃我最酷》、《全国人民一家亲》、《幸福像花儿一样》以及《用最美的声音等你》等纷纷与听众见面，甚至一些资讯类、信息类节目也加入快乐元素，如《快乐交通信息》、《快乐天气预报》等。这样，传递快乐，成了广东卫星广播的一种追求、一种理念。至此，功能定位调整后广东电台的九个专业频率风格各异、个性鲜明，再一次彰显了广东广播整体的品牌优势。

---

① 张晋升．广播经营：用品牌说话．中国广播电视学刊，2008（1）

表3-2　广东电台专业频率目前定位情况

专业广播名称	功能性定位
卫星广播	政治宣传功能；新闻资讯第一台；“快乐广播，‘新广东人’的广播”
珠江经济台	信息服务：新闻资讯；经济生活资讯及服务；大众型、信息型、服务型、娱乐型
音乐之声	音乐、娱乐、时尚、年轻；为广大听众提供各类音乐
城市之声	资讯领航：以资讯娱乐和城市文化为主要特色
南方生活广播	时尚广播：“品味生活，享受人生”；以时尚生活为主要内容
交通之声	宣传交通，服务交通：为广州直至珠江三角洲听众提供交通信息和服务的专业频率
文体广播	将体育与文化特别是汽车文化相结合，为听众提供最新、最快的体育、文化等相关信息
财经广播	财经专业频率：为证券投资者提供证券信息及股市行情分析
南粤之声	流行，快乐，在深圳：立足深圳，面向港澳；以新闻和综合信息为支柱，以文化娱乐和市场消费为内容

资料来源：广东人民广播电台

三、精心打造栏目品牌

频率品牌应该是由一个个栏目品牌构成的。如果一个频率没有几个品牌栏目作支撑，那么所谓的“打造频率品牌”只能是一句空话。要实现频率品牌化，必须做到栏目品牌化。也就是说，频率品牌的构建是以栏目品牌的打造为前提和基础的。因此，当频率找准了自己的市场定位和功能定位，对自己“在哪做”和“做什么”有一个清楚的了解以后，精心打造栏目品牌就成了“如何做”的主要内容了。值得称道的是，广东电台的各个专业频率在具体的经营和运作过程中无不把打造栏目品牌作为塑造频率品牌的一个重要环节，并且取得了较大的成绩。可以这样说，每一个专业频率都有几个响当当的栏目品牌。上文已述，卫星广播于2006年进行改版，以“传承文化，快乐广播”的新理念打造“快乐广播”，着力推出有新意、有亮点的特色节目，如《女主播说事儿》、《天南地北一线通》、《超级娱乐百分百》、《两个女生饽饽脆》以及《城市表情三人行》等；并首创逢整点和半点播报的格式化资讯短节目，如《天气情报站》、《一分钟听广东》、《一分钟看世界》以及《开心一笑》等。整个版面渐渐形成新闻、娱乐并行的态势。

珠江经济电台经历了20多年的不断打造，已经成为一个广播的优质品牌。但是他们没有满足现状，继续在品牌战略上下工夫。他们提出了“张扬生活色彩，锻造知性声音”的理念，并开始从单纯的品牌打造向品牌打造与品牌管理相结合的道路迈进。比如以广播剧与专家点评结合的法律栏目《以案说法》、与省消费委员会合作的即时在线投诉栏目《秘书长热线》、以短信互动见长的深夜清谈栏目《心灵地图》等，都以其独创性和专业性大受听众欢迎。此外，他们还策划了一档与市场紧密结合的《为食掌门人》。该栏目介绍的大量的饮食资讯不仅吸引了大量的听众，而且受到饮食行业的追捧。该台针对收听规律与听众的使用诉求开辟的《天气秘书》、《交通先生》等服务性的小板块栏目和民生新闻栏目《珠江速递》，也获得了巨大的市场效应。

音乐之声的品牌理念是“音乐至尊，娱乐领先”。在巩固和提高原有品牌节目《天生快活人》、《古典纵横》和《音响世界》等的基础上，加强新的品牌节目的培育，重点培育《9+2音乐先锋榜》、《美丽早晨》和《音乐原动力》等节目。

城市之声在“资讯领航，服务你我”的理念下，重点打造品牌栏目《市民热线》，开拓和巩固多条与政府职能部门合作的专线：《消费专线》、《物价专线》、《城管专线》及《劳工专线》，并形成了对市民反映的情况进行有效反馈的机制。

南方生活广播按照“品味生活，享受人生”的理念，推出了一批关注社会生活、关注民生、质量高、可听性强的节目。如《南方生活快报》围绕市场消费、健康时尚等为听众提供生活服务资讯；《936新视点》关注衣食住行和精神文化方面的热点话题；《健康快车》着眼打造一个立体便捷的健康服务平台。

交通之声以“全心全意，做到最好”为目标，确立《交通消息》、《资讯直通车》、《大吉利车队》、《午餐话题》以及《报料幸运星》为不同类型的龙头节目，并投入大量的人力、物力打造这些节目。

文体广播按照“以体育为骨架，增加驾驶文化内容”的新要求，在巩固原有品牌节目如《一拍即合——羽球新天地》的基础上，打造了新的品牌节目《长驱万里》等。

股市广播的理念是“金融资讯，传播第一”，其品牌节目有《股市第一线》、《股市大家谈》和《投资者俱乐部》等。

南粤之声“以流行快乐在深圳”为理念，不断调整节目、优化版面，确立了一批有竞争力的特色节目。早晨新闻资讯节目《深圳早安》播出4个月就在深圳地区同时段广播节目排行榜上崭露头角。夜间谈话节目《非常美丽非常夜》以丰富的情爱知识打开人们的视野，在深圳夜间广播中独具一格。《东北一家亲》用“唠嗑”的形式给在深圳的北方听众提供了一个关心家乡、共诉乡情的平台。

下面，我们通过五个案例来具体看一看广东电台各专业频率是如何打造栏目品牌的：

1.《民声热线》——在创新中凸显品牌个性

《民声热线》是由广东省政府纠风办、广东人民广播电台联合主办的广东政风行风热线栏目，于2005年11月15日在卫星广播开播。节目以“展示行业形象，倾听百姓呼声，接受群众监督，促进作风建设”为宗旨，从开始筹办就得到了广东省委、省政府领导和各有关厅局以及省内各大媒体的大力支持。由于广东电台的领导亲自协调指挥，新闻中心的同志们高度重视，全力投入，加上各个部门大力配合，开播后即引起强烈的积极反响。听众通过来电及短信踊跃参与，广东电视台、《羊城晚报》、《南方日报》以及《南方都市报》对每次节目都跟踪报道。开播第一个月，《民声热线》接到电话1 500多个、短信2 000多条，平均每天100个电话、100条信息。督办解决问题102个，来电、来信转办率、回复率都达到100%，成了广播架设在党和政府与广大人民群众之间的一座桥梁、一条纽带、一个窗口、一个平台，所以很快成为家喻户晓的品牌栏目。中共中央政治局委员、时任广东省委书记的张德江在《民声热线》开播半年后作出重要批示，高度评价节目所取得的良好的社会效益，称“开办广东《民声热线》是一个创举”。

《民声热线》开播之时，各地广播电台的政风行风热线类节目正风靡全国，一片火红。相对而言，广东电台的《民声热线》属于此类节目的小字辈，而且此前这类节目大部分都很成功，有的甚至成为各地电台的名牌节目。因此，《民声热线》刚刚问世就面临着是跟在别人后面亦步亦趋，还是走创新之路的问题。事实证明，《民声热线》栏目组的同志们并没有步人后尘，而是在借鉴别人经验的基础上，坚持节目的内容和形式的创新，从而走出了一条属于自己的路子。①

（1）独创了“专题+主题”的上线模式。一般来说，全国各地广播电台同类的政风行风热线节目通常是各厅局以次数为单位轮流上线，每次节目厅局都不同。而广东电台的《民声热线》节目则每月设一个专题，每个专题安排一个与群众联系紧密的厅（局）上线，每月上线4次，每星期的主题又各不相同。逢星期二11：30—12：30，广东省政府各厅局负责人在广东电台新闻频道轮流上线，展示行业形象，倾听百姓呼声，接受群众监督，促进作风建设。这样的安排，有利于将一个部门的问题做深做透，将同一厅局的问题集中解决。

（2）热线电话、短信平台全天开通。通常情况下，全国各地广播电台的政风行风热线节目受理群众的来电或短信，都是对节目中群众的投诉或咨询作出回

---

① 钟翠萍．办好《民声热线》 树立广播形象．南方广播研究，2006（3）

应。节目以外，不再设有专人接听群众来电，最多也就是电话录音，或保留短信平台。广东电台的《民声热线》在节目之外仍有专门的电话接听人员轮流值班，对群众在节目外反映的问题进行登记备案，并实现电脑化管理。热线保留的好处有两条：一是增加了节目的主导性。节目组的同志可根据群众来电或短信，筛选话题，主动设置报道面，加强对每期节目的策划，使节目主题和重点更为集中。如果没有节目之外的电话，他们只能在节目中被动地等电话，这就无法保证节目的质量。二是热线和短信平台为广东电台新闻中心提供了一个民生新闻的信息库，大量的民生新闻线索和资源正是各家媒体所希望拥有的。

（3）建立了上线单位全员在线、全省上下联动的快速反应机制。例如：2006年1月17日，湖北籍外来务工人员小夏辗转徘徊在揭阳火车站，为了能买到一张回家过年的火车票，他排了两天的队也没有如愿，却意外地发现，火车站旁边的两间小卖部正在倒卖高价火车票。气愤之余，小夏拨通了广东卫星广播正在播出的《民声热线》的热线电话，向在节目中上线的嘉宾——省公安厅治安局局长何桂复反映了这一情况。听完小夏的投诉，何局长当即在直播间下达了这样一份指令："揭阳市公安局：你们听好，立即派干警前往揭阳火车站进行查处！"听到广播之后，揭阳市公安局马上组织了6名干警赶到揭阳火车站，在车站右侧的一家饭店，抓到了两名涉嫌倒票的人，一举端掉了这一倒卖高价火车票的窝点。而此时，一个小时的《民声热线》节目仍在直播当中。如此高效率地处理群众投诉，解决群众反映的问题，在广东《民声热线》节目运作之中，比比皆是。

局长在直播室上线，全系统、全行业都在收听《民声热线》，相关人员和队伍24小时待命，一旦收到群众举报，队伍立即出发，随时解决群众反映的问题。有时节目还没结束，相关部门的队伍已经到达现场，着手解决群众投诉的问题。这是广东《民声热线》节目最大的亮点和特色，在全国同类型节目中，这样的高效率和快节奏并不多见。说到底，政风行风类热线节目有没有影响，在老百姓心中有没有威信，就在于你是把它当作一场秀还是切切实实为老百姓办了一些事，解决了一些切身利益问题。为了保证热线节目的实效性，广东省国土厅上线1个月，发了6个内部明码电报，要求各地国土部门在规定的时间内受理老百姓反映的问题。力度之大，在别的省还没有听说过。

（4）在部门反馈之外，力所能及地作调查类报道。一般情况下，全国各地广播电台的政风行风热线类节目都是从节目到节目，充分利用政府的力量加强反馈；节目记者只是跟进各个部门对群众问题的解决过程和结果，很少有记者独立进行新闻调查。广东《民声热线》节目除星期二之外，星期一、星期三、星期四、星期五每天都有半小时的栏目，其中主打栏目就是记者根据老百姓的投诉所作的调查采访。往往是记者的调查报道先行，职能部门随后跟进处理和解决。

因此，在全国同类的政府与群众互动热线节目中，广东电台的《民声热线》虽然开办的时间并不长，但无论是内容还是形式，都有自己鲜明的特色；而且，每一次节目，从包装、策划到调动一切广播手段，不仅在全国同类节目中毫不逊色，而且独具匠心、个性鲜明，所以深得广大听众的欢迎和喜爱。

2. 《珠江速递》——品牌栏目的“四化”建设

2001年1月，伴随着频率的全新改版，珠江经济台在整合原有新闻资源的基础上，重点打造傍晚新闻专辑，并更名为“珠江速递”，每天18：00—18：30播出。2005年5月，《珠江速递》借改版之际，旗帜鲜明地打出“关注社会，关注民生”的口号，努力通过改版体现地域化特点和贴近性、平民化气质。资料显示，改版之后，节目收听率和占有率分别比前一年增加3.8%和11%，在广东地区同类节目中荣居第一位，并且至今仍然保持这样的业绩，成为广东广播中的一档经济效益和社会效益俱佳的王牌新闻栏目。在为数众多的新闻节目中，《珠江速递》之所以能够脱颖而出，根本原因在于该栏目品牌的“四化”建设：①

（1）报道内容平民化。《珠江速递》的报道内容在体现国计民生大事的同时，更多的是报道老百姓身边的小事。当然，这里的小事并非家长里短、鸡毛蒜皮，而是关系到广大百姓切身利益、影响百姓生活方方面面的事情，包括社会公德、邻里家风、社会治安、消费购物、看病、就业以及上学等。

（2）报道手法多样化。新闻节目音响化是广播媒介特性的基本要求。在《珠江速递》节目中，音响报道的数量占40%左右，录音新闻、录音通讯、录音特写、录音专访以及现场报道等一应俱全，充分发挥了广播媒介的传播优势。

《珠江速递》在新闻叙述过程中还尝试引进一些综艺性的元素。为了使节目声源多样化，节目常常使用其他有声媒体的新闻、音响效果等，同时非常注重节目整体形象包装、取材和安排。比如“天气秘书”环节，主持人被定位为生活参谋，把每天程式化、单调乏味的天气预报用趣味性、知识性、个性化的方式来演绎，加上播放一些特殊音响效果，节目显得自然亲切。

热线电话、手机短信和网络留言方式的使用使得《珠江速递》中许多信息素材均来自听众的报料与提供，为听众提供了一个充分表达呼声、自由发表言论的平台，这也是《珠江速递》吸引听众的关键所在。而新闻话题短信互动环节，综合归纳听众关于新闻话题的观点和看法，真正实现了新闻的互动式播报。

为进一步拓宽信息来源，《珠江速递》还在热心听众中培养了几百名信息员，并鼓励他们自费购买小型采访设备，录下身边发生的新闻以作为节目的第一手素材，或者用录音电话的方式把录音素材提供给节目组。这些新闻线索一经核

---

① 范驰．珠江经济台民生新闻探析．广播　创新与跨越——中国广播改革20年高端论坛文集．中国广播电视出版社，2007.194

实，就被加工制作在节目中播出。

（3）播报语言本土化。与传统新闻播报方式不同，《珠江速递》摒弃训导说教式的新闻腔调，用聊天式的语言，用老百姓喜闻乐见的形式与听众进行沟通交流；在新闻播报和点评过程中，方言、俚语的运用，使节目更生动活泼、亲切自然。

（4）品牌营销的立体化。为了提升栏目的知名度，强化栏目的影响力，《珠江速递》运用市场营销中的CIS战略理论，对栏目的听觉效果、制作理念和采访行为等进行了细致的策划、安排和执行。在一些节假日、纪念日，《珠江速递》结合节目主题，邀请政府职能部门到广场、步行街举办咨询活动。职能部门负责同志为百姓提供政策咨询，接受投诉，释疑解惑；而节目主持人则利用这一机会与听众面对面地交流，宣传介绍节目。

3.《天生快活人》——赢在包装与推广

《天生快活人》是广东电台音乐之声1998年开播的一个户外广播互动娱乐节目，每周一至周五12：30到14：00在流行前线直播室播出。节目自开播以来，连续多年保持较高的收听率，并带来了可观的经济效益。2007年综合赛立信、央视—索福瑞、AC尼尔森等多份调查报告，《天生快活人》收听率在广州地区名列前茅。该节目得到了移动通信动感地带、百威啤酒、腾讯QQ、统一奶茶以及网通等品牌企业的广告支持，经营创收达300多万元，充分体现了栏目的品牌价值。《天生快活人》能够拥有今天的辉煌，除了准确的栏目定位和常变常新的品牌追求，在包装与推广方面的匠心独运应该是其最大的亮点。

《天生快活人》自推出以来，紧紧围绕“打造品牌娱乐节目、塑造DJ明星”这一基本思路，对节目的内容、形式和节目主持人，进行了全方位、立体式的策划和包装，并为节目设立了一个运营的团队，策划宣传推广节目和节目主持人。为此，栏目推出了一系列的包装与推广活动，包括将主持人包装为DJ歌手，每年推出一张个人演唱专辑。2004年在天河体育馆为林颐举办“天天精彩林颐演唱会”，在全国广播界开了DJ演唱会的先河，引起很大的反响。让林颐成为既是主持人又是歌手的包装，对于《天生快活人》的宣传推广，起到了相辅相成、推波助澜的作用。

《天生快活人》栏目的品牌定位，决定了栏目本身不仅要娱乐、轻松，也要健康、阳光；要在娱乐的同时，为节目的受众提供有益的引导和帮助。基于这样的考虑，《天生快活人》推出了一年一度的植树活动以及爱心献血、尊老爱幼等各类公益活动，带动了众多听众的参与，社会反响强烈，由此树立了《天生快活人》健康、阳光的品牌形象。

与此同时，《天生快活人》根据不同时期和不同阶段的具体情况和特点，推出不同的主题宣传活动，对具体的节目内容和形式，进行新的包装和设计，使其更加贴近社会、贴近听众。以栏目的口号为例，节目创办时，推出的是“快活林颐 ORANGE LAM!”这句话作为游戏入场口号，迅速地推出了主持人林颐的形象。后来，根据不同的宣传需要，不断推出新的有特定意义和内涵的口号，比如“你是我的阳光，你是我的空气，你是我的快乐和开心!”，“勤奋努力，充满自信，我要做老板!”，“天生快活一家人”，等等。这些口号，或者强调面对人生的积极态度，或者是鲜明彰显本节目阳光、健康、活力向上的固有风格，或者是突出响应建设和谐社会、营造和谐家庭的时代主题，给听众留下了深刻的印象。

此外，《天生快活人》每年还举办青春美少女大赛和 UPDATE DJ 大赛，为年轻人树立了健康、活力、求知的榜样，也为大家提供了一个展示自己青春风采的舞台。同时，栏目以见面会的形式，到广东十几个城市进行节目的推广和宣传，收到良好的宣传效果。

4.《大吉利车队》——广播剧的小品化生存

《大吉利车队》是广东电台交通之声 2002 年推出的一个广播小品栏目，每天 18：00 播出，每次时间长约 20 分钟。该栏目专门选取当日或者近日发生的新闻热点，其题材涉及社会生活中的各个层面，反映现实、针砭时弊，让听众在轻松、幽默和搞笑之中感受社会、体验生活，自开播以来一直深受听众的喜爱和好评，在交通广播节目收听率调查中也始终排在前两位；而且，该栏目还与广东电视台合作推出了电视动漫版，获得较好的收视率。《大吉利车队》获得成功的原因主要在于其广播剧的小品化生存：①

（1）从听众需求出发创新节目风格。从节目类属上看，广播小品应该属于广播剧的艺术范畴。由于广播剧的先天不足和后天失调，一个时期以来，当形声并茂的电视剧铺天盖地席卷荧屏的时候，人们对高雅有余、活泼不足的广播剧早已失去了往日的热情，转而将兴趣投向了雅俗共赏的电视剧。在电视剧强有力的冲击之下，广播剧开始全线溃败。在广播电台委托媒介公司所进行的收听调查中，广播剧几乎处于无人问津的状态。当然，濒临危亡并不等于就此消亡，任何事物都会通过自我扬弃和脱胎换骨在涅槃中获得新生，广播剧也是如此。就在人们为广播剧的惨淡经营忧心忡忡的时候，广东电台交通广播推出了《大吉利车队》这样的广播小品栏目，虽采用了传统广播剧的某些表现手法，却避免了传统广播剧的板滞与僵硬，短小精悍、轻松活泼，非常符合现代听众的欣赏口味和审美需求。《大吉利车队》选取的都是每天的新闻和社会热点，或者是当天有趣的生活故事，并在新闻故事的基础上加以适度的夸张及加工，制作成一些令听众捧腹的广播小品。听众在开怀大笑的同时，觉得这样的作品来源于他们的生活，这样的情节生动而熟悉，而且风趣、幽默，而这正是他们所需要的。

---

① 黄健瑜．从《大吉利车队》看广播剧发展的新特点．南方广播研究，2005（1）

（2）在新闻热点和广播小品中找到平衡的支点。《大吉利车队》在每天18：00首播，播出的基本都是当天的热点新闻。为了突出时效性，《大吉利车队》在制作上大胆采用幕表剧形式，只有一份剧情提纲，包括大致的人物身份与相互关系和根据剧情起承转合的要求，简单地分幕分场，台词由演员即兴发挥。《大吉利车队》由四位有多年编剧和主持经验的主持人担纲，他们经过不断地探索和尝试，采用幕表剧形式，在最短的时间内将当天的新闻制作成极具时效性的广播剧播出，在新闻热点和广播剧中很好地找到了平衡的支点，在广播界较有影响。

（3）突破传统的时、空和人物限制。传统的广播剧一般都有开端、发展、高潮和结束四个部分；段落之间有戏剧性的因果关系；在剧情布局方面有意营造曲折、紧张气氛；并且一位演员通常饰演一个角色。而《大吉利车队》则突破了传统的广播剧形式，主要表现在以下两方面：一是不依赖情节的有机、严密和巧合来展现主题。不依赖戏剧式结构技巧吸引听众，而是依据每天的社会新闻热点，选取听众感兴趣的片段进行适当的夸张，将某些有趣的细节加以放大，通过剧中人物诙谐、搞笑的语言演绎故事；不像传统的广播剧制造悬念故意造成听众的紧张感，而是通过生活细节的适度夸张和诙谐、有趣的语言引起听众的强烈兴趣。二是运用“起角色”，突破传统时空观念。《大吉利车队》剧中的很多段落都没有具体时空，或者时空交错运用，通过“起角色”，走进人间各色人等的内心世界，体验说之不尽的人情冷暖和世间百态。“起角色”的运用让栏目中的四个主角在不同的时间、地点穿梭，扮演不同的角色。这种大胆的突破，可让我们非常自由地展现各种社会热点和身边故事，并且随时抽离故事角色，发表各种或尖锐或深刻的议论。

5.《市民热线》——紧贴市民生活

2005年4月18日，城市之声就根据自身的市场定位和功能定位，推出了反映市民心声的热线节目《市民热线》，意在成为沟通市民和政府的桥梁。节目播出后，在社会上不断引起反响，《市民热线》也成为市民反映心声的重要渠道，收听率在该频率新闻类节目中名列首位，同时也挤进全广州广播节目前六位。

《市民热线》之所以深受市民喜爱，其根本原因是：在很大程度上满足了听众参与社会、表达观点的欲望和要求。为此，栏目组织了大量听众参与讨论节目，走进社区，和市民进行零距离接触，收到很好的效果。《市民热线》选题贴近市民生活，急市民所急、想市民所想。比如，《众议道路交通安全管理广东条例草案出台——无责任司机也要赔偿?》、《作文软件让学生轻松过寒假?》、《众议夜班车升价草案》、《从招聘会说大学生就业》、《东山民生投诉站月接千起投诉》、《元宵节元宵让人放心吗?》、《民工荒见闻》、《众议广州人文明习惯》、《新客家人，你在广州还好吗?》、《由五万毕业生招聘会冒雨排队说起》、《众议机场收费》、《养狗需要邻居同意》、《治灰霾与广州限制私家车》、《肉联厂二次水冲猪肉》、《“歪唱”成广州中学生时尚》、《追踪马路找食族》以及《质疑羊城通刷卡范围扩大》等。

《市民热线》既成了市民们直接向有关部门反映投诉的专门线路，也为职能部门拓展了对外宣传、为民办事的途径。4条热线开通后，每期节目都接到了市民打来的不少咨询电话。《市民热线》除了现场受理群众投诉的个案外，还对一些因时间关系未能接入直播室的电话投诉情况进行一一记录，待有关部门对投诉情况处理完毕后，在节目中予以一一回复，使节目和有关职能部门形成了良好的合作关系。

四、着力塑造主持人品牌

在广播节目系统中，主持人的能力和风格决定着栏目的质量，同时也是听众决定是否选择收听节目的重要筹码。从某种意义上说，具有品牌价值的优秀主持人就是广播栏目品牌的代名词，不但对听众具有广泛的号召力，而且对听众的忠诚度也有着重要的影响。换句话说，一个栏目是否能够成为品牌，在一定程度上看该栏目的主持人能不能够成为听众认可的品牌。因此，塑造主持人品牌是广播媒介参与市场竞争的重要手段，也是广播媒介恒久不变的追求。也正是基于这样的认识，广东电台在品牌建设的过程中非常注重主持人品牌的塑造。从2005年年初开始，广东电台领导明确提出“打造品牌节目和明星主持人”的工作方向，进一步强化主持人的品牌塑造。

1. 凸显主持人品牌个性

主持人的个性决定了广播栏目的个性，主持人的知名度决定了广播栏目的知名度。风格越突出的主持人越能带给节目鲜明的个性。例如，广东音乐台金牌主持人林颐以及他一手创办和主持的《天生快活人》栏目，坚持以人为本，把快乐带给每一个人的传播理念，在充满快乐的气氛中把快乐带给了听众。一开始，《天生快活人》就试图将主持人林颐塑造成风趣、快乐、幽默的形象。经过10年的探索与实践，如今，主持人林颐已经成为快乐的标志，他个人也成了栏目的品牌。主持人风趣幽默的风格和节目的内容融为一体，显出独特的个性。

当然，节目形式的创新也是主持人品牌个性化得以延续和发展的重要因素。比如《天生快活人》移师至全国第一个全数码户外直播室——流行前线直播室，开创了“看得见的广播”的演播模式，使林颐成为全国第一个“站”起来做节目的电台节目主持人，被誉为“站在广播最前线第一人”。他对节目内容的个性化理解和演绎，使节目的内容与主持人的个性浑然一体。

2. 注重主持人品牌的宣传与包装

通过节目主持人的宣传与包装，在听众面前展示主持人的鲜明形象，进一步扩大主持人的广泛影响，也是塑造主持人品牌的重要一环。上文已述，广东电台音乐之声塑造《天生快活人》这个栏目的品牌更多的是通过对主持人林颐进行宣传和包装实现的。其他频率在这方面也都作了积极的努力。为了推广品牌主持人的形象，他们往往有意识地通过宣传包装让主持人走向社会，使之成为公众人物。比如广东电台城市之声所打造的主持人“城市俊杰”组合就是一个成功的范例。五位男主持人，青春、动感、活力，除主持日常的节目外，该频率还为他们量身订造歌曲，录制唱片，举办校园巡回演唱会，签售唱片等。目前这个组合在社会上已小有名气，不少大型文艺演出或商业活动均可以看到他们的身影。2003 年，珠江经济台从广州电台重金聘请了《穿梳孖宝》的两位主持人陈迪生和周庆文，这除了在行业内引起震动以及产生强烈的新闻效应之外，更重要的是体现了珠江经济台对人才的渴求和塑造品牌主持人的大手笔。以此为契机，珠江经济台的决策者趁机起用大批新进的主持力量，并对他们进行包装与宣传，程朗、嘉嘉、Anson 等一批年轻主持人迅速获得了青少年听众的认可，带来了强大的人气效应。从 2005 年开始，《9 +2 音乐先锋榜》秦海菲还在当地的报纸、杂志等平面媒体开设《DJ 海菲“新”水情歌》专栏，每周一篇 1 000 字左右的稿件，以新歌为切入点，讲述与明星的接触、工作和生活中的经历以及与时尚相关的话题等等，让听众可以了解到节目时间外的 DJ 生活和感受。该专栏在网络上和平面媒体上都拥有一群层次颇高的“粉丝”，同时广东电台的官方网站也会及时登载主持人的各种与节目相关的个人信息、照片等，包括每天的节目录音。2003 年，秦海菲在每周一次的流行音乐推荐中从话筒前走上荧屏，借助电视台的影响力成功宣传了主持人的形象。2003 年 8 月，适逢新版节目开播 100 期，她与广东新锐音乐人隋晓峰一起创作并演唱了 100 期节目的主题曲《电波磁力》，身体力行，为原创乐坛喝彩。另外，由珠江经济台举办的一年一度的“魅力新人王——广东广播主持人大赛”已经成为省内规格最高、最权威的广播主持人大赛，配合全方位的平面及媒体宣传，取得了良好的社会和商业效应。

3. 重视节目主持人综合素质的培养

为了提升广播节目主持人的品牌形象，广东电台在塑造主持人品牌的过程中特别注重其综合素质的培养。他们不仅加强主持人的思想和职业道德教育，严格按照国家广电总局抵制节目低俗化的要求对节目主持人队伍进行整顿，而且努力抓好节目主持人专业素质培训，常常邀请高等院校的学者为主持人进行强化性的专业辅导；与此同时，鼓励节目主持人走进大学课堂接受业务实践的进一步深造，以拓展主持人的业务实践范围。事实证明，广东电台在加强主持人综合素质培养的努力是卓有成效的。多年来，广东电台不仅培养出了像王非、陈晓琳这样全国广播主持人“金话筒奖”获得者，而且涌现了一批像谢亮、陆敏华等广东广播主持人“金话筒奖”获得者。而广东电台卫星广播《靓靓娱乐圈》主播靓靓则获得了中国播音主持“金话筒提名奖”、中国最佳娱乐主播大奖、中国新闻奖、广东新闻奖、广东省优秀播音主持奖等多项奖项。其实，广东电台像靓靓这样优秀的品牌主持人还有很多很多。

五、加大力度办“看得见的广播”

在上一章的叙述中我们看到，“珠江模式”创造性地开创了“看得见的广播”的传播方式，通过众多户外的社会活动和直播节目，把广播节目主持人和记者推到了听众面前，既扩大了他们个人的品牌影响力，又加深了听众对广东电台及其节目的品牌印象，取得了显著的社会效果。随着跨越式发展战略思路的确立，广东电台为了进一步提升自己的品牌形象，加大力度办“看得见的广播”。2003 年以来，广东电台平均每年举办 250 多场户外直播，让听众不仅可以听到广播的声音，而且能够看到主持人的形象。不过，与以往的“看得见的广播”有所不同，由于广东电台明确制定了“品牌打造以做优”的战略部署，所以这个时候广东电台各个专业频率所进行的社会活动、文艺演出以及户外直播，更多的是为了提升广播媒体的社会地位，拓展广播媒体的生存空间。

1. 丰富广播社会活动

广东电台充分发挥广播优势，组织策划了一系列生动活泼的社会活动，密切了广播与听众的关系。2003 年卫星广播的“广东大中学生英语口语大赛”、“省港澳普通话大赛”、“走进你的家乡”等活动，策划有新意，组织有质量，在广大学生和千千万万的外来工中引起强烈的反响。未成年人教育是 2004 年社会关注的热点之一。卫星广播抓住一个母亲的求助，策划了关注未成年人教育特别行动“寻找十七岁”，派出记者千里追踪远在武汉的 17 岁少年。节目在社会上也引起强烈反响。广东电台还组织了“第七届粤港澳普通话大赛”、“第四届广东大中学生英语口语大赛”以及“广东卫星广播走进龙川”等大型活动，扩大了社会影响。尤其是在新春佳节到来之际，卫星广播发起了“他乡听众新年愿望大搜集”行动，目的是想帮助有困难的听众实现一个新年愿望，共收到外来工上万条短信和数百封来信，并在珠江游船上举行了别开生面的新年聚会，全体主持人与听众一起，为外来工实现新年愿望，为广东祥和春节作出了一份贡献。新华社和《南方日报》等多家媒体对此都作了报道。2007 年 6 月 18 日，广东电台还成功主办了“东方之珠更璀璨——京粤港三地书法家庆祝香港回归 10 周年大型书法笔会”。该活动从庆祝香港回归 10 周年的高度，邀请京粤港三地的领导和书法名家以不同的书体共同书写一部完整的《香港基本法》，把具有中华民族传统文化象征的书法与严肃的法律条文结合起来，是对庆祝香港回归宣传形式的一种创新。而别出心裁地将书法和广播这两个截然不同的艺术门类成功地结合起来，让广播展示书法艺术，将诉诸视觉的书法通过声音的艺术来感染读者，这又是广东电台办“看得见的广播”的再一次成功实践。

2003年珠江经济台在省中医院举行了大型户外活动“天使的礼赞”和“情系中医70年”，并成功运用多媒体技术对活动进行了直播，突破了广播单纯靠语言播出的方式，得到了参加活动的省领导的高度赞扬。2004年珠江经济台举办的各种形式的户外活动达30多场。他们配合广州成人宣誓日10周年纪念活动，联合广州市司法局、共青团广州市委举办了广州首次少教学员成人宣誓礼，广州市领导、雅典奥运会获奖者、学员亲属以及教育工作者等300多人参加了这次特别的帮教活动。此外，青少年维权热线开播仪式、3·15消费者权益日大型咨询活动、广东广播魅力新人大赛等在听众中也具有一定影响力。珠江经济台以“魅力新人王——广东广播主持人大赛”为代表的系列活动全年无间断。珠江经济台还利用与政府职能部门长期建立的合作关系，发挥舆论监督的作用，利用策划和制作上的优势，参与了多个大型社会活动，其中包括广东省行业“春风行动”、向贫困山区孩子献图书的“朗朗书声尽是情”活动、中秋节为视障儿童送温暖的“听月亮在唱歌”活动、“和谐广东——和谐医患关系广东巡回论坛”、“爱心护苗行动——走进少年法庭”、“弱势群体爱心电影专场”、3·15消费者权益日大型户外咨询活动和“青少年维权热线”活动等，众多的活动强化了珠江经济台的吸引力，为珠江经济台树立了良好的社会形象。

2003年音乐之声举办的第10届广州唱片音响展无论在规模上还是经济效益上都有了新突破，现已成为在国际上有影响的品牌活动。音乐之声和天天精彩公司策划推出与听众同欢共乐、相互交流的活动，延伸节目的影响。依托最受欢迎的主持人策划的系列活动“快活林颐水上音乐快活之旅”等活动收到很好的效果。其还组织了“祝福明天，祝福未来”帮教活动、“绿色公益，环保意识——可爱地球”系列活动、6·26国际禁毒日大型帮教活动、“无偿献血为公益”以及阳光歌曲评选等活动，这一系列主题性和公益性的活动都大获好评。2005年音乐之声全年开展各类户外活动近70场。

城市之声举办的各类社会活动深入社区，在听众中掀起热潮。“飞向亚运——直击广州申亚十小时”在广州国际会展中心和数万听众一起见证广州申亚成功。“金龙舞珠江——2004广州国际龙舟邀请赛”独家广播时现场直播气氛热烈，成为龙舟赛上亮丽的风景。与广东省音协组织省内的音乐家赴广西百色地区采风，到达那坡时介绍三月三歌节，在平果时介绍壮族古老的嘹歌。此次广西采风活动扩大了城市之声的知名度。

交通之声与省市公安交警职能部门联合举办“交通法，伴你行”道路交通安全法施行一周年大型宣传活动，让城市交通管理者与市民拉近了距离。2007年交通之声和北京交通台联合主办了“一路畅通游美国”活动。参与活动的有23辆越野车，车队成员和工作人员共计88人。在13天时间里，自驾游车队穿越美国西部几个州，行程超过2 000公里。参与者非常满意。

粤剧是岭南文化的瑰宝，在珠江三角洲地区有广泛的群众基础。2003年，健康之声借粤剧舞台策划了一系列的活动，成立了“粤曲听迷俱乐部”，吸纳会员逾千人。俱乐部成立以后，开展了一系列活动，大大扩展了健康之声的收听群体。南方生活广播与音乐之声、交通之声共同承办了“珠江儿女‘母亲水窖’续写行动”广东电台捐赠仪式。2007年12月19日，全国妇联副秘书长秦国英、陕西省妇联负责人前来广东广播中心，接受了广东电台筹募的近50万元捐建水窖的善款。这一喜举受到全国妇联的表彰。南方生活广播主办了“健康和谐进社区”系列活动，联合广东省卫生厅、广东省中医院、广东省口腔医院和广东省人民医院等，走进社区，为群众义务把脉诊病。

南粤之声在深圳某广场举行了六场《友爱进行时》听众见面会活动，反响热烈，扩大了南粤之声在深圳的影响，提高了主持人的知名度。

股市台报举办“927听众同欢日——走进上市公司韶钢行”大型活动，组织省内投资者实地考察广东上市企业，社会反响良好。

2. 精彩的文艺演出

2003年音乐之声成功策划和组织了“《音乐先锋榜》年度颁奖典礼暨粤港音乐先锋演唱会”，举办了“星Club Party”，主办了“《雪碧榜》颁奖演唱会”及“第十五届CASH流行歌曲创作大赛”、广东校园歌曲大赛、腾格尔广州演唱会等一系列活动。形式多样的活动一个紧接一个，在逾两个月的时间里，仅音乐之声就策划举办了20多场。2003年年底，引起全国瞩目的“广州地区军民春节联欢晚会”首次以政府采购的方式向社会公开招标，以音乐之声为主的方案一举中标，极大提高了音乐之声的品牌价值和社会影响力。2004音乐之声与国内外七家电台联合举办的“第四届全球华语歌曲排行榜颁奖典礼”成为国内首个赴台湾举行的大型演出活动，获得了热烈欢迎，海内外媒体给予了大量报道，好评如潮，成为一次非常成功的外宣活动。2004年正值邓小平同志诞辰100周年，由省委宣传部、省广电局等单位共同主办，由广东电台和广东电视台承办的“人民的儿子——纪念邓小平同志诞辰100周年音诗画晚会”8月22日晚在广州天河体育馆演出。这台晚会要求高、起点高、意义重大。广东电台全力以赴，与广东电视台精诚合作，各级领导高度重视。演出当天，时任中央政治局委员、省委书记的张德江以及省委省政府、广州军区领导和社会各界群众4 000多人莅临现场观看。晚会演出获得巨大成功，得到省委领导的表扬，省内各大媒体纷纷给予大篇幅报道。2005年元旦，该频率将维也纳新年音乐会直播现场搬到上下九文化广场，使数万名乐迷能第一时间欣赏维也纳新年音乐会。年底推出的两场别开生面的“浪漫与激情——2006新年音乐会”，又成为广州众多新年音乐会中的一个新亮点。同年，广东电台还参与了由省委宣传部等单位主办的“星海之声万众歌会开幕式晚会”、省委组织部主办的“南粤先锋赞——广东省庆祝中国共产党成立84周年大型文艺晚会”等多台大型晚会的策划制作和直播，派出了音乐之声具体承办，与电视台的同志们一道，出色地、高质量地完成了任务，受到了省委及各级领导的高度赞扬。

健康之声联合广东省15家地市电台共同举办粤曲节目展播活动，成功策划了全省性的大型活动“南国红豆竞飘香——广东省优秀粤曲作品大展播”启动仪式曲艺晚会，加强了与各地电台的协作。健康之声精心策划“粤韵星辉，八载情缘”粤曲专场演出活动，邀请了罗家宝等名老馆演出，1 000多座位座无虚席。以风筝娱乐为主题的“健康生活，放飞梦想”大型户外娱乐活动和全省青年折子戏展演等活动都获得社会各界好评。与音乐台一齐策划的“盛世欢歌，情系云浮”文艺晚会精彩纷呈，高潮迭起，云浮市市委领导称之为“云浮建市十年来最成功、最精彩的文艺晚会”。

3. 户外直播室变封闭为敞开

2006年音乐之声大胆去掉传统户外直播室的玻璃橱窗，代之以敞开的可升降的舞台，建立了“名盛演播中心”，主持人站在可以升至三层楼高的制高点，与上下七层的围观听众交流沟通。在这里，节目主持人、明星嘉宾、现场观众在这个敞开的全数码户外直播室中进行最近距离的互动和表演，在广播中，是一档非常好听的节目；在现场，犹如一场小型的歌迷见面会。同时，音乐之声还创造性地将节目通过视频直播系统以及70平方米大屏幕向广州最繁华的北京路步行街的行人进行实时直播。借助这样的直播室，音乐之声便能够制作集可听性、可视性、娱乐性、互动性及参与性于一体的节目，于是，诞生了上文提到的深受广大听众尤其是年轻听众追捧的《天生快活人》。

六、积极延伸栏目品牌

对于一个广播频率来说，塑造几个品牌栏目和品牌主持人固然重要，但是在媒介竞争日趋激烈的今天，广播参与市场竞争并不仅仅是通过单个栏目与对手较量的，只有提升频率的整体品牌形象才能增强广播媒介的竞争能力。因此，频率的决策者在具体的经营和运作过程中既要重视栏目品牌的塑造，更应该考虑如何提升频率整体的品牌形象，增强频率整体的综合竞争力。这样，实施品牌带动战略，通过栏目品牌价值链的不断延伸带动频率整体的品牌塑造，应该是塑造广播品牌的一个有效途径。在这一方面，广东电台的各个专业频率都进行了积极有益而且卓有成效的尝试。

1. 依托品牌栏目培育品牌项目

音乐之声在依托品牌栏目培育品牌项目的过程中，通过栏目与活动的结合来提升了频率的社会影响力。比如由《古典纵横》派生出来的一年一度直播“柏林除夕音乐会”、“维也纳新年音乐会”的品牌项目，自2000年推出以来，深受听众的欢迎和喜爱。为了实现新的突破，从2004年开始，音乐之声以创新之举将直播室先后搬到了广州市上下九文化广场和北京路步行街名盛广场进行现场直播，派往维也纳直播现场的主持人与文化广场的主持人直接交流对话，同时音乐会现场实况通过大屏幕适时播出，使欢聚在上下九文化广场和北京路步行街名盛广场的数万名乐迷第一时间欣赏到来自维也纳新年音乐会的精彩。此外，依托《美丽早晨》培育的品牌活动“经典老歌会知音”，针对栏目的目标听众，策划了一系列歌会。尤其是2005年结合纪念中国人民抗日战争胜利60周年和人民音乐家冼星海诞辰100周年，以及2006年为纪念建党85周年和红军长征胜利70周年而精心策划的大型广场歌会，来自广州各行各业的群众歌咏队伍和听众喜爱的歌唱家参加了演出，共有上万人参与，场面十分感人。类似的户外活动在《9+2音乐先锋榜》、《天生快活人》等品牌栏目中也经常出现。所有这些活动在树立自身良好的栏目形象的同时，也提升了音乐之声的品牌形象。

不仅如此，音乐之声把与自己相关的产业链条结合节目运作，组建了天天精彩娱乐公司。该公司与音乐之声配合在社会上打响了几个品牌。例如，《音响世界》根据自身的栏目定位而派生出来的每年一届的“广州国际广播音响器材唱片大展”，目前已经称得上国际品牌。业内人士谁都知道音乐之声每年都会在白天鹅宾馆举办一届国际性的广播音响器材唱片大展，而且获得了很好的经济效益。从这个意义上说，音乐之声已经从广东走向全国，从全国走向世界。

2. 跨地区的联动延伸栏目品牌

品牌栏目的跨地区联动不但将栏目的品牌延伸至各地，而且满足了各地听众对该栏目的收听需求。2005年广东电台对卫星广播的王牌栏目《全省新闻联播》实施全新改版，明确该栏目由过去以重点编发广东电台记者报道为主，改革为重点编发全省各地市电台记者的报道。每天版面中来自各市电台的报道必须占到50%左右，形成全省电台共同办《全省新闻联播》的全新格局。栏目改版后，全省各地当天的重要新闻和特色报道都能够第一时间进入省台的新闻版面，在《全省新闻联播》栏目中，广大听众每天都可以听到众多的地市电台记者站在东西南北各地新闻现场发来的同步报道，版面充满生气，听众评价这个节目“真正成为广东广播新闻的总汇”。随着《全省新闻联播》品牌的深入人心，广东卫星广播的品牌形象也在各地听众心目中逐步树立起来。

3. 跨媒体合作延伸栏目品牌

品牌栏目通过跨媒体的合作，使听众可以通过各种渠道了解栏目、认识栏目，从而进一步达到扩大栏目品牌社会影响力的效果。上文已述，《民声热线》是广东电台于2005年年底开播的新闻资讯节目，把节目里群众反映的难点、热点问题集中起来，派出记者调查核实，制作播出。节目不但有听众和政府职能部门的广泛参与，而且有媒体的广泛参与，作为主办单位之一的广东电台和作为协办单位的《南方日报》、《羊城晚报》、广东电视台以及省内多家媒体互联互动，实行新闻资源共享，形成一条热线、多媒体互动传播的格局，构筑全方位、多层次的监督网络，增加了监督的合力。资料显示，在《民声热线》开播一年的时间里，《南方日报》、《羊城晚报》、《广州日报》、《南方都市报》、《新快报》和《信息时报》六家平面媒体围绕"民声热线"所作的报道约320篇；广东电台、广东电视台、南方电视台、广州电视台和广州电台等电子媒体报道约450篇。每期的《民声热线》播出之时，广东省、广州市乃至驻在广州的中央媒体便迅速报道。而且，从2006年6月13日起，珠江经济广播电台、广东电视台新闻频道对每周二中午的《民声热线》节目实行同步直播，这无疑进一步加强了该节目的社会影响力，目前已经成为广东广播市场中最受欢迎的新闻热线节目之一。

七、品牌铸就广东广播新的辉煌

一系列品牌塑造的举措，使得广东电台从2002年2月开始就出现收听率新高，市场份额也以绝对优势与省内其他电台拉开了距离。据赛立信媒介研究公司的广播收听调查数据显示：2006年广东电台总体收听率较去年同期有了较大幅度的提高，增幅超过50%；广东电台有5个频率进入全省电台收听率和市场占有率排名的前十名，它们分别是珠江经济台、音乐之声、新闻频道、城市之声和交通之声，其中珠江经济台、音乐之声、新闻频道稳居广东省前三位；广东电台有9个频率在广东省的整体市场份额超过40%，市场占有率较2005年增幅超过10%。

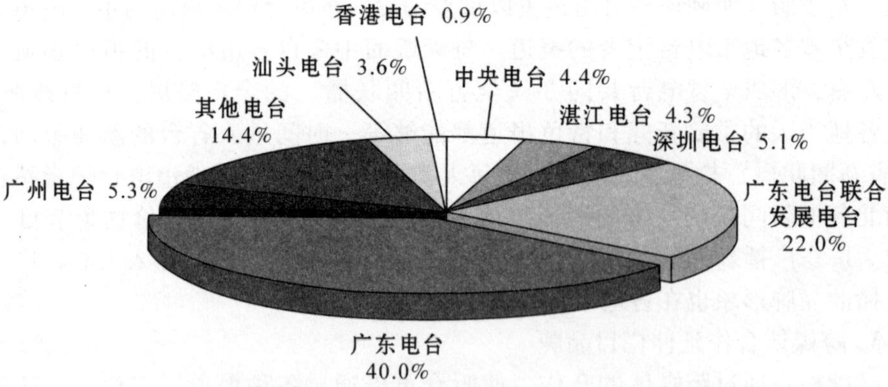

图3-1 2006年广东省广播市场竞争格局

数据来源：赛立信媒介研究，2006年

而在堪称全国广播电台竞争最激烈的广州地区，广东电台的收听市场份额超过70%。广东电台有7个频率进入收听率和市场占有率排名前十位，它们分别是珠江经济台、音乐之声、交通之声、南方生活广播、城市之声、新闻频道和股市广播，其中珠江经济台、音乐之声、交通之声和南方生活广播居于广州地区平均收听率的前四位；新闻频道、股市广播和文体广播的收听市场份额有了大幅的提高。调查数据显示，广东电台在广州乃至全省的总体收听率及市场份额呈现上升态势，继续领航广东广播市场。

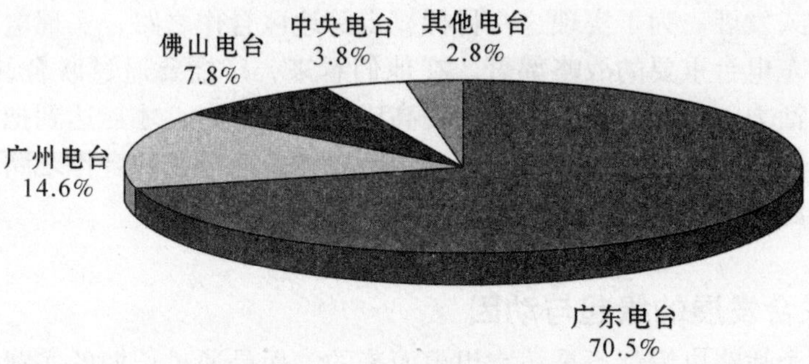

图3-2 2006年广州广播市场竞争格局

数据来源：赛立信等媒介研究公司，2006年

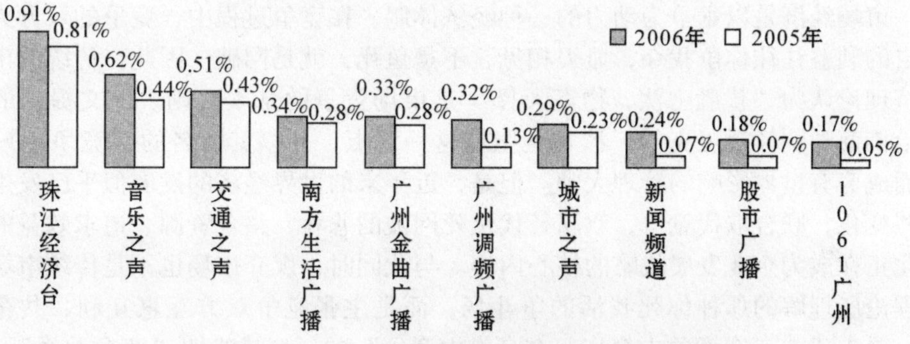

图3-3 广州地区平均收听率排名前十位的电台频率

数据来源：赛立信等媒介研究公司

第三节 联合发展 做大做强

“珠江模式”在促进广东电台健康发展、成长壮大的同时，也推动了中国广播的全面改革，从而使日渐边缘化的中国广播摆脱多年困境，重振雄风，并在残

酷激烈的媒体竞争中分得一杯羹。正因为如此，在随后的理论研究和业务探讨中，业界和学界的同志自觉不自觉地放大了“珠江模式”的基本内涵，赋予了“珠江模式”诸多理论意义和社会价值。实际上，“珠江模式”本质上是广播播出内容和形式上的改革，是一种适应当时形式的广播生产方式的变革。在市场经济深入人心、传媒竞争格局出现新的变化之后，这一模式原有的一些内涵显然已经过时。广东广播要实现新的发展，要做强做大，就必须跨越自己创造的模式。

“珠江模式”问世以来，广东电台的改革步伐一刻也没有停止过。他们秉承“珠江模式”敢为天下先的传统，进一步突破传统观念，在改革中创新、在创新中谋求跨越式发展。为了实现这一目标，走跨地区合作之路，实现电台间的联合发展成了广东电台重要的战略部署。在他们看来，广播要通过联合，谋求发展，增强广播的活力，壮大广播的实力，提高广播的竞争力，才能达到把广播做大做强的目的。与此同时，根据自身实际，走跨媒体、跨行业的合作之路也成为广东电台实现跨越式发展目标的重要途径。

一、联合发展的缘起与动因

任何一个战略决策都不是凭空想象而来的，而是通过长期的实践并根据实践的需要和自身的实际情况，经过决策者的深思熟虑才作出最后抉择的。广东电台联合发展战略决策的出台同样经历过这样一个审慎而明智的抉择过程。

1. 联合发展符合世界广播发展的潮流

市场经济是以竞争为动力的一种经济体制。在竞争过程中，竞争的双方为了各自的利益往往你争我夺，血刃相见，不是鱼死，就是网破。因此，传统的市场经济理论认为“优胜劣汰，物竞天择”是市场竞争的基本法则。上文提到的美国哈佛商学院教授迈克尔·波特就坚持这一观点，并以其著名的《竞争论》一书而成为有世界影响的管理大师。但是，近年来的世界经济的发展似乎已发生了一些变化，联合取代竞争，双赢替代鱼死网破的悲壮，整合资源、追求效益的最大化正在成为企业发展战略的核心内容。与此同时，媒介市场也不是传统市场经济理论所理解的那种你死我活的争斗场，而是主张竞争双方互惠互利、共存共赢，寻求建立“在竞争中合作、在合作中竞争”的新型战略性“竞合关系”。就广播媒体而言，西方发达国家无论是公共广播还是商业广播，主要是通过联合发展来经营和运作广播的。以美国为例，两大公共广播网 NPR 和 PRI，以节目制作为核心和纽带，分别把 700 家和 600 家各自独立的公共广播电台联结成网络。这些入网的公共台被称为会员台，加入网络，需要缴纳会员费；使用网上节目，也需要付费。而商业广播电台 11 000 多家，所结成的广播网有 100 多个，主要包括四类[①]：①地处不同城市、属于不同公司的多家电台以平等身份联手操作的广播网。②属于同一公司、地处不同城市的多家广播电台结成的广播网。③以节目制作为核心和纽带、由多家播出电台构成的广播网。④由属于同一家公司的多家直属电台和属于不同公司的众多附属台共同参与的广播网。近年来，联合发展也成为国内广播一个新的趋势。北京音乐广播牵头成立的“中国音乐广播协作网”、交通广播合力打造的“全国交通广播网”，以及中央电台都市之声牵头成立的“中国城市广播联盟”都具有一定的知名度和影响力。而“长三角”经济圈的形成也推动了长三角经济广播协作网和新闻广播协作网的诞生。《中国长三角》节目就是在长三角区域合作与发展进一步推进、以上海为龙头的长三角15家城市经济广播电台顺应广播媒体走联合之路的大背景下与听众见面的。2005年6月，《中国长三角》节目实现了与中央人民广播电台经济之声的对接，从此《全国经济联播》有了《中国长三角》的声音，这无疑扩大了《中国长三角》的覆盖面和影响力。而2006年则有更多广播节目是通过跨地区、跨媒体携手联动合作完成的：

（1）跨地区合作。《天涯共此时——2006新年全球华语广播72小时大联播》是中央人民广播电台携手全球20余家华语广播机构在新年伊始奉献给广大听众的最好礼物。它不仅联合直播的机构最多，而且直播机构的地域分布也最广，分别来自亚洲、欧洲、美洲和大洋洲四大洲15个国家和地区。该节目无论是合作规模、联合范围，还是协作的深入程度，均超过以往广播界的任何一次联合举动，开创了全球华语广播的先河。而全国“两会”期间，山西、湖南、湖北、河南、安徽和江西中部六省电台首次尝试跨地区合作，分别派出业务骨干，组成联合报道组，在北京设立“中部六省广播电台2006全国‘两会’直播室”，联手报道“两会”。联合报道组以“立足中部，放眼全国”为理念，从3月5日到15日，共采制11组节目，由各家电台分别在每天同一时间播出。此次合作得到中宣部的认可，认为是“‘两会’报道方式的一次创新和突破，为广播媒体跨地区合作、完成重大报道闯出一条新路”。由北京、深圳、湖南、湖北、河南和河北六家交通广播联合发起的“京珠高速六家交通大型采风活动”，7月26日从深圳出发，8月4日到达北京。采风团沿途采访六家电台所在的城市，介绍京珠高速公路这条贯穿我国南北中轴线的交通、经济大动脉沿途的交通状况、物流特点，串起了6个城市的不同的交通格局的规划、特点和管理方法。

（2）跨媒体合作。网络媒体因其快速直观、覆盖面广、互动性强等诸多优势成为广播媒体的最爱，所以2006年各级各地电台都往往把网络媒体作为重要的传播渠道用来传递广播新闻内容。在《天涯共此时——2006年新年全球华语

---

① 张勉之．冲破地域与行政的壁垒．中国广播，2003（7）

广播72小时大联播》直播的过程中，全球最大的中文门户网站——新浪全球网站和中国最大的广播网站——中国广播网同步转播，而且两家网站还于该直播活动新闻发布会当天推出了大联播的专题网页。围绕大联播的一系列活动，包括“全球华人2006新年心声征集”、“2006新年华语歌曲征集”等，早在直播前一个月就正式启动。直播开始后，新浪网连续3天将直播链接和互动链接放置在显著位置，共收到网友评论5 000条，位列当周新浪网网评排行榜第一，成为当周新浪网网民最热衷的评论话题。世界杯足球赛期间，中央人民广播电台联合搜狐网和中国广播网，开设了“中国之声《激情世界杯》网络社区”，中国之声世界杯足球赛报道的所有内容都在网络社区里进行同步传播。广大网民不仅可以在线同步收听节目，还可以同步参与节目互动；网络社区还为世界杯报道的每一位主持人、评论员开设与网民沟通的专区。世界杯期间，仅通过搜狐参与节目的网民就达3.2万人。“两会”期间，中央人民广播电台与中国广播网则每天围绕一个主题联动播出，相互预告。驻会记者在进行广播报道的过程中同步推出音频直播、点播节目和图文并茂的网络版，不仅做到了资源共享，优势互补，而且强化了宣传效果，扩大了社会影响。据统计，每天有1 100万人次浏览中国广播网“两会”专题，有7 000人次收听收看《中广演播厅》的视频、音频节目。

除网络媒体外，广播也积极寻求与传统媒体的合作。在江苏省人大、政协“两会”期间，由江苏电台牵头，电视、报纸、网络等多种媒体共同参与推出的《新春旋律——“两会”报道现场直播》特别节目，就被称为江苏新闻改革与创新的成功尝试。福建电台大型户外直播活动《情浓平和蜜柚甜》也是与当地电视台合作完成的。2006年8月16日，北京电台城市管理广播的《城市零距离》节目和北京电视台《北京热线》节目联手，同步直播了“名人+广告=忽悠?”节目。

竞争是为了生存，它依托自身的资源和优势，具有排他性，在竞争过程中企图阻止他方占有己方市场。这样，同一层面上的竞争反而会抵消力量。而“在竞争中合作、在合作中竞争”所形成的这种新型的战略性的“竞合关系”则超越了竞争，其目标是发展、是成功。它不仅仅是为了生存，更是为了追求综合价值与共同利益。超越竞争表现更多的包容性，除依托自身的资源、优势外，还借助他方的力量，使自己的能力得到提高。

对媒体来说，竞争是必要的。没有竞争就没有媒体发展的动力。应该承认，我国广播自改革开放以来能够取得长足发展，与竞争有着直接的关系。然而，正如上文所述的，“四级办广播，四级办电视，四级混合覆盖”的经营管理体制使得广播电台依照行政级别被分为中央级、省级、地市级和县市级，条块分割严重。这样，传统意义上的竞争表面看来似乎显现出现代广播的风范，但是受森严的行政壁垒和区域市场封锁的束缚和影响，广播的竞争只是停留在低层次上的竞争，根本不可能实现跨地区兼并。因此，所谓做大做强的口号喊了许多年，就是难以见到真正的"航空母舰"。当然，国家也出台了允许广播电视跨地区经营的政策，却一直未见多少成效。

为了做强做大，从根本上去改变目前我国现行的广播电视经营管理体制是绝不可能的，但是超越竞争能够被广播的经营者所接受，因为传统的竞争处于敌对状态，而超越竞争则呈现和睦状态。通过超越竞争，广播媒体就能够突破地域限制，跨地区经营在这里就有了可能。广东电台联合发展的战略本质上就是超越竞争的典型做法。在这里，联合发展的成员单位不是敌对的竞争主体，而是利益共同体。这种新型经营理念在很大限度上适应了我国现行的广播电视经营管理体制，应该说比较符合国内广播的经营运作的实际。因此，联合发展具有一定的可行性和操作空间。

2. 南方广播影视传媒集团的强力推动

由于历史的原因，我国广播电视依照行政级别被分为中央级、省级、地市级和县市级，条块分割严重，不同级别广播电视实行的是属地管理。这样不仅造成了广播电视有系无统、支离破碎、重复建设以及水平参差不齐等弊端，而且因为利益的驱动，还促成了既来自当地政府又来自各地广播电视本身的地方保护。为了改变这一现状，实现广东广播电视做大做强的目标，2004 年 1 月 18 日，作为我国第一家全省性广播影视集团的南方广播影视传媒集团挂牌成立。

南方广播影视传媒集团由五大主体和十九个成员单位联合组成，主要架构可分为"一个主体、两个板块"，以集团党委和管委会为主体，以宣传、经营两大板块分别组建编委会和南方传媒控股有限公司，主要单位和主要资源可以概括为"两个 19 和两个 8"，即集团可经营的 19 个频道（率）及 19 个地市级广播电视台成员单位；集团本部内设八个部门以及控股公司将要组建的八大专业公司。

南方广播影视传媒集团成立开始就明确一个观点：联合发展是贯彻中共十六大关于改革文化体制，发展文化产业的精神和落实广东省建设文化大省的决定，是积极推进广电集团改革的一项重要目标。联合发展是南方传媒集团的突出特点和优势所在；是广东广电做大做强，应对境外民间媒体激烈竞争和严峻挑战的主要途径；是化解矛盾，理顺关系，调整利益，实现省、市、县三级贯通的必由之路；是广东广电成败的关键；是南方传媒集团的共同命脉。集团进而提出与全省 19 个地级市广播电视台联合发展的战略，确立了以省台为龙头，以业务为纽带，发挥集团资源整体优势，带动市县广播、电视事业发展的思路，并决定拿出 3 000 万元作为联合发展的启动资金，对试点项目给予支持。在此基础上，集团还充分认识到广东广播电视实现联合发展的优势：①

---

① 王克曼．广东广电集团化改革的回顾与展望．南方广播研究，2005（3）

（1）体制优势。南方影视传媒集团作为我国唯一全省性传媒集团，通过资产和业务纽带，实现资源共享、优势互补，统一管理、统一经营、统一开发，能够逐步理顺关系，消除影响广电发展的体制障碍，为省、市、县广电的规模发展、联合发展、协调发展提供有力的体制保障。

（2）资源的优势。其包括节目资源优势、频道（率）资源优势、网络资源优势和广告资源优势。应充分发挥和利用这些优势，使频道（率）资源不断丰富，有效覆盖不断扩大，节目的收听、收视率不断提高，广告业务不断发展，联合发展空间不断扩大。

（3）市场优势。2003 年广东广告市场总额 162.65 亿元，占全省 GDP 的 1.2%，而按世界平均水平计算，比值应该为 1.5%，也就是说，广东广告市场总额起码还有 0.2% 的上浮空间。预计，2008 年广东的 GDP 为 20 694 亿元，按世界平均水平比例计算，广东广告市场应该有 310.4 亿元，广播电视占 87 亿元，比 2003 年的 36.13 亿元大幅增长 141%。这说明，广东广电还有很大的上升空间，以联合发展的强大合力取得这个市场份额；而且，集团在广告及其他创收的增长方面还有一定的潜力，这些因素包括：

①广东的宏观经济面持续向好。新兴行业如房地产、IT 产业、汽车产业等快速增长，并且本地的消费能力也很强，带动本地广告总量及投放本地媒体的意欲继续扩张。

②本地自办频道的实力提升。由于集团本部所属的两个上星频道（广东卫视及南方卫视）及省市综合频道的影响力继续提升，带动广告市场继续向深度开掘的同时也继续向外拓展。

③多元化发展。广电行业经过机制的调整优化之后，行业的经营模式不断创新，使集团的赢利模式开始朝着多元化的方向延伸。

因此，广东的广播电视还有很大的上升空间。随着广东宏观经济的持续向好，广告市场拓展空间将日益宽广，特别是产业要素市场发展的巨大潜力，将凸显联合发展的规模效应。

（4）本土优势。地市电台、电视台因为不同地域的岭南文化特色，所以拥有自己的节目风格。如果在项目联合方面进行更多的协作，将省台制作力量的优势与地市的文化资源优势结合起来，广播电视内容产业的文化含量会更加高。

（5）政策优势。其具体包括：①事转企单位 2008 年前免征企业所得税；②新办企业 3 年内免征所得税；③高新技术单位按减 15% 税率征收所得税；④文化产品及劳务出口享受出口退税，减免营业税、所得税及其他优惠政策；⑤进口设备免征关税及增值税。

与此同时，南方广播影视传媒集团进一步制定了联合发展的具体思路：扩大试点，继续扶持；统一购片，内部发行；开拓市场，联营合营；参股合作，资源共享；拓展业务，增加效益，等等。广东电台正是按照集团的战略要求积极地与各市县台搞联合发展。实践证明，联合发展对于改变广播电视条块分割现状，实现三级贯通是行之有效的。

3. 联合发展是广播媒体突破自身困境的主动策略

广播的发展有其独特的优势，也有其随着发展而产生的困境。广东电台在推进跨越式发展的过程中面临着做大做强的要求与频率资源有限的矛盾。广东电台已经有了9个专业频率，很难再通过增加频率来扩大规模做大产业。同时，有效覆盖率和资源利用率低的问题也一直困挠着广东电台的决策者们。作为省级的大台、老台，广东电台的节目、人才、技术等资源都存在着使用的潜力和空间。上述种种，只有靠自身的努力去突破。联合发展就是一种主动进取的突破策略，因为通过联合发展既可以资源共享，也能够有效地解决覆盖问题。

二、联合发展的实践与探索

在选择联合发展作为实施跨越式发展战略的主攻方向之后，广东电台的决策者们首先对台内资源进行了整合，着力解决集团化改制后台内各频率之间的专业分工和资源共享问题，使各专业广播及其所属的报纸既能以其特色和个性占有其独有的市场份额，充分展示其活力，又能以相互联合的强势面向市场，最大限度地显示广东电台的实力。在此基础上，广东电台按照集团的部署，主动寻求合作伙伴，积极推进与省内地方电台和省外电台的联合发展工作。与此同时，跨媒体、跨行业合作也是广东电台联合发展工作的基本内容。

1. 整合广播资源，抓好台内联合

在广东电台的决策者们看来，联合发展的关键是自身资源的整合，只有整合自身资源，改变以往内部各自为政、恶性竞争以及自我消耗的状况，变分散经营为集中经营，壮大自身实力并以整体形象面对市场，才不会被对手各个击破，在寻求与兄弟电台联合的过程中才具有号召力、吸引力和说服力。为此，广东电台不断整合广播资源，努力抓好台内联合，打造广东电台的群体实力。其具体做法我们在前面的叙述中已经作了介绍，这里不再赘言。

经过科学合理地布局与调整，如今广东电台初步形成规模经营、集团优势的新格局，频率的专业化建设取得了明显的效果。卫星广播、珠江经济台、音乐之声、交通广播、城市之声、南方生活广播、财经广播、文体广播和南粤之声9套节目以及《声报》和《投资快报》都形成了各自不同的特色和风格。在这个过程中，总台还不断明确思路，调整机制和政策，推动专业广播的发展。比如，在管理思想方面，强调各专业广播要相对独立地面向市场，包括受众市场和广告市场；在宣传业务方面，在台编委会的指导下，赋予专业广播节目调整权和内容终审权；在经营政策方面，按层级管理的原则，各专业广播实行综合营运成本与经济效益挂钩、独立核算的管理办法，总台编制年度计划，实施指导、监督与考核；在劳动人事制度方面，在国家劳动政策的指导下，允许各级按照运作需求实行多种用工制度，等等。这一切都为各专业广播强化内部管理、有效调整节目、控制经费使用、调动人力资源以及积极拓展市场提供了很大的自主空间。因此，卫星广播在执行宣传任务与运用广播特点的结合上狠下工夫，热点话题、谈话节目、大众论坛以及现场讨论会等一些思想性强、播出形态新的节目在社会上造成很大影响；珠江经济台提供经济新闻和信息服务，策划组织各类经济、社会活动，节目的“经济味”浓了，珠江经济台的品牌影响也进一步增强；城市之声紧密配合广东省城市化建设的步伐，着力提高节目的文化含量和品位，节目的收听率直线上升；音乐之声创办广州新年音乐会和中国第一个音乐创作歌曲排行榜等，率先远涉重洋，现场转播“维也纳新年音乐会”、“格莱美音乐会”、“德国新年音乐会”等国际品牌演出；在为市民服务、疏导交通方面，羊城交通广播更是成为广播移动接收的最佳资源，在司机、交警、乘客中占有绝对的收听率；南方生活之声、文体广播、财经广播和南粤之声也都形成了其固定而忠实的听众群体。

在此基础上，广东电台以跨越式发展的思路为出发点，创新体制、优化结构、重组资产，进一步做好台内联合工作：

（1）以音乐之声、太平洋影音公司为龙头，组建天天精彩文化传播公司，在推广宣传、包装策划、营销策略等方面优势互补。

（2）广告部加强与系列台各编辑部的合作，代理全台的广告业务，避免了台内各频率之间的恶性竞争。

（3）卫星广播与新闻中心密切合作，制作了一批特色突出的时政新闻节目。同时，将分散在各系列台的新闻、金融、股市、交通、文化以及生活服务等信息全部纳入新闻信息网络库，让全台信息流通起来，使资源得到最大利用，逐步建立统一的大新闻中心。

（4）音乐之声、珠江经济广播和卫星广播联合策划系列活动，形成了一台有求、八台相助的良好局面。

2. 积极寻求省内联合，组建广东广播联合舰队

与省内各市县电台的联合是从节目的合作开始的。早些年，广东电台就提出要建立创新机制，协同作战，锻造广东广播的强大合力。20 世纪 80 年代末，广东电台曾联合全省 50 家电台共同创办《广东新歌榜》节目，开始形成广播合力的尝试。新创作的歌曲制作好以后，在全省各台一起播放、一起宣传，不仅丰富了各台的节目源，而且收到了很好的传播效果。为了进一步加强与各地市电台的联系与合作，做好各地的宣传报道尤其是新闻报道工作，广东电台定期召开全省广播电台台长会议、全体集体记者会议，目的就是推动和促进广播宣传的交流与

合作；在新闻中心内设“通联组”，专门负责与各地市电台的联系；在日常的运作中建立了“集体记者”的发稿登记、奖励制度等。这些措施在过去相当长一段时间内发挥了积极的作用。但是，随着社会体制的改革和市场经济的发展，以往的运作形式与广东广播改革与发展新的要求有些不适应。于是广东广播在新闻宣传方面建立了新的合作机制，成效显著，并在联合发展方面积累了成功的经验。

从2002年起，广东电台大力推进全省广播新闻协作体系的建设。首先是突破观念的束缚，彻底改变过去把各市台看作省台的“集体记者”的认识，在全省广播新闻协作体中，把过去由省台一家唱主角的格局改革为全省电台共同策划组织报道、共同创新广播新闻宣传，努力在南粤大地上空形成广播报道的强大声音。

基于以上的认识，广东电台近年来逐步把地市报道重点从驻市面上记者站转移到各地市电台，同时在新闻中心组建全新的“新闻网络组”，强调围绕新闻宣传，为全省各兄弟台提供及时、周到的服务，加大对新闻宣传与合作成本的投入，重新构筑全省广播新闻宣传的协作体系。

在广东电台一系列措施的推动下，“合力打造广东广播新闻的响亮品牌”已经成为全省各地方电台的共识。不少地市电台定期派专门人员到省台学习交流，同时不仅注重日常节目的供稿，而且利用省电台《全省新闻联播》这个平台，积极策划组织重点报道，收到了较为显著的宣传效果。

在加强日常报道协作的基础上，广东广播媒体还围绕重大报道任务共同策划、联合行动，组织重大宣传战役，形成新闻宣传的强势效果，为全省广播新闻协作注入蓬勃的生命力。为此，广东电台经常牵头召开由全省20多家地市电台分管新闻的副台长或新闻部主任参加的各类大型联合报道协作会议。大家共同分析报道任务和要求，通报各地的情况和拟定的选题，研究报道思想和时段安排、报道的角度和手法，明确各台分工。每次报道完成后，广东电台还组织各地市电台业务骨干集中评议分析作品的得失，有助于他们业务水平的提高，深受地市电台编辑、记者的欢迎。

2002年起，广东电台以形成全省广播新闻宣传合力为目标，联合全省各市县电台，着手建造全省统一的新闻传输交换平台，实现全省各地广播电台新闻资源共享，共同策划组织大型系列报道，共同开辟全省新闻总汇式的全省新闻联播节目。由于集中了全省新闻信息资源以及集合了全省新闻人才的优势，所以广东省的广播新闻能够形成强大的宣传声势，产生强烈的宣传效果。比如，在十六大召开前后，联合全省22家地级市电台，共同策划组织大型系列报道《广东新优势巡礼》；2003年联合采制了系列报道《春天——与村干部对话》、《广东历史性抉择——走向文化强省》、《我们的2002、2003》，以及庆祝抗击“非典”取得阶段性胜利的系列报道《胜利属于我们》等；2004 年为反映各地党委和政府贯彻落实中央一号文件精神，加快调整农业结构，增加农民收入的情况，联合采制了系列报道《“吃”出新境界》等；2005 年以“2005：广东的声音”为主题组织广东广播新闻大奖赛，组织全省广播记者用“声音”展现广东在 2005 年的发展变化；2006 年为做好纪念长征胜利 70 周年宣传报道，广东电台就联合全省 21 家市级以上电台，进行跨省跨地区的大型采访，共同推出了大型系列专题报道《红色烙印——纪念中国工农红军长征胜利七十周年》。

与此同时，广东电台在 2003 年筹划建设全省广播新闻数字交换网。在省广播电视局和南方广播影视传媒集团的大力支持下，广东电台投入了 200 万元开发全省广播新闻数字交换平台，该平台构建在省广播电视 SDH 骨干网上，依托省广播电视监测网的网络实现新闻节目数据传输。2005 年 7 月全面投入使用后，一个大容量、高效率和高质量的广播新闻数字交换网已经接通全省 22 家地市电台，各台之间不仅新闻资源可以共享，还可以拓宽到其他节目的合作与交换、召开网上会议，为深化全省电台的新闻协作提供了更加广阔的空间。

南方广播影视传媒集团成立后，作为集团的直属单位，广东电台坚决贯彻集团的发展战略，提出实行六项支持、三项目标以及调动两个积极性的联合发展原则，积极开展与省内各市县台的合作。

（1）稳步推进，合理布局。2004 年 2 月 26 日，广东电台与云浮电台签署了第一份联合发展协议，揭开了广东电台与省内各兄弟电台真诚合作、联合发展的序幕。从此，云浮的上空开始响起“广东电台云浮台”的声音。接着，广东电台先后与怀集电台、韶关电台签订了联合发展协议书，南粤的天空又响起“广东电台怀集台”、“广东电台韶关台”的呼号。

在联合发展工作中，广东电台的决策者要求职能部门对每个项目进行调查研究，了解项目的工作重点。他们还亲自带领经办人员和技术人员到联合发展的成员电台进行实地考查和商谈，对每一条合作条款、每一项合作项目进行仔细研究，同时坚持自愿、平等、扶持、发展的原则，坚持“成熟一个，发展一个”的思路，使广东电台联合发展工作扎扎实实，签署一个，成功一个。据广东电台的相关负责人介绍，目前已经同省内佛山市、江门市、韶关市、河源市、梅州市、揭阳市、阳江市、汕尾市、怀集、台山、罗定、潮安、遂溪、廉江、花都、四会、高要和恩平等 20 家市县广播电视台（电台）实现了联合发展。

广东电台根据广东区域及泛珠三角区域内地理位置、经济文化特征、广东电台自身覆盖情况，以及各市县广播电视台（电台）的具体情况，有针对性地进行联合发展布局，对不同的合作台采取相应的合作方式。目前在广东电台省内联合发展电台的布局中，东有梅州、河源、揭阳、汕尾、潮安，南有佛山、江门、台山，西有云浮、阳江、怀集、罗定、遂溪、廉江，北有韶关、花都。20 个市县台呈网状分布，区域内布局基本合理。

（2）发挥广东电台龙头作用，带领合作伙伴共进双赢。在联合发展的进程中，广东电台认真落实六项支持、三项目标以及调动两个积极性的联合发展原则，对20个市县广播电台采用人、财、物交流的合作模式，从宣传、人才交流培训、技术、节目制作、大型户外活动和资金等方面给予无私的支持，同时为每个合作台专门指定广东电台一个下属频道与其对口。各合作的成员电台也在帮助广东电台在改善节目覆盖方面积极配合，使合作双方取得了共同进步、互惠共赢的积极成果。

①认真落实合作协议、积极支持兄弟电台发展。

一是宣传。广东电台以宣传业务为纽带，借助联合发展的契机，牵头建设全省新闻交换平台，把全省的21家地市电台、11个省台地方记者联结成一个新闻网络，通过技术平台在各地市电台和广东电台之间实现新闻交换，极大推进了全省广播新闻的电子化、网络化和自动化。每年联合全省21个地级市共同策划重大宣传报道，这些大型系列报道同时推出，取得了极好的宣传效果和很大的影响力，提升了各台的新闻节目水平和质量。与此同时，广东电台还在系列台中设立了由合作电台提供稿件的专栏《今日××》，以相对集中的版面，选择收听率高的新闻时段播出，以加强对合作台所在地区经济社会建设成就的宣传和历史文化、旅游资源、投资环境、政府工作等方面情况的推介，在宣传方面给予各合作台很大的支持。

二是人才交流、培训。广播的核心竞争力最终体现在人才上，借助联合发展在人才交流、培训展开合作以提高人员素质是广东电台与各合作台的共同选择。实施联合发展战略以来，合作台先后有多批人员到广东电台跟班学习交流，广东电台也专门举办针对合作台的宣传业务人员培训班，为合作台培训人才。广东电台还先后派出多批业务骨干赴各合作台，为合作台节目设置、策划、改版、经营管理等提建议、做方案，进行人员培训，联合办节目等。广东电台还先后召集各合作台相关人员举行了多次联合发展的座谈会、研讨会，总结和交流联合发展实践中好的经验、存在的不足，并规划联合发展的未来。

三是技术。网络化、数字化、自动化的技术平台对于现代传媒的重要性日趋明显。实施联合发展战略后，广东电台先后组织了多批技术工程人员与各合作台相关人员相互协作，顺利完成了包括全省新闻交换平台、各合作台直播室、电脑办公网络、数字化音频工作站以及发射传输平台等新建或改造项目，在设计、安装、调试、维护等方面进行深入的合作，使各合作台的软硬件水平有了较大的提高，也为广东电台与各合作台之间节目、新闻等资源的共享提供了坚实的技术平台，提高了人员工作效率及各台的竞争力。

四是节目制作。如何提高节目质量及收听率是广播的一个重要课题。联合发展后广东电台在版权范围内免费向各合作台提供音乐、文学、戏曲等节目，通过全省新闻平台、CD刻录、硬盘拷贝等形式向各合作台提供节目源，通过卫星通道传输节目源的途径也在积极地构建中，而各合作台一些有特色的节目资源也与广东电台共享。同时广东电台各频道纷纷与各合作台联合办节目，带动了合作台的节目质量，也提高了节目的收听率。例如，多个合作台在联合发展后都积极加入广东电台音乐之声《9+2音乐先锋榜》的合办台行列，共同打造优势品牌，成效明显。广东电台一些品牌节目如《大吉利车队》、《天生快活人》等由于合作台的大量转播、录播，知名度、影响力也得到很大提升。

五是大型户外活动。广东电台与各合作台合作举办了多个大型活动。2004年9月26日，是云浮建市十周年纪念日，又临近国庆、中秋两节，云浮市委、市政府决定举办系列庆典活动。广东电台联合云浮电台抓住机遇积极参与，以“盛世欢歌，情系云浮”为主题在云浮市人民广场举办一场盛大的广播文艺晚会，扩大广播的社会影响，树立广播的社会形象。为了做好这台晚会，广东电台领导多次召开工作会议，听取筹备工作情况汇报。负责组织这场晚会的健康之声、音乐之声接到任务后，全力以赴，精心挑选演员，组织节目排练，并反复修改舞台脚本，投入大量的人力、物力和财力。云浮电台积极配合，布置舞台，排练节目，竭力做好各种后勤接待工作。他们精心地组织、认真地筹备，最终得到了较好的回报。当天晚上，云浮市人民广场人山人海，成千上万的人从四面八方涌来，掌声、笑声、欢呼声将人民广场变成欢乐的海洋。云浮市市委领导对此给予了高度评价，认为这是云浮建市十年来最成功、最精彩、参加市民最多的文艺晚会。“魅力新人王——2005广东广播主持人大赛”在合作台阳江台设立粤西片分赛点，也在当地引起轰动，报名十分踊跃。而“魅力新人王——2006广东广播主持人大赛”于2006年9月23日启动，则继续在全省多个联合发展台设立分赛区。2006年7月16日，广东电台、湛江赤坎区委区政府在湛江会展中心联合主办的《真诚相约，电波传情——广东电台走进粤西》大型系列活动也取得非常好的效果，数万群众前来观看。卫星广播2006年9月举办的“走进梅州”、“走进河源”和“走进潮安”三场户外活动在当地也产生了很大的影响。另外，音乐台与韶关台、怀集台的赈灾义演、城市之声的“超级童声”等活动同样是反响强烈，盛况空前。这些大型活动大大增强了电台的影响力。

六是资金。技术、节目水平的提高离不开资金上的投入。为此，广东电台先后投入累计达600万元给予其他合作台资金支持，帮助合作电台改造、添置播出和发射设备，改善和提高收听效果。比如，广东电台无偿为怀集电台提供一台1千瓦的发射机，还支持该台20万元用于装修新的直播室，使怀集电台的播出质量上了一个台阶。广东电台为了使每一分钱都能用在“刀刃”上，在每个项目投入前都做好前期调研及可行性分析工作。而随着技术、节目水平的提高，竞争力的加强，各台的广告创收自然随之增加。此外，广东电台将合作台纳入收听调查的范围，并将相关调查数据免费提供给合作台，为其节目策划、经营提供了宝贵的参考数据。同时对合作台进行节目质量和收听率、经营创收的考核。与佛山电台的联合发展是强强联合，对于提升双方的核心竞争力有很大的作用。双方互为广告代理，成立广告价格管理联盟，共同制定广告价格管理条例，最大限度消除压价竞争，守住广告价格底线，提高广告含金量。双方共同制定对医疗、药品、器械、美容等各项广告和合办节目的管理条例，建立诚信自律阵营，共同维护市场秩序。

通过联合发展，各合作台增加了造血功能，宣传和节目质量得到提升，社会效益和经济效益明显增强。初步统计，2006 年联合发展合作台广告创收达到 4 000万元以上。梧州项目全年广告创收达到 330 万，超额完成任务 20%，揭阳电台、潮安电台以及怀集电台增长超过 50%，部分台由于医疗广告的大幅减少，收入出现一定的下降。

表 3－3　2006 年省内联合发展台广告创收情况一览表

合作台	签约日期	2005 年 广告收入（万元）	2006 年 广告收入（万元）	同比增长（%）
云浮电台	2004－02－26	215	202	－6.05
怀集电台	2004－05－27	47	80	70.21
韶关电台	2004－09－21	520	530	1.92
台山电台	2004－12－31	408	316	－22.46
梅州电台	2005－01－10	240	270	12.50
江门电台	2005－02－28	1 500	1 530	2.00
罗定电台	2005－09－22	67	28	－58.08
揭阳电台	2005－09－30	450	702	56.00
河源电台	2005－11－19	300	182	－39.21
阳江电台	2005－11－28	270	288	6.53
潮安电台	2006－02－28	4	20	440.54
汕尾电台	2006－03－22	305	350	14.75
廉江电台	2006－07－16	54	65	20.59
遂溪电台	2006－07－16	146	85	－41.78
合　计		4 526	4 648	2.71

广东电台和河源广播电视台于2005年12月月底正式签署联合发展协议，开启了省台与河源市台联合发展新的一页。为了进一步将广东电台提出的联合发展战略在省内推向更深层次，经过与河源广播电视台多种层次、多种形式的沟通交流和推动，于2006年7月签署了联合创收经营的《广东电台与河源电台联合经营协议书》。

联合经营协议确定由广东电台的广东省珠江广播电视广告公司在河源设立分公司，分公司以捆绑经营的方式，自2007年1月开始至2018年12月，定额承包经营河源电台综合频道及音乐频道的所有广告创收。

河源项目联合经营协议的签订，使省台联合发展在省内的推进迈上了新的台阶。特别是在探索联合发展纵向推进的实践方面，河源项目提供了实质性的检验空间。

项目开启以来，在省台和河源市台领导高度重视下，项目负责人柯绮同志于2006年5月开始，受命只身奔赴河源，相继展开河源台经营状况和市场环境的摸底调查，担负起两台联合发展沟通和协调推进的责任。经两台各相关部门的积极配合，2006年在河源的联合发展取得了令人瞩目的成果，这也为2007年的实质性联合经营创收打下了坚实的基础。具体来说表现在以下四个方面：

第一，全方位提升河源电台的社会形象。为了确保2007年开始河源项目的全面推进，结合河源电台发展缓慢、社会形象不佳的实际情况，河源项目组经与河源电台的协商，借广东省珠江广播电视广告公司河源分公司成立挂牌之机，于2006年11月在河源市区成功举办了河源电台客户联谊会。联谊会期间，河源电台首次大规模借助当地多种媒体，利用网络电视广告片、报纸杂志等平面广告版面、户外标语广告，联动宣传。项目组还促成客户支持河源电台首次制作精美画册，全面推介了河源电台的节目及主持人。联谊会以新形象、新姿态接待客户，以高起点、高强度推介河源电台，有力地提升了河源电台的社会形象。

第二，全面规范河源电台创收经营管理，促进创收结构的调整。针对河源电台经营管理长期存在的不规范、无序性、创收结构严重不平衡的状况，河源项目组在2006年下半年的试运行过程中就开始着手引导河源电台进行规范化运作，帮助其制定创收经营管理制度、完善经营管理环节的监管，协助创收经营的业务促进，有效地防止经营过程中的“跑、冒、滴、漏”。此外，针对河源电台医卫合办节目收入点绝对比例的高风险创收结构，项目组采取以实际业务帮扶的方式，积极引导和促进业务结构的调整，2006年下半年，项目组就协助河源电台引进广州、深圳等地客户在该台投放常规商业广告，同时还引进低风险的SP运营商，以时段资源换取节目和收入，逐步引导河源电台实现联合发展协议提出的经营结构调整的目标。经过规范化的制度运作，2007年年初河源电台的经营状况发生了明显的改善，1月份的创收额就已经达到了27万元，同比上年增长了 140%。

第三，协力推进河源电台节目制作水平的提高。鉴于河源电台节目制作人员缺乏、人员素质不高的现状，为了尽快协助河源电台改善节目制作水准，从根本上提高河源电台的竞争力，项目组一方面引导河源电台与省台联合发展对口的卫星广播深度接触，通过选送主持人到卫星广播跟班培训、组织广播讲座、举办大型联谊活动、联合主持人见面会等多种形式，带动了河源电台主持人在观念思路、主持制作手法等方面的改善和提高，有效地促进了河源电台主持人在思维和能力方面的转变和提高。特别是结合 2006 年 11 月该台两个频道全面实施全天 24 小时播音的推行，项目组参与了该台节目的全新改版运作，将省台先进的理念和手法引入河源电台的节目制作和经营，有力地提高了新版节目的制作水准，并受到了市广电总台和当地听众的认可。根据河源电台节目资料奇缺的现状，项目组一方面引导河源电台充分与对口发展的卫星广播进行节目共享（从 2006 年 5 月开始联合开办《走进河源》栏目，并实行两台异地同播），另一方面利用省台音乐频道等节目资源，采取同步转播等形式（目前转播的节目有《9 + 2 音乐先锋榜》和《美丽早晨》），充实了频道时段的运行；此外，项目组还多方寻求文艺资料、节目资源的支持，柯绮同志还主动收集并积极提供个人私家珍藏的音乐资料一批，丰富了河源电台的节目资料来源。

第四，全面改造河源电台的播控技术环境。为了进一步提高河源电台的收听效果，根据联合发展协作协议提出的改善河源台基础设施的目标要求，项目组积极请求省台技术部门的协助，对综合频道和音乐频道的发射和传输环节进行全面改造，提高了发射功率，扩大了覆盖范围。

②广东电台的节目覆盖得到明显改善。在联合发展的过程中，广东电台真诚的支持与帮助得到了合作伙伴的认同和响应。在合作电台的协助和支持下，广东电台在全省的有效覆盖得到很大的加强，改善了广播传输质量，不仅更加有效地传播党和政府的声音，而且提升了广东电台的综合竞争力。广东电台在粤西的覆盖工作得到湛江电台、遂溪广播电视局的积极支持，三方决定合作改善发射台的基础设施。广东电台投资 200 多万元，新建一座 100 多米高的发射塔，购置了新的天馈线系统，改善了基础设施条件。由此，2006 年广东电台有 6 套频率在粤西落地。在云浮电台的大力支持下，广东电台投入资金在云浮大绀山增添了发射机，转播广东电台卫星广播、珠江经济台、音乐台等 3 套节目，解决了云浮、肇庆地区的有效覆盖问题。与广东电台联合发展比较早的怀集电台为了提高自身的节目质量，除了本地的新闻宣传节目和经营广告时段以外，主动转播广东电台音乐之声的优秀节目，同时协助广东电台做好节目转播工作，使广东电台对粤西北乃至广西部分地区的有效覆盖有所改善。2006 年广东电台的 3 套节目落地花都。至于目前韶关、梅州等地的覆盖工作，广东电台正在与合作的韶关、梅州电台洽

谈，他们也纷纷表示积极支持广东电台在当地的覆盖工作。

3. 积极探索省外联合，帮助盘活梧州电台

与广西梧州电台的联合发展，是广东电台按照中央关于文化体制改革有关文件精神，实施跨地区联合的一次成功尝试，是中国广播史上的一次突破。

2004年广东省委提出要加强泛珠三角区域合作，在这个背景下，广东、广西两省区抓住这个发展战略机遇，扩大对内对外开放，增强区域整体实力和竞争力。在新闻媒体激烈竞争，国外传媒已经开始挺进国内参与竞争的形势下，国内省内广播电台携手合作，共享资源，联合发展，共同进步，已经是大势所趋，不可逆转。加快广东电台和省内、省外兄弟电台的联合发展，是南方广播影视传媒集团一个全新的、长远的发展战略。广东电台是南方广播影视传媒集团属下最有影响的电子传媒之一，拥有9个频率、两份全国性报纸、一家影音公司，2004年的经营创收突破2.7亿元，在全国省级电台中排第一位。广东电台的管理模式、节目质量、经营理念，在全国也处于领先地位。梧州电台在广西壮族自治区内市级电台综合实力中名列前茅。梧州与广东地域相连，语言相通，作为两省区主流媒体的广东电台和梧州电台，决定抓住这一发展机遇，联合发展，共同把广播事业做大做强。

2005年1月21日，为响应省委省政府提出的建立和促进泛珠三角经济区域合作的战略构想，落实南方广电传媒集团加强对外联合发展的部署，南方广播影视传媒集团总编辑、广东电台台长白玲亲自率队赶赴广西梧州，与梧州电台签署了国内电台第一份跨省联合发展协议。梧州市委副书记汤竹庭，市委常委、宣传部长吴汉华，市委常委、市委秘书长张宣东，副市长陈立清等有关领导出席了签字仪式。根据联合发展协议，梧州电台将新闻综合频道和音乐交通频道，除新闻节目以外所有的节目和经营创收，在法律、政策允许的范围及前提下，委托广东电台制作、播出、管理和经营。正式协议签署后，广东电台将会投入大量的人力、物力和财力，借助先进的办台理念、成熟的管理手段、优秀的广播人才，把梧州人民广播电台办成广西最有吸引力的广播电台，实现“泛珠江广播网”的大胆构想。双方合作期限为12年。南方广电传媒实现跨省合作，引起了国内传媒的高度关注，省内外媒体纷纷采访报道，称之为中国广播界首创。

借助合同签署的机会，广东电台联合广东电视台、南方电视台、广州电视台、《南方日报》、《广州日报》、《羊城晚报》、《新快报》、《南方都市报》、《信息时报》、《声报》、广东电台、珠江经济台、广东音乐台、羊城交通台以及梧州电视台、《西江日报》、《梧州日报》、梧州电台等多家主力媒体共同组织策划“广东电台梧州电台联合发展千里行”大型车队活动。车队由13部崭新的福特翼虎吉普车、2台拯救车、1台指挥车、1台45座大巴组成，每部车都上贴有“广东电台梧州电台联合发展千里行”和“做大做强广播事业”的醒目标语。车

队于1月20日上午带着广东电台著名DJ、听众代表、广告客户、记者从广州出发，经过广佛高速、广三高速、321国道、肇庆、德庆、封开，下午6点到达梧州，途中在肇庆七星岩、鼎湖山等著名风景区环行，吸引无数路人围观。21日上午在梧州广电中心签约现场，由梧州市委副书记汤竹庭和南方广播影视传媒集团总编辑、广东电台台长白玲向车队的主持人代表授“联合发展”大旗，之后车队带着双方的主持人在梧州市著名景点龙母太庙、骑楼城及市区商业中心巡游，沿途吸引了无数眼球，形成巨大的影响。

2月1日，广东电台梧州项目工作小组远赴梧州，联合发展项目正式启动。

联合发展前，梧州电台节目收听率低，设备陈旧，全年广告创收仅有130多万元。工作小组按照总台的要求，与梧州方真诚合作，对梧州台的节目内容、管理模式、人员安排和分配体制进行了大刀阔斧的改革与调整。为支持梧州项目的改革，广东电台破天荒从各系列台抽调30多名一线监制和主持人，分批赴梧州台言传身教，参与节目改造和主持，广东台《大吉利车队》等优秀节目在梧州台播出。总台同时投入100多万元，对梧州台的节目制作、办公和传输发射设备进行全面升级换代。

开始，一些人对联合发展不理解，认为两台合作意味着广东台“吃掉了”梧州台，经营管理问题多多等，甚至有人要求广西广电局叫停两台合作，给联合发展工作造成被动。梧州市委市政府相关领导和梧州广电局表态全力支持梧州项目。2005年年底，赛立信公司收听调查显示，梧州台两个频率收听率提高1倍以上，在梧州可以收听到的11个电台中占了78%的市场份额。广告创收282万元，同比翻一番。梧州电台全年人均收入从2004年的24 000元增加到31 500元。

2006年，梧州项目组的同志按照南方广播影视传媒集团和广东电台“把握导向、确保安全、打造品牌、发展产业”的要求，进一步在节目制作、市场拓展和形象推广等方面下工夫。

3月1日，2006新版节目推出。新闻和交通两个频率共加入了广东电台各系列台的10档节目，包括《大吉利车队》、《以案说法》、《9+2音乐先锋榜》、《今日世界》、《雄标的天空》等，加强了广东电台在梧州的影响，节省了节目成本，实现了节目资源共享。当天晚上，由中共梧州市委、市人民政府、广东电台主办，梧州市广播电视局、梧州电台、梧州电视台协办的“盛世欢歌，情系梧州”梧州电台新节目启播仪式广播文艺晚会在梧州市政中心广场隆重举行。尽管天公不作美，冷雨交加，但是仍然有近6万群众冒雨观看节目，而且一直热情高涨。粤港当红影视歌星黄家强、谭耀文等，连同《外来媳妇本地郎》剧组登台献艺；广东电台40名优秀主持人上台表演；梧州电台新版节目中的主持人登台亮相。市委常委、宣传部部长吴汉华和副市长王运宏，以及南方广播影视传媒集团和广东电台的领导白玲、陈大海、谭天玄、徐鸣等出席了当晚活动。梧州电台新闻频率、交通音乐广播同步直播了文艺晚会。梧州电视台播出了晚会盛况。

3月28日，广东电台、梧州电台联合发展一周年系列活动在梧州隆重举行，广东省委宣传部领导、南方集团和广东电台领导赴梧州参加活动，广西人民广播电台领导和梧州市委、市政府的主要领导参加活动，活动内容包括大型文艺晚会“相约在春天”、两广广播联合发展座谈会等。《梧州日报》头版头条发表报道联合发展的长篇通讯《大胆的创举》、照片版《看得见的广播》，《人民日报》华南版头版刊登消息，称赞联合发展属全国广播界首创，在梧州甚至广西造成相当大的影响。

5月28日，梧州电台第一座横跨与广东交界东出口大道的大型广告龙门架落成剪彩（梧州媒体第一块，横跨30米，高10.5米，画面达106平方米），广告横幅印有醒目的广东电台和梧州电台台标及联合发展的字句，十分引人注目，在当地影响极大。

6月8日凌晨，梧州市区10小时连降暴雨305毫米，发生建市以来最严重的山体滑坡地质灾害，14人死亡，全市停水停电。梧州电台全体人员投入抗灾救灾宣传，全天24小时直播，深受市民关注。在梧州四中高考场地被山泥淹没，1 000名考生急需转移的重要关头，梧州电台反复播出转移考场的紧急通知，许多学生和家长听到广播后直接转到新考场，使得当天高考按时顺利进行。市抗灾指挥部和市委宣传部对此专门通报表扬，并向广东电台发出感谢信，赞扬两台联合发展给梧州广播带来的新面貌，赞扬电台在危难的关键时刻叫得响。

2006年，广东电台下达280万元经营指标，梧州项目组的同志创收344万元，超额完成了经营创收任务。2006年7月26日，国家广电总局办公厅正式发文（广局社字〔2006〕356号），“同意梧州人民广播电台与广东人民广播电台合办广播节目”，希望“两台应充分发挥各自优势，密切配合，共同做好节目、覆盖、经营、技术等方面的工作，处理好合作发展和属地管理的关系，努力探索广播电视跨地区发展的机制和做法”。广西广电局也在2006年8月1日转发了国家广电总局的356号文。

4. 大胆尝试跨媒体、跨行业联合

广播媒体“只闻其声，不见其人”的先天性缺陷，决定了它与其他媒体同台竞争时总显得力不从心、捉襟见肘。然而，弱势媒体更需强势竞争，而强势竞争除了品牌打造以外，发挥其兼容性强的优势，既与传统媒体携手，又同新兴媒体联姻，广播“只闻其声，不见其人”的先天性弱点就基本能够得到克服。与此同时，鉴于广播广告的单一经营模式束缚了广播发展的手脚，发挥广播产业功能的优势，充分利用广播的优势资源并积极寻求与外部优势资源的合作，走跨行业联合之路，将会放大广播的产业功能。基于这一认识，广东电台在努力进行跨地区联合发展的同时，大胆尝试跨媒体、跨行业合作。

（1）跨媒体联合。与新兴网络媒体的合作，广东电台在全国广播电台中是比较早的，1996 年珠江经济台的节目就在网上实时播出了。此后，广东电台一直尝试走跨媒体合作之路。2003 年，广东电台与《羊城晚报》达成了有关宣传信息交流的合作意向，2004 年两家还一起派记者赴建设中的青藏铁路进行联合采访，推出专题报道《追寻腾飞的天龙》。2006 年，在青藏铁路全线通车之前，两家再次联合前往采访，以《重走青藏，再看天龙》为专栏进行报道。广东电台与新华社广东分社也签署了协议，建立长期战略合作伙伴关系，并联合开展了旨在发现和彰显广东境内新资源、新优势的“发现广东”大型全民评选活动。从 2005 年起，广东电台与新华社广东分社、《南方日报》合作主办年度广东十大新闻人物评选活动。广东电台还利用交通频率的品牌节目广播小品《大吉利车队》的节目品牌和资源，与广东电视台合作制作《大吉利车队》动漫版。2006 年“五一”黄金周期间，该节目在广东电视台试播，收视率就达到了 4 个百分点。

《民声热线》节目是广东电台开展跨媒体合作的一大亮点。2005 年 11 月，在广东省委、省政府大力支持下，省政府纠风办和广东电台联合创办了政风行风节目《民声热线》，广东电视台、《羊城晚报》和《南方日报》为该节目的协办合作媒体，每次节目播出时这些媒体都进行跟踪报道。由于《民声热线》节目关心群众、面向群众，倾听群众呼声、解决群众问题，同时又有政府各部门积极配合，各主要媒体形成合力，因而社会反响强烈，舆论引导效果良好。广东电台的《民声热线》虽开办较晚，但由于坚持走创新之路，很快成为家喻户晓的品牌节目。时任中共中央政治局委员、广东省委书记张德江对《民声热线》节目作重要批示，高度评价“开办广东《民声热线》是一个创举”，省长黄华华、省纪委书记王华元也分别作了批示予以肯定和勉励。从 2006 年 6 月 13 日起，珠江经济广播电台、广东电视台新闻频道对每周二中午的《民声热线》节目实行同步直播，这无疑进一步加强了该节目的社会影响力。

（2）跨行业联合。广东电台的羊城交通广播最早就是与广州市交警队合作开办的。近两年来，广东电台跨行业合作有了更多的尝试。南粤之声与深圳多家汽车公司、商场连锁店签订协议，近 3 000 台公共汽车和出租车、10 家名店全天播放南粤之声节目。股市广播举办“粤港金股汇”系列活动，与香港新城财经台合作，吸引国际著名的财团和金融机构进军内地，组织两地金融企业家和投资者进行交流。广东电台成立的天天精彩文化传播公司、广东天网联动信息网络有限公司，主要从事广播电视节目策划，文化活动组织与策划，信息服务，电视剧、综艺、专题、动画故事片的制作、复制、发行等业务。天网公司充分利用媒体的优势，和各大运营商紧密合作，不断拓展电信、移动的增值业务，走多元化的发展道路。

三、联合发展的启示与思考

这些年，“做大做强”成了我国广播电视行业使用频次比较高的概念。在这一理念的导引下，一个又一个广播影视集团诞生了，但是如果对各地所谓的广播影视集团的发展思路和举措进行审视，不难发现，他们往往只是在现行的地域和行政范围内思考，跨出门槛的很少，与西方发达国家所进行的网络化运作、集团化经营不可同日而语。之所以如此，是因为网络化运作的第一前提条件是不能有地域与行政的限制，而我国的广播电视为官方体制，以行政权力配置资源、实行严格的地域划分。结果是人们对做大做强普遍表现出热情，但是各地为实现这一目标而成立的广播影视集团仅仅将电台、电视台或者加上电影、文化机构捆绑在一起，离真正意义上的做大做强还有着不小的距离。张勉之先生通过对西方发达国家广播电视业的经营运作情况的研究，结合我国广播电视的实际得出了具有前瞻性的结论。他认为，突破地域与行政的规限，进行网络化运作，是广播电视业做大做强的重要出路之一，未来中国广播电视业一定会由若干家大的广播电视公司所掌握。突破地域的规限，进行网络化运作对于现行体制中的我国广播电视业来说，真可谓“蜀道难，难于上青天”，但是广东电台在联合发展进程中所取得的令人瞩目的成绩也让人们看到我国广播电视业网络化运作和集团化经营未来的希望与可能。成绩应该肯定，但比成绩更重要的则是在联合发展背后所隐含的具有社会意义和社会价值的内容。

1. 做大须先做强——联合发展的基础

做大与做强都是集团化发展的目标，也是广东电台实施跨越式发展的目的。做大与做强是互为促进的，不应该分谁先谁后。但从联合发展的角度来看，广东电台的决策者们还是感觉到，只有自身做强了，与其他台去谈联合才有说服力。这里说的强就是要综合实力强，或者在某些方面要有明显的优势。事实也是如此，按照广东电台与联合发展电台签订协议所提出的实行六项支持、实现三个目标和调动两个积极性的联合发展原则看：没有广东电台的强大，联合发展只能是一个美好的假想；没有广东电台的强大，所谓实行六项支持、实现三个目标和调动两个积极性的联合发展原则也只能是一纸空文。之所以这么认为，是因为在联合发展过程中广东电台所提供的宣传、人才交流与培训、技术、节目、活动以及资金等方面的支持，都是建立在广东电台自身在这些方面拥有绝对优势的基础上才使得联合发展得以顺利推进的。

广东电台所拥有的诸多优势不是一朝一夕形成的，而是励精图治、锐意进取的结果；广东电台的强大也是二次创业的回报。诚如上文所述，广东电台继“珠江模式”之后一直探索二次创业之路。为此，从2002年开始，广东电台不断保持与各大品牌研究公司的联系与合作，购买调查公司的数据，时刻对第一手的市场信息进行再分析，以客观的态度审视节目的构建，通过品牌节目吸引听众，进而拓展广告市场。广东电台从2002年2月开始就创下收听率新高，市场份额也以绝对优势与省内其他电台拉开了距离。据赛立信媒介研究公司、央视—索福瑞媒介研究公司和尼尔森媒介研究公司广播收听调查数据显示：2006年广东电台总体收听率较2005年同期有了较大幅度的提高，增幅超过50%。广东电台在广东省的总体市场份额超过40%。而在全国广播电台竞争最激烈的广州地区，广东电台的收听市场份额超过70%。最新统计显示，2006年广东电台经营总规模达4.05亿元，已经连续多年稳居全国省级电台首位。

2. 做强未必做大——联合发展的隐忧

在广东电台的决策者看来：做强自身，联合才有号召力；创新形式，联合才有穿透力；互惠互利，联合才有吸引力；完善管理，联合才有生命力。对于做强自身，联合才有号召力，文中已经述及，因为自身强大是联合发展的基础，这是任何企业发展壮大的规律。即使是强强联合，前提也是一个强字。正是基于这样的认识，广东电台这些年在强身健体方面做了大量的卓有成效的工作，从而使自已当之无愧地成为全国综合实力最强的省级电台。至于创新形式、互惠互利、完善管理等方面，广东电台是这么说的，当然也是这样做的。

从联合发展的实践中我们已经注意到，广东电台根据各联合单位的不同特点和需求，采用了多种形式，从宣传业务、人才交流培训、技术支持、节目共享、大型活动以及资金支持等方面进行多层次联合协作，同时为每个联合台专门指定一个频率对口帮扶。在与梧州台的联合发展中，广东电台更是分批派驻精英主持人、监制、技术人员和经营管理人员，使梧州电台短期内得到全方位提升。

针对联合台节目资源不足的情况，广东电台在版权范围内免费向各合作台提供音乐、文学、戏曲等节目，通过全省新闻平台、音乐资料交换平台向各合作台提供节目源（各合作台一些有特色的节目资源也与广东电台共享），带动提升了合作台的节目质量，也提高了合作台节目的收听率。

有的联合台在当地影响力不够，广东电台就与他们联合举办了大型活动，办“看得见的广播”，营造声势，扩大影响。不仅如此，他们还明确联合发展电台各利益主体的权利和义务，让参加联合的单位都能得到切实利益，共享联合发展的改革成果。通过联合发展，与广东电台联合的各兄弟电台都增强了造血功能，宣传和节目质量得到提升，社会效益和经济效益明显提高。

与此同时，通过联合发展，广东电台在全省的有效覆盖明显扩大，广播传输质量明显改善，不仅让党和政府的声音得到更加有效的传播，广东电台的竞争力也有了新的提升，经营创收有了新的增长。

在联合发展的过程中，广东电台对联合发展台进行市场收听调查和考核，对经营创收水平进行考核。对于节目质量提升、收听率提高和经营创收提高的合作台给予更多的支持，对于上述指标下降的提出批评并给予指导。其还多次召集各合作台相关人员举行联合发展座谈会、研讨会，总结和交流联合发展实践中的好经验，规划联合发展的未来。在设备采购上也与合作台进行合作，通过联合采购，有效地降低设备采购成本。在每个项目投入前都做好前期调研及可行性分析工作。

应该说，在当前这样一种官方性经营管理体制的背景下，广东电台联合发展能够取得一些令人瞩目的成绩已经不容易了。没有广东电台的自身强大，没有形式的创新、互惠互利和完善的管理，联合发展恐怕寸步难行。众所周知，做大做强是联合发展的终极目标，按照现行的联合方式，相信在不久的将来，联合发展不仅会进一步做强广东电台，而且与其联合的其他兄弟电台也有可能会逐步强壮起来。然而，做强就一定能够做大吗？当然不一定。这就涉及现行联合方式的穿透力到底有多强、吸引力到底有多大、生命力到底有多久的问题。这也是广东电台的决策者们最为关心的问题。我们认为，现行的联合方式有利于联合体彼此不断做强，但难以做大，因为如欲做大，还应该在不断壮大联合体的基础上实现原有联合电台间的深层次的强强联合。问题是现行的联合方式虽然具有非常大的吸引力乃至比较强的穿透力，但是其生命力并不具有恒久性。因此，客观地说，联合发展依然存在着一些令人担心的问题。

3. 突破体制束缚——联合发展的必由之路

帮扶与支持在特定的社会环境和历史条件下有其合理性和必要性，但是一味的帮扶和支持肯定不利于联合发展。因此，广东电台的决策者应该深化对联合发展的理解和认识，坚决杜绝为联合而联合的思想，并不断调整思路，根据具体情况制定联合策略，壮大联合队伍，真正做强做大广东广播。

应该看到，在联合发展的过程中，许多问题是无法回避的，对于一些无法回避的问题应该勇于面对，如果一味地回避，即使联合再多的电台也不利于广播的发展，形同虚设的联合对于合作的双方自然没有任何意义。当然，在现行的广播电视官方性的经营管理体制下，产权、业权和管辖权等敏感性的问题确实让联合的双方左右为难。在这种情况下，如果联合的双方因为这些问题而就此止步或躲避绕行，联合发展肯定不会取得令人满意的结果。

事实上，当前我国广播电视的产业化改革的进程日渐提速，在如何发展广播影视产业方面制定了相关措施，政策环境相对宽松。为了深化体制改革，培育发展市场主体，2003 年年底国家广电总局出台的《关于促进广播影视产业发展的意见》中就明确指出，“广播电视要把允许经营的资产、资源和业务从目前的事业体制中分离出来，面向市场进行企业转制和重组，与事业部分别管理、分别运用。具体来说，可以把电台、电视台、广电集团（总台）的除新闻宣传以外的社会服务类、大众娱乐类节目，特别是影视剧的制作经营从现有体制中分离出来，按照产业发展方向和现代产权制度、现代企业制度的要求组建公司，实现所有权和经营权分离，自主经营、自负盈亏、依法纳税。对于产业经营前景比较好、具备企业化运作条件的如体育、交通、影视、综艺、音乐、生活、财经以及科教等频道频率，在确保作为国家专有资源不得出售，确保节目终审权和播出权牢牢掌握在电台、电视台手中的前提下，经批准可以组建公司，探索频道频率的企业化经营。”有了这样的尚方宝剑，联合发展就有了比较大的经营和运作空间。

问题是由于传统思维方式和经营模式的根深蒂固，五年的时间快要过去了，各地各级电台在这一方面改革的动作并不大，成效也不显著，许多可经营的资产、资源和业务依然没能从事业体制中分离出来，就节目制作与播出环节而言，“前店后厂”的“作坊式”的经营格局仍然十分普遍。即使是在改革开放前沿的广东地区，也没能彻底摆脱旧有体制的束缚，真正实现广播影视的产业化经营和运作，广播电视行业没有出现几家像模像样的企业化经营的节目制作公司，公司化运作的频道频率就根本不存在。因此，南方广播影视传媒集团确立了以省台为龙头，以业务为纽带，发挥集团资源整体优势，带动市县广播、电视事业发展的联合发展思路，在具体的实施过程中所遭遇的阻力和障碍是可以想象的。这也正是广东电台联合发展的形式多停留在节目提供、交流、人才培训等松散型阶段，缺少更深层次的包括资本、经营的结合的原因所在。

资本、经营的结合是联合发展的必由之路，而在联合发展过程中真正实现资本与经营相结合的有效途径就是按照国家广电总局《关于促进广播影视产业发展的意见》的要求，区别广播影视公益性事业与经营性产业，面向市场，按照现代产权制度、现代企业制度的要求，深化经营性体制机制改革。就广东广播而言，不仅广东电台要进行这一方面的改革，其他地市电台也要进行这一方面的改革。如果产业化改革在全省范围内迅速推进，虽然目前总是广东电台主动向兄弟电台伸手寻求合作，但相信不久的将来，许多电台会转过头来主动向实力雄厚的广东电台寻求联姻，因为企业化运作、公司化经营后，广播电台在残酷激烈的市场竞争中感到身心疲惫的时候，这可能是它们生存与发展的唯一出路。

第四节　走技术创新之路

广播媒体的改革与发展离不开广播先进的技术和设备。可以这样说，即使你心中装着听众，纵然你想方设法地通过节目形态的变革来张扬广播的媒介特性、发挥广播的传播优势，如果没有技术与设备方面的支持，你的一切努力和设计只能是美丽的假设。事实也是如此，新中国建立初期，胡乔木提出广播要“自己走路”，要求自力更生办广播，要求按广播的特点办广播，这一思想的提出对广播的发展确实有指导意义。但是，技术与设备跟不上，广播想“自己走路”却受到诸多限制。从上一章的叙述，我们同样能够看到，先进的技术与设备对于广播生存与发展的重要性。可以这样说，没有广播传输技术与现代通信技术的合理嫁接，就没有“珠江模式”的问世，也没有热线电话这种传授互动的双向交流方式的诞生。也正是基于这样的考虑，广东电台在跨越式发展的总体思路下，将技术创新作为重要的战略部署。

一、广东广播有着技术创新的优良传统

得改革开放风气之先的广东广播不仅注重节目形态和传播方式的变革，而且在技术创新方面也一直在国内广播界处于领先地位。1979 年全国第一家立体声广播就是在广东电台作试点推出的。该频率于 1980 年 12 月 29 日在 FM 99.2 兆赫正式播出。这样，广东电台成了全国第一家拥有先进、完整的设备和制作能力的调频立体声广播的广播电台。立体声广播以其清晰度高、保真度高、音质优美、具有临场的空间立体感，以及丰富多彩的节目，受到广大听众的欢迎和喜爱，在与香港电台争夺空中阵地的竞争中发挥了积极而重要的作用。在 1982 年年底的征询意见调查中，共收回意见表 5.678 5 万份，反映意见的人数为 21.700 4万人，收听率为 45%。随着录制能力的增强，立体声台先后 3 次增加播出时间，1980 年开播时，每周 3 天，每天两小时，1981 年 8 月起，每天播 4 小时，1982 年 9 月增至每天播 10 小时 20 分，1983 年 8 月又延长至每天播出 12 小时，1985 年后增至每天播 15 小时 30 分。1987 年 12 月，广东电台对立体声广播进行大规模改版，并更名为“广东文艺台”，原来以音乐为主的版面增加了文学、戏曲、广播剧节目，内容更加丰富多彩。为了适应立体声广播播出的需要，广东电台还注重引进一批先进的技术设备，如引进 24 轨录音机和高质量的调音台，为立体声节目的制作与播出提供了技术条件。

1986 年 12 月 15 日，“珠江模式”诞生，广东电台对播出系统进行大胆创新，提出“一人控制播出系统”的广播新模式，获得厅级科技进步一等奖，是国内外广播电台播音室模式的一个突破，引起了国内同行的高度评价，为我国广播电台改造旧播音室或新建播音室提供了成功的范例，从技术角度推动了中国广播的进一步发展。1996 年 6 月，在广东省委、省政府的支持下，经过多方努力，广东省卫星上行站建成投产，卫星站占地 217 亩，机房宽敞，设备先进。通过该站，广东电台新闻台的节目开始上星播出，覆盖地域北至俄罗斯，西至非洲、东欧，南到澳大利亚、新西兰，使广东广播迈入新的历史时期。而中国数字音频广播广东 DAB/SFN 先导网试验台也于 1996 年 12 月 15 日在广州、佛山、中山正式试验启播，覆盖了珠江三角洲和港澳部分地区。

随着计算机技术的发展，广东电台又开始引进音频工作站编辑系统，并在音

频网络建设方面下工夫。从2000年4月开始，技术部与系统开发商一起，对新闻中心和卫星广播的音频网络系统进行了系统全面的升级和软件工作流程修改。7月实现了新闻采集、制作、播出，以及卫星广播节目与广告节目播出网络化和工作站自动播出。阶段性完成了音频工作系统的试验，完成了广告管理系统与英夫美迪音频网络系统的连接，完成了英夫美迪音频网络系统在音乐台的安装、调试和培训工作。不仅如此，广东电台抓住广播中心建设的契机，完成了全台电脑网络系统的整体规划和设计，集中力量开始“两网两库”，即音频网、综合业务网和有声资料库、综合信息资料库的建设。2001年，他们制定了《广东电台音频工作站管理规定》，音频网自动化播出系统已在音乐台、城市之声和卫星广播投入使用，新一代新闻采编系统已建成并投入使用，广告管理系统进一步完善。全台计算机网络建设提高了生产效率，加强了科学管理，取得了明显效果。与此同时，广东电台在全台范围内开展电脑技术应用培训，员工素质得到了提高。2002年，随着广播中心的投入使用，广东电台在新技术的应用上又上了一个台阶。按照省委、省政府的“设计一流、管理一流、设备一流”的要求，广东电台在建设广播中心大楼的过程中，按照高起点、高水平的设计构想，充分应用数字网络化的技术，广播技术系统全面升级。大楼投入使用后，广东电台建成了全数字化、网络化的播控系统、新闻采编系统、节目制作播出音频工作站系统、广告管理系统、财务管理系统、办公自动化管理系统、有线电视和卫星接收系统以及门禁系统等。全台已拥有400多部电脑，并已全部联网，拥有上万小时容量的有声资料库也已向全台开通使用，大大提高了办公效率以及资源调配的共享能力，提高了广东广播的持续发展能力。在广东广播中心，可以开门不需要钥匙，办公网络化运行，置身一室便可监控全台，轻点鼠标即能实现播出。

尤为可贵的是，早在1996年12月，也就是在“珠江模式”问世的第十个年头，珠江经济台的节目成功进入了互联网，成了国内第一家上网电台。2000年，广东电台则进一步将全台所有的专业频率全部纳入互联网播出，实现了广播节目的网络实时直播。

二、改善节目覆盖，确保安全播出

为了改善和扩大广东电台广播节目的有效覆盖，技术部门有关人员不辞劳苦，跑遍粤东大部分地区和广州地区，实地监测该台的节目覆盖情况，绘制了广东省各地区省台节目覆盖情况示意图。这项工作对制订广东电台近中期改善覆盖实施方案提供了可靠依据，同时也为系列台各台了解收听效果及确定节目定位提供了翔实资料。2000年广东电台解决了教育之声同步小调频发射问题，广州东部和高校区覆盖状况大为改善；音乐之声在惠州和韶关的转播问题已解决；新闻台、珠江台湛江转播点已确定；股市台实现公开播出，小调频项目得以确定。与此相适应，2003 年广东电台积极强化安全播出管理工作。特别是针对境外敌对势力和法轮功分子对广播电视的疯狂破坏活动，专门制定了安全防范措施。广东电台安全播出工作领导小组加强领导，认真落实安全播出的各项措施，对广电总局、省广电局有关安全播出的指示，传达及时，落实到位。每逢重大报道任务和重要节日，广东电台领导、总工程师都要主持召开安全工作会议，部署检查安全播出工作。技术部把落实各项安全播出规章制度作为日常播出管理的着力点，开展了多次全台性的安全播出大检查，检查重点包括广播中心直播区、户外直播室、小调频同步广播网发射点，及时消除隐患。广东电台小调频布点多、范围广，为了确保安全播出，技术部经常组织巡查发射点，确保万无一失。所有无人值守的发射点都加装了干粉灭火器、防盗网或密闭机房，并在部分发射点试验加装了电话监控系统，做到实时监听遥控。为了改善和扩大广播节目的有效覆盖，2002 年广东电台在主管部门的大力支持下，在深圳求雨坛建立交通之声同步广播发射点，在深圳梧桐山建立 3 千瓦珠江台转播台，扩大了这两个台的覆盖范围，为该台今后的发展奠定了良好的基础；而且新增了两套节目上星，为扩大覆盖解决了信号源的问题，完成了音乐之声、珠江经济台沿地铁沿线实施同频广播的任务。这样，广东电台也成为在地铁沿线实现同频立体声广播的电台之一。健康之声完成了中心发射点即 63 层国际大厦发射点的改造，信号传输覆盖质量大大提高。教育台、股市台在广州市的选点、布点工作也得到初步的落实。2003 年的一项重点工作是抓住机遇，依靠上级主管部门的支持，自己动手，想方设法扩大在全省的有效覆盖。新增发射点从广州辐射珠三角及粤东地区，以及惠州、东莞、汕尾、云浮等地，这使得广东电台的珠江经济台、交通之声、卫星广播、音乐之声和股市台的信号有效地传向深圳、东莞、中山、肇庆、云浮、惠州和汕尾等地。完成了广州大道发射点的迁移改造工作，广州黄埔发射点开始基础施工，基本完成了广州市内发射覆盖的布局调整，收听质量大大改善。番禺发射点也开始面向珠江三角洲覆盖，听众和客户反映良好，技术覆盖工作迈出了可喜的一步。

在逐步改善覆盖的基础上，广东电台将安全播出作为一项极为重要的工作来抓。播出管理部门狠抓岗位责任落实，定期召开技术例会，开展模拟故障排除和备份倒换练兵，狠抓常规技术保障，认真监测，发现问题及时纠正，把播出差错消灭在萌芽状态。他们根据安全播出实际情况，制定了《电话直播节目操作规程》，对电话节目设置、运作、管理程序作出明确规定，具有很强的针对性、指导性和可操作性，在制度上确保电话直播节目安全播出。这些规程得到省委宣传部和国家广电总局的肯定，省广电局已将它转发到全省广电系统。

按照局台关于“靠前指挥”的要求，各专业广播总监一丝不苟地做好播出安全防范工作，确保安全防范措施到位。在重要时刻、重点“战役”，系列台、技术部、总编室及保卫科的同志对该台户外直播室及小调频发射点加强安全检查。在关键时期，技术部增加每周巡查发射点次数。属重大播出内容，派出技术人员在所有发射点现场监控，确保安全。为防止法轮功分子混进发射点破坏捣乱，维护人员颁发“三证”，证件不齐不能进入发射点，确保安全播出万无一失。因此，2002 年再次实现全年安全播出，多次受到局和省委宣传部表扬。2003 年制定了《广东电台工作人员岗位责任制》和《广东电台安全播出岗位责任制》，重新修订了安全播出奖罚条例。按照国家广电总局规定，他们对有关人员进行了上岗培训。由于措施得当，管理到位，做到了万无一失，确保了全年播出安全。2004 年技术部门通过自主研发设计和数字化改造，完成了多项技术改造项目。技术科设计开发的音频信号自动切换器在多个信号传送点上安装，设备运行稳定，使用效果理想，达到了自动安全备份的目的。针对小调频发射点无人值守的安全播出要求，事业科设计开发的小调频发射机远地监控系统已投入使用，实现了发射点的远地监控管理；完成了新闻频道、珠江经济台和中央电台、国际电台信号通过光纤传送至 522 中波发射台的任务。新闻频道信号上卫星的数字化改造工程正在实施。与此同时，技术部围绕安全播出工作，加强规章制度建设和值班岗位应急处理技术练兵，坚持每周安全播出技术工作例会制度。针对事故隐患，及时通报，跟踪解决问题。重视监听、监测工作，及时纠正播出差错，认真做好每周一期的监测简报。“三重”时期，强化值班人员安全播出意识，切实做到值班有“双岗”，设备有备份，应急有措施。他们还加强对小调频覆盖点巡查和维护管理，确保全台 8 套节目和中央电台、国际电台 9 套节目日常和“三重”时期安全优质播出。有关安全播出的管理人员和工程技术人员 38 人参加了局主办的安全播出业务培训班，全面提高在岗人员安全播出意识和业务技能。2004 年技术部完善了安全播出管理制度、录音管理制度、网络安全管理制度以及播出安全应急措施等一系列的规章制度，提出树立“周广生精神”，要求员工学习周广生同志的老黄牛精神。许多人主动加班加点，放弃补休，没有怨言。技术部还推行首问负责制，积极主动为各专业频率排忧解难。

2005 年广东电台继续扩大在全省的有效覆盖，共投资 1 000 多万元，通过联合发展，自主创新，重点解决了体育之声、健康之声、股市广播在广州地区和珠江三角洲的覆盖问题；解决了音乐之声、珠江经济台、新闻频道、城市之声在珠江三角洲和粤西、粤东的覆盖；启动了交通之声沿高速公路覆盖计划；把湛江遂溪发射点建成了广东电台在粤西较为完善的发射基地，填补了广东电台节目在粤西地区有效覆盖的空白。通过抓好同步调频广播试验，实现了广东电台覆盖工作从重数量到重质量的转变。2006 年技术部门进一步重视技术设备的日常检查、日常维护、故障维修，确保设备处于良好工作状态，发挥总控室技术枢纽和安全协调播出指挥中心的作用，提高应急处理能力。认真部署落实安全播出工作任务，确保了日常和“三重”时期全台8套节目和中央电台、国际电台9套节目的安全优质播出，继续实现全年安全播出。

安全播出是十七大宣传的工作底线，国家广电总局对此及早作了部署，省委宣传部林雄部长也在2006年就向集团提出确保十七大安全播出的要求。南方广播影视传媒集团也于2007年4月16日召开了安全播出工作会议。为此，广东电台全台上下从讲政治的高度，以强烈的责任感，认真贯彻落实上级的要求，按照有关规章制度，扎扎实实开展工作，不断完善各项应急预案，并根据实际情况做好各项培训、演练和整改工作，采取行之有效的措施，切实做好安全播出的各项工作，胜利完成了十七大的安全播出工作。

为了确保十七大宣传的安全播出，广东电台4月月底就召开会议，研究部署安全播出工作，台领导分别与各专业广播、管理部门签订了安全播出责任书，层层落实责任。8月15日，又召开“广东电台‘迎接十七大’确保导向正确、安全播出动员大会”，落实该台确保导向、安全播出的各项工作。此后，广东电台还多次召开安全播出工作会议。广东电台领导在安全播出工作会议上反复强调，全台上下要高度重视安全播出，增强安全意识、责任意识、阵地意识，确保宣传高质量，播出实现零差错。广东电台还根据自身的实际情况，在广东电台安全播出工作领导小组的组织下，经常性地开展安全生产工作的突击检查。9月25日，广东电台领导分别率队检查了十三楼直播室的安全播出和广播中心大楼的消防用电安全保卫工作，并针对检查中发现的问题要求各系列台立即整改，坚决消除安全播出隐患，堵住安全播出漏洞。

广东电台还注重抓好队伍教育和管理。为了确保十七大宣传的播出安全，广东电台监察室、总编室组织了全台性的学习培训，全台宣传、技术岗位的506人参加了这项学习，并在考核中取得平均99.16分的成绩。广东电台还对全台主持人进行重新培训考核上岗。技术部门积极做好设备维护，强化值班人员安全播出意识，开展应急演练，重点时段做到值班有“双岗”；同时，积极开展技术培训和播出值班业务的专业培训。“三重”时期，设备有备份，应急有措施，制度有落实。总编室、技术部在十七大召开重点防护期内坚持每周编发监测简报，对播出情况进行通报。十七大期间，广东电台建立了行之有效的十七大值班制度，除了台领导、各系列台领导值班外，台办、人事、纪检、工会以及物业部门的领导参加维稳值班，完善了突发情况下应急处理的组织调度机制。十七大会议召开期间，有转播任务的系列台领导、总编室、技术部领导亲临一线坚守岗位。

三、积极进行新媒体探索

广播的发展在于专业化扩张，广播的提升在于进入多媒体天地。为此，2005年珠江经济台与京信通信公司、香农网络技术有限公司以及华工网络技术研究室合作开发音频、视频的网络广播、手机短信业务，经过5个月的攻关，成功地开发了中国首个跨媒体网络实时互动平台。这个网络新媒体平台已经从演示级向初步具备营运级标准迈进，为产业化发展奠定了坚实的基础，并向国家广电总局申请，获得了开办网络视听节目的许可证，开办了珠江经济台的网络广播，还与广东电视台合作，将该台的名牌栏目《今日关注》节目纳入网络电台中播出。这样，《今日关注》便成了第一个三民联合的栏目。在此基础上，广东电台又和共青团广东省委合作成立了青少年网络电台，并从电信部门获得增值业务批文，利用手机短信平台和音频、视频互动成立天网公司，专门经营传统广播媒体延伸出来的多媒体增值业务。2007年4月27日，作为广东首家青少年网络电台——Youngd网正式开播。Youngd网的成功创办与开播，为广大青少年提供了一个健康上网的平台，也为广东电台顺应新媒体发展趋势、多元化拓展经营进行了有益的尝试。10月1日，Youngd网全新版面正式上线。以最富个性创意的版面、最时尚前沿的资讯、最受青年人欢迎的栏目为特色，Youngd网的改版受到众多网友的一致好评。短短几个月时间，平均每天点击率达3万多次，最高达48万次，并且已经创造了50万元的收益。2007年广东电台引进合作伙伴，对天网公司进行了重组。以青少年网络电台为代表的新媒体及移动通信增值业务从7月1日开始启动，由对方投资，与该台合作经营彩铃、手机博客、短信平台以及网络电台等增值业务，为开拓广东电台新媒体业务开辟了探索之路。

与此同时，广东电台抓住数字广播发展的机遇，加速推进DAB技术的实际应用，完成珠江经济台、交通之声两套节目在DAB单频网中播出，为自身全面开展DMB多媒体数字广播打下基础。珠江经济台在实施社会活动、网站、平面与传统版面共同发展，办“看得见的广播”的实践过程中，深知广播的提升要走上多媒体之路。在台党委和台编委会的支持下，珠江台在探求新型广播方面取得了新的突破，积累了可提供发展的经验。在围绕广东电台多媒体DMB项目展开调研后，珠江经济台先后编写了《广东电台数字多媒体广播节目设计》、《关于珠江广播电视广告公司与粤广数字公司进行DAB数字多媒体广播合作经营方式的可行性研究报告》、《关于广东电台DMB推广遇到的困难与发展思路的报告》以及《广东电台进行DMB数字多媒体广播的可行性研究报告》等四项实施报告。克服重重困难后，广东电台数字多媒体广播DAB在2005年3月正式试验播出。广东电台数字多媒体广播DMB正在加快产业化的进程，已正式向国家广电总局申报DAB广播项目。广东电台数字多媒体DMB还在广东电台大堂开辟DMB陈列柜台，积极推销DMB终端接收机。珠江经济台还配合广东电视新闻频道的推出，将广播节目上电视的工作作为攻关项目，组织专门的项目组，《读报》、《秘书长热线》和《青少年维权热线》等相关节目的主持人和广东电视台相关人员一起，对节目的设计、直播室改造和模拟电视播出等工作进行了多次论证，同时与广东电视台相关人员一起对广播节目上在电视方面有成功经验的香港各电台进行考察，并已准备好随时上电视节目。在珠江经济台具体承担的数字电视的开发和试播任务过程中，他们克服了资金、人员都未到位以及设备不足的困难，组织技术部有关人员，采用多种应急措施，终于在2005年11月10日成功试播。《邮轮旅游》和《开心购物》两个频道约300小时的电视节目在省数字试验平台上播出，每天各播出9小时，在整合广播电视资源创造新增长点方面迈开了重要的一步。扩建网站也是珠江经济台拓展广播发展渠道的有效举措。2005年以来珠江经济台对原有的E974网站进行了全面的技术提升，内容得到了进一步的充实，到目前为止，E974网站的月点击率达超过10万，成为中国广播在线推荐网站中点击率之冠。他们的网站为未来拓展新型媒体或新的传播方式提供了重要的基础。

在广东电台的决策者们看来，既然是新技术就要有一个创新、实践、进入市场的摸索过程，比如DAB广播在世界上经过十几年的发展，现在英国、日本等发达国家终于有了一定的市场，但是在我国还不行，市场上基本上看不到DAB广播接收设备。不过，目前不行不代表将来不行，数字广播就如同数字电视一样是先进的东西，一定是现代广播的发展方向，毫无疑问，它一定会拥有广阔的市场。如果现在不抢先去占领它、抢先去研究它、尽早去摸索它，数字广播一旦像数字电视那样全面推行时，就会有些被动。当然，广东电台在新技术的开发利用方面绝不会盲目投资，将大笔的钱往非盈利项目里扔，而是每年在预算中留有一些“改革拓展基金”，专门用于新技术的开发利用。

第五节　调整结构　强化管理　整合资源

广东电台在实施跨越式发展战略的过程中坚持以发展为主题，以结构调整为主线，改变妨碍广播发展的思想观念，以新技术应用带动体制创新，增强活力，提高竞争力；而调整结构，强化管理，整合资源，深化改革，着力打造广东广播的群体合力，也是广东电台做大做强、实现跨越式发展的重大战略部署。为此，广东电台做了以下六方面的工作：

一、创新经营体制，拓展市场空间

正如上文所述，整合资源，首先要全面整合广东电台的内部资源，使全台内部的所有经营单位组合成一支强有力的联合舰队，使各专业频率既能以其专业特色的个性占有其独有的市场份额，又能与其他各专业广播以联队形式向市场发出进攻。2003年广东电台按照跨越式发展的战略思路规划全台经营资源，在经营体制创新、结构调整、市场开拓等方面加大了力度，呈现出了以下三个“亮点”：

1. 音乐之声与天天精彩、太平洋影音公司初步实现联合，效益明显增长

以音乐之声、太平洋影音公司为龙头，整合天天精彩文化传播公司，充分发挥音乐台与太平洋影音公司的最佳结合点和优势，是广东电台跨越式发展的重要举措之一。经广东省广播电影电视局党委批准，由音乐之声总监兼任太平洋公司总经理，使音乐之声与太平洋天天精彩在推广宣传、包装策划和营销策略方面形成优势互补的态势，为探索音乐文化媒体与影音文化企业联合作出了有效的初探。音乐台和太平洋、天天精彩都取得了良好的经济效益。

太平洋影音公司新领导班子上任后，积极推进改革，倾力打造精品，“两个效益”显著。他们着力解决干部职工反映强烈的难点问题，理顺内部关系，建立、完善规章制度，各项改革工作循序渐进，初见成效。针对生产部门长期以来原材料采购、接单订价、生产出货集于一身这一群众反映最为强烈的问题，公司领导班子排除阻力，决定实行采购、生产及销售各环节互相监督、互相制约的管理办法，强化管理，堵塞漏洞。经过调整，原材料采购价格得以有效控制，生产成本逐渐下降，取得了良好的效果。

2003 年太平洋影音公司努力实施精品战略，相继推出了《流淌的歌声》11—15 辑、汤灿专辑《祖国——情系人民》、外国歌曲集锦《多彩的歌声》、殷秀梅和戴玉强联手演绎的男女声二重唱《桃花红杏花白》、《一人一首成名曲⑧》以及《中国 18 把小提琴②》等精品节目，在社会上引起了轰动。当年，太平洋影音公司的经营总收入达 4 931 万，比 2002 年有了较大幅度的提高。

根据广东电台党委关于跨越式发展五年规划，太平洋影音公司从管理上下工夫，清查了多年历史积压的烂账，清理了过去遗留下来的可能导致公司出大问题的“恶瘤”。公司一班人齐心协力，建章立制，控制成本，整顿秩序，降低费用，努力开拓新的经济增长点。2004 年先后推出《流淌的歌声》16—20 共 5 辑和《又见艳阳天》等一系列的精品节目。太平洋公司分别与广东电台、广东电视台、南方电视台联手合作推出《回眸一笑——姚锡娟语言艺术欣赏》、《优秀粤剧粤曲艺术大观——陈小汉专辑》等节目。公司实施精品战略，多个音像节目获得国家级省级大奖，并取得社会效益与经济效益双丰收。在首届中国国际音像博览会上，太平洋公司制作出版的《马思聪音乐作品精选》、《流淌的歌声》系列节目荣获国内优秀音像制品奖，《中国合唱极品 1—5》荣获国内优秀音像制品大奖。太平洋影音公司荣获国内优秀音像分销单位奖。该公司精心制作的《祖国颂》、《永远的军乐》等节目被新闻出版署列为重点选题。《百年心声——献给邓小平诞辰 100 周年》被中宣部、新闻出版总署列为首批向未成年人推荐的优秀音像制品。这些优秀作品连获殊荣，提高了太平洋优质品牌的声誉。

太平洋影音公司还不断激活经营机制，积极探索寻求新的经济增长点。2006年公司出版的精品节目共有89版，推出了《流淌的歌声——300首卡拉OK》系列（11）—（20）集、广州军区著名作家陈道斌歌曲精选《梦回月牙泉》、《东方家园》、《感动世界》及利用公司资源重新筛选的《中国进行曲》等；还出版了极品系列——中国交响乐盛宴《风·雅·颂》、中国顶级交响乐《国之韵》及中国第一张5.1环绕声交响乐《龙凤呈祥》等。再度推出由著名小说演播家林兆明演播的中国经典历史小说听书系列——《朱元璋演义》。为纪念中国共产党建党85周年和红军长征胜利70周年，推出纪念特辑《党旗飘飘》、《长征之歌》，两辑节目被新闻出版总署列为纪念中国共产党建党85周年和中国工农红军长征胜利70周年重点音像、电子出版物选题。2006年《广东音乐大全》荣获首届中华优秀出版物（音像）奖，这是中国出版界的最高奖。在文化部、省政府主办的2006中国国际音像博览会上，《龙凤呈祥》、《中国戏歌》和《广东音乐大全》荣获金奖。2007年太平洋影音公司从单一的唱片产销模式向版权销售等多种经营模式发展探索，与南方传媒集团相关的电视频道、广播频率联合成立了一个娱乐传媒实体，把电视频道、广播频率与唱片业务结合起来形成一个产业链，倡导“军团化”联合作战，将分散的同类型媒体和媒介组织在一起，实现从策划到创作、从制作到播出、从生产到复制、从出版到发行的网络式娱乐传媒产业链。公司的经营收入达5 500多万元。

太平洋影音公司还就光盘项目与广州番禺巨大电业有限公司共同组建了广东太平洋数码科技有限公司，与韩国SSG公司签署了合作备忘录，在音像制品的发行与音乐的数字化销售及出版、发行、音像制作等方面展开全方位合作。国家新闻出版总署已批准太平洋公司获得电子出版物出版业务，广东太平洋电子出版社相应成立。为了进一步做强做大太平洋公司，促进音像电子出版物与图书出版物的优势互补，太平洋公司已向国家新闻出版总署申请图书出版业务，正在办理报批手续。

2. 以广播带动报纸，广播与报纸比翼双飞、共同发展

2003年广东电台党委决定，股市广播与《投资快报》分开经营。股市广播独立运作以后，迅速稳定队伍，完善管理，较好地调动了员工的工作积极性。在没有增加人手的情况下，直播时间每天增加至20小时，并逐步提高了收听率，显示出良好的发展势头。然而，独立运作后的报纸经营则业绩不佳，职工收入不高，影响了职工的积极性。2005年广东电台决定再度将股市广播与《投资快报》合并经营。针对职工情绪不稳定的状况，股市广播与《投资快报》的领导班子采取与员工谈心、适当提高员工收入水平等措施，迅速稳定了队伍。与此同时，对《投资快报》的版面进行改版，更换发行商，使发行量稳中有升。应该说，股市广播财经927、《投资快报》和越声理财公司等三个单位联合经营，共同运

作，管理难度加大，但职工队伍的稳定为股市广播和《投资快报》完成经营计划起到了重要作用。2005 年是股权分置改革的关键之年，股市再次经历了大起大落，投资者情绪跌宕起伏，广播与报纸全体编播人员以高度的责任心，严格地完成播出、编辑程序，保证了当年没有发生任何政治差错，较好地完成上级下达的各项宣传任务。

（1）办好节目，办好报纸，在财经界树立权威、快捷形象。随着中国金融市场不断发展，财经传媒之间的竞争也越发激烈，要在市场上赢得生存的空间，必须有一批好的节目、好的版面，第一时间为听众、读者传递权威的财经资讯。基于这样的认识，股市广播和《投资快报》除了保持在股票市场的原有优势外，继续扩大在其他金融领域的影响，新增了正半点《财经新闻》、《即时香港恒生指数、期货指数行情》、《黄金投资秘笈》和《生活理财锦囊》等栏目，以及与新城财经台合办的每周一出版的“财经专版”，得到了合作机构和广大投资者的认同。另外，为了使广大投资者能够获得最新的财经信息，了解最新政策及上市公司股改的动向，2005 年 5 月股市改革工作启动以后，广播和报纸多次派出记者，实地走访上市公司，跟踪股改的最新变化，为它们提供了第一手的采访报道。比如 2005 年 5 月派出记者赶赴长沙报道股改第一家公司——三一重工的股东大会情况，是全国最早报道三一重工股东大会情况的财经媒体。除此以外，两家经营单位还充分运用各种技术手段，第一时间转播、报道管理层的重要会议，大大增强了广播节目的可听性和报纸的可读性。据 2005 年 12 月赛立信广州地区收听报告显示，股市广播的收听率为 0.2%，占有率为 5%。而同期的前四名广播电台的收听率在 0.4 以上，占有率在 10% 以上；五至九名的收听率基本上在 0.2% 左右，占有率在 5% 左右，股市广播名列第八。同期广州地区能收听到近 30 家电台，而进入收听调查的 16 家电台，在前九名的电台中，除音乐广播、交通广播和股市广播外，其余均为综合台。在经营创收方面，股市广播 2005 年达到了1 000 万元的水平。[①] 2005 年《投资快报》有 20 多篇新闻稿件被各大财经网站在显著的位置转载，与网易、东方财富网、中财网等大型财经网站建立了战略合作关系。该报在财经界的知名度越来越高。

（2）粤港财经合作更上一层楼。在广东电台领导的关心与支持下，股市广播和《投资快报》与香港新城财经台从 2004 年 8 月 2 日起展开全方位的合作，取得了良好的社会效益和经济效益。2005 年，两家经营单位与新城财经台之间的合作更为紧密，除了新增周一至周五下午 16：30—17：00 播出的《财富粤港两地通》栏目以及新城财经台“财经专版”外，还举办了“粤港股金汇纵横

---

① 谭述维，梁志江．对财经广播发展的思考．参见：白玲．广播　创新与跨越——中国广播改革 20 年高端论坛文集．中国广播电视出版社，2007. 249 ~ 250

05”、“权证再战江湖”等多个具有影响力的投资报告会。随着粤港财经电台合作进一步深入，股市广播财经927、《投资快报》在香港及深圳地区的知名度也大大提升，并引起了港深两地企业及听众、读者的高度关注，包括德意志银行、新加坡星展银行以及香港、深圳的知名企业均在节目内投放广告。到2005年年底，双方合作为股市台创收近百万元。

（3）活动造势，进一步强化股市广播与报纸在财经领域的知名度。虽然股市广播财经927和《投资快报》已经在社会上有一定的影响力，但要提升它们的知名度，要确立这两家经营单位在财经领域的权威地位，必须以更多的起点更高、形式更新的活动来不断地扩大影响力。2005年，股市广播和《投资快报》除了举办一系列“‘股市大家谈’自己友大聚会”、“投资者俱乐部”的传统品牌活动之外，还举办了“927听众同欢日——走进上市公司韶钢行”大型活动，组织广东省内地区投资者实地考察广东上市企业韶钢松山，使投资者进一步了解上市公司日常生产运作。“韶钢行”活动得到证券监管部门的大力支持，而广州本地上市公司的高管也随团前往，社会反映非常良好，拉近了股市台报与管理层、投资者和上市公司的距离。另外，两家经营单位在股票市场极度低迷的情况下，在上证指数临近千点的时候举办了“决战千点”大型活动，正确引导了投资者把握中国股市的历史底部，此活动也成为券商和投资者的佳话。除此之外，还举办了“十大券商热论股市”、“粤港股汇纵横”等投资者喜闻乐见的大型活动，邀请了众多金融界著名人士与投资者面对面接触，进一步提升广播与报纸的权威性及知名度。

（4）创造客户需求，领跑财经传播。面对广阔的财经领域，只有主动出击，抓住热点，创造客户需求，才能保持竞争优势。过去一年，人民币升值、权证再现等财经大事受到社会各界的高度关注。2004年由于人民币升值趋势明显，股市台报及时把握当前的财经热点，在2005年不断加大外汇节目和外汇栏目的比例，并邀请外汇界重量级人士担任节目嘉宾，使股市台报在外汇领域知名度迅速提高，同时也吸引了本地、香港及国际外汇投资机构客户投放广告及联手举办多场大型活动。另外，由于估计权证极有可能带来短期财富效应，社会将高度关注，因此股市台报联手香港及其他国内证券商，举办多场权证报告会，为投资者分析权证的投资机会和为本地投资者带来先进的投资经验。通过多场的活动，吸引了香港众多权证发行商高度关注，纷纷表示出与股市台报合作的愿望。

（5）整合广播与报纸资源，成立经营中心，促进经营业绩提升。股市广播财经927和《投资快报》由于传播方式不同，拥有各自的优势和不足，经过整合后，两者的优势可以互补。比如从财经927、《投资快报》编辑中抽调部分人员，成立了台报经营中心。该中心组织了多项大型活动，为股市广播和《投资快报》完成经营创收任务起到了很好的作用。

（6）做好越声理财经营工作，增加经营收入。越声理财是全国100多家专业证券咨询公司之一，在全国具有一定的知名度。2005年广东电台加大了对越声理财公司的管理力度，全面推行事业部制的管理模式，对每一个部门进行利润考核。从该年度经营的情况看，新的管理制度收到了良好的效果，管理成本有所降低，经营收入比2004年增加一倍以上。

3. 整合新闻资源，向全台统一的大新闻中心迈出重要一步

建立全台新闻信息资源网络及新闻信息资料库，将分散在各专业广播的新闻、金融、股市、交通、文化以及生活服务等信息全部纳入新闻信息网络库，让全台信息流通起来，使资源得到最大利用。通过资源整合，理顺关系，逐步建立全台统一的大新闻中心。这是广东电台整合新闻资源、形成全台新闻合力的思路。2003年新闻中心组建了广州新闻部和城市之声新闻编辑组，初步完成对城市之声的新闻整合。新闻中心组建了专门负责联系沟通广州市委、市政府及各职能部门的广州新闻组，又在新闻编播室成立专门编发城市之声新闻的第三编辑组。新闻编播室在不增加人员编制的情况下实现同时编发卫星广播和城市之声两套新闻，向成为全台统一的大新闻中心迈出了实质性的重要一步。

二、调整频率结构，充分利用频率资源

广东电台在实施跨越式发展战略的过程中，充分利用频率资源，不断调整频率结构，其突出表现是一方面用足用好频率资源，另一方面对效益不理想的频率进行及时调整，找准市场定位和功能定位，最大限度地发挥频率资源的综合效益。

1. 南粤之声开播

2004年8月20日，经国家广电总局批准，广东电台第9套节目南粤之声正式播出。南粤之声以深圳为立足点，以港澳地区与珠三角听众为主要对象，辐射泛珠三角，以新闻和综合信息为节目的重要支柱，以文化娱乐和市场消费为节目主体内容，节目风格健康、时尚、明快。2005年元旦，新班子到位后，首先成立党支部，决心以保持共产党员先进性教育活动和行风评议活动为契机，办好节目，带好队伍，发展事业。

（1）在宣传工作上，牢牢把握舆论导向，瞄准市场，找准定位，推出特色节目，不断优化版面，收听率明显提高。按照广东电台的规划，经台领导积极争取并与深圳梧桐山发射台多次协调，从2005年3月1日起，南粤之声实现了24小时全天候直播并于3月3日推出新版节目。其中，着力打造的新闻资讯节目有《深圳你好》、《送你一朵大红花》、《说法》、《深圳警讯》和《深圳屋檐下》等，正点、半点加强了对新闻、财经、交通、天气等资讯的播报。另外，南粤之声与香港新城电台同步联合直播节目《粤港越流行》也于当日正式启播。该节目由

香港明星薛家燕担任嘉宾主持，节目顺畅，高潮迭起，听众反响热烈。

为了扩大南粤之声在深圳的影响，加强跨媒体合作，该频率与《南方都市报》、“深圳热线”网站、深圳电视台等媒体单位在深圳公共场合和商业旺区举办许多场户外直播节目——深圳论坛，主题包括“总理视察之后”、“科学发展观与深圳治水”、“民办教育如何缓解学位之困”、“深圳新生代民工的现实出路”、“宏观调控下深圳楼市之变”、“不能忘却的深圳精神”、“深圳建设自主创新城市背景下的品牌经营与老板智慧”、“改革创新——深圳特区25周年回顾及前瞻”以及“如何破解深圳治安之困”等。

夜间谈话节目《非常美丽非常夜》在深圳夜间广播中极具竞争力。据深广电调查发现，《非常美丽非常夜》这档晚间节目，收听率高过深圳电台同时段的《夜激情》节目，他们要求主持人研究这档节目。

南粤之声与微软签署“战略合作协议”，由微软移动技术（深圳）有限公司在MSN中国网站的SPACES频道开辟专门栏目介绍《非常美丽非常夜》及该栏目主持人，听众可以在网上收听节目。南粤之声则借微软网站扩大知名度和影响力。赛立信传媒调查公司最新调查显示，短短的一年时间里，《送你一朵大红花》、《粤港越流行》、《大热大流行》、《东北一家亲》以及《非常美丽非常夜》等节目有很高的收听率。南粤之声在深圳逐渐享有知名度，其发展正迈向新的台阶。

（2）在经营工作上，加强管理，不敢松懈，稳扎稳打，办“看得见的广播”，用收听率提高市场占有率；着力提高工商广告比例，创出较好的经营业绩纪录。针对医卫合办类节目越来越严峻的形势，南粤之声拿出了四个整改措施：一是端正态度，为了实现可持续发展，必须严格遵守播出纪律和制度。二是对现有版头、宣传带进行清查、清理，发现问题，立即纠正。节目前后必须播出“以下是付费工商广告时间”和“以上是付费工商广告时间”。三是要求所有客户认真阅读、学习广东电台有关文件要求，并签名确认。四是设专人严格监听节目运作播出情况，严格执行奖罚制度。

广播作为弱势媒体要在市场上争得一席之地，办“看得见的广播”至关重要。为此，南粤之声制订了详尽的活动计划，并紧抓落实。比如《友爱进行时》听众交友日、新加坡歌手林俊杰深圳歌迷见面会、马来西亚歌手张栋梁深圳歌迷见面会、西丽湖赛马交流会、电影《史密斯夫妇》深圳首映礼、“2005第八届亚洲新人歌手大赛”广东选拔赛、2005百事新星大赛、“世界足球先生”亨利深圳球迷会、《粤港越流行》主持人薛家燕深圳听众见面会、“我是深圳人——创建全国文明城市百万市民签名活动启动仪式”以及深圳少年儿童庆祝深圳特区成立25周年——“我和深圳一起长大”大型系列活动的盛大启动仪式均反应热烈。特别是广东电台在深圳商业旺区布吉沃尔玛广场、金广华广场、东门老街广场、华强北铜锣湾广场等连续举行了八场主持人与听众见面会，推广南粤之声，掀起了一股广播热潮。“流行，快乐，在深圳!”南粤之声准确的定位使收听率逐步提高，工商广告逐渐增加，市场占有率也快速提升。2005 年南粤之声广告创收突破 2 000 万元。

（3）在队伍建设上，狠抓业务培训，把学习培训变成提升节目主持人业务水准的助推器。南粤之声坚持“节目为本，内容为王”，结合自身特点，加强业务培训工作，每逢周五下午的业务学习已成为惯例，这为提升节目质量打下了很好的基础。南粤之声主持人队伍是 20 多位来自全国各地的平均年龄不超过 25 岁的年轻人，他们年轻，血气方刚，有冲劲，有理想，但缺乏经验。鉴于这一状况，南粤之声的决策者认为必须强化培训力度，加强业务素质的提升，使这个年轻的团队能够早日走向成熟，走向深刻。2005 年南粤之声完成了 24 期业务培训，内容包括“广播新闻的现场直击报道”、“新闻人物采写技巧”、“户外广播活动策划”、“延时器操作安全播出技术业务培训”、“获奖广播稿件听评会”、“互动节目中主持人业务技巧的探讨”、“深圳这座城市和这里的人”、“社会新闻的敏锐性和记者突破力”以及“如何贯彻落实《中国广播电视播音员主持人自律公约》的有关精神”等。授课人除了南粤之声本身资深的广播从业人员外，更多的是邀请总台兄弟频道的优秀业务骨干，还有《南方都市报》深圳新闻部、深圳报业集团等资深编辑、记者。另外，南粤之声制订计划，陆续派员到北京中国传媒大学参加短期进修班，这一措施受到全体采编播人员的欢迎。

2. 变教育之声为文体广播

教育之声是成立较早的广播专业频道，随着传统广播教学节目日渐式微，教育之声在广东电台系列台中收听率和经营创收均排在末位。2004 年上半年，广东电台成立项目小组展开专题研讨，下大决心把教育之声改造为体育广播。体育广播定位突出“体育”这一专业化形象，目标听众年龄层为 15～40 岁。7 月，全新组合的体育广播编辑部开始运作，雅典奥运会开幕前正式试播。改版后体育频道节目总量大幅增加，全天 24 小时播出，其中 18 小时为直播节目。全体人员以极大热情投入工作，节目制作大有起色。第三季度广播收听率调查显示，体育频道收听率和市场占有率比第二季度教育之声节目有了较大幅度的提高。

2005 年上半年，体育广播根据广东电台的统一部署，在 2004 年工作的基础上继续稳步推动各项改革，合理调整节目结构，为筹备该频率的全面更换呼号作了充分准备。经过台领导的亲自过问及多方奔走和努力，国家广电总局于 2005 年 9 月批准了体育广播使用“文体广播”这一全新呼号。他们还在最短时间内在台领导的支持下于 10 月 5 日举办了一场街头现场活动，赶在第十届全国运动会开幕前挂牌采用新呼号进行播音。

由于实现了 24 小时全天候直播，在编辑部人数保持不变、自办节目总量不断增加的情况下，全体节目制作人员以极大的热情投入到工作中，节目质量有了明显提高。赛立信公司的收听调查显示，2005 年文体广播的收听率和市场占有率比 2004 年同期的教育之声都有了大幅提高，平均翻番以上；而且在广州地区的排名已从 15 名开外进而占到 10 位或 11 位，主要收听指标排名一直在广州电台 FM106.1 频率之前，一些指标甚至超过了省台的个别专业频率。

在内部管理方面，文体广播坚持从严管理，强化了初步的“绩效评估”制度，与每位员工均签订了“岗位责任书”，为下一步全台计划推广实施的全面“绩效评估”制度打下了基础。同时，通过有效的每周部务会、每周员工大会暨业务交流会，使节目人员的业务水平得以稳步提高。

由于人力资源方面的限制，该频率从 2004 年重组后一直没有设置专职播音员，播出安全存在隐患。为有效地保障安全播出，2005 年下半年起文体广播除了强化一系列的安全培训，并重新完善了有关安全播出的管理规定外，新增设了“直播室值班编辑”一职，人员全部由原编辑部内没有担任一线播讲任务的同事兼任。在整个部门人员编制没有增加的前提下，原工作人员的工作量无疑是大大增加了，但大家都对此“新政”表示充分理解并认真执行。自增设新的值班编辑岗位后，直播室基本上杜绝了技术性的小差错。

广告经营方面，自 2004 年下半年频率定位转变后，针对该频率相对弱势以及一直没有专门经营队伍的特点，文体广播确定了争取广告总代理的经营方向，先后召开了有 20 多家广告公司参加的节目推广会，并通过多种途径积极向外推介。在主管台领导的直接关心过问下，经过多轮艰苦的谈判，他们与广州耀星公司签订了从 2005 年 7 月起由其实施广告总代理的合约。后因对方经营方面的困难，11 月份对原合约作了补充修改，改为部分承包代理。这一代理方案的实施，使文体广播在下半年医疗广告整顿的大环境下广告营收仍相对平稳，2005 年广告创收额再创历史新高。

2006 年，文体广播根据广东电台的统一部署，在行政管理和节目策划等多方面继续深化改革。行政管理上，将推行更细化的“绩效评核”机制；广告经营方面努力完善广告“代理制”，在与代理公司的合作中争取更主动的地位，同时组织广播外的更多活动，在扩大频率影响力的同时实现广告外的创收；节目策划方面努力开拓文化领域的节目，打造广州第二少年宫的“红领巾直播室”，办出了一个“叫好又叫座”的少儿节目；突出频道的“文体”定位，重点围绕 2006 年国内和国际的重大体育赛事完成以下主要项目：①2006 年德国世界杯足球赛，文体广播调动了一切力量以深入、生动、鲜活的报道为特色，整合广播元素的优势，联合国内的北京体育台以及上海文体广播等专业电台及平面、电子、网络媒体，广泛地、深入地报道该项赛事，进一步提高文体广播的社会影响力。②第15 届多哈亚运会，文体广播在派出骨干力量报道该次运动会赛况的同时密切关注广州亚运组委会人员的活动，用更多篇幅关注多哈亚运带给我们的启示。③CBA 赛场直播——2005—2006 年度中国男子首届职业篮球联赛，广东共有两支篮球队参加，文体广播现场直播了这两支球队参加的所有比赛。④全程转播中甲足球联赛广州队的赛事及转播 2006 年中超足球联赛、足协杯的部分赛事。⑤在 转播中国超级足球联赛和中国甲级足球联赛的基础上，推动与相关权威机构的合作，获得英格兰超级足球联赛、NBA 篮球赛的版权，进一步打造体育频道的“体育”名片。⑥推动与广东电视台体育频道及广州其他平面体育媒体、网络媒体的合作，立体推动文体广播的形象工程。⑦继续成为 2006 年广州国际女子网球公开赛、2006 年广州国际羽毛球公开赛等项目官方合作媒体，进一步加深与本地体育官方机构的合作伙伴关系。⑧继续参与组织及报道各类群体性体育活动，如广州地区高校电子竞技大赛、广东省攀岩精英挑战赛、第二届泛珠三角汽车集结赛等。

3. 变健康之声为南方生活广播

自 1996 年开播到 2005 年年底更改呼号，健康之声经历了三个阶段办台理念的变化。如上文所述，在频率创建之初，健康之声的办台理念是“办空中医院，以优秀节目服务大众健康”，专业节目迅速让该频率在市场上站稳了脚跟。然而，听众并不满足，听众需要具有更广泛意义的健康概念的资讯和娱乐服务。因此，从 2002 年开始健康之声引入“大健康”概念，力求“专业定位，以大健康概念提供大众化资讯娱乐服务”。频率以大众健康、保健和养生类节目为主体，逐步引入综艺、时尚、清谈、音乐等不同类型节目，使节目整体架构更加丰富和多元化，收效显著。从央视—索福瑞 2003 年调查数据和赛立信 2005 年调查数据看，健康之声的收听率和市场占有率不断攀升，仅仅 3 年时间就从 2002 年广州地区第八位上升到 2004 年的第五位，2005 年上升至第四位。具有岭南文化特色的文艺节目《健康晨曲》、《雄标的天空》成为频道收听率最高的节目，并进入广州地区同时段广播收听率前三名。这些栏目与《专家开诊》、《寻医问药》等权威健康资讯节目一起，成为频率的拳头栏目。

然而，作为大众媒体，健康广播的进一步发展遭遇了听众面过窄、品牌形象不鲜明、整体市场竞争力较弱的瓶颈。为了寻求更大的市场空间，提高频道核心竞争力，他们经过深入的市场研究、谨慎的思考和痛苦的抉择，决定舍弃“健康之声”这个辛辛苦苦培育了多年的品牌，打造更有潜力和发展前景的频道品牌——“南方生活广播”。

2005 年 12 月，南方生活广播与听众见面。该频率以“铸造频道品牌，传播生活新理念”为目标来规划频道的发展战略，以听众需求为中心，整合频道资源来进行频道品牌的传播，构建“南方生活广播”的频道品牌形象和竞争优势。听众定位将以目前的中老年人为基础，通过丰富节目类型、内涵，增强服务性、娱乐性、可听性，延伸吸引各阶层成年听众，扩大总体听众规模。

南方生活广播在新版节目的设计上充分地吸纳岭南文化的精髓，体现浓郁的平民生活气息、鲜明的岭南文化特色、前卫的潮流意识和新锐的资讯娱乐触觉。新版节目的特点是：

（1）融入时代潮流，突显健康时尚特征。新版节目增设时尚消费、家居、旅游、健康生活、饮食等栏目，如120分钟的时尚生活资讯节目《魅力南方》、90分钟的饮食与休闲资讯服务节目《醒胃醒神加料站》，加上原有的品牌栏目——120分钟的健康资讯服务节目《专家在线》，构成了显著的健康时尚特征。

（2）强化本土文化品位，提升频道品牌的文化内涵。新版节目保留了《健康晨曲》、《雄标的天空》和《小说联播》等富有地方文化娱乐特色的品牌栏目，在此基础上增加多档具有鲜明岭南文化特色和浓郁生活气息的文化娱乐节目，包括原创广播小品剧《柠檬啫哩麻辣煲》、综艺节目《信是有缘》和《男左女右》、娱乐时评《笑谈江湖》、改编电视剧《外来媳妇本地郎》，等等。其中，《外来媳妇本地郎》是广东电视台的系列轻喜剧，已经播出两百多集，蜚声海内外。南方生活广播把它制作成广播版，让更多的受众体验优秀的本土文化娱乐节目的魅力，是一种独创性的尝试。《柠檬啫哩麻辣煲》是南方生活广播自创的广播小品剧，通过鲜活的平民化人物形象的生动演绎，展现南方生活中普通百姓的喜怒哀乐，透视社会百态，启迪人生。

（3）构建立体化传播模式，提供个性化服务，打造现代化广播多媒体。《专家在线》栏目与国内最大的健康专业网站三九健康网和著名门户网站21CN合作，同时开通网站视频直播；《醒胃醒神加料站》栏目与国内最大的饮食网站——大众饮食网合作，利用网站强大的数据库为听众服务。这些栏目在做广播节目同时，通过电话热线、手机短信、网站视频和网络QQ等手段，与听众互动，提供个性化的服务。这种模式超越了传统广播的单向大众服务模式，取得了即时互动的电子多媒体传播的效果。

2006年南方生活广播按照“品味生活，享受人生”的理念，推出了一批关注社会生活、关注民生、质量高、可听性强的节目。如《南方生活快报》围绕市场消费、健康时尚等为听众提供生活服务资讯，《936新视点》关注衣食住行和精神文化方面的热点话题，《健康快车》着眼打造一个立体便捷的健康服务平台。南方生活广播以珠三角为立足点辐射华南粤语地区，以生活为依托，以健康时尚为亮色，以大众市场消费和本土文化娱乐服务为节目主体内容，以个性化服务为手段，以健康、明快、成熟为主体风格，力求成为富有岭南文化品位和生活气息的平民化特色电台。

不仅如此，南方生活广播在不断的探索与实践中完善经营创收手段，逐步走出了一条科学发展之路。

（1）重视节目营销，以品牌栏目为拳头开拓市场。经过采编播人员的不懈努力，南方生活广播的节目质量不断改善，节目收听率和市场占有率不断提高，为广告经营创造了良好的基础。尤其是一些品牌栏目，拥有可观的听众群体，具有一定的社会影响力，听众和客户都认可，成为开拓市场的拳头产品。例如，《健康晨曲》、《专家在线》、《醒胃醒神加料站》等节目前后时段的广告投放明显集中，广告效果也比较理想。针对这种情况，从2005年年初开始，南方生活广播加强了品牌栏目的市场推广，并拟订了一种根据节目收听率制定广告价格的定价方案，使得广告定价更科学，更符合市场规律。他们在一定的价格区间内，根据不同时段的节目收听率、节目品牌的影响力、时段受众群体与客户购买者的吻合程度等诸多因素进行灵活定价，对于广告资源含金量高的时段，广告价格也相应较高。这种定价方案避免了按一般的广播黄金时间及非黄金时间来划分及定价的盲目性，也避免了客户一窝蜂去争夺高含金量的时段，留下其他非黄金时段闲置浪费。

（2）加强业务培训，以专业素质赢取客户。应该看到，伴随着传播媒体的日益膨胀，广告客户投放广告的态度趋于理性、科学和谨慎，不再是简单的拉关系、拼酒量。想要说服客户，必须有科学的频道市场占有率数据、充分的市场营销理由和切合产品销售要求的受众群体特征分析。因此，要求业务人员与广告客户谈业务要表现出营销的专业性和谈判技巧的艺术性。基于这样的认识，南方生活广播充分重视业务人员的培训，每周坚持召开业务例会，由广告部经理进行市场分析、业务指导，必要时由广告部经理亲自带着业务员上门谈判促销，既可以提高“临门一脚”的成功率，又可以帮助业务员提高谈判水准。

（3）整合营销，提升广告价值含量，与客户双赢。由于广告价格不断提高，广告客户抵触情绪很大。为了稳定广告客户，南方生活广播转变观念，提出“整合营销，提升价值，与客户双赢”的理念，为客户提供物有所值的广告资源，将广播与客户的价格博弈关系，转变为共同培育市场与广告节目资源的相互依存关系，提升广告价值含量，让客户在广告上的投入获得应有的回报。整合营销的核心是以客户为导向，帮助客户完成他们的市场营销目标。在这种思想的指导下，南方生活广播为客户投放的广告进行精细管理，从客户签约开始，就为客户做好每一个环节的策划，从每天的广告节目主题，到每个咨询电话的筛选，都精心经营；同时要求业务员要深入了解客户的终端销售工作，主动配合客户一起做促销策划活动，推动产品销售。在加强策划服务力度之后，节目的可听性和广告效果明显提升。在此基础上，南方生活广播积极帮助客户改变广告传播模式，把产品促销特约节目办成客户与消费者沟通的公关平台，变成企业建立公共关系的重要阵地，特约节目的价值含量大大提高，客户的广告目标也放得比较长远，而非眼前的短期得失。

三、完成地方记者站转型和组建办事处工作

广东电台1956年在佛山建立了第一个地方记者站。40多年来，共建记者站13个，记者站业务有了很大发展，在保证重点地区报道、密切广东电台与记者站所在地区党委政府的联系，并且在经营业务的探索方面也做了许多工作，取得了积极成果。但是，在市场经济条件下，全面建设小康社会不仅仅是局部地区的目标和任务。广东电台不可能仅仅依靠数量有限的记者站完成全省的报道任务，也不可能在全省各地都设有记者站，大幅增加运作成本，而应该发挥系统和集团的优势，依托各市电台完成此项任务。因此，广东电台决定在实施集团与各市电台联合发展战略的同时，开始转变记者站的职能，组建驻市办事处。

2004年8月，广东电台完成了地方记者站转型和办事处主任聘任工作，并制定了《驻市办事处管理条例》，从办事处主任岗位职责、办事处年经营创收、业务费用、绩效考核、宣传报道、广告经营运作指引、开支和报账、公章管理以及劳动管理等诸多方面对各驻市办事处进行规范化管理。其中，年经营创收指标不同地区有不同的要求，佛山、东莞、中山三市办事处的经营指标为18万；惠州、珠海、江门三市办事处的经营指标为12万；茂名、肇庆、清远、汕头四市办事处的经营指标为10万。在驻市办事处主任绩效考核方面，条例规定：办事处主任或副主任的基本工资由台支付；月度奖、季度奖、年终奖和超收奖则视办事处完成月度、季度和年度任务的情况发放；完成年度经营创收指标60%（含60%）以下，不发月度奖、季度奖和年终奖；连续两年完成年度经营创收指标60%（含60%）以下，台有权解聘其办事处主任或副主任职务。在宣传报道方面，条例规定：①各地办事处与新闻中心的关系为部门协作关系。新闻中心可以直接向办事处下达在所在地区组织新闻稿件的任务。②代表广东电台联系辖区内的新闻秘书与集体记者，并在辖区内建立有效的新闻报道网络。③联系当地广播电台并协助新闻中心完成有关的宣传报道任务，承担部分辖区内宣传报道的组织和实施。④重大新闻、突发事件要及时报道或向台报告。⑤办事处负责人长期在宣传报道业务方面失职，主管部门应对其处以相应的处罚。

通过转换机制，发挥资源的整体优势，充分调动了各方面的积极性。各地办事处积极开拓市场，大多取得了令人满意的成绩，从根本上实现了从过去的由台拨款到现在的自谋发展的转变，成为广东电台新的经济增长点。

四、规范经营管理，调整经营结构，努力实现经营创收新跨越

为了实现经营创收“五年翻一番”的战略目标，广东电台积极开拓进取，规范经营管理，调整经营结构，不断培育新的增长点，扩大经营创收战果。为

此，广东电台采取一系列措施，努力在经营创收方面实现新的跨越。

1. 完善各项管理制度，提高经营运作水平

根据广东电台推进成本核算的总体构想，结合过去几年具体运作的情况，2002 年广东电台实行经营实绩三重考核的暂行管理办法，简称为“十五条”。“十五条”各项措施可以更好地体现效益优先、兼顾公平的分配原则，体现责权合一的管理思路，从而更好地调动经营队伍和经营责任人的工作积极性、创造性。2003 年年初，广东电台对这一管理办法进行了修改，作为该台 2003 年的管理规定继续执行。修改后的规定进一步强化推进成本核算和树立利润概念，提出在努力拓展经营规模的同时，务必花大力气压缩开支，创造利润。因此，在编制年度经费收支计划时，提出年终利润指标。这样，利润指标与经营指标一并作为经营责任人年终考核的硬指标。财务部根据管理出效益的指导思想，严格控制成本，坚持原则执行预算，在全台创收大幅增长的情况下，利润也大幅上升，2003 年比 2002 年增幅 57%，超过历史最高水平。另外财务部为保障全台和干部职工的合法利益，通过理顺财务核算周期和对企业及个人所得税的合理筹划，取得了显著成效。

加强医疗广告管理，正确处理好经济效益与社会效益的关系。2004 年广东电台修订了《医疗合办节目统一经营统一管理规定》，保证所有合办节目的医疗单位具备合法广告资质，并由台办公室、纪检、财务、广告管理科、频率代表组成专门管理和招标小组加强监管力度。同时由总编室抽调人员组成医卫合办节目监听小组，拨款购置专门监听设备，每天抽查监听医卫节目播出，并编发《医疗节目情况监听简报》，对违规节目和相关责任人、广告客户发出警告和整改通知。严格的监听整改使全台医卫合办节目有了明显的改善。与此相适应，广东电台积极参与省工商局开展的“广告诚信自律活动”，自觉将各种损害广大群众切身利益的虚假违法广告拒于门外，做到了证件不全的广告不接、内容虚假的广告不登。国家工商总局、国务院纠风办、国家广电总局等 11 个部门发布《关于严厉打击虚假违法广告的通告》后，广东电台采取一系列措施，要求各系列台严格把关，确保该台的广告诚信。2004 年 8 月，广东省工商局对广州地区主要媒体广告尤其是医疗广告作集中抽查，抽查结果显示对广东电台的广告经营工作比较满意。2005 年广东电台广告结构明显改善，全台正常广告比例由 2004 年的 66% 提高到 74%，医疗合办节目收入从 34% 下降到 26%。

广东电台办公室、经营管理中心、财务部以科学、规范、操作性强为目标，不断修订和完善各项管理制度，努力提高管理水平。随着《广东人民广播电台合同管理暂行规定（初稿）》和合同管理制度细则的正式出台，以风险防范为主的合同管理机制初步建立。与此同时，广东电台逐步改善“用消耗版面换取广告经营增量”的粗放经营方式，通过增加节目时段的广告价格来提高广告含金

量。其中，2005 年交通之声广告价格比 2004 年平均增长达 40%，珠江经济台增长 30%，音乐之声、南粤之声等其他各专业广播也都提高了 10% 以上。

为做大经营创收规模，2006 年广东电台制订了《广东电台经营管理改革方案》，明确 2007 年广告经营管理改革将按“统一管理、科学分工，代理为主、自营为辅，为集中操盘、既分又合，加强策划，做好服务，分别核算、奖优罚劣”的基本思路和原则进行。因此，2007 年各专业广播调动多种积极因素，扎实推进经营管理。音乐之声调整经营思路，加大植入式广告投放，积极开拓新客源，不仅超额完成了全年创收任务，纯广告的收入更是比去年增长了 23.23%。文体广播实行广告总代理后，在覆盖不太理想的条件下，通过一年的努力，频道的广告收入结构有了明显改善，新引入了大批优质的工商客户，包括奔驰、宝马、日产、丰田、广百和中国移动等国内外数十家知名品牌的广告进驻，打开了文体广播经营新局面，确保了经营创收稳步增长。南方生活广播坚持实施品牌策略，用以提升频道知名度，通过户外活动增值等手法，突破单一广告经营活动的模式，在广告经营创收在政策方面出现不利的情况下仍有所增长。股市广播谋求专业化经营，拓展高端客户，吸引了中国移动、中国联通、雅居乐、荷兰银行、德意志银行、中国银行、工商银行、浦发银行以及中信银行等通信、银行、地产等客户。

2. 逐步推进广告代理制，大力调整广告经营结构

为了培育广播广告市场，增大广告经营规模，稳定广告收入来源，控制广告成本，2004 年广东电台制定了《广东电台频率广告代理试行规定》，决定从 2005 年 1 月 1 日起，在全台 9 个专业频率中进行广告代理制改革。该规定在代理范围、代理商资格认定及选择、代理额度、风险抵押金、广告价格、广告折扣及代理费等诸多方面都有具体的条款。于是，2005 年交通之声、音乐之声、珠江经济台、文体广播分别进行广告代理制的探索和实践，使广告结构得到优化，创收能力得到提升。交通之声成功开展广告分行业代理，2005 年广告收入比 2004 年增加 1 505 万元。珠江经济台通过广告公司引进了国际大品牌广告，黄金时段正常广告爆满，特约广告量明显增加，正常广告比例比 2004 年提高 10%。音乐之声以活动带广告，引进节目营销概念，吸引了众多品牌客户。不仅如此，广东电台采取重点扶持政策，抓住特色，进行专业定向拓展，如股市台报引进了恒生银行、汇丰银行、长江实业、雅居乐等高端广告客户，带来相当好的效益；文体广播实行广告全面代理后，收入也大大提高。

2006 年广东电台继续推动广告代理制并给予政策扶持，作用非常明显。全台广告结构发生较大变化，汽车、通信、证券、房地产、酒类、银行广告量大幅提升。交通之声总结了行业代理的经验，大幅度提高行业代理基数，全面实施行业广告代理。南粤之声全面实施广告全代理的模式。珠江经济台尝试由上海远传

广告公司代理1 600多万元工商广告，并将现有的广告经营人员交由远传公司托管。音乐之声引进了多家行业代理广告公司，并将现有在编的经营人员转型为客服人员和经营管理人员，让聘用的经营人员专门代理某些大的行业广告。文体广播与广州声色传播娱乐制作公司签订协议，该公司除以文体广播广告总代理的角色负责频道整体广告经营外，同时参与频率的包装、市场推广以及部分节目的制作，这一全新的合作模式为频率的再度腾飞带来了新的机遇。

2007年广电总局加强了对医卫类节目的整顿，经营工作遭遇了前所未有的困难，但广东电台坚持以科学发展观为指导，按照管理平台整体前移、增强服务、加强集中管理的改革思路，积极拓展。经过各方面的努力，超额完成了年度经营任务。2007年广东电台在交通之声、音乐之声、珠江经济台等频率全面推行广告代理制的同时，还积极有效拓展了广告经营的路子。交通之声在激烈的竞争中寻求发展，进一步完善分行业代理制，用政策调动各代理公司的积极性，广告创收达7 617.55万元，比2006年增加7.3%。音乐之声在困难的情况下积极创新，开创了适应音乐台和广播市场环境的独特代理方式，不仅克服了经营困难，还大量增加了品牌广告，完成经营创收4 512万，增长11%。

3. 多方开辟创收渠道，积极培育新的经济增长点

广东电台在经营创收工作中，除了加强广告经营的科学管理，还多方开辟创收渠道，积极培育新的经济增长点。为此，他们在以下五方面进行了卓有成效的努力：

（1）根据国家对高新技术文化产业的税收优惠政策，广东电台财务部积极争取税务优惠，成功将该台认定为高新技术文化单位。2005年省科技局正式下文，为广东电台减免企业所得税18%，减少税额约1 400万元。

（2）上文已述，广东电台在完成驻地方记者站转型的同时，组建驻市办事处11个。而各驻市办事处变过去的电台拨款为自谋发展，积极拓展经营创收业务，不仅节省了电台的开支，而且成了新的经济增长点。其中，2005年累计创收达163万元。

（3）以活动带经营，以节目营销促广告，成了广东电台经营工作比较突出的一个亮点。2005年珠江经济台的“建设广东文化大省”论坛、音乐之声《经典老歌》节目户外群众性大型革命歌曲联唱活动等系列活动以及“2005广州音响唱片暨摄影器材精品展”等等，共为电台创造了五六百万元的收入。

（4）以音乐之声、太平洋影音公司为龙头组建了天天精彩文化传播公司，把从频率特性延伸出来的相关企业链接起来，形成声音产品—音像制品—社会经营活动产品的链条，并且组建天网公司专门经营传统广播媒体延伸出来的多媒体增值业务。另外成立经营管理中心，对外联合发展并负责各市办事处业务。这样，经营线条更加清晰，经营责任更加分明，经营策划与经营管理也更加统

一了。

（5）数字电视频道开播开全国广播界之先河。2006 年 4 月 11 日，由广东电台开办的《开心购物》频道和《邮轮旅游》频道在数字平台开播，使得该台的频道建设和营运工作取得了突破性的进展。《邮轮旅游》频道凸显“观赏性、资讯性、服务性、权威性”，重点打造《开心享乐游》、《神州逍遥游》、《旅游热点推介》等品牌栏目。不仅如此，该频道紧紧把握“五一”、“十一”黄金周和 2006 广东国际旅游文化节暨泛珠三角旅游推介大会的机遇，策划并推出一系列活动和宣传报道。《开心购物》频道的定位是“立足广东，面向全国，打造全省乃至全国一流的电视购物频道和电视购物商城”。它不仅是一个简单的制作节目，还是一个商品丰富、服务良好、交易量大的购物商场。这一定位令该频道在运作模式方面大胆进行新的尝试。它结合产品销售，推出《特价卖场》、《特色卖场》、《正点扫描》与《品牌故事》等强档栏目。目前，这两个数字电视频道虽然遭遇残酷激烈的竞争，但是运行基本平稳，并初步凸显了一定的经济价值。

五、注重员工综合素质的培养，为跨越式发展奠定人才基础

实现广东广播的跨越式发展，人才是基础、是关键，因为现代广播各项工作的开展离不开具有一定知识技能的广播人才，否则一切美好的设计和构想都只能成为遥不可及的梦想。基于这样的认识，广东电台努力加强队伍建设，认真制订队伍建设规划，在稳妥安置富余人员的同时，加大对适用人才招聘的力度，着力改善队伍的知识结构、年龄结构，以适应事业发展的需求；制订专业培训计划，使各级人才得到定期培训、充电再学习的机会，以提高队伍综合素质。

根据该台拟定的《实现广播跨越式发展的规划和思路》，2003 年广东电台制订了 2003—2010 年专业技术人才队伍建设规划。加强台对人才队伍建设的宏观管理，突出体现抓好人才尤其是高层次业务骨干、中青年优秀人才和后备人才培养的具体步骤和方法。立档造册，初步建立起广东电台人才资源库。组成专责小组，积极探索“以岗定薪”的分配制度改革。

鼓励员工在岗参加学历教育，并着重抓好业务骨干和中青年业务人才的培训，启动高层次的培训班。为此，广东电台与北京大学新闻与传播学院合作举办了媒介经营管理专业研究生课程进修班，有 53 人参加了进修培训，其中处级干部 19 人，科级干部 34 人。珠江经济台请来专家对员工进行了 ISO9000 和 ISO9002 质量管理系统等 10 项专题课程培训，制定了《岗位管理规程》、《职效考评规程》等 8 个管理规程，全面使用 ERP 技术平台，实行全方位动态管理，向现代管理要效益。台办支部注重抓队伍素质教育，坚持推行支部生活方式，员工队伍政治进步要求普遍提高。音乐台注意调动全体员工的积极性，上下团结，

成为一支凝聚力、战斗力较强的队伍。健康之声开展“三个一工程”活动，要求每个员工读一本与业务相关的好书，写一篇读书心得，制作一辑具有创新意识的优秀节目。新闻广播注意发挥培养年轻主持人，部门出现了你追我赶、不甘落后的良好氛围。为进一步提高员工综合素质，2005 年广东电台制定了《新聘节目主持人培训上岗实施办法》，规范新聘主持人的上岗培训，该年度共培训 3 批共计 24 名新聘主持人。不仅如此，他们还对新进电台的员工进行“入门教育”，使他们对自己的岗位职责有了非常明确的认识。

为了引进高素质的广播人才，广东电台成立了人才招聘小组，专门负责优秀人才的吸纳和引进。2006 年招聘小组飞赴北京，从 300 多名应聘者中选拔了 7 名优秀应届毕业生（其中北大 3 人，清华 2 人）到广东电台工作。为了适应广播新技术发展需要，广东电台还加强广播从业人员的广播新技术和广播节目业务培训，通过邀请专家授课的方式先后举办了信息网络安全讲座、数字多媒体广播（DAB/DMB）技术讲座以及以“关注受众市场，抓好节目策划”、“新形势下全国播音主持队伍的建设和发展”、“台湾地区广播的现状、节目策划与营销”等为主题的一系列讲座。这些培训具有很强的针对性和实用型，对提高员工业务水平和综合素质具有很大的作用。

2007 年广东电台根据该台队伍的实际情况，制订了符合该台实际的人才培训计划，分步实施了不同层次的人才培训。一是选送全台 60 名年轻的主持人、播音员、编辑、记者，分三批到省武装学校进行了为期一周的集中军训，强化队伍的组织纪律性，培养年轻人吃苦耐劳的精神。二是与中山大学岭南学院联合举办了“中层干部管理艺术培训班”，全台各部门领导班子成员共 52 人参加了为期 3 天的封闭式培训。通过培训，开阔了眼界，看到了不足，掌握了更多的管理技巧，对提高部门的管理水平和艺术大有裨益，对构建和谐电台和有效率的工作环境很有帮助。三是邀请瑞典国家电台专家到该台举办了“当代广播媒体的实践与发展业务培训班”，全台 60 多名业务骨干参加了学习，场上学员与外国专家积极互动，气氛热烈。四是按照省广电局及集团的有关要求，下半年在全台开展了广播影视数字化知识学习培训，广东电台全台 554 人参加了学习和测验。

六、以受众调查为依据，促进经营管理水平的不断提升

广东电台从 20 世纪 90 年代初就开始重视广播收听调查，并在全国广播界率先建立本地区的收听调查网，成为首批中国广播受众研究会理事台。自 1996 年起，广东电台正式委托专业的市场调查公司定期开展广播收听调查工作。2001 年广东电台加大受众调查工作的力度，先后委托和购买央视—索福瑞、AC 尼尔森和赛立信媒介研究公司的调查数据，进行综合的分析比较，用以指导频率定

位、节目设置和经营管理。跨越式发展战略提出以后，广东电台更是将受众调查放在一个突出的位置。最近几年，他们每年都投入百万元以上的经费用于受众调查，通过权威公司的调查数据，对听众市场和广告市场进行月度的跟踪调查，科学地分析和研究，并且坚持做到每月邀请调查公司的研究人员到电台为节目管理和广告经营人员对调查数据进行解读分析，提出意见、建议。不仅如此，广东电台还将受众调查纳入内部管理体系之中，并通过节目评估来完成。在这里，电台的管理层通过节目本身的纵向发展和节目与节目之间的横向比较，对节目的传播效果进行科学评价，并根据评价结果进行绩效考核和资源的再分配。因此，广东电台这些年来以受众调查为依据，推动了经营管理水平的不断提升。

珠江经济台利用收听数据规划宣传业务，打造广播品牌，在这方面就有着比较成功的探索与实践。他们制定了一系列措施保持收听优势，提升节目内涵，加强节目管理，同时按照市场变化作出及时调整；推行“稳定高峰，拉升低谷，分兵把守，责任到人”的方针，向全体编播人员提出“以新闻资讯节目打造版面，以综艺娱乐节目润色版面”的理论，用“三贴近”的原则对版面版式进行巩固和定期刷新；在编辑部办公室设置墙报专栏，张榜公布每月各节目收听排行，要求以科组为单位组织员工进行分析，就如何巩固优势和拉升差距进行研究，并在每周监制例会和次月台宣传选题上体现具体规划；每季度根据调查公司的分析对所有节目实施“黄、红牌及退出”机制：节目一个月内指标下降给予黄牌；一个季度内指标依然下降，给予红牌；两个季度节目各项指标都不能达标，该节目就进行更换。与业务要求相适应，珠江经济台在分配制度上制定了操作性强、量化性大的措施保持收听优势，即全面实施节目人员月、季及年度奖金与收听率、安全播出和节目创新及社会活动等硬指标挂钩等，鼓励先进，拉开分配距离。通过一系列的科学措施，珠江经济台连续多年保持广东省和广州地区收听率和市场占有率第一的位置，广告收入也持续增长。广东电台其他各专业频率也都根据自身的实际情况，以收听调查指标作为重要依据制定相应的考核制度，进行节目经营管理。总台每年年终都以各专业频率全年收听调查指标作为重要依据对其进行奖惩。各专业频率在这样的管理体系中也不断壮大自身实力，取得骄人的成绩。①

值得称道的是，为了进一步拓展市场、规范经营、强化管理，2007 年广东电台成立了广播发展研究室，聘请电台原副台长李东担任研究室主任。研究室成立后，广东电台着手制定适合广东电台特点的节目质量评估体系，同时对调查数据进行深入细致的分析研究，从中寻找提升节目质量的方法与途径；联系实际、

---

① 黄冬．受众调查与广东广播．参见：白玲．广播　创新与跨越——中国广播改革 20 年高端论坛文集．中国广播电视出版社，2007. 130

着眼未来，对广播的全球化、专业化、网络化、产业化以及规模化、数字化问题进行研究；同时对广播的跨地区、跨媒体、跨行业合作和资源整合、品牌打造、体制机制等问题也给予必要的关注。相信广播发展研究室将会为广东广播的未来发展助一臂之力。

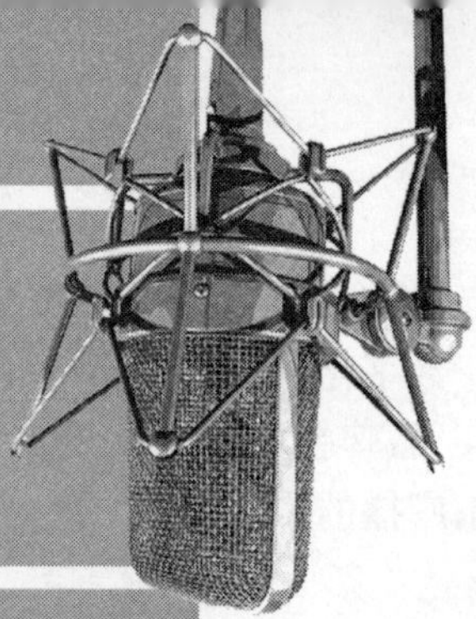

第四章

机遇与挑战：
多媒体**时代**的广东广播

【154—192】

从“珠江模式”到跨越式发展，广东电台走过了一个自我创新、自我超越、自我完善、自我发展的辉煌之路。在改革开放30年的发展历程中，广东电台一直充当中国广播的排头兵，并秉承“珠江模式”的优良传统，不断更新观念，大胆调整思路，通过“办看得见的广播”、“办快乐广播”等创新策略，精心打造广东广播品牌，通过联合发展组建广东广播的“联合舰队”，并通过盘活梧州电台努力探索拓展省外市场。广东电台在20世纪90年代后半期残酷激烈的广播媒体的竞争中就一直走在全国广播的前列，如今已发展成为拥有9套广播频率、两个数字电视频道、一个网络电台、两份报纸和一家影音公司的国内规模最大、资源最丰富的省级广播电台，并与省内20家广播电台签订了联合发展的协议书，建立了较为密切的合作伙伴关系。广东广播的“联合舰队”已初见雏形，广东广播做强做大已不再是遥不可及的梦想。

然而，多媒体时代的今天，广播媒介的生态环境发生了巨大的变化，这突出表现为：广播除了要与报纸、电视这两大传统的主流媒体争夺受众市场与广告市场外，网络媒体的步步紧逼让广播本已恶劣的生态环境“雪上加霜”，手机媒体登场将进一步瓜分广播媒体市场空间。不过，网络技术、数字技术以及现代通信技术的推广和应用使得媒体的传播方式不再泾渭分明，各种媒介的传播形态相互渗透、彼此融合，传统广播“只闻其声，不见其人”的先天性弱点将有所改善，经营范围随之拓展。因此，抓住机遇，应对挑战，是广东广播实现可持续发展的重要课题。

第一节　广东广播的发展现状

广东是我国改革开放的试验区，经济发展迅速，综合实力雄厚，人民生活质量一直高于全国平均水平。2005年全省生产总值达21 000多亿元，是1978年185亿元的117倍，居全国各省市区首位。按现行汇率计，约折合2 600多亿美元，经济规模超过了新加坡和香港地区（新加坡是1 170亿美元，香港地区是1 768亿美元）。2005年，广东的生产总值、进出口总额、实际利用外资、城乡居民储蓄存款余额、财政总收入分别占全国的11.9%、30.1%、21.0%、13.8%和14.0%，其中第三产业所占比重约达44%。城市化水平比较高，商业气氛浓厚，服务业非常发达，这为广东广播的发展创造了优越的外部环境。2006年广东经济初步呈现低投入、低消耗、低污染、高增长、高效益，以及城乡居民收入持续增加的“三低两高一增加”的良好发展趋势。初步核算，全省生产总值达到25 968.55亿元，比2005年增长14.1%，占全国的1/8；人均生产总值达到3 509美元；城镇居民人均可支配收入16 016元，增长8.4%；农村居民人均纯收入5 080元，增长8.3%。2007年全省生产总值突破3万亿元，占全国GDP

的比重由1/9提高到1/8，继超过亚洲“四小龙”中的香港地区、新加坡后又超过台湾地区。人均生产总值预计超过4 000美元。21世纪以来，广东广播的广告创收一直保持稳步增长的态势，从某种程度上说与广东经济发达、实力强劲有着直接的关系。但是，如果对广东广播的发展状况作一番考查，不难发现，广东广播在保持良好发展态势的同时，也存在着一些不容忽视的问题。也就是说，广东广播喜中有忧：

一、听众规模较大，分布广泛

2005年CTR－CNRS在对广播媒体所作的基础研究中发现，与2002年比较，2005年广播受众持续减少达22%左右，其中男性受众、青少年受众、白领人群和中等收入人群减少数量比较惊人。从4年来广播听众的发展指数看，大部分主要城市处于负增长状态。然而，令人欣慰的是，进入21世纪以后，与我国广播事业的快速发展同步，广东省广播听众的回流现象十分明显。据赛立信公司2006年对全省广播市场调查数据显示，广东省城市居民的广播接触率为63.5%，比2000年的调查数据提高了3.6个百分点，比1993年提高了13.5个百分点。在经济发达的深圳地区，广播接触率更达到68.5%的水平。据此推算，目前广东省广播听众总规模达6 000万人，比1993年增加了50%以上。

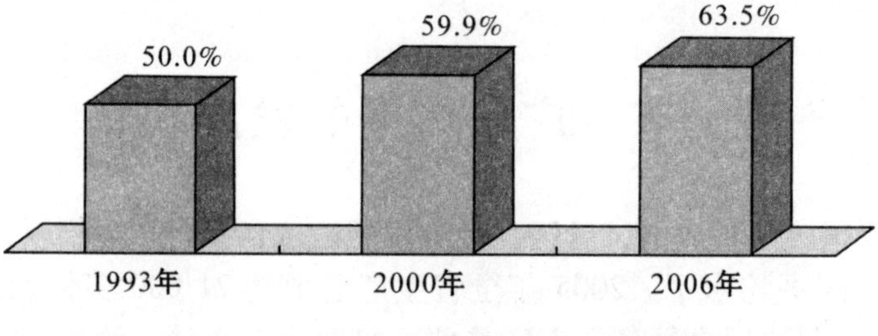

图4－1　广东省城市居民的广播接触率

数据来源：赛立信媒介研究，2006年

广东广播不仅有庞大的听众资源，还拥有丰富的时间资源。赛立信公司的调查数据显示，广播听众中有19.6%的人每天都收听广播，有超过36%的人经常收听广播，广播听众平均每天收听广播的时间为54分钟。

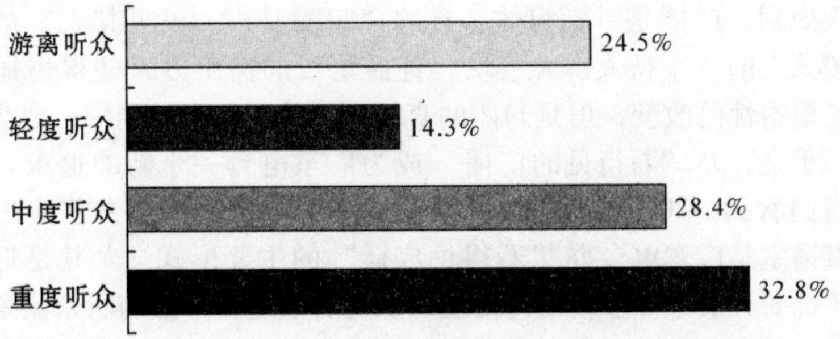

图 4－2　广东省各类听众收听广播的频率

数据来源：赛立信媒介研究，2006 年

央视市场研究高级顾问靳智伟认为，近年来广播听众出现负增长的主要原因是行业竞争力的整体滑坡。他指出："上个世纪 80 年代末广播的媒体地位出现了一次变化，电视跃升为第一媒体，广播成为第三媒体。之后，广播的播音内容与整体风格出现了生活化、娱乐化、资讯化的倾向，特别是主持人节目的不断个性化发展，使得此类节目呈现为个性化的另一个极端；时政新闻虽然还有一部分节目坚守传统的播音风格，但是其权威影响力大大削弱，特别是在年轻受众群的培养方面显得缺乏力度。"① 这里无意于对上述观点和看法品头论足，但有一点必须明确的是：广播媒体有自身的传播特性和传播规律，只有扬长避短，发挥优势，为广大听众奉献喜闻乐听的节目，广播媒体才能深得听众的欢迎与喜爱，争取到更多的听众。

广东广播在国内广播听众呈下滑趋势的情况下出现回流现象，原因就在于电台能够扬长避短，发挥优势，以满足听众的收听需求和欣赏需要为终极目标，最大限度地为广大听众奉献喜闻乐听的节目。如"珠江模式"的"主持人、大板块、直播化"的播出方式是广东电台的决策者本着"听众是广播的主人"的传播观念，在认真分析广播的传播特性，借鉴境外电台尤其是香港电台的传播经验，以及认真反思国内广播尤其是广东广播过去几十年传播模式的基础上推出的。在他们看来，广播像过去那样过分倚重报纸作训导与灌输式的宣传是无法实现其应有的传播效果的。广播要发挥主流媒体在改革开放和社会主义现代化建设中的作用，必须发挥自身优势，走自己的路。在此基础上，广东电台依托广播开展各种社会活动，甚至把直播室从广播楼搬到街头、商场，揭开广播神秘面纱，办"看得见的广播"，以拉近听众与广播的距离。之所以如此，是因为广东电台

① 靳智伟．迅速裂变的中国传媒市场．参见：王克曼，杨健．后媒体时代的传媒竞合．新世纪出版社，2006. 20

的决策者认识到，广播是听觉媒体，有着“只闻其声，不见其人”的缺陷。尽管“珠江模式”的“主持人、大板块、直播化”的播出方式使得传播者与听众的关系有了根本性的改变，但是封闭的直播室仍然受时空的局限，成为听众与广播的阻隔。于是，办“看得见的广播”成为广东电台一个新的追求。从第二章的叙述，我们看到，20 世纪 80 年代后期以来，广场活动、文艺演出、大众论坛、户外直播室是广东电台办“看得见广播”的主要形式。尤其是近几年，广东电台每年都要开展200 多场户外活动，从而有效地将广播与听众紧紧地联系在一起。

二、地区性经营差距较大

与广东经济发展状况相一致，广东广播的发展呈现明显的地区性差异。其中，珠江三角洲地区的广播经营状况普遍好于粤西、粤北地区。而在“珠三角”地区，广东电台、深圳电台、佛山电台以及广州电台的广播经营状况又表现出明显的优势。

1. 广东电台独领风骚

广东电台遍布全省绝大多数地区的信号覆盖为其争取到 5 000 万左右的听众规模，这是任何一家地市级电台都无法相比的；雄厚的经济实力与优越的政策环境确保了广东电台丰富的专业频率资源；跨越式发展的战略目标又进一步推动各专业频率在创新与超越中寻求突破。因此，近年来，广东电台的经营状况一直处于良性发展态势，不仅领航广东广播市场，而且稳居各省电台首位。赛立信媒介研究公司广播收听调查综合数据显示：2007 年广东电台总体收听率较 2006 年同期有了较大幅度的提高，增幅超过 50%。广东电台有 6 个频率进入全省电台收听率和市场占有率排名的前十名，它们分别是：珠江经济台、音乐之声、新闻频道、城市之声、交通之声和南方生活广播。其中珠江经济台、音乐之声、新闻频道和城市之声稳居广东省前四位。广东电台在广东省的总体市场份额超过 40%，与广东电台联合发展电台的收听率和市场占有率在当地也有较大的提升，市场占有率较 2006 年增幅超过 10%，联合发展电台市场份额在广东省超过 22%，广东电台与联合发展电台在全省合计的市场份额超过 62%。

2007 年广东电台经营总收入达 3.89 亿元，同比增长 7.42%；企业收入 6 577.62万元，增长 5.16%；联合发展台经营创收 5 100 万元，增长 18.6%；全台经营规模达 4.4 亿万元，增长 8.6%。

在连续两年的全省广播听众调查中，广东电台各频率的累计平均收听率一直稳居全省第一，并且呈上升趋势。2007 年 11 月广东电台的平均收听率是 3.88%，与 2006 年同期相比，增幅达 50%，更加稳固了广东电台在全省范围的竞争地位。

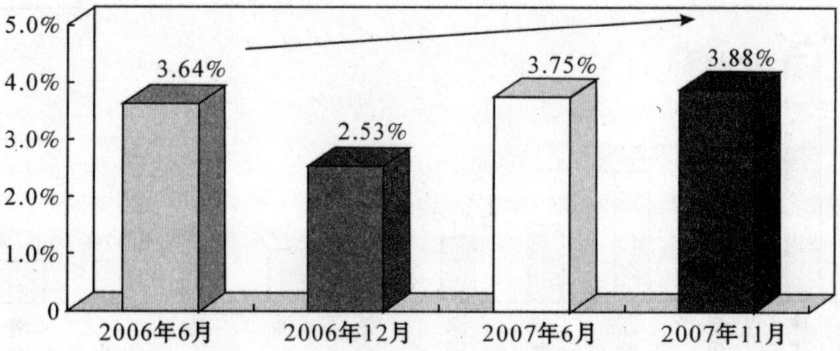

图 4－3　广东电台在全省的平均收听率

数据来源：赛立信媒介研究公司，2007 年

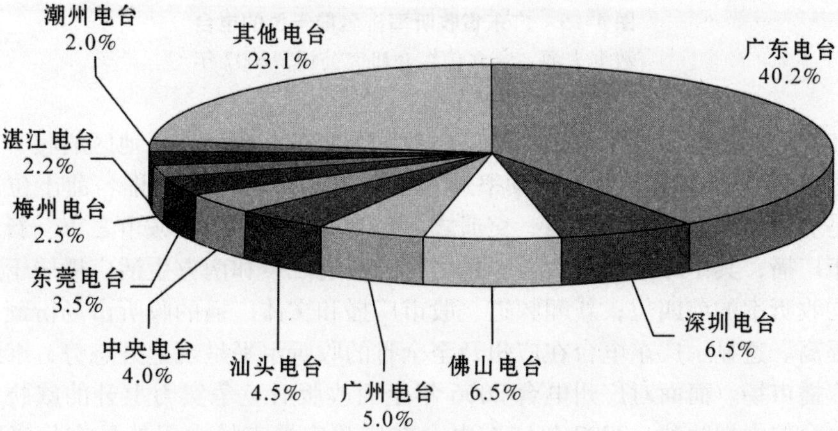

图 4－4　广东省广播市场竞争格局

数据来源：赛立信媒介研究公司，2007 年

综合来看，广东电台在广东广播市场仍然占据霸主之位，而且连续多年，其竞争地位一直都相当牢固。其霸主之势主要表现在：①广东电台在全省的听众比例达到 75%，听众规模超过 4 500 万；②连续两年，广东电台的市场份额都接近 40%，远远抛离了其他电台；③广东电台是知名度最高的电台，在听众认知的频率当中，珠江经济台、音乐之声、交通之声等频率是知名度最高的频率；④广东电台在珠江三角洲、粤西、粤北等地均占据了最大的市场份额。

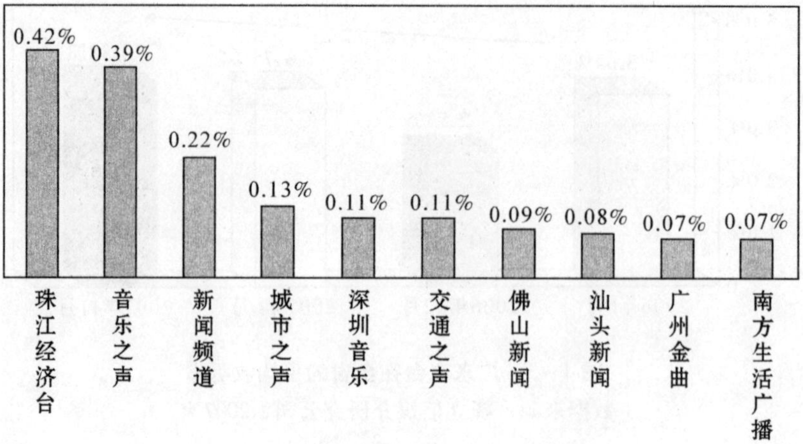

图 4－5　广东省收听率排名前十位的电台

数据来源：赛立信媒介研究公司，2007 年

在全国广播电台竞争最激烈的广州地区，广东电台在广州地区的收听市场份额超过 70%。广东电台有 7 个频率进入收听率和市场占有率排名前十位，它们分别是珠江经济台、音乐之声、交通之声、南方生活广播、城市之声、新闻频道和股市广播；其中珠江经济台、音乐之声、交通之声和南方生活广播居于广州地区平均收听率的前四位；新闻频道、股市广播和文体广播的收听市场份额有了大幅的提高。这显示广东电台在广州乃至全省的收听水平呈现上升态势，继续领航广东广播市场。而面对广州电台 2006 年全面改版后竞争实力上升的威胁、周边城市电台的虎视眈眈，2007 年广东电台在广州广播市场中仍然具有相当明显的优势，稳稳占据了超过 2/3 的市场。广东电台有多个频率在广州地区保持了强劲实力。珠江经济台、音乐之声、交通之声全年的平均收听率和市场占有率稳居三甲之列，城市之声、南方生活广播也均保持在前十位。2007 年，受股票市场火热的影响，股市广播的收听率也跃升至前十位。2007 年 12 月，广东电台新闻频道也进入收听率排行榜前十位。可见，广东电台各系列台在 2007 年均有良好表现。

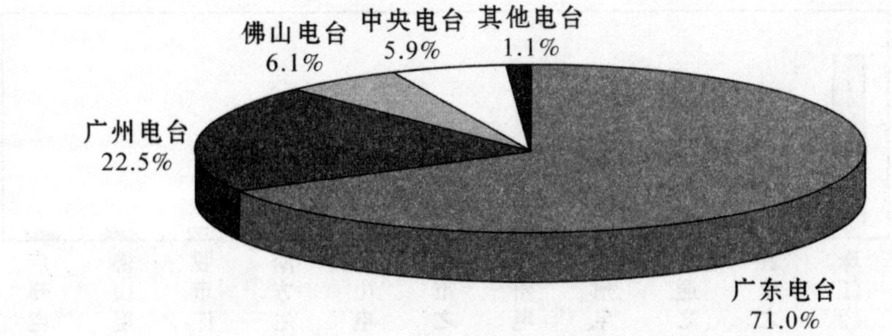

图 4－6　广州地区广播市场竞争格局

数据来源：央视—索福瑞、赛立信媒介研究公司，2007 年

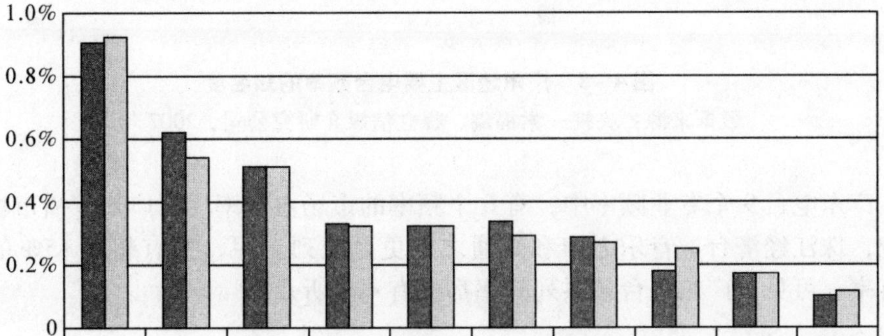

	珠江经济台	音乐之声	交通之声	广州电台金曲广播	广州电台新闻资讯广播	南方生活广播	城市之声	股市广播	广州交通广播	佛山电台千色985
2006年	0.91%	0.62%	0.51%	0.33%	0.32%	0.34%	0.29%	0.18%	0.17%	0.10%
2007年	0.93%	0.54%	0.51%	0.32%	0.32%	0.29%	0.27%	0.25%	0.17%	0.11%

图 4－7　2007 年广州地区电台收听率前十位

数据来源：央视—索福瑞、赛立信媒介研究公司，2007 年

不仅如此，据赛立信媒介调查公司在广州地区进行的电台频率知名度调查的结果显示，广东电台的珠江经济台、音乐之声和交通之声都是知名度排名最靠前的三个频率。此外，城市之声、南方生活广播和股市广播的知名度也在前十位。可见，广东电台的品牌影响力是相当大的。

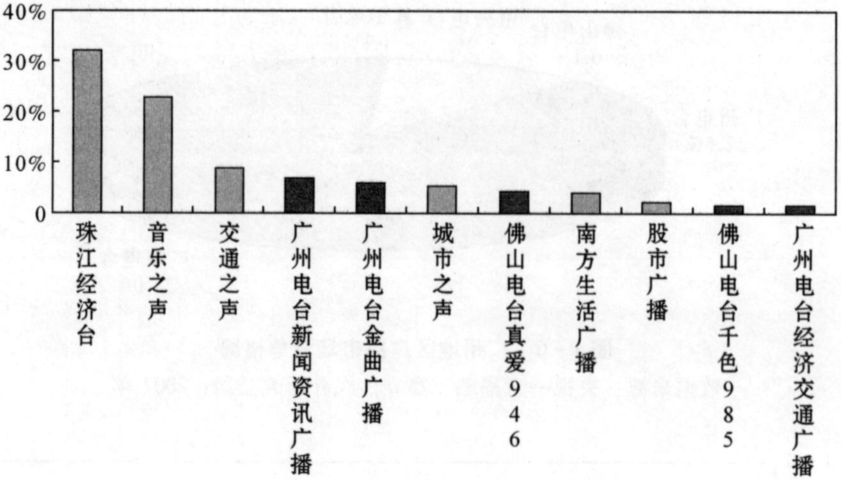

图4-8　广州地区主要电台频率的知名度

数据来源：央视—索福瑞、赛立信媒介研究公司，2007年

广东电台9个专业频率中，有6个频率的市场占有率均居广州广播市场的前十位，珠江经济台、音乐之声和交通之声更是位列三甲，拥有超过45%的市场占有率。可见，广东电台各系列频率都拥有不少听众。

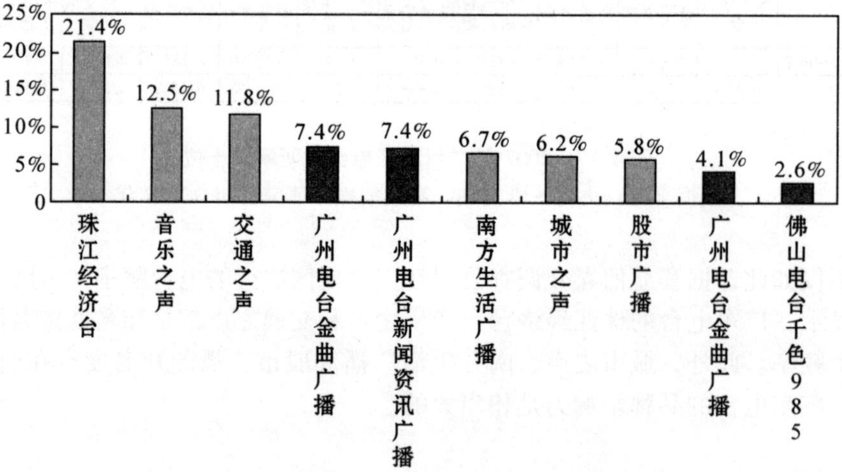

图4-9　广州地区主要电台的市场占有率

数据来源：央视—索福瑞、赛立信媒介研究公司，2007年

2007年6月赛立信媒介研究公司对广州地区听众满意度调查的数据显示，

听众对广东电台各系列频率都给予了较高的评价。在七分制的评分中，广东电台各系列频率节目的综合满意度都超过5.5，有的接近6.0，说明听众对广东电台各系列频率的节目是相当满意的。

各系列频率能有这样的知名度，与广东电台一直致力于办“看得见的广播”和树立频率、节目的品牌是密不可分的。

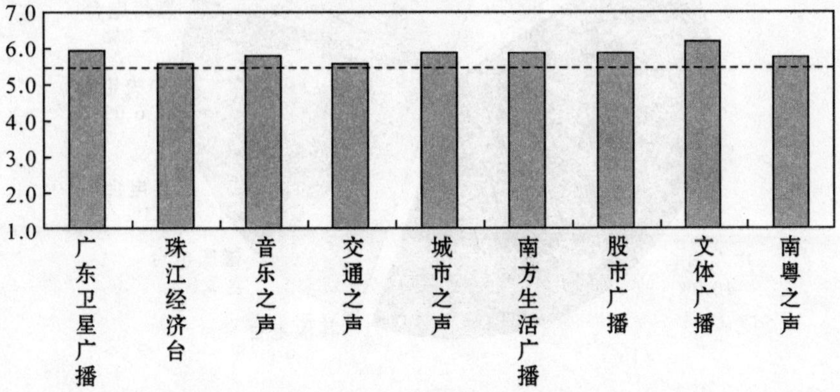

图4－10　广州电台各系列频率节目的综合满意度

数据来源：央视—索福瑞、赛立信媒介研究公司，2007年

2. “珠三角”及粤东地区广播竞争优势明显

珠江三角洲地区主要包括广州、深圳、珠海、佛山、中山、江门、东莞以及惠州、肇庆的部分地区。这里的第二、第三产业发达，是我国经济最活跃的地区之一。珠江三角洲地区以23.2%的土地创造了约占广东省83.5%的财富，人口密集，而且是我国主要的流动人口集聚地。人口众多为广播提供了潜在的听众基础，巨大的财富资源则为广播的广告经营提供了雄厚的经济基础，再加上先进的办台理念，所以，“珠三角”地区的广播经营具有明显的竞争优势。珠江三角洲上空覆盖电台频率达40多个，可以说是目前国内广播竞争最为激烈的区域。由于多个城市坐落于平原地带，且相对集中，各城市之间的生活习惯、语言习惯相近，基本上不存在实质上的地域壁垒，广播频率互相渗透、互为竞争。

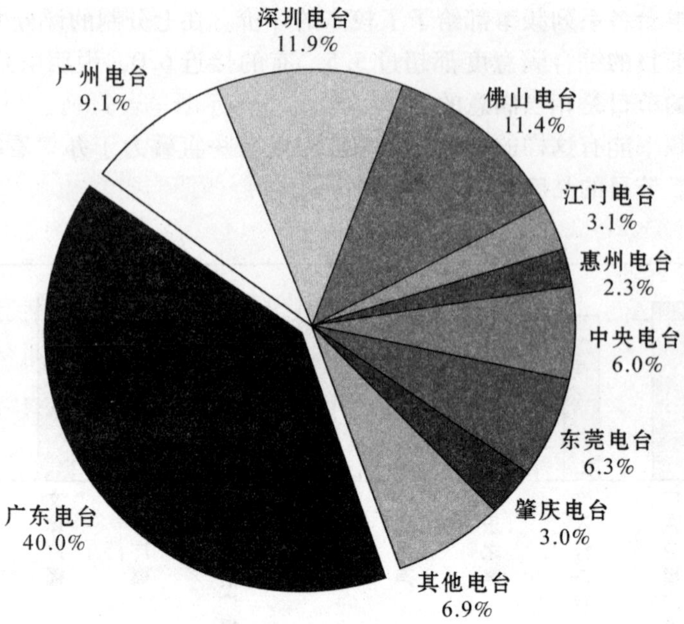

图 4－11　珠江三角洲广播市场的竞争格局

数据来源：赛立信媒介研究，2007 年

广东电台在珠江三角洲地区占据了 40% 的广播市场，在该地区广播市场中稳居第一。该电台旗下新闻广播、珠江经济台、音乐之声分别覆盖了整个珠江三角洲地区，这三个频率合计约占 22. 2% 的市场。交通之声、城市之声、南方生活广播、股市广播等频率也分别覆盖了其中的一部分地区，占据约 15. 5% 的市场份额。在省会广州，广东电台同时扮演着省级电台、本地电台两个不同的角色，其 9 个频率均参与了与 20 多个频率的竞争，并占据了超过 70% 的市场份额。

广州电台拥有风云 962 广播、金曲 1027 广播、广州交通广播和青少年广播 4 个频率，电波覆盖广州及周边城市，共占据了约 9. 1% 的广播市场，在大本营广州所占市场份额约达 22. 5%。整合后的佛山电台其有效覆盖半径达到 70 公里，广州、中山、东莞、江门等珠江三角洲地区均能清晰收听得到，所占市场份额接近 11. 4%。深圳电台新闻频率、飞扬音乐频率、交通频率等广播频率覆盖深圳地区及周边珠江三角洲的部分地区，市场份额共计达到 11. 9%。此外，其他电台的竞争力有限，所占市场份额共计不足 28%。

图 4－4 中的 2007 年广东省广播市场竞争格局同样显示，除了广东电台以外，深圳电台、佛山电台和广州电台的收听市场份额具有明显的优势，分别是 6. 5%、6. 5% 和 5. 0%，而其他电台为 23. 1%。应该看到，由于这些电台所拥有

的频率资源有限，发射范围也非常有限，在广播竞争处于白热化的“珠三角”地区能够获得这样的收听份额已实属不易。而且，就经营创收而言，仅有3套节目的深圳电台已于2003年就进入年广告收入过亿元的电台行列，2007年更是超过2亿元；佛山电台也是连续几年接近亿元，而整合顺德、南海、高明电台后，2007年的广告经营额也已经超过亿元；广州电台即使与省台短兵相接，广告创收也一直保持在6 000万~7 000万元；因受及区域经济发展的恩泽，近年来，东莞电台的经营创收也持续增长，形势喜人。

而粤东地区地方特色明显。潮汕方言为该地区的广播发展带来了得天独厚的条件，文化差异导致广东省台及周边地区电台的节目难以在这里拥有较大的受众市场份额，因而，粤东地区的广播同样拥有一定的竞争能力。汕头电台的市场份额占4.5%，潮州电台的市场份额占2.0%。

3. 粤北、粤西地区广播经营状况较差，缺乏竞争力

粤北、粤西地区属于广东经济欠发达地区，广播的技术投入、设备投入、人力资源投入等均无法与发达的“珠三角”地区相比，节目的播出水平和制作能力相对较低，加之经营理念、管理体制以及运行机制的陈旧与落后，广播经营状况始终不尽如人意。当然，韶关、清远等地相对封闭的地理环境构筑了天然的屏障，在一定程度上影响了周边地区电台的辐射能力，所以韶关、清远电台在当地仍然拥有一定的受众市场份额。不过，两台的广告经营情况却不是太理想。虽然韶关电台加入广东电台联合发展的行列后有一定的起色，但是由于该台背负着沉重的历史包袱，一时还难以从根本上彻底改变经营状况差的局面，500多万的广告收入比不上“珠三角”地区一个县级广播电台，甚至一个镇广播站的收入。而粤西广播更是如此，从赛立信媒介公司2007年的调查数据看，广东电台在该地区的市场份额竟然高达46.1%，这就意味着湛江、云浮等市级电台的总体市场份额在当地还不足55%。那么，粤西广播的经营状况与竞争能力就不言而喻了。当然，随着广东电台与云浮电台以及湛江地区的两个县级电台遂溪、廉江联合发展，这些电台在经营运作方面已有所改观，但真正改变粤西广播的落后面貌还有待时日，振兴粤西广播任重而道远。

三、精品意识有待进一步提高

由于多数电台的决策者和管理者将经营创收的渠道放在出售频率资源和节目时间段上，而不是将吸收广告的途径放在精品节目的打造上，所以，当今一些电台的节目质量低劣，信息垃圾俯拾即是。也许，这样的节目满足了一部分听众的收听兴趣，其主导倾向却扭曲了广播传播的价值标准，多数听众对这样的节目则嗤之以鼻。因此，此类节目既对广播媒介生态具有破坏性，又容易对广大听众的精神文化生活造成污染。

1.“口水多过茶”现象严重

主持人、直播化、互动性的广播节目在很大程度上借鉴了人际传播方式，其风格追求显然更注重轻松自如、亲切自然。直播化的播出方式不要求主持人把节目中所说的每一句话都写出来，但必需根据不同节目的特点进行精心的前期策划。所谓“提纲加材料”是在精心的策划和充分的准备基础上的“提纲加材料”。遗憾的是，目前许多直播节目宗旨不明确，主题不集中，缺乏精心的策划和充分的准备，在行进过程中缺乏必要的过渡环节和节奏感，而且主持人东拉西扯，即兴发挥，过于随意。因此，节目常常因“口水多过茶”，半个小时过去了，听众还不知道主持人究竟说了些什么。

2. 娱乐节目低俗化倾向

目前娱乐节目低俗化问题非常严重，主要表现在以下三个方面：一是内容低俗。诸如打情骂俏、宣扬宿命、八卦炒作、自恋自夸等。二是表现失范。比如油腔滑调、怪声怪气、矫揉造作、语言粗俗，有些还港台味十足。三是形式大于内容。爱玩“花架子”、片头片花太长、“皮厚馅少”、过多依赖短信、内容空洞无物。① 国家广电总局副局长胡占凡认为，低俗化的问题不仅出现在电视节目中，在广播节目中也同样严重。他说：“广播节目中‘撒娇’问题非常严重，今天早上我听广播时发现了这一点。男女主持人用非常亲密的语气互相挖苦、调侃，听起来更像中学生在宿舍的‘密室聊天’，主持人完全忘了在向大众广播。”胡占凡进一步认为，低俗化的出现是由于一些主持人忘了自己的定位，“把大众传媒当作炫耀自己的舞台和成名谋利的阶梯。比如，有的主持人控制不住自己的表现欲，节目总长60分钟，主持人讲话就占了40分钟。另外，有的主持人称嘉宾为‘老师’，还有的称‘张哥、李哥’”②。

3. 节目精细度的缺失

可能有人认为，直播节目一闪而过，不留痕迹，没有必要像录播节目那样精雕细凿，刻意求工，所以在节目的经营和运作过程中就不怎么花工夫，再加上主持人“口水多过茶”的主持，整个节目的精细度远不如录音播出的广播节目。目前的节目普遍存在这样一种现象，录播节目收听率较低，但是满意度较高；直播节目收听率可能较高，但是满意度偏低。之所以如此，是因为许多直播节目的风格追求切合了多数听众的接受兴趣和收听习惯，但是，节目精细度的缺失同样影响其在听众心目中的地位。因此，节目的满意度不高是情理之中的事。

---

① 胡妙德．解读广播娱乐节目．中国广播，2005（10）

② 赵楠楠．广电总局领导痛陈节目低俗“撒娇”现象严重

四、掠夺式经营大行其道，广播生态存在隐忧

广播的经营收入主要来自广告，而广告的收入主要来源于“坐台节目”，这是国内广播界人所共知的事实，广东广播也存在这样的现象。“坐台节目”就是广播电台开辟专门的节目时段，邀请所谓的医疗专家或培训高手到直播室通过热线电话与听众交流对话，并借机推销医药产品或介绍培训学校。显然，“坐台节目”其实就是变相的医药广告或培训广告。目前，此类节目大行其道、禁而不止。即使像广东电台这样综合实力位居全国省级电台首位的大台，其医疗“坐台节目”的经营收入在广告经营总额中也占有一定的比例。一些地市级电台比例已超过了50%，有的甚至更高。无疑，这对广播媒介的生态环境将会产生一定程度的影响。最让人们难以接受的是，当国家职能部门对违规的医疗“坐台节目”明令禁止以后，一些电台又绞尽脑汁地利用广播的互动优势在“竞猜”方面做起“生财”的文章。他们与不法的广告商家联合，在这些所谓的竞猜节目中通过设置奖金吸引听众参与，奖金1 000~2 000元不等，听众按照指定的号码拨电话，然后等待接入，可是电话能够接进去的机会几乎为零。听众参与这样的节目，花去电话费少则20~30元，多则80~100元。

1. 对受众生态环境的破坏

应该承认，“坐台节目”在短时期内的确能达到增加经济收益的目的，在一定程度上也能缓解长期以来困扰广播传媒的生存压力。问题在于，目前许多电台在经济利益和商业逻辑的驱动下，不仅掠夺式开发频率资源和节目时段，在单位时间里随意开设“坐台节目”，使此类节目超过了受众的忍耐度，而且无视社会责任和文化道德，将许多虚假的信息传递给受众，甚至按广告商的旨意找来“江湖郎中”充当嘉宾或让“医托”通过热线吹嘘疗效而欺骗受众。这种短视行为不仅伤害了受众的收听情绪，而且逐步丧失了广播传媒的权威性和公信力，影响了广播传媒的整体形象，致使节目收听率不断下滑，受众生态环境因而遭到很严重的破坏。以破坏受众生态环境为代价换取暂时的经济利益，显然是舍本逐末之举。

2. 对广告资源环境的破坏

“坐台节目”的泛滥对广告资源环境也造成严重的破坏。“坐台节目”将整段时间卖给广告商，广告商在“坐台节目”中自吹自擂，俨然一副小商小贩的模样。这样，广播媒体也似乎由大型超市变成了街头摊点。因此，广播媒体虽深得医药、保健品、职业培训等广告商的青睐，却难以像电视那样赢得服装、家电、房产、汽车、通信以及美容护肤品、饮料、酒类产品等广告商的支持。事实也是如此，目前，商家除了在交通广播和音乐广播适当投放一定数量的形象广告，在其他的专业频率则很少投放。

应当看到，广播媒体这种带有掠夺性质的经营方式和单一化的广告模式在日渐完善的广告市场中是缺乏生命力的。一旦“坐台节目”因净化广告市场而被取缔；或者待广告商因无法从“坐台节目”中捞取经济利益而中止广告投放时，广播媒体就丧失了生存的依据了。从这个意义上说，“坐台节目”的泛滥不仅破坏了广告资源环境，而且已危及广播传媒本身。

五、各自为政、抵触经营，无序竞争问题严重

广播传媒在报纸、电视和网络的巨大冲击下，生态环境呈萎缩态势。而在广播媒体内部，竞争也往往呈无序状态。这是因为国内广播的专业频率并不完全是市场催生的结果，不少电台在专业频率的设置上都不同程度地存在着某种盲目性，缺少整体规划与合理布局：看交通频率赚钱，就想方设法办交通频率；看音乐频率红火，也盲目投资、草率跟进。在具体的经营和运作过程中，专业频率为了攫取更多的经济利益，往往以放弃自身的专业定位为代价换取必要的广告支持，所以国内电台除少数专业频率基本符合广播传媒的传播要求和市场运行规律以外，绝大多数专业频率只是概念上的专业频率，真正意义上的专业频率并不多见。所谓的专业频率基本上是按照综合台的模式来经营和运作的，只是捎带一些专业性的内容装点门面。同一家电台的不同频率定位模糊、节目雷同、缺少个性；同一地区省市两级电台各自为政、抵触经营，不同频率的节目同质化现象更是相当严重。

就广东广播而言，这样的现象也是存在的。比如，广东电台与广州电台之间就存在着一些难以调和的矛盾。一个突出的例证就是，广东电台早在 1993 年就开办了交通之声，该频率的定位就是服务广州交通的，而且其“心心相印，风雨同路”的品牌理念已经印入到热爱交通广播的听众的脑海中，尤其是广大的司机朋友。多年来，交通之声为缓解广州交通的压力作了不小的贡献，深得听众朋友的欢迎和喜爱，所以经营状况一直很好。然而，广州电台的经济环保广播在经营状况不佳的情况下，于 2006 年改成了经济交通广播，开始主打交通这张牌，显然与广东电台形成竞争。其实，即使在广东电台内部，虽然每个频率都有明确的定位，但是到具体的运作环节，也常常出现节目雷同、彼此碰撞现象。其中，交通广播的节目资源就一直被其他频率瓜分。

第二节　广东广播面临的挑战

众所周知，广东是我国传媒最发达的地区，也是竞争最为激烈的地区。长期以来，境外媒体的进入，给本土的媒体造成严重威胁。改革相对成熟的报纸媒

体，在市场竞争中，对广电媒体形成强大的冲击；而就广播电视媒体自身而言，电视媒体的强势传播对弱势的广播媒体则产生了直接的影响。因此，虽然身处经济发达地区，广东广播的行业生态环境一直非常恶劣。在多媒体时代的今天，广东广播更是面临着前所未有的挑战。

一、网络媒体来势汹汹、咄咄逼人

如今，互联网已经成为信息高速公路的代名词。它联结着全球的计算机，使所有上网的计算机能够彼此交换信息并分享数据文件。互联网拥有丰富的图形和海量的信息，允许用户通过选择关键词或图形符号，从一个网页进入另一个网页。这些网页不仅能够提供文字信息和图形、图像，而且能够提供音频、视频信息。互联网的及时性、丰富性、全面性、互动性已经将传统媒体各自的优势融为一体，并形成一种全新的信息传播方式。通过一个高速的互联网络，人们可以轻松自如地阅读文字信息，欣赏图片，观看影视作品，也能够听音乐，与家人、朋友、同事交流聊天。因此，有人认为，“媒体作为交流工具，它一直沿着一条方便人们接受信息的轨迹发展。从手势到语言文字，从印刷媒体发展到广播电视，人们从传媒接受信息只需用耳朵听、用眼睛看，这与日常生活中的情形越来越接近。当人们通过网络听到音乐、看到影像的时候，互联网的结合图文影音信息要素的多媒体时代就到来了。”[①] 1998 年联合国教科文组织将互联网确定为“第四媒体”后其迅速风靡全球，成为炙手可热的新媒体。网络媒体登陆中国以后发展迅速。中国互联网络信息中心（CNNIC）发布的《第 22 次中国互联网络发展状况统计报告》显示，截至 2008 年 6 月底，中国网民数量达 2.53 亿，首次超过美国跃居世界第一位。见图 4 -12：

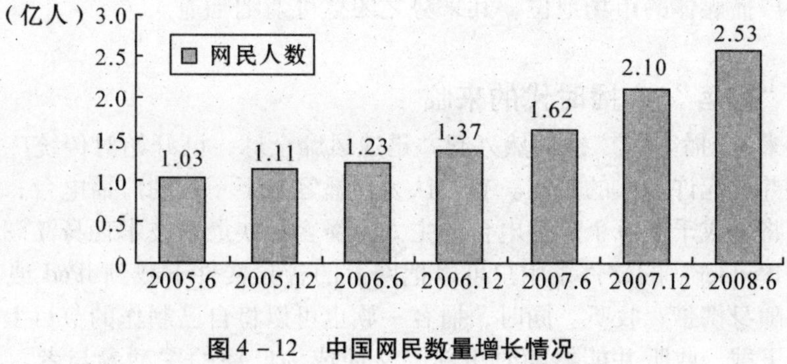

图 4 -12　中国网民数量增长情况

① 卓立红，田勇．从广播网络化到网络化广播．中国网，2005 -03 -01

此外，据统计，中国网民中接入宽带比例为84.7%，宽带网民数已达到2.14亿人，宽带网民规模为世界第一。至于广东省目前有多少网民还没有确切的数字，但是，网络媒体的发展与人民群众的生活水平以及社会经济状况有着一定的关系。广东作为我国经济发达的省份，人民群众的生活水平相对较高，网络媒体的使用率与普及的程度应该高于全国平均水平。

网络媒体进入寻常百姓家庭之后，大众媒介的消费模式随即发生了改变。其中最突出的表现是受众对各种媒介的关注时间和关注程度发生了变化，而消费模式的变化则直接影响媒介的广告经营。《IMI消费行为与生活形态年鉴》显示，2004年北京人在一周内对电视的接触率由2002年的98%下降到93%；对广播的接触率由2002年的32%下降到30%；对报纸的接触率由2002年的86%下降到79.9%。与此相适应，各种媒介的广告增长率也发生了变化。2003年全国广告营业额突破1 000亿大关，达到1 078亿元人民币，增长率为19.44%，其增长比例远高于同期GDP 9.1%的增长率，广告营业额占GDP的0.92%，广告前景大好。但是，有一个趋势不得不引起人们注意：传统媒体的广告增长幅度开始放缓，新兴的网络媒体的广告增幅则开始加大。以2003年为例，电视广告营业额达到255.04亿元，增长10.39%，占营业总额的23.64%；报纸广告营业额达到243.01亿元，增长28.93%，占营业总额的22.53%；广播广告营业额为25.57亿元，增长16.76%，占营业总额的2.3%。而2003年的几个门户网站的广告增长率大多保持在50%以上。到了2005年，网络广告已超过30亿元，直逼广播广告收入。国外的情形也基本类似，英国交互式广告署2005年4月发表的一份报告称，2004年英国网络媒体的广告收入是12亿美元，同比增长了60%，在英国媒介广告收入中的比例由2003年的2.6%提高到了3.9%，超过广播广告收入比例的3.8%。广播媒体已经由第三退居第四。由此可见，网络媒体的步步紧追正在动摇广播媒体的市场地位，其来势之凶猛可谓咄咄逼人。

二、“播客”广播时代的来临

近年来，“播客”广播悄然兴起并迅速风靡全球，已开始对传统广播构成一定的威胁并引起许多人的关注。有人认为，播客是下一代的广播电台；也有人预言，他们将是成千上万个广播电台的主人。播客是挟最新技术现身江湖的，借助一个叫“iPodder”的软件，用户可以把网上的音频文件下载到iPod或其他MP3播放器中随身携带、收听。同时，播客一族也可以将自己制作的节目上传，供所有人免费下载、收听并能够随时更新，从而成为广播的主动参与者。从理论上讲，播客与其他网络广播的区别在于：该技术允许个人进行创建、发布和下载，这种新的传播方式使得人人都可以成为主持人，只要拥有一台上网电脑和一个麦克风，人们就可以掌握话语权，并以自己特有的风格向全世界播音。现在，全国有许多广播电台的主持人利用自己的专业优势在主持传统广播节目的同时，在网上做个人播客，从音乐剧到喜剧，从情景剧到悬疑故事，形式五花八门，深受用户欢迎。

基于网络的“播客”因无任何技术门槛在不到一年半的时间就迅速流行。美国一家名为“传播”的研究机构统计，美国现有播客人数约 84 万，并预计到 2010 年这一数字将上升到 5 600 多万。据美国互联网调查数据，在美国拥有 iPod/MP3 等便携式数码音乐播放器的 2 200 万人中，已有超过 600 万人在收听播客。与世界同步，播客在我国的发展也很迅速。据菠萝网统计，2006 年 1 月 15 日的中文播客数量是 19 876 个，到 8 月 23 日，这一数字已经攀升为 112 007 个，增长近五倍。与此同时，人们对播客的关注度也迅速提高，有人曾用“百度”搜索“播客”，2006 年 1 月 15 日，找到相关网页约 180 万篇，而 8 月 23 日已经达到 2 070 万篇，其增长速度惊人。目前国内较有影响的播客网站有：播客天下、土豆网、反波、中国播客网等。其中，土豆网于 2005 年 4 月创办，现有注册人数 12 万多，开设频道 13 000 多个。播客的锐气不只在于网上瞬间成长起来的数以万计的网站上，还有随之而来的各种各样的播客评选及排名的推波助澜。在美国的网站上，每月都有最受欢迎的播客排行榜，2005 年 9 月举办的第二届国际博客大赛首次将播客列入了比赛项目。①

尽管播客与传统广播相比还很幼稚，缺乏专业性，犹如散兵游勇，但是借助于网络媒体，它拥有着巨大的潜力和优势。与传统广播相比，播客不仅开设“广播电台”不需成本，而且内容、形式、接受方式的自由，信息传播的双向流动，使信息传播由单一中心变为多中心。在这里，每个人既是受者，又是传者，人人可以表达思想，展示才华，也使信息来源更加多渠道。不过，“播客”广播在深受越来越多的听众尤其是年轻一代欢迎和喜爱的同时，也会带走传统广播的许多潜在听众，与传统广播似乎有同室操戈的嫌疑，这应该引起广播工作者的高度重视。

三、电视媒体侵入广播领地

曾几何时，广播媒体以其快捷迅速、覆盖面广、互动性强的传播优势令传统的报纸乃至电视媒体望尘莫及。然而，当新兴的网络媒体逐渐成为炙手可热的新宠以后，广播媒体的这些优势慢慢地失去了往日的光环，因为网络媒体不仅信息量大、图文并茂、声画兼备，而且同样拥有广播媒体快速、覆盖面广、互动性强的优势。好在广播媒体“只闻其声，不见其人”的先天性弱点却从另一方面成

---

① 李慧．播客，传统广播，危机？机遇？．中国广播，2006（3）

全了它有着其他媒体难以超越的移动性与伴随性强的独特优势。因此，虽然多年来广播媒体与其他媒体竞争时显得有些捉襟见肘、弱不禁风，但是凭借其移动性与伴随性的优势，各级各地广播电台在经营与运作的过程中依然拥有广阔的生存与发展空间。目前，交通广播、音乐广播的普遍红火就能够在很大限度上说明这个问题。

当然，面对广播媒体的"无竞争空间"，媒体的经营者绝不会善罢甘休，而是想方设法进入这一优势领地。随着数字技术、网络技术以及现代通信技术的推广与应用，媒体的经营者抓住机遇，着手让电视媒体侵入广播领地。于是，一时间，移动电视、楼宇电视、手机电视、IP 电视以及网络电视相继登场，令人眼花缭乱、应接不暇。它们以各自的优势向原来属于广播的移动市场、伴随市场和公共市场进行分进合击。这样，不仅是广播媒体，电视媒体也逐渐成为一种能够随身看、随时看、随处看和随意看的个性化电子媒体。

1. 移动电视

移动电视又叫数字电视地面广播，传输的是数字信号，不仅图像清晰，而且只要达到接收条件，不管信号强弱，接收效果一样好。最关键的是，移动电视支持移动接收，移动速度在每小时 450 公里内都可以正常接收。我国从 2002 年开始启动移动电视，到目前为止，已经有 40 多个城市建有地面移动数字电视广播系统。这些城市主要采用欧洲 DVB－T 和清华 DMB－T 标准。据《2005 年移动电视和手机电视产业趋势研究》报告统计，移动电视终端数从 2004 年的 1.8 万台迅速增长到 2005 年的 7.75 万台。除了公交车、飞机、火车，移动电视还将陆续被安装在出租车、城市地铁、轮船等交通工具上。专家预测，到 2010 年，全球将有超过 2.5 亿人通过诸如手机、PC、PDA、个人视频播放器、照相机和汽车等移动设备收看电视，而且未来 3～5 年，移动电视将占据 300 多亿的广告份额。

2. 手机电视

从 2003 年开始，美国、日本等国家的主要运营商纷纷推出手机电视业务。在我国，2004 年 3 月以来，中国移动和中国联通也相继推出手机电视业务。2005 年我国手机电视业务进一步发展，上海文广集团率先取得全国第一张手机电视执照后，立即与中国移动联手启动手机电视平台的筹建和测试工作。当年 9 月 28 日，正式开通手机电视"梦视界"，向上海、广东、福建地区的用户手机提供视听节目直播 VOD 点播服务，全国其他地区的移动用户可以通过下载播放的方式收看。2006 年以来，中央电视台和广东、天津以及安徽、山东等地的广电和电信部门也纷纷合作，已经或准备开通手机电视业务。手机电视受众最显著的特点就是潜在用户大。有数据显示，截至 2005 年底，我国的手机用户已经突破 4 个亿，远远超过网络用户的 1.1 亿，甚至超过电视用户的 3.6 亿。有预测显示，中国移动用户数量未来几年将持续快速增长。到 2010 年，中国手机用户数量将从2007年的5.4亿增长到7.38亿，增长率将达到43.7%。庞大的用户群为手机电视的发展奠定了良好的市场基础。当然，发明手机是为了语音通话，但是，手机与互联网的结合已经使其成为一个重要的传播媒体。人们通过手机不仅可以通话，还可以上网、看电视、阅读新闻、收发邮件、游戏娱乐、订购商品与服务等。手机携带方便，候车坐车都可以上网看电视，便于人们利用零碎的时间。虽说手机电视屏幕小、费用贵，但通过网络可以使用电视机作终端，且具备传统电视所缺乏的互动性、随意点播和将正在播出的电视节目录下来，在另一个时段自主收看这种“时移”功能，前景更加被看好。①

3. 楼宇电视

楼宇电视是音频与视频的结合，比常规户外广告形式更具表现力、感染力和打动力，而且等待电梯的人们往往觉得百无聊赖，此时出现的视觉和听觉信息更容易被人们注意和接受，所以楼宇电视具有强制性的收视效果。有数据显示，2005年我国楼宇液晶电视和移动电视屏的布设总量达12万块，造就了10.1亿元的新兴广告市场。短短两年时间，液晶电视已遍布我国几十个经济发达城市的数万栋楼宇，日覆盖超过3 000万都市中高收入层人士。因此，有人预测，未来楼宇电视广告的市场空间将达到300亿~400亿元。未来3~5年内，我国楼宇电视传播网的市场规模有望达到15亿~20亿元。②

应该看到，电视媒体的声画合一的特点恰恰导致自身移动性和伴随性优势的丧失，因为处于移动状态中的人们并不适合欣赏电视节目。从这个意义上说，移动电视也好，手机电视也罢，即使市场前景看好，也不会对广播媒体构成毁灭性的打击。不过，广播经营者同样应该看到，不构成毁灭性的打击并不意味着这些新兴的电视媒体对广播媒体不会产生一定程度的影响。在广播电视同台亮相、相互竞争的过程中，移动电视、楼宇电视、手机电视、IP电视以及网络电视的大量涌现将分流部分广播受众，这是毋庸置疑的。

第三节　广东广播的发展机遇

多媒体时代，广东广播在面临着前所未有的挑战的同时，也存在着诸多发展机遇。近年来，国家广播影视产业的日渐宽松政策为广播发展营造了良好的媒介环境；数字技术的逐步普及将进一步拓展广播的发展空间。不仅如此，如上文所述，单一的声音信号给广播造成了“只闻其声，不见其人”的先天性缺陷，但

---

① 王云峰．新媒体的兴趣与影响．声屏世界，2006（7）

② 傅崇智．观楼宇媒体烽烟，话移动电视前景．声屏世界，2006（6）

在各种媒体中，广播是唯一能够“解放”受众眼睛的媒体。所以一种缺陷恰恰成就了它的另一种优势，即移动性和伴随性的优势。而我国城市化进程的加快和社会的老龄化趋势与广播移动性和伴随性优势的高度契合，则为广播带来了更多潜在的受众资源。

一、广播产业政策日渐宽松

深入推进文化体制改革，解放和发展文化生产力，促进文化事业全面繁荣和文化产业快速发展，是中央在新的战略发展机遇时期作出的重大决策。广播影视是重要的新闻媒体和重要的宣传思想文化阵地，具有意识形态和文化产业的双重属性。基于这样的认识，2003 年 7 月，中宣部、文化部等部委联合制定了《关于文化体制改革试点工作的意见》，接着国家广电总局根据中央关于深化文化体制改革和大力发展文化产业的基本战略，出台了《关于促进广播影视产业发展的意见》，之后又相继颁发了《广播电视节目制作经营管理规定》、《中外合资、合作广播影视节目制作经营管理暂行规定》等一系列深化广播电视体制改革、推动广播电视产业化进程的文件。主要内容包括①：

1. 对广播影视服务实行分类发展

根据广播影视各项服务的不同性质，将广播影视服务分为三类，对不同的服务实行不同的政策。第一类是义务性的基本服务。由政府投入，保证任何公民都可以平等免费地享受到广播影视的基本服务，同时带有一定的强制性，必须确保基本服务。第二类是带有公益性的有偿服务。政府不投入，但给予政策扶持。第三类是对象化、多样化、个性化的市场服务。政府制定运行规则和管理办法，市场运作，自主经营，依法管理。

2. 对内容生产实行分类管理

内容生产是广播影视的核心环节。根据分类指导的原则，将节目生产制作分为三类进行管理。第一类是新闻及新闻类、社会访谈、调查类节目，由电台、电视台自行策划和制作，这类节目不得社会化、市场化，不得委托或外包；第二类是文艺、科技、体育类节目，可以有选择地逐步探索制播分离，引入市场机制，实行节目的招标采购，以丰富节目源，提高节目质量，降低节目成本；第三类是电影、电视剧和动画片，生产制作实行产业化、市场化运作。通过分类管理，对不同性质的节目实行不同的政策，逐步放开部分内容的产品生产。

3. 推行经营性文化事业单位的转企改制

加快推进事企分开，将经营性文化单位和文化事业单位中可经营性部分转制

---

① 朱虹．中国广播影视产业政策．声屏世界，2006（12）

为企业，并进行公司化改造，建立产权明晰、权责明确、政企分开、管理科学的现代企业制度，培育新型文化市场主体，健全现代市场体系。转制后的文化公司要在确保国有资产保值增值的基础上，实现投资主体多元化，真正成为自主经营、自负盈亏的法人主体和市场竞争主体。要把存量的改造、盘活和增量的创新、扩张结合起来，推出一批有发展潜力的重点文化项目，培育新的增长点。

4. 鼓励和支持民营资本进入广播影视产业

凡是法律、法规未禁止的领域，都要允许民营资本进入。鼓励和支持民营资本进入广播电视节目制作经营领域，从事专题、专栏、综艺、广播剧、电视剧、动画片等广播电视节目制作和发行；鼓励和支持民营资本进入电影制作、电影院和电影院线、农村电影放映；鼓励民营资本进入国产电影发行领域，在国有资本控股51%的前提下，投资参股电影制作发行放映领域的国有文化企业；在国有广播影视单位控股51%的前提下，民营资本可以投资参股县级以下新建的有线电视分配网，参加有线电视接受端数字化改造；民营资本还可以控股从事有线电视接入网社区部分业务的企业，可以在符合条件的宾馆饭店内提供广播电视视频点播服务。

5. 允许外资进入广播影视产业

允许外资进入电影制作领域，在中方控股51%的前提下，设立中外合资、合作电影技术公司；允许外资进入电影放映领域，在中方控股51%或中方占主导地位的前提下，可以合资、合作新建、改造电影院；鼓励中外合作制作电视剧、动画片和电影，内地与香港、澳门合拍的电影、电视剧经审查通过后，可以作为国产电影、电视剧播出和发行；允许香港、澳门服务提供者在内地从事电影放映，设立独立公司发行国产电影，建设、改造及经营电影院。批准8个境外电视频道在广东落地，33个境外卫星频道在内地有限落地。

6. 扩大投资融资渠道

推进国有广播影视企业股份制改造和上市融资，改变国有独资的单一所有制结构。充分运用社会资本和市场机制，培育和发展股份制的电影企业、电视剧企业、节目制作公司和网络公司。经过改造后，符合条件的企业经批准可申请上市。

7. 大力发展新媒体业务

按照积极占领、加强管理、兴利抑弊、善加利用的原则，鼓励支持中央和各省及省辖市电台、电视台依托自身优势，加快发展网络广播、网络电视；积极稳妥地发展IP电视；强化市场运作，积极发展手机电视、移动电视、卫星电视；推动广播电视专用直播卫星的发射和运营，开辟广播影视新的增长点。发展新媒体业务可以与有业务优势的相关单位合作，并吸收业外资本。

上述文件精神表明我国广播影视产业政策日渐宽松，因为过去被视为禁区的领域已经放开。这为广播产业的发展营造了良好的媒介环境。广东作为国家文化建设的试点省份，只要认真贯彻落实文件精神，就会最先受益。

二、数字广播技术的推广与应用

数字广播指的是广播节目在制作、传输、发射和接收过程中以数字信号为基础进行处理的传播技术，是将数字化了的音频信号、视频信号，以及各种数据信号在数字状态下进行编码、调制并传递给受众。目前，国际上有3种数字广播（DAB）系统：一是欧洲的尤里卡（Eureka）147－DAB制式；二是美国的带内同频（IBOC）DAB制式；三是日本的单套节目DAB方案。数字广播被称为“第三代广播”，是广播发展史上的一场新的革命。数字广播技术的逐步推广与应用将进一步拓展广播的发展空间。之所以这样认为，原因在于①：

1. 资源利用充分，服务方式多元化

传统的广播传输方式：频谱、频率资源的利用率成了广播发展的重要“瓶颈”，因为频率资源是有限的，而广播电台却渴望得到更多的频率资源。数字化能够提高频谱利用率：一方面由于数字广播具有抗干扰性强、易于实现单频网等特性，使频率资源有调整扩大的空间；另一方面由于采用数字压缩技术，使频率的利用率能大大提高。数字广播在发送时，将声音、文本、图像、视频等节目信息生成节目码进行压缩，根据一定的要求打包传送，受众接收时可以通过接收机按一定的程序识别、分离，按照自己的意愿选择接收声音和文字、图像、视频等多种信息。也就是说，在频率不变的情况下，改用数字化传输，频率承载的信息类别、容量和资源利用率都会提升。

2. 接收终端多样化，可点播，能互动

在数字广播技术的支持下，广播的接收设备不只是收音机、手机、电脑、电视机、PDA掌上电脑以及MP3、MP4，甚至健身器材终端机都可以成为广播的接收终端。不仅如此，新型广播特别是网上广播，可按照一定周期重复播出，并有储存和保留功能，用户可以根据自己的需要查询和检索节目，既不受时间限制也不受顺序限制。与此同时，数字广播可以利用网络庞大的存储空间和强大的传输能力，扩展广播的信息容量，为听众提供一个丰富的信息资料库和广阔的发表意见的空间，进而满足听众需求。

3. 声音清晰，支持移动接收

数字广播不仅将各种数据信号，在数字状态下进行编码、调制、传递，同时也对数字传送、发射、接收过程中各种干扰引起的误码进行自我纠错处理，这就

---

① 李国君. 数字化带给广播的变革与发展——广播改革发展系列之五. 中国广播，2006（3）

在容限范围内消除了传输途径的各种干扰，从而保证了节目从制作到发射、接收全过程的高质量。由于数字广播克服了多普勒效应和多径反射干扰，并能够利用卫星大幅度提高广播的覆盖率，具有穿透力和绕射力，接收信号具有超强的稳定性和抗干扰能力。因此，在高速行驶的飞机、火车、汽车、轮船上都能够收听音质达到CD效果的广播节目。

4. 全程自动播放，科技含量提高

传统的广播是由播音员将声音信号录制在磁带上，由技术员播放。数字化广播是将广播信号灌录、储存在电脑里，通过启动自动播出程序，按照预先排好的顺序自动播放、定时播出。数字化播放由电脑取代人工，操作严谨规范，节目的稳定性和标准化程度提高，其安全性、优质播出率也随之大大提高。

在我国，数字广播经历了18年的发展。1990年初，国家立项研究DAB，“九五”期间，建成珠三角DAB先导网和京津塘先导网。1999年珠三角先导网与欧共体合作，开展DMB试验，此后出现了广东粤广数字广播公司和北京悦龙数字广播公司。2005年起，一个名为“中国数字音频/多媒体产业联盟”的组织也在广电总局的推动之下开始筹备，北京、广东、天津、上海、郑州的多家电台已成为该联盟的成员。目前，数字广播已经进入实施阶段。2005年12月2日，两套呼号分别为“广东电台音乐之声DAB古典频道”、“广东电台音乐之声DAB流行频道”的数字广播正式开播。这两套数字广播频道，完全不同于现有的FM频道节目，它们是为数字广播频道度身定造的全新广播节目，突出“欣赏性、可听性”。两个频道分别以古典音乐和流行音乐为其频道定位，全天播出18小时。DAB古典频道以播放古典音乐为主，中国民族音乐、爵士音乐为补充，包括交响乐作品，管弦乐作品，钢琴、小提琴等器乐曲以及西洋歌剧，中外艺术歌曲，中国民族音乐、民歌、歌剧、音乐会等，音乐会现场实况录音是其中的主打节目；DAB流行频道以播放中外流行歌曲、经典歌曲、流行音乐、轻音乐、New age音乐等为内容，同样，流行音乐会的实况录音也是其中的主打节目。两个频道鲜明的节目定位，将满足广大音乐爱好者不同的收听需求和欣赏口味。

三、城市化进程不断加快

城市化是指伴随着现代工业和信息社会、经济社会分工的细化而产生的人口向城市集中的过程。城市作为一定地域的政治、经济和科技文化中心，在国家经济和社会发展中起着主导作用。城市化是世界各国努力追求的发展目标。1993年联合国东京会议称“21世纪将是一个新的城市世纪”。目前世界上有50%的人口居住在城市，到2025年，世界城市人口将从1995年的24亿猛增至50亿，占世界总人口的61%。城市化更是加快我国社会经济发展和现代化进程的必由之路。世界银行专家尤素福指出，20世纪80年代以来，中国经济增长有10%是从城市化进程中获得的。2000 年 7 月，诺贝尔经济学奖获得者斯蒂格利茨也说过，中国的城市化与美国的高科技发展将是深刻影响 21 世纪人类发展的两大主题。

根据对中国经济增长的潜力和中国人口增长的综合分析，未来 20 年将是中国社会发生大变革、大转型的时期。有专家明确表示，未来 20 年中国城市化水平将提高到 60% 左右。与 2001 年的最新统计数据城市化率 37.66% 相比，这意味着今后每年城市化率需提高约 1.5 个百分点。城市化进程的不断加快在很大程度上为广播创造了广阔的发展空间。

1. 城市化催生出大量的城市移动群体

城市化的主要标志就是城市交通的大发展，因为随着城市规模的扩大，人们上下班或者社会交往消耗在路上的时间也在延长。尤其是像北京、上海和广州这样的特大城市，由于人口密度大，交通拥挤现象严重，城市居民消耗在路上的时间更长。因此，城市化进程的加快势必带来城市内部移动群体的迅速增加。需要指出的是，城市交通的发展还将进一步拉动汽车消费量的增加。据商务部统计数据，2006 年我国汽车市场再度呈现较快增长的势头，产销双双突破 700 万辆，分别达到 727.97 万辆和 721.6 万辆，分别比上年增长 27.32% 和 25.13%。中国汽车消费量占全球总消费的比例从 2001 年的 4.3% 增加到 2005 年的 8.7%，2006 年更超过 10%。至 2005 年年末，广东城镇居民每百户拥有家用汽车 9.7 辆，5 年增长 4.7 倍，年均增长 41.7%。实际上，在经济发达的深圳、东莞、顺德等城市，家庭汽车的普及率更高达 30% 以上。根据广东省统计局最新发布的统计公报，2006 年年末全省民用汽车保有量达到 430.49 万辆，其中私人汽车 304.02 万辆。由于家庭汽车普及率的高速增长，主要由驾车人士及其家庭成员组成的汽车听众群迅速扩大，成为近年来广播听众的一支主力军。

2. 城市化进程的加快导致城市移民的大量出现

目前，中国的城市人口约为 5.6 亿人，农村人口约为 7.8 亿人，2005 年约有 1.1 亿富余劳动力从农村到城市务工。如果每年城市化比率提高 1%，可以预见，在未来 20 年中国可能会有 3 亿人口从农村进入城市。据有关部门统计，2005 年年末广东省常住人口为 9 304 万人，户籍人口为 7 800 万人。亦即，在经济发达、人口众多的广东省，城市移民就有 1 500 万人，这还没有包括未列入统计范围的数千万的流动人口。在深圳、东莞、佛山等城市，移民人口远远超过了当地居民数量。城市移民难以真正融入到城市社会之中，虽身在城市，却无法进入城市居民的生活圈子。他们居无定所，情感孤独，需要得到精神慰藉，但由于经济实力相对较弱，又受到居住条件的限制，便宜灵巧的收音机自然成了这些城市移民的最爱。

四、社会老龄化趋势

80 年代以来，随着我国计划生育政策的实施，全国人口出生率不断下降，由 1980 年的 18.21% 下降至 1999 年的 15.23%，同时死亡率也较低，20 年来人口死亡率一直维持在 6.60% 的水平，这使得人口的平均寿命持续增长，老年人口的数量在人口总数中的比例不断升高。按照联合国教科文组织的规定，一个国家和地区 60 岁以上的人口占总人口的 10% 以上或 65 岁以上的人口占总人口的 7% 以上，即可看作达到了人口老龄化，进入了所谓的“老龄社会”。据 2001 年全国老龄产业研讨会公布的信息显示，2000 年我国 60 岁以上的老年人口已经达到了 1.32 亿，约占总人口数的 10.2%。而 2000 年 11 月进行的第五次全国人口普查的结果则显示，我国 65 岁以上的老年人口达到 8 811 万，约占总人口的 6.96%，与第四次人口普查相比，这一比例上升了 1.39%。在今后一段时期内我国老年人口还将以较快的速度继续增长，预计到本世纪中期我国老年人口将超过 4 亿人，其中 80 岁以上的老龄老年人数将不少于 8 000 万人。

樊葵先生在分析与阐述老年群体与电视媒体的关系时着重谈到了老年群体作为电视观众资源的优势问题。用他的思路和看法来审视社会老龄化与广播的未来发展，同样可以认为，滚滚而来的“银发浪潮”将催生出新的广播受众群体，进而让广播迎来与社会老龄化和谐共舞的春天。①

1. 老年群体需要精神慰藉

老年受众群体的生活范围普遍相对较窄，比其他群体更需要精神慰藉和沟通交流。一般来说，绝大多数老年人都已不再参加社会性的工作了，家庭是其主要的生活场所。而子女们则大都有工作，当今社会快速紧张的工作节奏和生存压力使得他们无暇顾及老人，并为老人提供良好的精神抚慰。因此，大量空巢家庭的出现使老年人陷入极大的精神孤独。加上现代邻里关系的日益淡漠，老年社会活动场所建设的滞后，老年人的生活环境封闭单调，缺少色彩，其迫切需要与外界沟通交流。广播媒介虽然有“只闻其声，不见其人”的弱点，但老年受众了解信息、寻求娱乐、学习知识、交流思想的愿望和需求通过广播同样能够得到某种程度的满足。由于视力下降和体力减退等生理原因，虽然平面直观的报纸媒体与声画合一的电视在老年受众那里仍然拥有一定的市场，但是，小巧灵便的收音机也深得他们的喜爱，所以，收听广播成了老年人摆脱精神孤独，寻求心灵慰藉较为理想的选择。如今，晨练的老人们手里拿着收音机，一边跑步，一边听广播已成为一道独特的风景。据赛立信媒介研究公司 2006 年全国无主调研的数据显示，

---

① 樊葵. 老年群体作为电视观众资源的优势. 新闻实践，2003（8）

在北京、上海和广州三地，50岁以上的老人占所有收听广播者的比例分别为11.6%、7.5%和15.0%，比所有其他的收听人群的比例高出很多，可见老年人是广播受众中的最大规模群体。

2. 老年群体拥有大量闲暇时间

时间是受众保持媒介接触行为的前提条件，而老年群体恰恰拥有大量的闲暇时间，因为他们多半不参加固定的社会工作，没有8小时内外的区分，能够自由地支配自己的时间。一般来说，老年人比职业人群和求学人群平均每周多出了近40个小时的空闲时间。拥有这么多的闲暇时间，其接触媒介的几率相对较大。据赛立信媒介研究公司2006年全国无主调研的数据显示，全国的听众中，10~19岁的听众每天收听广播的时间约62分钟，20~29岁的听众约64分钟，30~39岁的听众为61分钟，而60岁以上的老年听众收听广播的时间则达77分钟，除职业司机每天收听广播的时间在150分钟以外，老年听众平均每天的收听时间明显高于其他各类听众。

3. 新兴媒体对老年受众没有太多的吸引力

多媒体时代，由于受文化水平、接受能力、经济条件、生活习惯等因素的限制，网络媒体与手机媒体对老年受众的分化力不强。有学者所作的抽样调查显示，网络是当今我国老年人接触最少的媒体，在被调查接触各类媒体的老年对象中，接触网络的比例只是6.7%，远远低于报纸、电视以及广播媒体。值得关注的是，在未接触网络的老年人中，有高达85%的人认为今后仍不会上网。因此，对广播媒体来说，老年人的时间资源优势将更加明显。

4. 关注老年群体有利于提升广播的内在品质

广播“窄播化”一方面满足了不同受众群体的不同需求，另一方面不同受众群体的不同需求也反过来促成广播传播形态的多样化，丰富广播媒体的传播内涵。老年受众特有的传统文化、地域文化、民间文化资源就非常有助于提升广播的内在品质，如某些传统地方戏、小说连播、评书、小品、相声等节目样式在老年群体中均有一定市场。如果将老年群体作为重要的目标受众，此类节目将会受到他们的欢迎和喜爱，既增加了节目的种类，还能强化广播媒体在文化传承上的功能。所以对广播传播而言，老年群体不仅是一个受众群体，而且是一种独特的养分。

5. “银发经济”蕴涵巨大商机

广播发展要求每一个节目都指向特定的广告市场。这个广告市场所指向的人群必须有一定的消费实力。但是，随着老年人社会角色的丧失，其收入水平和消费实力会相应下降。广播业内不少人认为，老年人的消费能力相对较弱，经营老年节目或频率难以带来丰厚的广告回报。也正是因为如此，长期以来，老年受众市场一直未能得到充分的重视与开发。事实上，眼下的广播正在从老年人手中赚钱，那些医疗“坐台节目”的主要受众应该是老年人群体。据统计，2000 年我国老年人的收入就达到了 4 000 亿元。随着整体经济的发展，老年人的消费观也发生着改变，从一味节俭型转向开始注重自身的生活质量，一些老年人还产生了补偿性消费的观念，通过提高消费水平来弥补以往清贫生活留下的缺憾。中国广播电视协会副会长张振华预言，“随着‘银发浪潮’的迅猛发展和社会养老规模的扩大，老年服务行业将是一个朝阳产业。在老龄社会，医疗保健业、旅游业、商品房开发等行业，都将大有发展前景。”① “银发经济”蕴涵的商机为老年广播节目的运作奠定坚实的物质基础，老年节目可以获得丰富的广告来源，而以老年人为目标消费者的商品和服务广告也能够通过对位的节目获得更准确的广告到达。

第四节　广东广播可持续发展的策略

媒体的存在是基于受众的选择。尽管广东广播在发展过程中面临着前所未有的挑战，但是同样存在着许多难得的发展机遇，应该说，广东广播受众市场的潜在空间依然较大。在这种形势下，广东广播的经营者与决策者需要尝试新的突破，坚持“珠江模式”的改革创新精神，不再追求新的模式再创造，而要力争发展的新跨越。只有在科学发展观的指导下抓住机遇，并积极采取措施应对挑战，广东广播才能在可持续发展的轨道上稳步向前迈进。

一、切实维护广播媒介的生态环境

广播媒介的生存与发展离不开其固有生态资源的利用和滋养，与自身所处的生态环境生死相依。如同大自然相互制约、相互依存的生态环境一样，广播媒介的生态环境也存在着相互制约、相互依存的生态系统，但是与自然界的生态环境不同，广播媒介的社会属性决定了其生态系统具有自身的性质和特点。广播传媒的生态系统远比生物学意义上的生态系统复杂得多。它蕴涵着传媒、受众、经济和社会复合生态的内容，强调系统整体的生态化。

需要强调的是，在广播生态链的作用下，广播媒介的系统内部的频率资源、技术设备、人力资源、节目形态以及广告收益等诸多要素和系统外部的信息资源、受众支持以及传媒制度、公共政策等各个要素之间存在着传媒特有的能量流动定律，这些要素在传者和受众之间乃至这两者与经济、社会之间形成动态循环，使得广播传媒的生态系统始终处于“平衡—失衡—平衡”的状态。一旦任

---

① 张振华．面对老年社会，媒体准备好了吗．中国广播电视学刊，2005（4）

何一个要素产生变量，将会打破生态系统的整体平衡，并直接影响广播传媒的生存和发展。因此，广播媒介要实现可持续发展的战略目标，必须满足传媒、受众、经济和社会共同演进、协调发展的生态要求，保持其生态系统的整体平衡。也就是说，广播媒介在快速发展的过程中应该合理利用生态资源并注重生态环境的有效保护，既要追求经济效益的最大化，又要实现社会效益与环境效益的双丰收。基于这样的思考和认识，广东广播在经营和运作过程中应该做到以下两方面：

1. 找准生态位，让专业频率在差异化的市场展开竞争

生态位指的是生物种群在群落中的生活方式以及它们在时间和空间上所占有的位置。生态位不只是具体的栖息地，它除了说明栖息地以外，还说明这一物种在这一群落中的营养地位、所需的物理和生物条件，以及在时间和季节变化时它们有什么节律性的行为变化，它们有什么食物要求以及与其他生物有什么关系等。也就是说，一个群落中不同物种在形态结构和生活方式上都是不同的，因为它们各有自己不同的生态位。说到生态位，有这样一个小故事：

1934 年某月的一天，在俄罗斯的某个城市里，有位戴眼镜的中年人，将一种名叫双小核草履虫和一种名叫大草履虫的生物，分别放在两个相同浓度的细菌培养基中。几天后，这位中年人发现这两种生物的种群数量增长都呈 S 型曲线。接着，他把这两种生物又放入同一环境中培养，并控制一定的食物。16 天后，培养基中只有双小核草履虫自由地活着，而大草履虫却消失得无影无踪。但这里面并不存在一种虫子攻击另一种虫子的现象，也未见两种虫子分泌出什么有害物质。只是双小核草履虫在与大草履虫竞争同一食物时增长比较快，将大草履虫赶出了培养基。于是，中年人又做了相反的一种试验。他把大草履虫与另一种袋状草履虫放在同一环境中进行培养，结果两者都存活了下来，并且达到一个稳定的平衡水平。这两种虫子虽然也竞争同一食物，但是袋状草履虫占据的是不被大草履虫竞争的那一部分食物。做这个试验的中年人叫格乌司。人们把他的发现叫“格乌司原理”，也叫“生态位现象”。①

“生态位现象”对所有生命现象而言是具有普遍性的一般原理，不仅适用于生物，同样适用于人类，因为人首先是生物，生物所具有的各种属性，人类都具有。因此，格乌司根据“生态位现象”提出了生态学上最重要的命题——竞争排斥法则：如果两个竞争种能共存于同一个生存环境之中，那么，它们一定是生态位分化的结果，也即它们的生态位之间存在着分化。如果没有这种分化或者生存环境使这种分化不可能，那么，一个竞争种将消灭或排除另一竞争种。生态位分化是由于竞争，竞争个体各自从其部分潜在的生存和发展区退出，从而消除生

---

① 曹康林．生态位现象．企业家天地，2002（1）

态位重叠，实现稳定的共存。由此可见，不同生物在同一生存环境中共存的前提是生态位分化，而生态位分化的结果是产生生态位差异，消除生态位重叠。①

从生态学的角度考察现代传媒，不难发现，“任何一种媒体都必然有其特殊的时间与空间的生态位，亦即有其特殊的生存与发展的土壤和条件，以及它在这一状态下的特有行为和作用，很少有两种媒介能长期占有同一个生态位”②。因此，格乌司的竞争排斥法则同样适用于媒介之间的竞争。不同媒介要想在同一生存环境中共存，必须实现生态位的分化。有人认为媒介生态位策略的核心是“错位竞争”③，这是有一定道理的，其基本内容包括寻找原始生态位和错开生态位。

所谓寻找原始生态位即寻找市场空当。原始生态位也叫竞争前生态位或虚生态位，是指竞争尚未形成的生态环境，在这种环境中，由于竞争尚未形成，拥有原始生态位的媒介拥有某类受众群、某地区传播权或某种特色专栏、品牌节目等优势而独占特定市场。从这个意义上说，媒介应着力开拓新市场或不饱和市场，走别人未走之路。而错开生态位指的是媒介在对市场作出大量充分的调研之后，结合自身状况来不断进行创新，保持个性、优势，避免出现与其他媒介风格雷同的局面。

媒介的生态位策略是规避媒介市场恶性竞争的法宝，也是规避广播频率之间无序竞争或恶性竞争的利器。广播媒介中的任何一个专业频率都有自己时间和空间上的生态位，或者说拥有自己特殊的生存和发展的土壤和条件。土壤和条件不同，其行为和作用也会发生相应的变化。那么，针对目前广东广播无序竞争的状态，运用媒介的生态位策略指导广播频率的专业化设置不失为一种行之有效的办法。由此可见，专业广播频率要想避免恶性竞争，必须实现生态位分化。实现生态位分化的关键是以个性化服务凸显频率特色，与竞争对手进行差异化的错位竞争。它要求专业频率在认真做好市场调研的基础上，一方面从竞争对手留下市场空当中寻找进入的机会，并通过频率品牌形象的塑造建立自己的比较优势，以满足核心受众群的消费诉求为目标，努力使这种优势得以张扬；另一方面不断培育自己在特色栏目、特色设置、特色风格等方面与竞争对手的差别优势，以自己的特色形象出现在受众面前。

2. 倡导绿色“GNP”，切实地改善和保护受众生态环境和广告资源环境

经济学认为，可持续发展应该是在资源环境约束下的动态经济均衡，是引入时间变量后私人损益与社会损益的一致性。这就要求我们在衡量广播传媒的经济

---

① 邢煜芝．企业竞争排斥法的管理学应用．企业改革与管理，2000（12）

② 邵培仁．传播生态规律与媒介生存策略．新闻界，2001（5）

③ 刘春花．媒体求变与“生态位”现象．中国广播，2003（4）

发展指标 GNP 时应该充分考虑经济的“外部性”问题，即广播电台从个体利益最大化出发，对生态资源和生态环境所造成的破坏。传统的 GNP 指标没有考虑这一方面的问题。我们认为，只有倡导绿色 GNP，把资源环境的损益记入经济收益的平衡表中，并积极采取措施加大对受众生态环境和广告资源环境的改善与保护力度，广播传媒的可持续发展才有可能。倡导绿色 GNP 应从以下三方面进行努力：

（1）以品牌战略推动节目的内容建设和形式创新，塑造广播卓然不凡的传媒品质。目前，在国内广播产业的服务链、产品链和价值链还没有建立起来的情况下，广播传媒的经济收益主要依赖广告资源环境的优化，而广告资源环境是否优化则要看受众生态环境是否理想；受众生态环境的理想与否取决于广播是否拥有卓然不凡的传媒品质；而传媒品质是否优秀则最终由节目质量的高低优劣决定。这是广播的生态链现象，也是广播传媒生存和发展的基本规律。

“内容为王，受众为本”是广播媒体恒久不变的追求。它要求广播业者以创优的态度与创新的精神将内容做好、将节目做精。在新的媒体环境下，过去我们一直强调的精品战略、品牌战略问题有必要作进一步的研究与探讨。当然，这里所谓的精品并不是仅仅指那些“思想精深、艺术精湛、制作精良”的节目，也不是指一些“叫好不叫座”的获奖节目，而是指那些既能反映时代气息和社会风貌，又别具匠心、新颖时尚的节目；既符合广播的传播特点，又能够满足听众的收听需求和欣赏需要的节目；既以传统广播为载体，又能为新兴媒体所选择和利用的节目。因此，现代广播的精品战略应该从品牌战略的高度来理解和认识，目的是以品牌战略推动节目的内容建设和形式创新，像许多直播节目中那种“口水多过茶”的现象应坚决避免。在正确把握舆论导向的前提下，一切节目都应该以听众欢迎不欢迎、喜欢不喜欢、满意不满意为标准。惟其如此，才能塑造广播卓然不凡的传媒品质，才能以较高的满意度和收听率赢得可观的经济收益。以广东电台珠江经济台为例，在市场定位明确后，珠江台通过梳理版面与资源整合，全力打造新的品牌节目，如广播剧与专家点评结合的法律节目《以案说法》、与省消委会合作的即时在线投诉栏目《秘书长热线》、以短信互动见长的深夜清谈节目《心灵地图》等，这些节目都有其专业性、独创性，在推出后都大受听众欢迎。例如，《以案说法》自推出以来，一直位居广州市电台节目收听率排行榜前列，满足了听众的收听需要，又为普法工作作出了贡献；《秘书长热线》由于每天都有消委会秘书长“坐堂”，热线电话爆满，3 年多来，为听众解决消费纠纷千起，其收听率也一直高居不下。值得一提的是，品牌栏目在制造高收听率的同时，也吸引了广告主的眼球，多个名牌节目纷纷被“特约”，从而迈出了销售节目的第一步。

由此可见，受众生态环境和广告资源环境的改善与保护应该在节目创优中进行；经济收益的增加则需要通过塑造广播卓然不凡的传媒品质来实现。

（2）精办“坐台节目”。基于广播传媒的生存考虑，若突然之间将“坐台节目”全部取缔并不太可能实现，但数量上的控制是必要的。“坐台节目”与日常播出的节目应该保持适当的比例，绝不要因为此类节目的泛滥而影响频率的整体形象。不仅如此，广播电台还应该将“坐台节目”当作日常播出的服务类热线节目来经营和运作，变过去的向广告商出售节目时段为向广告商出售满意度和收听率，不要为了一时的经济利益而迁就广告商家，使自己成为兜售假冒伪劣产品的“街头摊点”。这就要求广播从业者在具体的操作过程中注意把握以下环节：①围绕产品设计不同的话题，赋予节目一定的层次感，让听众收听节目时既能对产品有一个较为系统的了解，又能时时听到新鲜的内容；②选择有实力、懂技术的嘉宾解答听众的问题，并要求嘉宾能结合产品谈一些既有趣又实用的内容，不要在产品的介绍上“兜圈圈”，避免直接兜售，而要让听众觉得收听“坐台节目”也能获得有益的东西；③充分发挥导播的“把关人”作用，对热线电话进行必要的过滤，将可能对节目构成负面影响的热线拒之门外；④主持人要有效地掌控和疏导热线，一旦发现有肉麻的吹嘘，就挂断电话，不给商家雇用的“托儿”留下任何可乘之机。

当然，以这种方式经营“坐台节目”可能会给广播电台的经济收益带来一定程度的影响。不过，暂时的经济损失换来的却是受众生态环境和广告资源环境的改善，从广播传媒的可持续发展角度考虑，显然是利大于弊。

（3）加大政府监管力度，营造理想的传媒制度与政策环境。在残酷激烈的传媒竞争中，生存的压力使从业者的这种自律或自觉意识显得非常脆弱，所以在经济利益和商业逻辑的驱动下，广播业者为了一时的经济收益在广播传媒的经营和运作过程中常常违背广播的传播规律和市场运行规则。因此，仅凭广播业者的自律或自觉对于行业生态环境的优化以及受众生态环境与广告资源环境的改善和保护是不够的。在这种情况下，政府应该有所作为：

首先，针对专业频率之间的恶性竞争，作为政府职能部门的省广电局可以制定相关政策对专业频率进行有效的行为规范，并协同市广电局对省、市两家广播电台进行积极引导，让两家电台能够本着互惠互利的原则签订合作协议，从市场定位、节目内容、广告经营、频率覆盖等诸多方面对不同的专业频率进行规范化的制约。

其次，在管办分离、政企分离和政事分离的基础上，广播电视局应该对“坐台节目”中的医疗热线、职业培训进行必要的监督，并积极配合工商、卫生、教育等有关职能部门严格执法。

再次，对于“喉舌”功能较为明显的新闻综合频率，因其对国家和社会的重要性，政府应根据具体情况，给予政策上的支持和帮助，如减免事业税、增加财政投入等。

政府对广播传媒的长期监管，会使传媒制度与政策的作用纳入环境作用因素。这样，在日常的经营和运作过程中，广播传媒便会进行自我审查、自我约束，主动与制度和政策的要求保持一致。这对广播传媒行业生态环境的优化以及受众生态环境与广告资源环境的改善和保护，无疑会有很大的促进作用。

二、注重对老年受众市场的开发和利用

面对社会老龄化趋势给广播带来的发展机遇，广播业者应该审时度势，对老年受众市场有一个新的估计，发挥自身优势，努力开发老年受众市场，在推动“银发经济”的同时，积极宣传党的方针政策，呼吁全社会都来关心老年人的精神、物质和文化生活，把让老年人“老有所养、老有所为、老有所乐”作为广播电台的一种理念与追求，从而实现社会、老年人、媒体和企业四方共赢。

1. 增加老年节目数量，满足老年受众需求

老年受众群体的增加决定老年节目需求的扩大。但是，目前国内广播开办老年节目的电台并不多，仅20余家，而广东地区没有一家。对此，张振华先生一针见血地指出：“中国社会的现实是：老龄化程度越来越高，老龄人口越来越多；而广播电视的现实是，本来开办老年节目的台就不多，各台的时间也较少，现在则是越来越少。”① 以中央人民广播电台为例，目前全台9套频率虽然供老年人收听的节目也不算少，但是定位清晰且专门为老年人开设的节目只有“中国之声”周二至周五9：35—10：00播出的《老年之友》，显然无法真正满足老年听众的收听需求。为了满足持续增加的老年群体的收听需要，扩大老年节目规模，增加老年节目数量应是题中之意，而且专门为老年人开设老年频率也非常必要。作为我国第一家健康老年频率，江西健康老年广播倡导“为老年和民众健康服务，促身体与精神共同健康”的媒体理念，以“服务民众健康，关爱老年身心”为宗旨。节目内容凸显服务特色、贴近老年生活，融健康资讯和老年信息、新闻、音乐、综艺于一体，以独特的专业定位、权威可靠的资讯、亲切自然的风格，用声音真诚地为听众健康服务，并与老龄委、医院、社区等相关部门联合举办各种活动，为听众朋友搭建了看得见的交流平台。江西健康老年广播还重点打造反映老年人生活的《金色年华》、具有权威性的《健康直通车》专栏，专业定位十分明确。应该说，江西健康老年广播为广播界带了个好头。

2. 采用“双轨模式”经营运作老年广播

开办专业性的老年广播频率需要一定的经费投入，维持其正常运转也需要相

---

① 张振华. 面对老年社会，媒体准备好了吗. 中国广播电视学刊，2005（4）

当的经费支持。应该承认，虽然如上文所言，社会老龄化趋势催生的“银发经济”所蕴涵的商机为老年广播的经营运作奠定坚实的物质基础，但是就目前而言，在整个社会对老年群体还缺少足够重视、广告业主对老年群体的消费能力缺乏足够信心、对老年群体的资源优势缺乏充分认识的情况下，任何一家电台开办专业性的老年广播频率都可能承担一定的经济风险。若从单纯的经济效益的角度考虑，广播电台是不愿意冒这个风险的。但是伴随着社会老龄化的趋势，一系列的社会问题也会纷纷出现，诸如养老政策，养老理财问题，老年人的心理健康、婚恋状况问题以及赡养老人、子女孝道问题等，这些都是媒体应该关注，也是老年人非常关心的问题。为了贯彻和落实中央提出的构建和谐社会的战略目标，广播电台应该针对社会老龄化趋势及其所产生的各种社会问题不失时机地加以宣传和疏导。因此，即使困难重重、阻力较大，广播电台依然应通过开办专业性的老年广播，为老年群体提供理想的精神家园。当然，在当前特定的经济环境下，老年广播的经营和运作可以采用“双轨模式”，也就是说，广播电台应该本着“内容为王，受众为本”的经营理念用品牌战略推动节目的内容建设和形式创新，让老年广播以最优秀的节目内容吸引众多的老年听众，进而吸引比较多的广告业主投放广告。而与其相关的政府职能部门也应该认真贯彻落实中央关于老龄工作的“党政主导，社会参与，全民关怀”的基本思路，将老年广播视为社会公益事业给予一定的政策倾斜和经济支持。无疑，“双轨模式”将为老年广播的可持续发展提供一条行之有效的途径。

3. 重视老年受众群体研究

老年广播品牌的打造是建立在经营者对老年受众群体研究与把握的基础上进行的。没有对老年受众群体的认识和了解，所谓的内容建设和形式创新，就失去了目标和基础；没有目标与基础的内容建设和形式创新，何来品牌可言？因此，重视老年受众的研究，以此作为开发老年节目的依据是广播经营者的必由之路。重视老年受众群体研究，除了了解老年人在收听时间、习惯、偏好等方面的共性外，老年听众研究还应该进一步细化。作为一个巨大的集群，老年受众群体内部除了共性还有很多差异性，如年龄、经济能力、文化水平、家庭类型、地域分布、曾经从事的职业等均存在不同，这些都可能带来收听需求和收听习惯的差异。对此，广播业者应该有一个清楚的了解。据赛立信媒介公司2006年全国无主调研的数据显示：从老年听众收听广播的时间来看，早上7：00—7：59是最黄金时段，40.9%的老年听众习惯在这个时段收听广播；中午12：00—12：59、晚上21：00—21：59是听众收听的次黄金时段。全天来看，老年人在早上收听电台的比例最高，这与他们收听电台的主要目的——获取信息，以及老年人的生活作息规律有很大关系。江西健康老年广播的节目《民乐飘香》，为听众介绍我国民族音乐尤其是江西的民族音乐，为中老年听众介绍经典戏曲片段，就安排在

7：30—8：30播出，这很符合老年听众收听广播的习惯。60岁以上的老年人在生理、心理、信息、服务、娱乐等方面，存在多层次、多方位的需求，因此，老年广播节目在栏目设置上必须充分考虑到这一特定收听群体的愿望和需求。2003年，杭州人民广播电台对各专业台的定位作了分析后发现，大多数专业台把目标锁定为“拥有财富、拥有权力、拥有知识、拥有未来”的听众，而忽略了对广播情有独钟的老人。他们下决心砍掉了一批与中老年定位不吻合的节目，对原有的中老年节目加大扶植力度：针对中老年听众关心时事新闻的特点，新开了《晨报天天读》、《今日新闻之最》、《新闻纪事》、《张公开讲》等新闻栏目；针对中老年人有较多的休闲时间的特点，开办了《听阿通说》、《长篇连播》、《长篇评书》等老人喜闻乐见的文艺节目；针对中老年人比较节俭的生活习惯，开办了《淘淘便宜货》栏目；对播放的歌曲，也要求以老歌、怀旧歌曲、经典乐曲为主，所以深受老年听众的欢迎和喜爱。①

三、强化服务意识，发挥媒介优势，做听众的贴身伴侣

广播改革与发展的前提在于广播工作者能够正确理解广播媒体的客观属性，其本质是对受众服务意识的增强，在改革与发展的同时真正提升受众的主体地位，在信息传播的过程中反映他们的愿望、满足他们的需求，实现整体利益，进而形成一种健康、积极、先进的社会舆论导向，在服务的过程中发挥广播的“喉舌”作用。当然，仅有服务意识是不够的，要想使服务意识落到实处，必须充分认识广播的媒介特性和传播优势，并通过具体节目的经营和运作，努力使广播成为听众的贴身伴侣。

广播“只闻其声，不见其人”的先天性缺陷给自身生存与发展所带来的消极影响在信息多元素传递中是显而易见的，但任何事物都是在不断发展变化中转换因果关系的。反过来看广播媒体，恰恰是一种缺陷成就了另一种无法超越的传播优势：当广播传输技术与现代通信技术合理对接以后，热线电话的运用不仅将广播媒体快捷性的传播优势发挥到了极致，而且使传受双方即时互动成为可能；广播传播信号的单一性特征决定了传受双方在热线互动过程中可以通过有声语言符号和音调、音高、音色、音长等辅助性的非语言符号畅所欲言地交流对话；广播传播信号的单一性特征成就了广播移动性和伴随性的传播功能，听众在汽车、旅途、田头甚至办公场所、厂矿车间均可以收听广播；广播传播信号的单一性特征赋予自身遮蔽性的传播优势，从而使参与者在与广播进行热线互动的过程中能够畅所欲言地表达观点、吐露心声。显然，广播媒介的这些传播优势为广播工作

---

① 张仕勇．我国老年广播发展特点浅析——从江西电台老年频率开播谈起．新闻实践，2005（12）

者服务意识的贯彻落实提供了前提条件。问题在于广播工作者如何发挥优势，怎样使服务意识真正得到有效的贯彻落实。事实上，近年来，广东电台在广播服务功能的开发利用方面所进行的成功探索，在某种程度上已经为广东广播的未来发展积累了可资借鉴的经验。

从上文中，我们看到，广东电台的《民声热线》节目充分发挥广播的即时互动优势，通过热线电话在听众、主持人以及政府职能部门的官员三方之间实现即时互动。在主持人的牵引和疏导之下，听众可以畅所欲言地与直播室里的政府官员交流沟通，投诉与自己切身利益相关的各种问题；而政府官员则根据不同的问题以不同的方式一一作答。这种互动方式不仅最大限度地保留公众的知情权和话语权，保障公众舆论的充分表达，而且改变了听众与节目之间传统的传受关系。在这里，听众既是节目的服务对象，又是节目的传播主体。不仅如此，政府职能部门的负责同志在直播室与听众交流对话、互动沟通时，如果有问题投诉，他们可以根据问题的性质、大小，能够当场解决的问题就当场拍板解决，不能够当场解决的问题则给听众满意的答复，实在无法解决的问题也会给听众耐心地解释和说明。节目让政府职能部门的负责同志走进直播室，通过热线电话与广大听众直接对话交流，实现了党和政府与人民群众零距离的沟通。原来遇到难题求告无门的平民百姓，现在通过节目很快就可以使问题得到解决，实在解决不了的问题也能讨个说法；原来对政府决策部署不理解的群众，通过节目了解了政府决策部署的背景，知道了政府决策部署的原因、依据，政府也获得了人民群众的理解与支持。这样有效地化解了社会矛盾，密切了党和政府与人民群众的血肉联系，从而促进和谐社会的建设。在2008春运抗冰雪灾害报道中，广东电台在应急服务方面又做了大量的工作。得到因雨雪冰冻造成京广铁路、京珠高速阻滞，广东春运情势告急的消息后，新闻广播和交通之声两个频率发挥广播快捷、简便优势，迅速推出《春运2008，见证风雪回家路》和“羊城交通台08春运特别报道”节目，24小时不间断播出，准确传递省委、省政府和广州春运指挥部的声音，及时播送春运公路、铁路、民航信息，反复宣传各职能部门采取的应对措施。为了使特别节目《春运2008，见证风雪回家路》收到更好的实效，为了让困阻在旅途和滞留在车站、机场的旅客得到及时的救助，广东电台又打破常规，让具有资源优势的《民声热线》节目紧急启动，与春运特别节目联动，成为听众呼救中心。听众反映的难题转到节目组，记者立即行动，为听众解决困难。特别节目开办后，《民声热线》共接听电话2 500多个，其中：80%的电话是咨询列车信息及退票信息，节目组人员全部当场给予了答复；20%的来电是求助，节目组全部转交相关部门办理。据不完全统计，在《春运2008，见证风雪回家路》开办的几天里，仅《民声热线》就解决听众的实际困难上百件。例如：1月27日晚9点多钟，《民声热线》收到被滞留在广东乳源罗先生的电话，反映他们的货车在那里堵了3天，没有被子，寒冷难熬。接到电话后，《民声热线》迅速拨电话给乳源县副县长赵卫东。经过2个小时的寻找，乳源县副县长赵志敏将3床被子、1件羽绒服送到罗先生的大货车上。1月28日晚上11点左右，被困在京珠北高速公路上梅花路段的乘客刘先生打电话求助说，他所乘坐的大巴被困4天4夜，车上有老人生病，急需药品。《民声热线》立刻与韶关市卫生局的负责人取得联络，韶关市卫生局派出工作人员连夜前往救助，经过两次徒步上山艰难寻找，终于在凌晨两点将药品送到了老人手上。2008年5月12日，汶川大地震发生后，受地震影响，灾区通信不畅，很多民众是通过广播与家人朋友互通了平安信息。广东电台新闻广播开办特别节目《川粤同心，众志成城》，与四川电台新闻频道、经济频道、绵阳电台、德阳电台、岷江音乐台等连线直播，用声音记录灾区一线的英雄事迹，讲述寻找亲人的感人故事。5月19日，广州听众池朝兴给广东电台写信，请广东电台为在成都打工的小伙子马志成寻找汶川亲人。接到来信，广东电台新闻广播马上行动，在5月20日与四川电台连线直播的节目中播出了马志成的寻亲信息，并且和马志成保持联络，将他的情况报告给关心他的广东听众。后来终于得知，马志成居住的萝卜寨已毁于地震，全家22人当中有3人遇难。因此，像《民声热线》这样的节目充分发挥了广播媒体的独特优势，不仅为人民群众与政府职能部门的领导直接对话搭建了平台，而且及时送去了党和政府的温暖与关爱，不仅使广播成了听众的贴身伴侣，而且使广播媒体拥有其他媒体无法超越的权威性和公信力，吸引越来越多的听众，扩大了广播的社会影响力，在一定程度上提升了广播媒体的社会地位。我们认为，本着这样的办台理念和运作机制，广东广播的未来一定会拥有更大的发展空间。

四、提升品牌魅力，以品牌制胜于媒介市场

培育品牌，从小处说，是企业参与市场竞争的法宝，是企业立身之本；从大处说，品牌是一个国家经济、科技和文化等综合国力的一个重要标志，在某种程度上代表国家形象，也是衡量一个国家经济竞争力和民族创造力的参照物。因此，创品牌、发展品牌不仅是重大经济问题，而且是政治问题，是一个战略性的问题。

国内广播媒体的品牌建设还处于初级阶段，大多数广播媒体的品牌建设和管理都是实践先行，概念在后，系统的品牌管理能上升到品牌战略的行为就更少。面对日趋激烈的竞争态势，广播媒体的品牌建设越来越重要。随着媒体市场的进一步放开，境外媒体强势进入，广东广播面临越来越严峻的挑战，加强广东广播的品牌建设，进一步提升品牌尤为重要。

提升广东广播的品牌魅力，需要不断丰富和完善广东广播的品牌内涵。如果说，创新是广东广播在前20多年改革和发展的动力，那么，在跨越式发展战略

思路下，对广东广播的品牌内涵应有新的认识与定义，塑造国际化、数字化、产业化、多元化、网络化的媒体品牌是广东广播努力的方向。

加入WTO以后，中国经济全球化进程加快，国际媒体进入中国市场的势头越来越猛。目前，国家已经特批九家境外电视在广东落地，对广东省内媒体市场影响颇大。面对境外媒体的冲击，随着全球经济一体化，广东广播走向国际化参与全球市场竞争已势在必行。广东电台已经进行了初步的尝试，2006年上半年，广东电台以外宣节目英语《广东新闻》和《今日广东》开播3周年为契机，与“世界广播网”合作策划了“广东周”等活动，进一步扩大节目影响。下半年，在省外宣办的指导下，广东电台为英国BBC在广东的采访报道提供了积极的协助。2006年12月6日，新闻频道大力协助BBC举行了《我们这一代》节目直播，向全世界展示广东青少年风采。当然，这仅仅是开始，今后的路还很长。

在数字技术高速发展的今天，网络、数字电视、移动电视、手机媒体、IP电视等新媒体异常活跃，模拟广播也将会全面向数字广播平移。现在广东电台已经初步建成以广州市到珠三角区域的数字广播的传输网络，在国内广播的数字化建设方面已经先行一步。今后，广东广播应该加快数字技术的应用步伐，开发数字DAB广播、图文广播，迎接全面数字化的广播时代的到来。

南方广播影视传媒集团成立后，广东电台以联合发展的方式实行跨级别、跨地域经营，初步实现了转变机制、集约化经营，在产业化发展方面迈出了坚实的一步。

广东广播经营正逐步向多元化方向发展，打造电视广播与商品营销的营销模式平台；努力拓展广播视频率与互联网三位一体时时互动的网络电台；利用专业频率的资源优势，与演艺、娱乐、展览等产业融合，开展会员俱乐部等营销方式……多元化经营将打破经营模式单一，改变收入结构简单的局面，为广东广播经营注入新的活力，保证广东广播的持续稳定发展。

构建广东广播网络，使网内所有电台能够资源共享，打破地域局限，借助网络优质的节目提升自身的竞争力，扩大影响力，提高知名度；利用现有的联合发展平台，吸纳更多省内外的入网台，扩大合作地区；构筑广播节目网络合作平台；建立品牌节目联合制作和大型活动合作机制……网络化将使广东广播这艘“联合舰队”更为强大。

质量始终是名牌产品的生命，对于广播而言亦是如此。高质量的广播节目是创建广播品牌的灵魂和基础，节目主持人在节目中往往起着举足轻重的作用。只有打造更多的品牌节目和品牌主持人，才能留住并吸引听众，在做到听众满意的同时提升听众的忠诚度，进而提高听众对频率或电台的归属感。塑造广东广播品牌，提高广播市场竞争力，需要更多的品牌节目和品牌主持人。

创新是任何品牌得以长盛不衰的先决条件，即使像可口可乐这样的百年国际品牌，在不同时期也被赋予新的内涵。广东广播富有探索和创新精神，在过去已经创下了无数的“全国第一”，更以创造“珠江模式”在中国广播史上刻下了划时代的烙印，并且20多年来一直都走在全国广播的前沿。在信息瞬息万变，听众需求千变万化的今天，节目内容、形式、做法等都需要不断地改进，以贴近市场，适应听众的需求。因此，在跨越式发展战略下，更应深入研究听众的需求，随时掌握收听市场的变化，以此推进新节目和新服务的研发，优化节目编排，提高节目及电台的核心竞争力，使广东广播品牌长盛不衰。

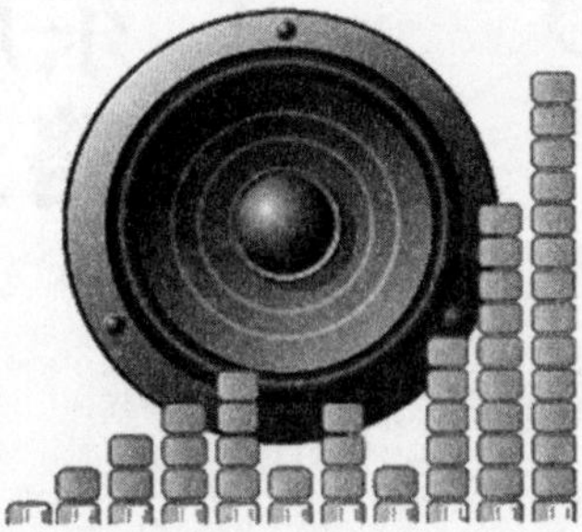

从战略的高度探讨广东广播产业发展的
未来……

第五章

广东广播的战略选择

【194—222】

从上一章的叙述中我们看到，跨越式发展战略的实施为广东电台创造了令国内广播界瞩目的辉煌业绩，使广东广播不仅保持着昔日的风采，而且焕发着青春的朝气，所以，即使身处竞争最激烈的传媒“试验区”，也毫不示弱，一直是活力四射、雄风不减，并且始终发挥着广播改革的先锋队和排头兵作用。但是，竞争仍在继续，而且会随着新兴媒体的不断涌现而愈发残酷激烈。在未来的岁月里，广东广播能否稳住阵脚，在新一轮的传媒较量中再创佳绩，再造辉煌，真正实现做大做强的目标，这是广东广播的决策者所应考虑的问题。基于这样的认识，本章将从战略的高度探讨广东广播产业发展的未来。

第一节　媒介融合中的角色定位

在传统主流媒体和数字化新媒体双面夹击的今天，“弱势”的广播如何在残酷激烈的媒介竞争中分得一杯羹，这需要广播顺应媒介融合和渗透的大趋势，抓住广播媒介自身传播特性和本质规律，结合新媒体提供的可行性契机来找准自身角色定位，从思维上打破“广播消亡论”的黑色预言，从行动上突破其生存的瓶颈，并真正担负起媒介社会公器的职能从而有所作为。

一、把握媒介特性，按广播的规律办广播

“珠江模式”的“主持人、大板块、直播化”的播出方式是广东电台的决策者本着“听众是广播的主人”的传播观念，在认真分析广播的传播特性，借鉴境外电台尤其是香港电台的传播经验，以及认真反思国内广播尤其是广东广播过去几十年传播模式的基础上推出的。在他们看来，广播像过去那样过分倚重报纸作训导与灌输式的宣传是无法实现其应有的传播效果的；广播要发挥主流媒体在改革开放和社会主义现代化建设中的作用，必须发挥自身优势，走自己的路。

可以这样说，“珠江模式”诞生以后这20多年来的时间里，各级电台以及各类不同的专业频率无不是沿袭着“主持人、大板块、直播化”的播出方式传递自己的节目内容的。当然，在具体的经营和运作过程中，不同的电台或频率会根据自身的情况作某些变化与调整，但是从播出方式上来说都是努力按广播的规律办广播。

所要指出的是，当前学界和业界的不少同志认为，网络技术、数字技术以及现代通信技术的发展和应用使得传播方式不再泾渭分明，各种媒介的传播形态相互渗透与融合。由于节目内容和发送、接收方式的改变，广播从原来的声音形态向点播、轮播、浏览、下载、互动等方式发展传播节目，由原来单一的声音信息载体变成向文本、图像和视频等延伸的多元信息载体。也就是说，听众收听广播

既可以获得音频信息，也能够获得许多附加信息。比如，当广播中播放一首歌曲时，视频窗口将发布演唱者的相关资料、照片以及歌词内容等。我们以为，科技的发展与进步克服了广播传播的某些弱点，这当然是件好事。

但是，任何媒介都有自身的媒介特性和传播规律。所谓特性，即不可替代性，构成了媒介核心竞争力的先决条件。相对电视媒介和新媒体而言，广播的唯一表现方式——声音——成了广播媒介传播规律的源头，由声音衍生出的相关特性和功能则构成了广播传播规律的“灵魂”。可以说，办广播，成也声音，败也声音。正因为声音是广播永远且唯一的“表达口径”，从诞生之日起就决定了广播的绝对优势——“解放受众眼球”。再加上信号传输技术的进步、使用成本低廉、携带方便、使用副作用相对最小等一系列正面的特性和功能，广播成为唯一可以随时随地实现伴随性和移动性接收的理想媒介。当然，正是作为唯一的表达手段，声音同时也注定了广播的相对传统主流媒体和新媒体的无法克服的弱势，诸如声音表达的单一性、线性传播选择性差、转瞬即逝不宜保存、在解放眼球的同时注意力容易被分散等等。若欲保持广播媒介的核心竞争力，则应牢牢抓住其他媒介无可比拟的绝对优势——伴随性和移动性，抓住声音的本质表现特征和受众对声音的常规接受规律和听觉心理，扬长避短，发挥声音的优势功能，严格按照广播的规律办广播。囿于新媒体发端出的节节高升的生命力，传统主流媒体已经在实践上向新媒体尤其是网络媒体积极靠拢。

事实上，从新一轮报网互动、网络杂志的实践来看，它们体现了一种新的思路：借助网络平台优化自身，最终回归媒介本位。就广播媒介而言，广播“上网”改变了传统的节目内容和发送、接受方式，广播从原来的线性播出方式转变为点播、轮播、浏览、下载、互动等表现形态，但是，上述“革新”对广播而言不仅违背了广播的本质规律，更有悖于媒介融合的最终目的——差异性融合。针对广播无可比拟的优势，即利用伴随性和移动性来解放受众眼球，如果广播“上网”却要将输出终端转移到网络上，把听众束缚在电脑前，那么“解放受众眼球”只能成为一句空话。因此，只能对现代化的信息技术和数字技术实施“拿来主义”，而不能无原则地坚持“靠拢主义”。从形态融合走向媒介大整合之后再回归到媒介“差异性”融合的总趋势而言，媒介融合将带来的是载体的“先合后分”的局面，即各种媒介产品都可以“借用”网络，汇流到网络后又分散到各种不同的接收终端中，遵循媒介自身传播特性来实现媒介产品的多样化。网络不一定要作为各种媒介产品的直接载体和唯一输出终端，而是可以实行传播渠道的集中化和输出终端的个性化。结合广播“解放受众眼球”的根本任务，广播的网络化应主要集中在广播编辑室中实现，不排斥音频网站提供的多形态服务，但主要应定位于可伴随性和可移动性的输出终端上，信息技术有助于广播信号清晰度的提升，技术革新后的点播、轮播、互动等新型传播形态也应在可移动的收听终端上实现，这才是回归广播本位之所在。这种方式才会在更大限度上发挥广播媒介的固有形态的绝对优势，适应听众需求，不仅真正坚持了“解放受众眼球”，更要跨越式地“叫醒听众耳朵”。

科技的发展可以弥补广播的某些缺陷和不足，但是无法改变广播的本质特性。在媒体传播形态互相渗透与融合的过程中，如果连广播的本质特性都被同化了，那么广播媒体也就没有存在的必要了；如果广播媒体不存在了，那么我们探讨“广播向何处去”的问题也就成了子虚乌有的事了。由此可见，无论媒体形态怎样渗透与融合，认真分析广播的传播特性，坚持按广播的规律办广播不动摇，是广播健康发展与良性循环的不二法门。过去我们所探讨的精品战略、品牌战略等问题在今天或以后相当长一段时间内仍有必要作深入细致的研究与探讨。“内容为王，受众为本”应成为现代广播的永恒追求。

二、技术融合先行，树立数字化意识

科学技术是第一生产力。作为媒介融合的初级阶段，载体融合实质是以技术性融合为基础而实现的一种形态融合。在媒介融合的汹涌大潮中，各种传统媒介努力寻求与新媒体相结合，从技术上优化自身的传播功能，以追求更多的市场份额，获得更大的生存空间。广播媒介亦不例外。诚如上文所言，作为继调幅、调频广播之后的第三代广播，与现有的调幅、调频广播相比，数字音频和数据广播具有音质好、接受质量高、抗干扰性强、覆盖面积大、传输信号稳定等特点。据悉，目前全世界已有40个国家和地区采用和正在试验数字音频广播，拥有800套数字音频节目，总覆盖人口已达4.75亿。传输信号的效果优化和数字广播技术的日趋成熟为受众范围的拓宽扫清了技术障碍，也为更好地实现伴随性和移动性提供了技术支撑和保障。事实上，业界人士已经有人认识到实现数字化的意义。赵多佳、许秀玲认为：“广播电视数字化是一场世界范围的新技术革命，这场革命打破了传统媒介和新媒介之间的疆界，改变着人们对媒体的接触习惯，各种新老媒体逐渐走向交替与融合。在各种媒体的融合与发展中又为我们广播创造了新的机会，应该说数字广播的出现加速了模拟信号数字化的历史进程。”① 为了印证自己的观点，她们在叙述过程中援引了国家广电总局副局长张海涛的一段话：“数字化不仅仅是技术变革，它已经超出了技术领域和行业范畴……数字化是广播电视升级换代的基础，是广播电视生存发展的根本，是我国广电系统提高自主创新能力最紧迫的任务。推动我国广播、电视数字化，是一项惠及千家万户的民心工程，是全国广电系统的第二次创业，也是我们这一代广电人的神圣使

---

① 赵多佳，许秀玲．内容　受众　传播——广播专业化概论．中国国际广播出版社，2008. 203

命。”因此，树立数字化意识对于广东广播的未来发展有着非同寻常的意义和价值。值得称道的是，在实施跨越式发展战略的过程中，广东电台抓住数字广播发展机遇，将广播的数字化建设放到一个突出的位置，加速推进DMB技术的实际应用，并且完成珠江经济台、交通之声两套节目在DMB单频网中播出，为自身全面开展DMB多媒体数字广播打下基础。另外，广东电台数字多媒体DMB也在积极准备上视频节目，已与韩国LG公司达成协议，使DMB能搭上最普遍的移动媒体——手机。广东电台数字多媒体DMB还在广东电台大堂开辟DMB陈列柜台，积极推销DMB终端接收机。这一点在第三章我们已作了较为详细的介绍，这里不再赘述。

当然，上文的叙述，同样让我们看到，媒介融合是在发挥媒介各自传播规律和传播特性的基础上实现的，回归到广播的传播特性本身，由声音引发的伴随性和移动性决定了广播受众市场的“类别化”，不似电视受众的“普遍泛化”和稳定性差、流动性强，广播受众开始愈加明显地集中在驾车族和老年人口上，这一分众“类别化”趋势随着汽车消费量的与日俱增、城市化进程的加快和人口老龄化等原因而愈加得到彰显。因此，在新媒体咄咄逼人的转型时期，广播人努力的方向应该是将数字广播技术落实到“类别化”的对象上。对城市驾车族而言，广播信号较为稳定，但是对边远地区的驾车族和中老年一族的信号覆盖相对弱化则需要相关数字技术支持；而且数字化意识不应仅仅局限在广播编辑室的设备更新上，更应该走进广播人的头脑中。网络载体本身兼具了海量信息，为广播节目内容提供丰富的潜在资源和素材，网络广播的出现则需要树立精品意识，创办品牌栏目，强化节目质量，优化运营渠道，而不是将音频节目随意地堆砌在网络上。广播节目的采写编排及后期制作都应该贯穿数字化意识，从技术改进到形式创新，结合新媒体的传播成本低廉、速度快、覆盖面大等优势，加紧实现广播结构和广播栏目的数字化进程。

三、节目形态“碎片化”，为风格创新再添活力

碎片化的概念一般用于指受众市场的破碎与细分。不过，将完整的节目“破碎”与受众市场的破碎与细分有某种相似之处，所以姑且借用这一概念。“珠江模式”的成功为中国广播的改革和发展带来了里程碑式的影响，其“主持人、大板块、直播化”的播出方式成为20多年来各级各类电台节目经营和运作的基本模式。不过，今天的广播媒介在覆盖范围、收听人口、资本实力和技术层面上都远非过去所能相比，满足于现状和固守模式化只会停步不前甚至出现倒退，唯有创新才是生命力发展的源泉。当然，目前广播节目形态已相对稳定，而且呈现出流动性和边界模糊化特征，所以短时期内形态创新还不是最佳切入口。在传统主流媒介和新媒体双面夹击的激烈竞争态势下，节目形态的“碎片化”

追求和节目风格创新则成为秉承“珠江模式”后的广播自我革新的当务之急。根据收听人群的心理接受特征和需求，传统意义上的解说加音响的专题性广播节目满足了听众对信息突出、内容鲜明的节目需求，但广播是单信道传播，声音是听众收听广播节目时可感知的唯一信号，所以如同电视画面单一引起视觉疲劳，新闻内容丰富、文艺节目高雅但表现形式单一化、严肃冗长的广播节目，则容易引起听觉疲劳，使收听人群容易分散注意力。那么，如何做到“叫好又叫座”，艺术性和实用性相得益彰呢？节目形态“碎片化”追求和坚持风格创新将为“珠江模式”注入新的活力。目前各级各类的广播媒介已经将节目“碎片化”的理念运用得较为到位，片头、片花、广告、插播新闻、音乐等已经成为节目形态“碎片化”的主要手段，使节目避免了传统专题节目的冗长沉闷，增强了可听性。与此同时，在实现节目形态“碎片化”的前提下，坚持节目风格创新成为广播节目创新的另一切入口。风格不同于一般的艺术特质，它是指作品的本质思想和作者精神、创作风格的内在流露，与时代特色和民族气质息息相关。对于广播节目而言，其风格取决于内容但又不应束缚于内容，同一内容可以诉诸不同的表现风格。具体说来，节目风格可以由题材和体裁及其表现手法来构成。在舆论引导功能强化时期，新闻时政类节目的历史厚重感诚然需要，但过于严肃厚重的节目风格已然脱离了多元清新的时代气息，束缚了听众的感官享受，解放了受众眼球却无法减轻受众的心灵负荷。因此，在节目形态“碎片化”的同时更应注意广播节目的风格创新，力图使题材轻松化、体裁精短化、表现手法多元化，使听众在轻松愉悦的风格中获取丰富的信息。节目形态“碎片化”追求和坚持风格创新是在既有的“珠江模式”上的可行性创新之举，并将继续为广播媒介的长远发展提供动力。

需要指出，节目形态“碎片化”追求的目的和宗旨就是使广播节目在风格上有所创新，但是无论是节目形态的“碎片化”追求，还是风格创新都只是广播节目吸引听众，拥有一定市场份额的手段，而不是终极目标；广播工作者在强调节目形态“碎片化”和风格创新同时，更应该注重节目的内容创新和内在精神的一致性，绝不能为了“碎片化”而“碎片化”，为了风格创新而放弃内容的选择和主题的提炼，进而使传统主流媒体的广播蜕变成淡化主题、漠视崇高，成为反本质、反中心、反理性的充满后现代主义传播理念的媒体，最终难以避免庸俗化甚至低俗化的节目内容。

四、肩负“社会表达”职责，提升广播公信力

各类媒体的所有制结构和资本补偿方式的差异决定了其承担的社会角色或责任也各不相同。目前国内媒体产业多属于公有性质，肩负起“社会表达”的职责理应放在经营者和管理者心中第一位。广播作为大众传媒的一个分支，囿于种

种现实因素，在发挥“社会公器”职能时受到了一定限制，但是这并不意味着“弱势”的广播媒介就可以不用承担“社会表达”和舆论监督的职责。相反，广播媒介更应发挥自身优势，主动肩负起“社会表达”和舆论监督的角色，树立品牌战略意识，提升广播公信力。只有这样，才能在媒介竞争如火如荼的态势下立于不败之地。在传统主流媒介和新媒介激烈竞争的大背景下，广播媒介通常是通过讲好故事、放好音乐来收复失地的，但是打江山容易守江山难。任何一种媒介如果失守“新闻节目”这一大本营，那只能表面风光，最终必将走向没落。遗憾的是，在商业利益的驱使下，广告成为操纵广播经营运作的“无形的手”。收听率至上的经营理念导致了目前的广播普遍存在着节目内容低俗化、播出流程无序化以及节目制作粗糙化的现象。从某种程度上说，广播媒体不仅没有很好地承担“社会表达”和舆论监督的社会职责，反而破坏了传统主流媒体的良好形象，社会公信力受到严重影响。事实上，在网络技术、数字技术和现代通信技术大举渗透广播媒介的今天，广播在网络化中完成了传播形态的多元融合，如点播、轮播、下载、互动等多种触及广播的方式呈现在听众面前。这些多元的传播接收方式实现了广播节目的可选择性和可保存性，继而为受众享受广播的方式打开另一番天地。如何争取潜在受众，扩大市场份额，只有在“新闻立台”的思想指导下，坚持“内容为王，受众为本”，紧抓新闻节目的内容建设和形式创新，依靠自身特性承载起“社会表达”和舆论监督的社会职责。广播工作者应该清楚，正义的声音才是广播媒介的立身之本。

总之，只有把握媒介特性，按广播的规律来实现广播与新媒体的“差异性”融合、个性化创新，才能在媒介激烈竞争洪流中走出自己的路。从形态融合走向媒介大整合之后再回归到媒介“差异性”融合是媒介融合的基本走势。在新媒介蓬勃发展的多元态势下，广播媒介应该把握本质特性，“借道”网络，坚持以伴随性和移动性接收终端为主体，最终回归广播本位之后再谈创新。在创新问题上，节目的“碎片化”追求和风格创新将会为增强节目活力和拓展受众市场提供可能；而在市场经济体制下，广播从内部改革，从媒介特性、内容、节目形态、受众群特征等出发制定营销策略，调整营销战略，走出一条品牌强台之路，并坚持“内容为王，受众为本”，肩负起“社会表达”和舆论监督的社会责任，则有助于提升广播媒介的公信力。换句话说，在新媒介的强势渗透力和竞争力之下，广播媒介只有找准自身定位，根据受众收听需求来革新节目风格，依托特有传播优势来实现“差异性”融合，将广播的媒介优势发挥到极致，才能在残酷激烈的媒介竞争中立于不败之地，在媒介融合中走得更远。

第二节　广播频率的类型化建设

正如有的学者所言，改革开放30年来，从单一走向多元的社会变迁推动媒介结构由单一走向多样，而多样性与分化正是类型化广播发展的基础。与此同时，媒介自身机制的转变也是至关重要的因素：媒介自身不仅受到市场变革的影响，20世纪90年代以后“事业性质、企业管理”的双重性性质认定，使媒介信息产业性质凸显，作为市场主体，媒介也参与到激烈的市场竞争中去。收视率、收听率成为广播电视业的生命线。媒介经营市场化成为媒介多元化乃至类型化发展的直接因素。① 因此，在这一节中，我们有必要探讨广播频率的类型化建设问题。

一、类型化广播的概念阐释

类型化广播（Format Radio），又称格式化、个性化、风格化广播。与每个节目区隔明显，听众必须依照节目时间表收听节目的栏目化广播，或者叫堆砌栏目的广播（Block Programming Radio）不同，类型化广播淡化一个个节目，凸显整个频率的面貌，听众收听类型化广播的节目，不需要节目时间表，打开收音机随时可以收听自己所需要的节目。客观地说，在广东广播目前的专业化程度还不是很高的情况下奢谈类型化似乎为时过早。但是，类型化是广播发展的方向，从国外发达国家的广播业发展情况来看，当媒体竞争十分激烈的时候，广播要想生存和发展，走类型化之路应该是首要选择。类型化广播的基本特征主要表现在以下三个方面：②

（1）定位专工化。类型化广播与综合广播不同，其定位往往有着特定的市场方向；与专业化广播也不一样，它是市场进一步细化的结果。在分析类型化广播的时候，不仅要分析其播出的内容，还要看其目标人群定位、播出形式定位、收听方式定位，甚至包括听众特定时区或场合的接触广播的习惯定位。与其他广播模式相比，类型化广播的频率定位更加清晰和精准，可以说，它的每一个设置环节都有特定的指向，服务于特定的人群。

（2）播出同质化。在同一广播频率播出的节目，虽然可以冠以不同的节目或栏目标签，但对于类型化广播而言，它的播出却采用了相对同质化的标准。这样的标准，不仅贯穿于节目内容设置，而且贯穿于整套节目的包装。这里的同质

① 林晖．类型化——中国广播电视发展的必由之路．新闻记者，2001（9）

② 金涛．广播“类型化”研判．中国广播，2006（2）

化不是指一般意义上的不同频率在内容方面的交叉、重叠和雷同，而是指某个频率的标志音乐及其播出风格的一体化以及节目选材及其运转模式的标准化。类型化广播在强调频率之间差异化竞争的同时，常常通过自身的同质化标准来张扬频率的品牌特色，借以扩大整套节目的影响。

（3）运作流程化。类型化广播的不同环节、不同生产线下来的产品，通通汇入一条统一的组装线，并且在统一的标准下统筹安排播出。不仅如此，类型化广播的流程化管理还可以借助某种专业软件，按照某种订制规则，实现播出内容的电脑化自动编排。这种按照一定规则订制或编排的类型化广播节目可以更经济、更科学、更合理地调配广播的人力资源，进而有助于实现广播资源效益的最大化。

二、专业频率类型化建设是广东广播生存与发展的需要

任何事物的产生与发展都有其相关的背景，专业频率的类型化建设也不例外。美国传播学家杰克·富勒认为，“每种媒介都有自身的优势与劣势，它也会将这些强加在所携带的信息上。新媒介通常并不会消灭旧媒介，它们只是将旧媒介推到它们具有相对优势的领域。”[①] 这一观点对于我们分析专业频率类型化建设的必要性有一定的借鉴作用。

类型化广播在我国才刚刚起步，但是在国外已经发展成为一种相当成熟的模式。类型化的出现源于日益激烈的传媒竞争，美国广播的发展让我们清楚地看到这一点。20 世纪 40～50 年代，随着电视技术的不断成熟和电视观众的大量增加，美国广播遭遇电视强大的挑战和前所未有的打击，由盛转衰，经历了三个周期：[②] 第一个周期是 1946—1951 年，这是广播的夕阳期。1949 年，美国城市地区广播听众与电视观众的比率，年初为 81∶29，年底就变成了 59∶41。第二个周期是 1952—1955 年，这是广播的蜕变期。电视迅速普及，且广告效果好，抢走了广播广告和听众，使广播岌岌可危。第三个周期是 1952—1961 年，这是广播的惨淡期。“广播消亡”之说出现。面对电视的强有力冲击，1955 年美国广播出现了音乐排行榜节目“40 首最佳歌曲”模式，这种模式以欢快、持续和乐观的音乐为特色，通过时钟（Clock Hour）来管理，通过对受众市场的细分，将目标听众集中在轮廓清晰、需求明确的特定人群身上，形成广播特有的受众市场，从而避开了与电视的正面交锋。由于采用类型化的播出模式，19 世纪 70 年代初，广播吸引约 80% 的美国上班族平均每天收听 3 个小时的广播节目。大批特色化、专业化音乐电台、新闻电台以及谈话电台兴起，广播焕发了二次青春。根

---

① 杰克·富勒．信息时代的新闻价值观．展江译．新华出版社，1999. 224

② 覃信刚．类型化电台的媒介背景．中国广播电视学刊，2008（2）

据全美广播协会（NAB）关于全国广播电台频率定位统计，2002 年美国共有广播13 817 家，其中，新闻谈话台 1 761 家，老年台 816 家，体育台 391 家。音乐台所占比例最高，大约有 9 000 家。在这约 9 000 家音乐台中，乡村音乐台 2 134 家，成人抒情、热门成人抒情、轻柔成人抒情以及城市成人抒情四样加起来共 1 577 家；摇滚、另类摇滚、古典摇滚、现代摇滚加起来共 1 172 家；福音、南部福音、黑人福音加起来共635 家；节奏蓝调、成人节奏蓝调、老年节奏蓝调加起来共 287 家。① 如今，美国的广播电台已有 15 000 多家。其中，最典型的类型化新闻电台当属已经运作了 30 多年的纽约“1010WINS”。这个台的节目构成为每 20 分钟一个组合体，新闻都是提要式的，每条长度不超过 40 秒。它的广告词是：“给我们 20 分钟，我们给你整个世界。”它的节目里，每 20 分钟就有一条重要的头条新闻，每小时播 6 次交通路况，每 4 分钟有一次天气预报，每小时有 2 次专家对天气形势的分析，每小时还有一次专家对体育的点评。②

我国的人民广播事业起步较晚，而且囿于体制的影响也缺少经营运作方面的经验。起初，当电视强势挤占其有限的市场空间时，广播一时有些招架不住，立马跌入谷底。从上文的叙述，我们不难看出，“珠江模式”不仅变革了广播的传播方式，努力按广播的媒介特性和传播规律办节目，在一定程度上也满足了听众的接受需求和欣赏需要，而且开创了系列台的办台模式，为广播细分听众、细分市场，满足听众多样化的接受需求创造了前提性的条件。此后 20 多年，我国广播业经历了由系列台到专业化的改革，在经营运作方面积累了丰富的经验，取得了丰硕的成果，而且有些电台还开始尝试进行类型化改革，也颇有收获。我国第一个称得上类型化的广播是 2002 年中央电台推出的“音乐之声”，该频率的节目以 2 小时为一个段落，音乐和主持人语言有严格的比例限制。其后，2003 年中央电台“经济之声”提出了天下财经“任意时间收听，二十分钟搞定”的节目思路以及“轮盘式”节目结构，即在一天人们收听广播的主要时区，做到将一天里的经济财经信息、相关财经背景和各种动态指数每 20 分钟播出一次。2004 年元月，国内第一家纯新闻类型化电台——东广新闻资讯频率在上海诞生。2004 年 6 月，湖北电台类型化音乐频率“FUN MUSIC RADIO”正式运行。2005 年 1 月 1 日，云南电台 8 套节目按照传播定位、风格定位、受众定位、营销定位，全面改版开播。2005 年 9 月 28 日，中国国际电台环球资讯广播开播，成为国内第一家类型化纯资讯广播频率。

但是，进入 20 世纪 90 年代中期后，系列台发展基本停步不前，甚至有不少再度滑向综合台的老路，专业台不专，特色不特，影响力和竞争力均在下滑。因

---

① 张勉之．类型化、专业化趋势——面向未来的世界广播（三）．中国广播，2004（10）

② 张勉之．美国的全新闻广播电台．中国广播，2003（5）

此，总体来说，我国广播的专业频率基本上呈现大专业、小综合的特点。这样，对于一个地区几个甚至十几个的广播频率来说，其节目内容就难以避免交叉、重叠和雷同的现象。就竞争最激烈的广州地区而言，包括中央电台的中国之声、经济之声和音乐之声3个频率在内，听众能够收听广东电台、广州电台和周边的佛山电台等专业频率的节目超过20套。而从这些频率的内容设置和市场定位看，往往是综合性有余，专业性不足。且不说不同电台的节目，就是广东电台自己的8个专业频率明确以综合性面貌出现的就有新闻广播、珠江经济台和城市之声3个频率；而像音乐、交通等相对紧俏的节目资源又成了各家电台你争我夺的对象，导致广播竞争始终处于无序化状态。

有学者指出："受众是当今社会上最庞大的无组织群体，他们因年龄、性别、职业、民族、文化等方面的差异而对大众传播抱有不同的需求和心态，表现出不同的心理特征。具有相同或相似心理特征的受众在受众这个群体中又联结为较小的心理群体。"① 事实也是如此，由于地域、年龄、性别、收入、社会阶层、生活方式、教育程度、职业、爱好等形成消费者先天或后天的差别，而这种差别又使人们包括信息需求在内的消费需求，自然存在着差异性。因此，对于市场化的媒介而言，面对多样的需求与细分化的市场，"全"不是竞争优势。相反和其他企业一样，越是专业化才越有效率；市场越发展，消费群体越多元，消费需求差异会越大，消费者需要更有针对性甚至是个性化的服务和产品，企业间的分工和专业化程度也相应越高，转而对于媒介和媒介信息服务，节目制作的专业性要求也就越突出。与一般的市场原则类似，在媒介充分发育的市场上，受众群体分化使得他们的信息需求也随着市场经济的深入发展表现出越来越明显的群体差异性。为数众多的面向市场的媒介，要在竞争中求胜，必须研究并适应这种需求变化，用类型化发展在细分化市场中求得较高占有率。②

因此，以笔者之见，广东广播如果继续这样发展下去，为了暂时的利益而一味追求"广"播，争着抢着去做大众型媒体，拒绝走类型化的广播之路，其结果势必无法赢得听众的信赖和支持，最终也就难以实现做大做强的目标。

三、专业频率类型化建设的可行性分析

从目前广东广播的受众市场和广告市场的基本格局看，让所有的专业频率一窝蜂地进行类型化的改造，那也不太现实，但是着眼于广东广播的远景规划，专业频率的类型化建设不仅符合广东广播生存与发展的需要，而且其具体的经营和运作也具有一定的可行性。

---

① 郑兴东．受众心理与传媒引导．新华出版社，1999.8

② 林晖．类型化——中国广播电视发展的必由之路．新闻记者，2001（9）

1. 西方发达国家的类型化广播为广东广播提供可资借鉴的成功经验

目前，类型化广播在西方发达国家比较常见。由于美国的类型化运作模式确立了广播生存、发展和竞争的基本方式，并获得了巨大的成功，所以西方发达国家如加拿大、英国、法国和澳大利亚等纷纷学习和借鉴了美国类型化广播的运作模式。

在英国，经营卫星的空中广播公司早在1998年就以模拟和数字并用的方式开始了140个频道的服务，服务内容包括：7个体育频道、17个娱乐频道、12个电影频道、13个新闻和纪实频道、8个儿童频道、9个音乐和专门频道、44个广播音乐频道。44个广播音乐频道如何进一步分类，可想而知。①

在澳洲，澳广新闻网1994年8月成立，采取的是滚轮式新闻运作架构，每15分钟播出一轮新闻，前5分钟是最新的消息，然后是天气、财经与体育信息，最后是国内及国外新闻；每15分钟有一个新闻背景的特写报道作为结束。澳广新闻网覆盖八大城市，收听率非常高。

在法国，有700多家类型化广播，以音乐类偏多，而且经济效益不错。②

而类型化运作更使美国的广播一直保持旺盛的竞争力。多年来，在美国全国的广告市场上，广播电台始终占有10%以上的份额，并且不断上升。之所以如此，是因为类型化广播不仅能够满足听众日益多样的需求，而且能够适应广告市场的变化。有学者在研究美国广播广告经营时发现："美国广播业在处理电台与广告商的关系上，传统的做法是，电台先尽可能多地吸收听众，然后再去寻找相应的广告主。这种运作策略被动地用听众群来吸引广告客户。然而，随着受众面对的传媒增加，自身生活方式与爱好的不同，受众已经严重分化。广播已不可能达到历史上的高收听率，它必须以特定类型的节目，主动抓住特定的目标群体。这促使一种新的经营策略的产生，即电台先瞄准大广告商在不同时段的销售目标和产品诉求定位，通过市场调查和研究来明确界定其目标消费者的人口学特征，然后，通过恰当的节目类型聚合和培养其最感兴趣的这一群人，有的放矢地出售给广告商。传统的运作方式的关键在于听众群的大小，新的运作方式的策略和技巧则在于听众的人口学特征和广告主的诉求目标的契合程度。"③ 类型化广播背景下的这一广告运作模式确实值得借鉴。

2. 国内广播类型化运作的尝试大都比较成功

上文已述，国内广播的类型化（也称格式化运作）始于中央电台的音乐之

---

① 张勉之．类型化、专业化趋势——面向未来的世界广播（三）．中国广播，2004（10）

② 覃信刚．关于类型化电台的解析．中国广播电视学刊，2008（1）

③ 郑宝国，郑荣国．追求广告商、受众和节目新互动——美国广播业探析．中国记者，2003（2）

声。这种结构模式从台湾引入，具体的运作方式表现为：[①] ①大区段播出时间，两三个甚至四五个小时为一节；②给每节取一个很虚泛的名称，如“音乐任我行”、“音乐无极限”、“午后节拍”等等，像栏目名称，又缺乏实质性意义；③限制主持人的语言量，每小时不得超过6或7分钟，超过即为“踩歌”，“踩歌”就要被罚；④强调频率品牌与风格的整体一致性，不打栏目品牌和主持人品牌；⑤依靠一个大的曲库和一个与之相连的软件编排系统；⑥每逢整点安排两三分钟的资讯，根据广告量的多少设广告开口，每小时4或6个不等，广告经营主要出售这些广告开口，片花之美、之炫常常成为音乐广播的重要特色；⑦强调音乐的伴随性，不同时段选用不同情绪的音乐内容，圈内人称为“时钟概念”；⑧目标听众一般选20~45岁的年龄段，播出的多为华语流行歌曲，有的加少量欧美流行歌曲以及日韩流行歌曲。目前，国内有15~20家同类型的格式化音乐广播。由于类型化广播的主持人语言更加精炼，节目更规范，整体性特点与众不同，其节目往往能够得到听众们的广泛认可。根据新生代市场调查公司2002年12月至2003年7月的市场调查结果显示：中央电台“音乐之声”自开播以来，有效收听率大幅度领先于北京电台的交通台、音乐台及中国国际电台等其他电台，在北京地区取得了31.13%的收听率，位居第一。湖北电台音乐广播取消一个节目一个版头的做法，统一设计频率形象版头，突出频率的整体特征。与当地大多数电台将广告安排在整点和半点播出的做法不同，该频率的广告每小时四次开口，即分为正点、十五分、半点、四十五分播出，广告和节目融为一体，既不影响听众的收听，也符合广告主的销售习惯和需要。另外，广告的形式除了品牌，还捆绑各种音乐小专题，做到广告和节目相伴随并互为衬托，达到了广告的有效传播。目前，湖北电台音乐广播成为湖北省第一家连续12小时没有医疗广告、连续播放音乐的电台。较之于2006年，湖北电台音乐广播2007年品牌广告上升幅度是130%，品牌广告占整个广告额的70%，已成功走出了医疗广告的阴影。

除了音乐广播，一些新闻广播的类型化运作也比较成功。上海东广新闻从9：00至24：00，整个台的版面设置以半个小时为单位，每个整点和半点以直播形式播出10分钟新闻和气象，新闻传播更为及时、完整。记者在新闻事件现场同步报道新闻事件的最新动态，重要新闻事件跟踪滚动播出，使广播成为可以“随时出版、连续出版的报纸”。这种“滚轮式”播出方式，做到了“听新闻不用等”，实现了理想的信息接收方式——需要新闻时随时打开收音机。不仅如此，东广新闻台还十分注重在频道整体的贴近性方面下工夫，滚动新闻中定时为本地听众提供尽可能全面的生活资讯，如气象信息、股市汇市行情、市场信息、

---

① 张勉之．格式化结构之我见．中国广播，2006（10）

就业信息、求学信息、文化信息等，成为听众生活中不可或缺的“电子秘书”。单“气象”这一环节就开设了“主要商务区温度实况”、“上下班天气”、“短时天气预报”、“紫外线指数、洗晒指数、感冒指数”等多种实用的天气信息，并成为上海市指定发布灾害性天气预警信息的媒体之一。根据央视—索福瑞公司2004年以来的两次调查，东广新闻台收听率较改版前有了明显飞跃，尤其是除《东广新闻》外的其他时段。其中，10：00—15：00收听率上升200%，19：00—24：00收听率上升100%。从上海广播市场的市场占有率数据来看，在13套广播节目中，东广新闻台10：00—15：00上升116%，15：00—19：00上升80%，19：00—24：00上升27%。[①] 而中国国际电台2005年开播的环球资讯广播以每小时为单位，每小时又更加细分为若干个板块，涵盖国际、国内、财经、科技、体育、文化、娱乐、媒体浏览、天气资讯、新闻英语等内容。听众想变换听觉感受，等待的时间绝不会超过3分钟。这一运作方式同样受到听众欢迎和专家的好评。

3. 类型化广播发展前景广阔

虽然目前国内广播的类型化运作还只是刚刚起步，但是，上述几家类型化广播的成功事例在一定程度上给广东广播专业频率的类型化建设带来了希望之光。而且，数字技术的不断普及以及受众市场和广告市场的日臻成熟也将为广东广播专业频率的类型化建设提供更加广阔的舞台。

（1）广播的数字化发展将进一步释放频率资源。张勉之先生认真考察了美国广播电视的发展状况后认为，“频率、频道定位的类型化趋势固然与受众需求的多样化和广告市场的细分化有关，但从根本上讲，应该说是被频率、频道的极大丰富逼出来的。”[②] 确实如此，广播发展的每一步都与传输技术的革新与进步关系密切。第一代的AM调幅广播在内容设置上往往以综合性节目为主，而且频率资源也不太丰富；第二代FM调频广播的问世不仅使广播节目在音质方面有所改观，而且在一定程度上丰富了频率资源，所以为目前国内专业广播的勃兴提供了前提性条件；而随着第三代DAB数字广播的出现，广播传输技术又实现了一场新的革命。数字广播指的是广播节目在制作、传输、发射和接收过程中以数字信号为基础进行处理的传播技术，是将数字化了的音频信号、视频信号，以及各种数据信号在数字状态下进行编码、调制并传递给受众。DAB数字广播不论固定、便携或移动接收，都能提供CD般的音质，同时由于采用压缩技术，一个频率至少可以播出5套以上的节目。这样，广播在不增加频率的情况下仍然可以扩充电台的数量，且相互间没有干扰。如今，西方发达国家的广播一般是传统的模

① 王丽．类型化电台与广播改革．新闻前哨，2007（21）

② 张勉之．类型化、专业化趋势——面向未来的世界广播（三）．中国广播，2004（10）

拟广播与现代的数字广播并行，频率资源得到一定程度的释放，所以必须通过细分市场来进行广播的经营运作。就国内广播而言，随着数字技术的逐步成熟和广泛运用，广播频率资源必将得到进一步释放，而在频率资源相对充裕的情况下，广播的市场细分将随之进一步加速，那么，类型化广播必然会更多地涌现出来。从上文的叙述中，我们看到，广东广播在数字技术的应用方面是走在兄弟电台的前面的，相信广东广播专业频率的类型化建设也不会落伍。

（2）汽车消费的持续升温刺激专业频率的类型化建设。美国被称为“车轮上的国家”，可以肯定，美国广播的辉煌与美国汽车消费的普及不无关系。而对于汽车中的移动收听一族来说，类型化广播是其最好的选择，因为不管何时打开收音机，这些移动中的听众都可以搜索到自己喜爱且内容相对完整的节目。因此，汽车消费的持续升温将会刺激专业频率的类型化建设。而汽车消费已成为广东当前消费升级的主要力量。广东省统计局发布的资料显示，2008 年 1 ~5 月，全省限额以上汽车类商品零售同比大幅增长 30%。统计显示，1 ~5 月，广东省全社会消费品零售总额 5 088.78 亿元，增长 18.4%，增幅比上年同期提高 2.4 个百分点。而作为广东省消费升级的重要亮点，全省汽车消费增长速度比全省总体消费增速高出了 11.6 个百分点。[①]这无疑为广东广播的进一步发展创造了绝好的机遇。相信广东广播的决策者不可能不考虑这一部分移动听众的收听需求和接触广播的特点。

（3）专业频率的类型化建设更加符合广播的市场细分和差异化竞争原则。上文已述，差异化是媒体竞争的基本原则，而差异化竞争只有通过市场的不断细分才能够实行。广播频率的专业化，为市场细化奠定了基础。随着受众市场和广告市场的日渐成熟，广告客户将不再仅仅看重收听率，而更多地关注到达率、目标听众的总收听率、千人成本等指数，更注重传播的效应和结果，所以会增强频率的针对性，从而减少广告投放的盲目性。而“类型化广播的长项，就在于人性化地从听众的收听规律入手，对听众给予最大限度的尊重；就在于善于抓住市场的空白并且果敢地切入，尽最大可能张扬自己有别于他人的特性个性”[②]。因此，我们认为，专业频率的类型化建设更加符合广播的市场细分和差异化竞争原则。广东广播理应努力朝着类型化方向有所预期和准备，为专业频率的类型化建设创造必要的舞台和空间。

---

① 梁钢华．广东汽车消费维持较快增长．www.xinhuanet.com

② 金涛．广播“类型化”研判．中国广播，2006（2）

第三节　广播产业的网络化运作

网络化运作是我国广播的发展方向，这在业界与学界已形成共识。西方发达国家广播经营的成功经验也证明网络化经营的科学性与合理性。网络化经营的最大好处是能够优势互补、资源共享，共同拓展市场，从而达到降低成本、获得规模效益的目的。网络借助入网台可以扩大覆盖面，获得更多的广告收益；入网台借助网络则能够扩大影响，提高知名度。西方国家广播网络化运作的成功案例告诉我们，哪怕是一家非常小的电台，一旦加入一个大的网络，它出品的好节目仍可以到达全国，同时还可以从全国的广告市场中分利。正因为如此，国外的广播尤其是西方发达国家的广播，不管是公共体制还是商业体制，大都实行网络化经营和运作，甚至有些国家的官方广播也在实行网络化经营与运作。

多媒体时代，广播面临着前所未有的竞争压力，通过"联合发展"推动网络化经营和运作以达到做大做强的目标，应该是广播应对竞争的有效举措，但是如上文所述，国内的广播管理体制是以行政权力配置资源，实行严格的地域划分。"四级办广播，四级办电视，四级混合覆盖"使得广播电台不单有行政区划，而且有行政级别。长期以来，各地、各级电台各自为政，封闭生产、独立经营，彼此互不关联，谁也不敢越雷池一步。这无疑给广播走"联合发展"之路带来巨大障碍。不过，广东电台在跨地区合作方面毕竟向前迈出了可喜的一步，发挥了率先垂范的作用。当然，体制的束缚同样让广东电台的联合发展步履维艰，所以广东广播的联合发展事业在运作了几年之后，虽然取得了一定的成绩，但也存在不少问题。比如联合发展模式仍相对单一、双方合作深度不足。目前合作形式多停留在节目提供、交流、人才培训等松散型阶段，更深层次的包括资本、经营的结合仍较少。因此，加大联合发展的力度，从原来侧重宣传业务为纽带的联合向广告经营、媒体经营等诸多方面的全方位联合的转变，并逐步突破现行体制的束缚，努力向广播的网络化经营迈进，便成了广东广播联合发展的首要任务。至于采用怎样的联合发展模式与兄弟电台进行全方位的合作，应根据具体条件和实际情况来决定。①

一、经营性产业合并的联合模式

在不改变目前所有权形式的前提下，应通过优势广播媒体对同业媒体进行租赁、托管和承包经营等基于所有权之上的派生权利而运用的经营方式，承担地区

① 金涛．区域广播产业联合的几种模式及未来竞争因素浅析．南方广播研究，2006（1）

间广播产业中涉及经营部分的联合及协作模式。

这种模式可以有效回避敏感的产权问题，推广优势机构的管理和经营，实现产业集团化的融合与协作，既带来先进的管理方法和理念，又提高合作双方的影响力，还可以为双方取得可观的经济效益，形成双赢局面。在现行的广播电视经营管理体制下，经营性产业合并的联合模式最为可行，应该在广东广播联合发展的进程中大力推广。这样可以在不损害地方电台对广播产业控制权的前提下，就广告等经营业务开展合作以及对采、编、播、制等广播资源进行必要的整合，在保证双方经济利益的前提下，将进一步促进各地市县广播的交流、融合与发展。

事实证明了这一经营模式的可操作性。广东电台在联合发展的实践与探索中，与广西梧州电台以及与省内河源电台的合作均尝试采用了这种经营性产业合并的联合模式，并且取得了一定的经济效益。需要强调的是，双方在签订联合发展协议时应该在法律的规制下明确责、权、利的关系，明确合同期限。任何一方中途无故撕毁合同都将在法律的规制下受到重罚。只有这样，才能保证双方合作的健康、顺利进行。

二、以资本为纽带的市场化运作模式

在现行的广播电视经营与管理体制下，这种以资本为纽带的市场化运作模式很难在联合发展过程中被采用，但是它是广播媒体跨地区合作所应努力的方向，因为以资本为纽带的产业化、规模化或集团化运作是市场经济的必然选择，是由市场经济的内在规律所决定的。

通过投资所拥有的财产所有权是完全物权，具有排他和永久存续的特点，具有最为完备的占有、使用、收益和处分权能而成为民商法律保护下的稳固纽带的联结关系。因此，依靠资本纽带的联结，集团化和规模化的广播产业将在法律的制约下，可以通过投资所形成的股权关系或基于股权关系所派生的包括合资及合作经营、联合控制销售终端、统一市场联盟在内的诸多战略联盟形式，形成集团化的经营模式，完成战略制定所要求集约化经营的目的，包括节目资源共享、产权为纽带的整合营销战略、市场细分、地区联盟、频率资源的合理配置、节目采购、节目制作与推广体系的优化、避免恶性竞争等诸多优势。

三、以行政划拨国有资产联合模式

国有资产由于所有者与代表国家行使所有者权利机构的统一，可以通过划拨来形成资本或资产形式的纽带关系。在现行的经营管理体制下，有可能成为广播产业集约化发展的途径之一。虽然从严格意义上说，国有资产划拨的结果也属于以资本为纽带联结双方的性质，但由于目标行为涉及国有资产这一特殊因素，任何调整必然意味着行政行为的干预和涉及，所以与以资本为纽带的市场化运作模式还是有着很大的区别。

国家国有资产监督管理委员会曾基于上述原因，对中央企业开展了大规模的资产重组，对产业类型近似的产业间的国有资产进行统一划拨到某个或数个专业企业集团中，以求达到各行业集团进行集约化、专业化发展的目的。如果区域内广播产业参照该做法，对广播产业所属国有资产实行统一划拨，则能够在交易成本较小的前提下，实现广播产业在区域内实行跨行政区域的有效融合与协作。如果能够统一思想实现国有资产划拨而组建人、财、物高度集中的集体机构，将为区域广播产业融合和协作作出突出的贡献。

值得称道的是，广东电台的决策者在制定跨越式发展的新目标时，将“向广播经营的网络化方向迈进”作为实现其产业发展的重要举措。网络化经营的战略目标已经被提到了议事日程。具体思路如下：①扩大省内联合。提升全省广播整体影响力，增强广播整体核心竞争力，扩大广播整体市场占有份额，转变广播弱势局面和氛围。②拓展跨省区联合。各省区兄弟台优势互补，互惠互利，共同把广播媒体做大做强，逐渐形成以市场为手段的全国广播网络。③构筑广播节目网络合作平台。通过过去两年的实践，广东省内已经形成以广东电台为龙头的新闻信息网络合作平台，这个新闻信息网络合作平台是把全省的新闻信息资源全部集中到这个平台上，全省各市县大家公正、公平、实时地互相交流，充分把这个资源使用最大化。④建立品牌节目联合制作机制。由北京音乐台、广东电台“音乐之声”等全国十几家音乐广播频道共同打造的全国音乐广播协作网已经进行了成功的尝试。其他类型的频道或节目也都可以在这方面大有作为。⑤建立大型活动合作机制。广东电台联合了“9+2”共11家广播电台共同打造“流行音乐排行榜”，是一个非常好的平台。希望这类品牌平台能够在全国广播界共同打造，做得更大。还有全球华语歌曲排行榜，也是广东广播一个跨省区电台大型活动的品牌。通过这一系列的联合，争取逐步形成全省性的，乃至更大的跨省区广播合作网，从而促使全国、全省广播的合力与实力的提升。在这里，联合发展已经超越了其自身原有的范畴，本质内涵更加丰富了，基本内容也更加广泛了。本着这一思路在省内外开展联合发展工作，相信广播网络化经营的目标将很快在广东实现。

第四节　广播产业的多元化经营

目前，我国广播产业经营结构单一，过分倚重广告。而广告经营受市场、资本和规模等因素的影响，市场额度极其有限，而且广告发展受环境的制约很大，经营上的不确定因素非常多。产业界和广告界政策本身也有很多变数，一旦变动就会导致广告经营的巨大波动。为了降低经营风险，实现广播健康、稳定的发展，广东广播的经营者与决策者理应在未来的发展战略中考虑多元化经营问题。

一、何谓多元化经营

多元化意味着广播的资源链接已经超出了广播行业本身，需要在更大的范围内寻找和开发有助于自己做大做强的资源。因此，广播的多元化经营将会在多个相关或不相关的产业经营领域同时进行多项不同业务。

系统经济学认为，企业的发展应该从“单一产品”到“相关多元化”再到“不相关多元化”。在此基础上，形成三个市场。这三个市场应该前后有序，当前一个市场成熟饱和时，或在原有市场经营得很好，自身又有足够的资源和拓展新行业的能力时，再考虑开拓第二个市场。一般来说，多元化经营应该先围绕原有产业及相关产业拓展，再逐步拓展到其他产业。相关多元化是指企业所开展的各项业务中间有明显的有形关联，如共同的市场、营销渠道、生产、技术、采购、信用、人才等，相关业务之间的价值活动能够共享。不相关多元则更多是一种无形关联，主要是建立在管理、品牌、商誉等方面的共享。① 就广播产业经营而言，经营者应该主要考虑相关多元化市场，因为许多广播电台的广告经营并不理想，其竞争地位和市场占有率也不是太稳定，还缺乏产业扩张和市场拓展的能力。

总体来说，广东广播的产业经营状况与国内其他地区基本一致，广告经营同样是广播产业经营的主体。但是，广东电台近年来在多元化经营方面发展较快，并取得了一定的成果。

在南方广播传媒集团的大力支持下，广东电台开办的《开心购物》（现更名为“天天购物”）和《邮轮旅游》两个数字电视频道于 2006 年下半年正式试播。珠江经济台与华工网格技术研究室合作，开发了中国首个跨媒体网络实时互动平台。从 2006 年 12 月 15 日试运行开始至 2007 年 1 月 20 日，仅一个多月时间点击率就超过了 90 万，注册人数超过 1 万人。有全国 26 家电台加盟成为联合打造中国首个跨媒体实时互动平台的成员单位。已经成功与广东电视台《今日关注》栏目合作，推出了国内首个广播、电视、网络三媒合一的节目。目前，网络电台准备从演示级向营运级探索。太平洋影音公司抓好内容产业的经营，引进投资企业组建了广东太平洋数码科技有限公司，开发光盘生产项目，经过几个月的厂房建设，新公司已于 2007 年 1 月开始投产。天天精彩公司以演出、展览等为特色的广告外经营也取得较好的成绩。2007 年全台企业收入达 6 677.62 万元。

---

① 张斌. 浅析广播的多元化经营. 中国广播，2005（10）

需要指出，广东电台取得的成绩并不单单意味着广东广播的繁荣与进步。做大做强广东广播，实现广东广播的可持续发展需要全省各地广播产业的共同繁荣、共同进步。不过，广东电台的成功实践能够发挥龙头带动作用，而且为广东广播的可持续发展提供了丰富的经验。广东电台的成功实践让人们看到，顺应媒体渗透与融合趋势，通过跨媒体、跨行业经营实现广播的多元化发展是实现广东广播可持续发展的必由之路。

二、市场化运作

产业化是广播媒介生存与发展的必由之路，这在业界与学界已形成共识。而广播产业化源于广播的市场化，广告经营只是广播市场化的一部分，而不是全部。单一的广告经营模式不仅无法推动广播产业化的发展，反而会阻碍广播产业化经营格局的形成。广播媒介要真正走产业化之路除了打好广告经营这张王牌以外，应该将节目推向市场，通过节目交易进一步实现广播节目的市场化。

广播节目市场化主要是通过广播节目交易实现的。广播节目交易指的是作为经营单位的广播电台根据市场的需要精心制作一些适销对路的节目，在满足本台节目需求的基础上将这些节目推向市场，再把节目销售给兄弟电台。同时电台根据自身的需要从广播节目制作公司或兄弟电台购买一些优秀节目。

长期以来，广播经营者过分倚重广告经营而有意无意地忽视了节目交易，所以广播节目交易市场一直不容乐观。广播节目交易会的举办情况让我们看到这一现实。从 2001 年至今，广播节目交易会仅举办 4 届，而且各地电台的反映普遍不很积极。第一届、第二届在哈尔滨举行的全国广播节目交易会设 36 个国际标准展位，参加会议的各级电台和公司只有 83 家。参加第三届广州展销会的全国各地广播电台、广播节目制作公司及广播相关产品公司等共有 47 个单位。由于种种原因，2005 年原定在广州举行的第五届广播节目交易会又不得不取消。相比之下，电视节目的交易市场则十分红火，除规模较大的北京电视周外，还有广博会、上海影视节、四川电视节、西部节目交易会、湖南金鹰节节目交易会等。当然，2004 年，北京电视周更名为“北京国际广播电视周”，正式将广播节目纳入交易范围，但是从交易的成果看，广播节目的交易量仅为 441 511 小时，而电视节目的交易量则高达 2 993 820 小时。

我们发现，在广播节目市场缺少正规的全国性的交易平台的前提下，过去市场交易一向较为理想的节目，比如辽宁电台生活娱乐频率的《娱乐双响炮》、《中华典故》、《重案组出击》，北京全景新锐文化传播有限公司的《欢乐正前方》、《都市夜归人》，北京达人文化传播有限公司的《戴军城市日记》、《音乐榜样》以及挂靠中国广播电视协会广播文艺研究委员会的北京创艺声媒文化传播有限公司制作的《夜惊魂》、《可乐加冰》等市场交易情况依然令人乐观。其中，北京世创汇邦广告公司与辽宁电台生活娱乐台签订协议，一下就购买该频率《娱乐双响炮》、《重案组出击》、《中华典故》、《射雕英雄传》和《神雕侠侣》5档节目共1 572期，并于2005年1月1日起在覆盖北京及其郊区的FM93.8频率上播出。此举意味着辽宁电台生活娱乐台的节目在成功打进广州之后又进入了北京的节目市场。而《娱乐双响炮》更在全国76家电台播出。即便如此，与国内的电视节目交易市场以及西方发达国家尤其是美国的广播节目交易市场相比，国内广播节目交易只是万里长征走完了第一步，广播节目市场化任重而道远。

有学者针对2005年的“城市广播联盟”现象提出建议，“合纵连横，打造品牌，合乎广电媒体发展的客观规律，也是形势所迫。由于广播的覆盖有限，因此实现节目资源的辛迪加模式对广告商有好处，对各电台的好处也是显而易见的。”① 应该说，辛迪加模式是广播节目市场化运作的最有效途径，美国广播节目市场化的成功运作已经证明了这一模式的有效性与合理性。但是，美国行得通的事情在中国未必就行得通，国情不一样，条件不允许，再好的设想也只能是美丽的假想。也许正是基于这样的考虑，吴朝晖总监才不急于将“城广联”推向市场。问题是，天下没有免费的午餐，“互助组织”是否能够推动我国城市广播的发展，在市场经济的大背景下恐怕得打上一个大大的问号。

美国广播的运营体制恰恰与我们相反。公司化经营无行政壁垒的障碍，网络化运作有利于节目市场化的顺利推行，而且全美15 000多家电台中，平均每个台只有10个人，最少只有一两个或三五个。这样，电台的节目来源只能依靠市场，从市场购买。美国是美国，中国的事情只能按照中国的方式来办。在推进广播节目市场化运作的过程中，我们可以借鉴美国广播业的成功经验，但是也应该充分考虑中国广播业的实际情况。

三、跨媒体经营

广播顺应媒体渗透与融合的发展趋势，整合并合理开发一些资源，通过网络媒体、手机媒体经营来拓展自身的发展空间应该是一条可行之路，但是应该在维护广播主体功能地位基础上经营。这就是说广播与新媒体合作，应将音频内容作为经营的主打项目。广播电台拥有音频资料资源优势、人才优势、设备优势、技术优势、品牌优势和信誉优势，将音频内容作为主打项目经营无疑是驾轻就熟、得天独厚。

1. 与网络媒体融合

在我国，广播与网络联姻已有10余年的历史。1996年12月15日，广东电

① 武兴芳．自给自足小作坊就不能做大？广播连横成大势．news. xinhuanet. com/newmedia

台珠江经济台首创我国广播电台上网的先例。目前，几乎所有地市级以上电台都将节目上网供用户在线收听。有的电台还提供节目点播服务并开办网络电台。广播节目网络化在一定程度上弥补了广播线性播出、难以储存的不足，增强了广播的传播效果，扩大了广播的传播范围。因此，网络媒体的迅速发展虽然对广播媒体构成很大威胁，但是挑战的本身也蕴涵着许多机遇。《第十次中国互联网络统计报告》显示，我国2亿中小学生中，上网学生已达3 000万，中小学生互联网渗透率达到15.4%，其中高中学生互联网渗透率已达半数以上。网民中18～24岁的年轻人所占比例最高，达到38.9%；其次是25～30岁的网民（18.4%）和18岁以下的网民（14.9%）；31～35岁的网民占到10.1%。也就是说，82%以上的网民是青少年。这说明青少年对于网络的依赖程度也高过以往。与此同时，赛立信媒介研究公司的调查报告显示，学生与老人是广播的最重要的两部分听众，同时青年学生对收听广播有着内在需求，而这种需求随着青年学生对网络媒体的情有独钟进而使得网络中广播节目必然拥有巨大潜在的受众市场。

因此，为了让听众尤其是那些追求时尚，对网络媒体有着浓厚兴趣的青少年听众能通过更多的渠道、以更快捷的方式收听广播节目，广播与网络融合，除了自己开办网站而提供节目表、论坛、在线收听、点播下载、语音聊天室等基本业务外，还可以整合播客资源，提供播客服务，并发挥自身优势与各大门户网站合作，为它们提供音频广播资源。而其中前景最被看好的是网络电台，即一种以音频信息为主体的多媒体广播。网络电台既有收听功能，又可配以文字、图片和视频等内容，还可以提供BBS与主持人互动。

2. 与手机媒体融合

目前我国手机用户已超过4亿。2005年手机短信市场规模达到407亿元。针对这一情况，顺应媒体融合的趋势，将广播音频信号与手机媒体融合经营手机广播，也是广东的广播业者应该考虑的问题。此前，上海文广集团开通了互动式的语音应答方式的手机广播，用户可以实时收听与点播音频节目。中央电台利用该台现有的广播资源、音频资料资源经过二次加工创作完成的、可供用户下载收听的音频节目，听众可以通过2005年9月开通的CDMA手机广播欣赏到这些节目。

广播与手机媒体的融合在技术上较为方便，也更容易操作。目前手机广播有以下四类：[①] ①具备收音机接收功能的手机，可以随时接收调频广播；②通过流媒体与无线网络技术，实现下载、点播广播节目；③利用数字广播技术开发的手机广播，具有CD般的音质，除了手机，车载移动接收器、便携式接收器也可以接收；④3G手机广播是广播、网络与手机三位一体多媒体手机广播。通过无线

① 孙宏利．广播数字化发展方向——数字多媒体时代的内容提供商．中国广播，2006（11）

上网技术，实现在线实时收听，也可以随机点播收听，并且与视频、数据、文字、图片乃至短信论坛结合在一起，堪称“移动的网络广播”。

四、跨行业经营

广播在探索多元化经营的过程中，除了将经营的目标定位在广播的基础产品，即与音频内容关联度高的领域外，还可以考虑与广播其他优势资源相关的领域，必要时进行跨行业经营。在这方面，广东电台已经作了不少的努力，比如利用音乐广播的资源优势，将广播经营业务延伸到演艺、娱乐、展览等行业。广东电台音乐之声举办的国际音响唱片大展已经进行十几年了，每年只有3天的展览会，却为该台带来的收入一共达到4 000多万。利用交通广播资源的优势，可以衍生出票务公司、旅行社、汽车维修厂、汽车美容店、汽车销售公司等。广东电台通过广东电台羊城交通广播汽车俱乐部公司，以公司化运作，市场为手段，迅速展开全省驾驶会员俱乐部的营销。由名牌节目衍生出图书、音像制品，由广告经营衍生出咨询公司、调查公司、策划公司以及形象设计公司等都应该拥有一定的市场空间，但是仍然需要继续拓展经营空间，从而为广东广播的进一步发展提供多元化经营渠道。

需要强调的是，“多元化经营必须以核心竞争力为基础。它也只有建立在核心竞争力的基础上才能获得成功。核心竞争力具有独特性、独占性、不可效仿性和延伸性，是企业独有的特殊资源。作为大众传播媒介的广播具有权威性、公信力、社会影响力。”① 广播可以利用这些优势及其在此基础上形成的品牌、信誉等无形资产在相关行业进行跨行业经营。广播媒体应该在经营好基础产品的基础上，树立自身的品牌形象，然后借助主业优势和品牌优势拓展相关行业经营业务，这是广播多元化经营的不二法门。

第五节　广播产业的资本经营

从经济学角度讲，资本市场是现代市场经济的核心地带，兼具融资、体制革新和调整资产结构三大功能，而资金缺乏、体制陈旧和资源结构的不合理正是中国广电产业首需解决的弊病。囿于意识形态方面的原因，目前我国传媒业不被允许完全、直接改制上市，但媒体与上市公司进行“全新包装”的结盟，从而借助资本市场积聚资金、转变体制、加速实现广电产业市场化、规模化经营的实例是现实且具有可操作性的，并且已然成为大势所趋，这些既有的宝贵经验反复说

① 张斌. 浅析广播的多元化经营. 中国广播，2005（10）

明着一个事实，资本经营是广电产业提升竞争力的必然选择。在全球广电业数字化、网络化、信息化、规模化的发展态势下，广播产业尊重资本运营的原则，找到适合各自频率定位的资本经营正确路径，发挥资本经营的功能，迅速增强广播产业的核心竞争力，这已经成为刻不容缓的任务之一。

一、资本运营是广播产业提升核心竞争力的必然选择

何谓资本经营，资本经营则是指“买卖资本与企业的经营行为”，一般以生产和买卖产品的经营行为为直接基础，反过来为产品经营的扩张和发展服务，同时也为传媒集团化和规模化铺平了道路。近20年来，西方传媒巨鳄们纷纷采用多层次重组战略，通过流动、兼并、重组、参股、控股、交易、转让、租赁等途径来构筑综合性传媒产业集团，以其相当的成熟度发挥资本运营能力，迅速扩张其资本的集中和积累，积极染指生产经营的上下游产业链领域，从而迅速扩大了集团的规模和竞争力。其中，广播媒介面临的压力与挑战是走向市场的潜在动力。

1. 广播市场面临压力，挑战逐层升级

广播媒介的经营发展从事业单位到市场化、企业化再到集团化，其所面临的压力与挑战也呈现出逐渐多元、逐渐深化的现状。早期市场国家拨款、政府“喂奶”，再加上销售市场也是供不应求（在此并不单指对供量的需求量小），同时听众对广播的消费方式也相对单一，消费要求相对较少。随着广播技术的革新和广播体系覆盖面的扩大，以及其他各类媒体出奇出新、异军突起，听众的胃口被大大启蒙了，按部就班的读报式新闻已经远远不能满足听众的耳朵。

2. 广告增长出现“钝化”，“穷”则思变

自2001年国家税务总局颁布的“2 %限额”问题，引发了主流媒体广告经营收入滑坡，广播、报业、电视纷纷告急。国家拨款日趋减少，广播产业进入市场，自负盈亏，自主经营。随着新媒体的异军突起，广播广告增长进入放缓区间，2006年10%的省广播广告出现负增长，到2007年这个比例扩大到19.35%，有的省区今年上半年继续负增长，再加上囿于媒介自身的传播特性，广播产业面临着边缘化的危险。这些信息表明，广播广告经营模式必须转型。广播最现实的弱势在于与各种不同媒体争夺观众、争夺广告客户，此举在新媒体来势汹汹的态势下变得异常激烈与艰巨。吸引听众要靠有线网络和宽带网络化改造、数字高清音频广播的实施、购买和制作精心包装的内容产品、开展节目的推销和广告竞争、购置和更新技术设备等，这时资金就成为首要问题，没有雄厚的资金支撑，一切都无从谈起。“穷”不仅仅体现在资金的运作不通上，而且从侧面反映了群众的需求得不到满足，政府主导型广播渐趋走向一个“穷途末路”的死胡同，广播业急需注入新鲜的元素以丰活其血液。

3. 国际垄断势在必行，保护壁垒岌岌可危

随着中国加入WTO，广电行业的官商局面逐渐难以维持，原广播行业的政策保护壁垒逐渐将会被海外实力雄厚的传媒集团无情吞噬，其资金、经验、技术优势在广告、发行、传输等所有可能的领域将强势上阵，出于自身发展壮大的目的，中国广播业急需进入资本市场，以获取大规模的资金保障，从而放手迎接数字化和国际化的挑战。

4. 从模拟技术到数字技术，过渡期尤需谨慎

广电系统必然从模拟技术走向数字技术，而数字技术的发展，使所有传统媒体都被重新定义，原来广播台的设备基础、管理架构以及媒介理念都发生根本性变化。那么什么是数字广播？从技术上来讲，数字广播实际上是一种基于数字传输和接收技术的新的标准，与传统的广播技术作比较，随着数字技术和网络技术等现代科学技术的迅猛发展，数字音频广播、同步调频广播以及网络广播工作原理的不断升级将会成为未来广播发展的新趋势。有学者预测未来广播技术的发展趋势将是如下五个方面：①数字化，各级广播电台将广泛采用数字技术，提高广播节目的播出质量；②网络化，促进音频视频广播上网；③卫星直播，发展声音广播的卫星直播，将利用声音直播卫星，开展中央台和省台的卫星直播应用；④采用多种技术扩大有效覆盖；⑤发射传输设备固态化、自动化、信息化等。而这一数字化过程无疑需要大量资金投入、正确的资本运营方式以及明晰的运营理念等。

大规模的资本运营为广播产业的集团化、规模化提供了核心支撑，集团化是广播产业提升核心竞争力的有力武器，故广播产业需要打破固有的频率资源壁垒，避免频率资源配置重复，积极有序引入资本市场，主动借助资本运营的正确路径等，在核心竞争力的聚集上作出超常规的发展和突破。

二、资本运营的多样化路径

2004年，国家广电总局出台了《广播电视节目制作经营管理规定》、《关于推进广播电视有线数字付费频道运营产业化的意见》等一系列文件，明确了广播影视产业在节目制作、广告经营、资本运作、产业开发、运营管理等方面的政策。2004年10月下发了《中外合资、合作广播电视节目制作经营企业管理暂行规定》，对中外合资、合作广播电视节目制作经营企业的规范管理具有重要意义，政策上的稳步推进，为广播的经营带来了新的空间，这也就是在政策引导下广播从“广播经营”走向“经营广播”，面向市场开始的全方位深层次的革新。

广电媒体该如何实现资本开放呢？答案是“探索进行频道频率的企业化经营”。关于文化体制改革的政策出台后，对突破文化事业多年来存在的“政企不分、政事不分、管办不分”的计划经济管理体制局面打开了新的思路，部分较

有实力的广播频率已率先开始了企业化、公司化经营运作和探索。其中，经营的对象包含内容、广告与网络平台。内容指的是节目制作与发行，广告包括策划、制作、代理、销售等，网络平台则是指音频、视频广播上网后所形成的各种可能增值的环节或产业。资本的渗透是有原则性底线的，传播业务由播出机构所掌控，也就是说播什么、不播什么及何时播，终审权掌握在电台、电视台手中，属于上层建筑的意识形态部分，可以由主管意识形态的政府部门宏观调控；而对于经营业务，业外投资者既可以和传媒或它的主办单位合资经营一个公司，也可以独资经营。

数字化广播改变了受众的收听习惯，重新诠释了广播与受众之间的固有关系，催生了新的互动方式，传统的小传播格局已经不能满足新旧媒体激烈“厮杀”的迫切生存需求，跨地域、跨媒体的“双跨”传媒形态逐渐浮出水面，并在资本运营的各种有效路径的帮助下塑造了市场平台、体制平台和资源平台，从而成功实现了显著收效。然而，囿于广播业内部竞争不充分，缺乏媒体内真正的竞争，市场机制很难完全发挥作用，无法对应听众需求与社会需要。各广播电台的处境虽然不太乐观，但也足以自给自足维持运营。这样的状态既不能激励发展，也没有威胁生存，反而容易造成放任其在“自留地”上耕耘，形成突破性改变的力道始终不够——没有形成全国市场，没有媒体内真正竞争，资本合作遭遇瓶颈等。

尽管如此，在全行业处于“内忧外患”的激烈竞争态势下，广播人仍然坚持不懈努力，在现有条件下找寻实现资本合作和运营的兼具可能性和可行性的一切路径。总的来说，资本涉足的方式是多种多样的：媒体资本并购，媒体直接上市、间接上市、分拆上市，与上市公司合作，媒介无形资本运作等路径都表达了不同形势的媒体可以选择适合自己发展现状的某种融资方式。各频率的专业定位、市场细分、当地经济实力状况、广告商投放能力等都是广播在实施资本化运营时不得不运筹帷幄的因素，广播人切不可“见钱眼开”，将“资本”视为“救命稻草”从而忽略了内容创新，走资本化运营道路只是市场化条件下媒体经营方式上的一种创新式探索，媒体真正的王牌仍然在于“内容主导，专业频率，品牌经营，公信为上”。值得一提的是，无论何种资本合作路径，经营过程中企业化运作的深层问题，如产权改革、权利分配、资源配置、激励机制等还有待梳理和规范，有待于从法制层面有效引导其健康发展。

目前看来，形成内外激烈机制已经迫在眉睫，它对于广播真正在市场上解放束缚，“自由伸展拳脚”，从而最终实现在全国范围内的充分竞争中依靠深层次的资本运营来突破“质”的发展具有重大意义。经过数字化技术的锤炼，以及市场机制的有效运行，“大广播”传媒时代已然来临。

三、资本运营对广播媒体的原则性启示

广播业者开展资本经营必须坚持三个原则：流动性原则、增值性原则、安全性原则。

资本经营的流动性原则要求广播业者在从事资本经营时，把媒介企业的产、供、销视为一个整体及动态的流动循环过程，把广播电台的人、财、物等一切生产要素资本化，把生产经营的每一个环节都纳入资本运营的路径，把有形资产和无形资产都作为一个可以流通的经济资源。资本经营的增值性原则要求广播业者把广播电台的内部经济循环堪称是一条“资本增值链”，包括采购、生产、销售和债权。资本经营的安全性原则要求广播业者正视资本投资的风险性。这就预示着广播业上市需要坚持分散自己的资本并吸收其他资本的参股，以增强对抗风险的能力，而规模化、集团化正是抵抗风险投资能力的有力保障。

本着以上内部规律，广播业在资本经营中应该注意以下几点：

1. 资本经营中重视经济效益，兼顾社会效益

作为党政舆论的“耳目喉舌”，广播业必须严格将宣传与经营区分开来，也就是我们所说的“制播分离”。作为社会主义新闻事业的有机组成部分，广播无论上市与否都必须维护传媒本身的客观性、公正性、独立性，这是广播得以生存的前提，也反过来为融资提供了有力保障，因为广告商不会青睐“言而无信”的广播声音。同时，纳入市场机制也有利于肃清广播中一味政府官本位的声音，资金来源渠道的多元化必然有助于多种声音的全面表达。值得一提的是，任何资本若想收回投资并增值，只有严格遵守社会主义法制和各项基本政策，中国经济制度和经济体制也具有相当的本土化特色，在进入之前，任何资本投资方都应详细深入研究市场走向，适时调整投资战略，避免劳而无功。任何政治上铤而走险的投资项目必将在经济上付出一定的代价。资本运作的风险与效益都是未知数，但对播出权牢牢把握和公正独立的职能不能改变，这样才能将经济效益和社会效益两手都抓得稳。

2. 确立市场经营主体，市场淡出而向行政倾斜

北京广播学院广告系学者黄升民指出，市场和行政两种力量的整合将向单轨过渡，市场淡出而向行政倾斜，主导整合的操控权已经由台向局回归，进入一个“强局弱台”的局面，局操控诸台合并，将“平王削藩”进行到底。他所指的“削藩”则是指整合乡网、县网等资源，统筹规划进入资本市场。我们过去的认识是，长期以来宣传、事业、管理“三位一体”，政府职能部门一揽子包揽广播媒介，广播只对广电总局负责，局直接管台造成主体不清，一方面导致媒介主体意识不强，另一方面导致媒介靠山吃山“不思进取”，这些都是权责界限不明的关键问题。而此时广播业的资本运营主体仍然强调“市场淡出而向行政倾斜”，

笔者认为这种倾斜是有一定条件的倾斜，而不是完全依赖。因为规模化有助于大大提高对抗风险的能力，因此，整合资源统筹规划在资本市场这座大水缸面前就十分有必要。那么，这个整合资源统筹规划的任务由谁来履行？那就是行政部门。它对各类广播频率的宏观把握将有效地避免广播频率画地为牢、各自为政。政府职能部门应该转变一味的“管”的观念和职能，并加强对“理”的理解。管理是为了更好地合力出击，而不是原地不动。

3. 资本经营完善运行规则

首先，目前我国广播产业的经营管理水平亟待提高，行业运作规则也存在不同程度的漏洞，比如资金评估的标准不统一、融资过程中的“暗箱操作”、会计制度的不健全等；其次，虽然我国媒介从业人员超过百万，但媒体经营性人才奇缺，尤其是熟悉证券市场操作的人才不多，难免会在资本运营过程中走不少弯路。这就需要广播业积极引入综合性素质人才以形成优秀精干的创业团队，注重培养自己的智囊团，配备各类专业顾问，建立全社会风险投资精英专家联络系统，群策群力才是硬道理。

4. 注重多元化，讲究专业化

一直以来，跨行业、跨部门与跨地域经营是学界与业界津津乐道的发展趋势，因此当政策壁垒消失之后，一些传媒集团难以抵御多元化诱惑纷纷染指多项经营领域，甚至进入自己没有任何优势的陌生领域。从表面上来看，由于行业技术和服务水平的限制，在一些市场“冷”的位置进行竞争容易占得一定席位的市场份额。其实不然，一旦入世以后，大量外国同行涌入和参与，在不熟悉领域尚未站稳脚跟的广播业“新生”们可能要考虑抽身而退，行业壁垒无形但存在且难以逾越，在卖方市场已经转为买方市场的今天，外国同行的技术和制作优势将很快凸显并在我们不擅经营的领域迅速扩张并占得一席之地，那么届时这一部分盲目涉足市场空白处的举动将会得不偿失，更有甚者会失去原本在本行业中的技术和市场营销优势。因此在注重多元化的今天，我们仍然不可忽视专业化、细分化。广播产业最好进入与本行业有相关性的领域，且有一定的经营经验和人才储备，切忌随意进入自己没有任何优势的陌生领域。

5.“内容为王”规避政策风险

目前，广播以及电视产业资本运营的范围主要集中在传输网络，而对广电内容的生产制作方面却很少涉及。随着点播互动逐渐成为受众对媒介新型要求之一，无论是电视还是广播，其频道和频率的概念将逐渐模糊。只要是好节目，出现在哪个频道抑或哪个频率上已然不重要。尤其在分众化时代，受众的多元需求使得“内容为王”再次凸显为一切媒介立于不败之地的镇山法宝。由于播出权部门不能上市，因此资金投入在制作环节便尤为重要。一方面，内容制作相对容易规避政策性风险；另一方面，由于频率的增多，可供听众享用的特色资源却越加被同化，如广播节目形态渐次进去相对稳定的框架中，短期之内无法作出建设性调整，这也是广播媒介发展到一定时期必然出现的客观现象。节目同质化，听众耳朵疲劳，这也是广播媒介日益面临边缘化危险的原因之一，此时加大资金投入制作精美作品，大胆创新节目风格等变得尤为重要。

6. 国际化思考，本土化经营

这是维亚康姆公司一直自信地在中国市场推行的除“内容至上”的另一项有力举措。毫无例外，深思熟虑的境外资本进入中国市场带来的是挑战与机遇并存。机遇是明显的，如激活陈旧的运营理念和管理体制；激发从业人员的创造力；媒体公信力的大幅度提升；媒介企业化、集团化进程的加快。这些都使得在中国市场上出现时代华纳式的传媒巨鳄这一梦想又更靠近了现实。但由于暗箱操作，资金运营程序的不规范、相关投资法制的不健全、投资商没有保障等一系列或可能存在的问题，亦都不容小觑。尽管境外资本的进入会给中国广电市场，尤其是给日益边缘化的广播业带来一定的冲击，但只要我们牢牢把握住播出权和舆论导向，用正确、公正的方式对待投资，对方出资，我方出人力、团队、资源、理念等，合作就有可能实现双赢。

综上所述，政府职能部门不宜因为广播业成本相对较低就统统揽下，在市场经济条件之下，纳入市场运营轨道接受市场的冲洗才是每个企业的正轨，才是广播转变体制后的长久生存之道。在坚持网台分离、制播分离、频道分营以及报道和宣传分离的前提下，局级管理部门整合各频率资源、统筹规划，引入资本，逐渐革新体制和储备经营性人才，加大对内容产业的投资力度，逐步完善国内相关法律体系，稳步实现事业单位企业化、集团化、规模化，将资本经营提上日程才是真正提升广播业核心竞争力的最佳途径。从经济学角度讲，资本市场是现代市场经济的核心地带，兼具融资、体制革新和调整资产结构三大功能，而资金缺乏、体制陈旧和资源结构的不合理正是中国广电产业首需解决的弊病。囿于意识形态方面的原因，目前我国传媒业不被允许完全、直接改制上市，但媒体与上市公司进行“全新包装”的结盟，从而借助资本市场积聚资金、转变体制、加速实现广电产业市场化、规模化经营的实例是现实且具有可操作性的，并且已然成为大势所趋，这些既有的宝贵经验反复说明着一个事实，资本经营是广电产业提升竞争力的必然选择。在全球广电业数字化、网络化、信息化、规模化的发展态势下，广播产业尊重资本运营的原则，找到资本经营的正确路径，发挥资本经营的功能，迅速增强广播产业的核心竞争力，已经成为刻不容缓的任务之一。

相关文章及获奖作品……

附　录

【224—297】

一、相关文章

改革·创新·探索·实践

——关于广东广播实施跨越式发展战略的对话

白　玲　申启武

2003年初，广东电台提出了实现广东广播跨越式发展的战略思路。在贯彻落实跨越式发展战略的过程中，他们坚持改革创新，不断探索实践，在短短的几年时间里，形成了一个良好的发展局面。如今，该台不仅拥有9个专业广播频率、两家报纸、一家影音公司，而且开播了两个数字电视频道、两个网络电台；经营创收近年来一直保持着20%的增幅，经营创收额稳居各省电台首位，2006年已达3.63亿元。日前，南方广播影视传媒集团总编辑白玲与暨南大学新闻与传播学院申启武副教授就广东广播实施跨越式发展战略问题展开了一番对话。

一、审时度势　制定战略

申启武（以下简称“申”）：众所周知，“珠江模式”不仅使广东电台发展壮大、健康成长，而且推动了中国广播的全面改革，所以长期以来，“珠江模式”已超越了其固有的本质内涵而成了中国广播的一面旗帜，召唤着广播人勇敢面对困难和竞争。也正因为如此，中国广播才能从困境中崛起，才能在残酷激烈的媒介竞争中分得一杯羹。然而，我注意到，你走马上任后，并不是对“珠江模式”进行概念上的重复，而是努力探索，不断追求，在改革与创新中寻求超越与突破，所以2003年初，广东电台提出了跨越式发展的战略思路。那么，跨越式发展战略的制定在当时是出于怎样的一种考虑?

白玲（以下简称“白”）：说这个问题还要说到“珠江模式”。20世纪80年代中期，广东电台组建珠江经济台一举获得成功，进而带动了全国广播电台的改革。客观地说，到目前为止，全国广播电台的播出方式、运营体制基本上还是沿袭着“珠江模式”。作为“珠江模式”的发源地，广东电台经过10多年的实践也面临着一些新的问题和挑战：随着全球高新技术的飞速发展，以网络媒体为代表的新媒体异军突起；电视媒体迅速普及；平面的报纸媒体，尤其是广东报业更是领改革创新之先抢占市场；而广播的发展状况却不容乐观，粗放经营、恶性竞争、结构失衡成了广播业一时难以医治的顽疾。因此，我们当时有很多忧虑。其实，广东电台当时的经营创收已超过一亿元，对于低成本运营的广播电台来说，我们的日子是不错的。但是，如果按照当时的经营模式朝前走，抱着“小富即安”的思想，停留在过小日子的狭隘思维中，“珠江品牌”的光彩还能发亮多久？“珠江模式”的旗帜还能扛到什么时候？这是我们当时思考的问题，所以觉得需要对“珠江模式”进行重新审视。

当然，有的同志认为，“珠江模式”是我们创出来的，不能放弃它。当时在讨论中确实考虑过今后的广播改革是不是探索一种新的模式。我个人觉得，“珠江模式”的核心精神在于创新。我们的改革中不是要换一个“什么江模式”，而是应该延续“珠江模式”的精神走创新之路。基于上述考虑，我们开始酝酿在新的竞争格局中进一步革新与发展的大计。而2002年12月，国家广电总局在广州召开了全国广播工作座谈会，提出了开创广播新局面、实现广告“五年翻一番”的要求，让我们很振奋，因为过去走到哪里都是讲电影、电视，而这次会议表明总局是重视广播的；虽然实现会议的目标有一定的困难，但总的来说添加了动力与激情。因此，在当时广播弱势几乎成为定论，甚至到了可有可无的情况下，我们坚持认为：你说广播是弱势媒体，广东广播却弱势媒体不示弱；你说传统媒体受到冲击，广东广播面临冲击却不保守。2003年初，经过扎实的市场调研和内部分析，我们认为，广东电台10多年的广告经营收入年均增长幅度为10%，按照“五年翻一番”的要求，年增长幅度要达到14%。这决定了广东广播必须进行跨越式发展。

申：所谓的弱势媒体不示弱、传统媒体不保守，表明你们对广东广播的未来充满信心。当然，跨越式发展战略的制定是需要某种信心、胆识和勇气的。我想知道，这种信心、胆识和勇气的依据在哪里？

白：我们的依据主要有以下三个方面：①全国的广播电视改革率先异军突起的是我们广东广播，这就是说，在全国众多的广播媒体中我们最早开办了珠江经济广播电台并创造性地形成了引领全国广播改革的“珠江模式”；②经过“珠江模式”10多年的改革创新，广东广播的发展非常迅速，无论是媒介地位、社会影响力，还是在老百姓心目中的形象，以及广告经营都是处于全国广播的前列；③广东是我国改革开放的前沿地区。整体的经济环境、经济实力为广播发展奠定了坚实的基础和条件。广东GDP连续多年排在全国第一、税收排在第一、进出口贸易排在第一、财政收入排在第一，社会经济持续稳定地发展。这种良好的发展态势和经济环境、商业环境给广播发展带来了很好的机遇和条件。例如，2003年广东广告市场总额162.65亿元，占全省GDP的1.2%，而按世界平均水平计算，这个比值应该为1.5％，也就是说，广东广告市场总额起码还有0.2%的上浮空间，按2004年广东全省的GDP总量为14 000亿元，0.2%就是28亿元。据预测，2008年广东GDP为20 694亿元，按世界平均水平比例计算，广东广告市场应该有310.4亿元。这个预测数据说明，广播经营还有很大的上升空间。另外，新兴行业如房地产、IT产业、汽车产业等快速增长，以及本地消费能力的强劲，同样会带动本地广告总量及投放本地媒体意欲的继续扩张。因此，我们认为，有如此好的机遇和条件，我们应牢牢抓住并争取再创一个突破。这就不是继续往前走，而是跨越一大步的问题了。

二、锐意进取　实施战略

申：据了解，在跨越式发展的总体思路之下，广东电台进一步确立了四个战略部署，即联合发展以做大，品牌打造以做优，技术创新以做先，结构调整以做强。请你首先谈谈广东电台在品牌打造方面都做了哪些具体的工作？

白：广播媒体“只闻其声，不见其人”的先天性弱点，决定了它在受众中的注意力和影响力无法与其他媒体相提并论，所以广播媒体的行业生态环境不太理想是正常的。为了改善行业生态环境，我们通过各种方式努力克服广播媒体的自身弱点，想方设法提升广播媒体的品牌形象。其中，办“看得见的广播”是打造广东电台品牌形象的重要举措。众多户外直播活动和节目，把广播节目主持人和记者推到了听众面前，既扩大了他们个人的品牌影响力，又加深了听众对广东电台及其节目的品牌印象。近几年来，我们平均每年举办250多场户外直播，把广东电台真正办成了“看得见的广播”。

申：办“看得见的广播”是广东电台的首创。我注意到，早在1987年5月1日，珠江经济台就在广州文化公园举办“珠江欢乐传万家”大型联欢活动。主持人集体登台亮相，与听众同台联欢，播音员现场直播新闻。这是以往广播从来没有的。也正是在珠江经济台的带动和影响下，如今，办“看得见的广播”已成为各级各类电台的共同选择。你刚刚谈的那些做法，其他电台也会朝着这方面努力的。我想知道的是，在打造品牌方面，广东电台特有的做法和追求是什么？

白：特有的做法和追求我觉得可以从下面四点来认识：

一是充分发挥专业广播的特色与优势，打造频率品牌。考虑到广播具有地域性强、贴近性强的特点，我们所进行的品牌推广一般不像电视那样常常以台的形象出现，而是着重将专业广播作为主体直接向社会推广，从而树立专业广播的品牌形象。由于有意识地将专业广播做强，有意识地将专业广播的牌子打响，有意识地将专业广播的形象作出鲜明特色，所以我们的珠江经济台、音乐之声、羊城交通广播，以及城市之声等专业广播在社会上都叫得很响。

二是利用不同频率的专业特色延伸出新的品牌形象。例如，音乐之声把与自己相关的产业链条结合节目运作组建了天天精彩娱乐公司。该公司与音乐之声配合，在社会上打响了几个品牌。像每年一届的“国际广播音响器材唱片大展”，目前已经称得上国际品牌，因为业内人士大都知道音乐之声每年都会在白天鹅宾馆举办一届国际性的广播音响器材唱片大展，而且获得很好的经济效益。从这个意义上说，音乐之声已经从广东走向全国，从全国走向世界。

三是根据听众需要，打造栏目品牌。从 2002 年开始，我们不断保持与各大品牌研究公司的联系与合作，购买调查数据，时刻对第一手的市场信息进行再分析，以客观的态度审视节目的构建，通过品牌节目吸引听众。例如，珠江经济台以广播剧与专家点评结合的法律节目《以案说法》、与省消费委员会合作的即时在线投诉节目《秘书长热线》、以短信互动见长的深夜清谈节目《心灵地图》等，都以其独创性和专业性大受听众欢迎。此外，他们还策划了一档与市场紧密结合的《为食掌门人》。节目介绍的大量饮食资讯不仅吸引大量的听众，而且受到饮食行业的追捧。该台针对收听规律与听众的使用诉求开辟的《天气秘书》、《交通先生》等服务性的小板块节目，也获得了巨大的市场效应。其他频率也都各显身手，努力打造栏目品牌，所以一大批品牌栏目如《民声热线》、《美丽说奥运》、《天南地北一线牵》、《市民热线》、《老友鬼鬼》、《天生快活人》、《美丽早晨》、《“9 +2” 音乐榜》、《有车有得挥》、《大吉列车队》，以及《新新生活》、《股市第一线》、《流淌的旋律》等应运而生。据赛立信媒介研究公司调查数据显示：2006 年广东电台总体收听率较 2005 年同期又有大幅度的提高，增幅超过 50%。广东电台在广东省的总体市场份额超过 40%。而在全国广播电台竞争最激烈的广州地区，广东电台的收听市场份额超过 70%。

四是借鉴境外媒体的商业运作模式，打造主持人品牌。当某个主持人的节目在听众中拥有一定的影响力以后，我们以出 CD、举办演唱会或者形象代言人的形式对该主持人进行包装推广。例如，我们的《大吉利车队》节目每年都要推出 CD 制品，而且每次发行都销售一空。目前，该节目已与广东电视台合作延伸到电视传播领域，以电视动漫节目的形式与观众见面，试播版推出一周就获得较好的收视率。我们准备再推出一批 DVD 音像制品向社会发售，加大力度继续对《大吉利车队》节目及其主持人进行包装推广。

不仅如此，我们每年都会对品牌进行资金投入，制定考核机制、激励机制，节目越好，投入越大，所以在全台形成了积极打造品牌的良好氛围。

申：早在 1996 年 12 月 15 日，珠江经济台就成功进入互联网，成为国内第一家上网电台，这表明广东电台在技术创新方面有着良好的传统。而在跨越式发展的总体思路下，广东电台又是如何落实技术创新这一战略部署的？

白：你说得不错。广东电台确实有着技术创新的优良传统。1979 年全国第一家立体声电台就是在我们这里作试点推出的，从此国内有了调频立体声广播。

你刚刚也说了，1996年12月珠江经济台成功进入了互联网，是国内第一家上网电台。进入新千年后，以互联网为代表的新媒体发展迅速，对传统广播构成了很大威胁，所以我们将技术创新作为跨越式发展重要部署来应对新媒体的挑战。具体做法是这样的：2000年初，我们让所有的专业频率全部进入互联网直播，当然这依然是单向的传播模式。2005年下半年，我们考虑利用网络技术使传统广播获得新的增值和发展机遇，开始与京信通信公司和华南理工大学合作开发音频、视频的网络广播、手机短信等增值业务，并向国家广电总局申请，获得了开办网络视听节目的许可证，开办了珠江经济台的网络广播，同时与广东电视台合作将该台的牌节目《今日关注》节目纳入网络电台播出，成为第一个三媒联合的栏目。在此基础上，我们又和团省委合作成立了青少年网络电台，并从电信部门拿到增值业务批文，利用手机短信平台和音频、视频互动成立天网公司，专门经营传统广播媒体延伸出来的多媒体增值业务。同样是在这一年的12月，我们还试播了两套数字广播频率——音乐之声DAB古典频率和音乐之声DAB流行频率。2006年进一步实现了珠江台、交通之声两套节目在DMB单频网中的播出。同年4月，我们又开播了两套数字电视频道《开心购物》和《邮轮旅游》，开全国省级电台创办电视媒体之先河。

申：技术创新在一定程度上顺应了媒介渗透与融合的潮流，表明广东电台在多元化经营方面的尝试与努力，但是贵台的这些尝试和努力，可能在短时期内难以带来可观的经济效益。对此，你有没有充分的估计？

白：我非常赞同你的看法。既然是新技术就要有一个创新、实践、进入市场的摸索过程。像DAB广播在世界上经过十几年的发展，现在在英国、日本等发达国家终于有了一定的市场，但目前我国还不行，市场上基本看不到DAB广播接收设备。不过，我们应该看到，数字广播正像数字电视一样，是先进的东西，优点不用多说了，一定是现代广播的发展方向。我个人认为，模拟电视正逐步被数字电视取代；数字广播也一定会像数字电视一样向前发展；如果现在不抢先去占领它、抢先去研究它、提早去摸索它，数字广播一旦像数字电视那样全面推进时，我们将处于不利地位。

当然，我们在投资上是审慎的，不会拿大笔钱朝这里投，每年只是在预算中留有一些“改革拓展基金”专门用于新技术的开发利用。

申：为了实现跨越式发展的战略目标，广东电台在结构调整方面做了哪些工作？

白：一方面，对效益不理想的频率进行调整，充分利用频率资源。例如，我们开办了面向港澳和深圳的南粤之声，将原来的健康之声和教育之声分别调整为南方生活广播和文体广播。经过科学合理的布局与调整，如今，广东电台初步形成规模经营、集团优势的新格局，频率的专业化建设取得了明显的效果，9套节目形成了各自不同的特色和风格；另一方面，我们还不断明确思路，调整机制和政策，推动专业广播的发展。多年来，我们以专业频率二级承包制的方式进行经营，增加了活力，强化了责任感，使得我们这些年发展很快。但是，在媒体竞争越来越激烈、经济结构越来越优化、商业经营越来越规范、广告代理越来越正规的情况下，我们开始变分散经营为统一管理。经营管理方面，在统一政策、统一价格、统一财务的基础上，强调各专业广播要相对独立地面向市场，包括受众市场和广告市场；宣传业务方面，在台编委会的指导下，赋予各专业广播节目调整权和内容终审权；在经营政策方面，按层级管理的原则，实行综合营运成本与经济效益挂钩、独立核算的管理办法，总台编制年度计划，实施指导、监督与考核；在劳动人事制度方面，在国家劳动政策的指导下，允许各系列台按照运作需求实行多种用工制度等。这一切都为各专业广播强化内部管理、有效调整节目、控制经费使用、调动人力资源、积极拓展市场提供了很大的自主空间。

与此同时，我们以音乐之声、太平洋影音公司为龙头组建了天天精彩文化传播公司，将以频率特性延伸出来的相关企业链接起来，形成声音产品—音像制品—社会经营活动产品的链条。刚才也说了，我们组建天网公司专门经营传统广播媒体延伸出来的多媒体增值业务。另外成立经营管理中心对外联合发展并负责各市办事处业务。这样，经营线条更加清晰，经营责任更加分明，经营策划与经营管理也更加统一。

申：我个人认为，在跨越式发展的四个战略部署中，联合发展最具开拓性、突破性和挑战性，是广东电台跨越式发展实践中的最大亮点。请具体谈谈这方面的内容。

白：2004 年 1 月 18 日成立的南方广播影视传媒集团将扩大省级广播电视媒体与 19 个地级市成员单位联合发展，实现省、市、县三级媒体资源贯通，进而将做大做强广东广播影视业作为集团改革重要的战略发展目标。以此为契机，我们坚定不移地走联合发展之路。2004 年 2 月 26 日，与云浮电台签署了第一份联合发展协议，揭开了广东电台与省内各兄弟电台真诚合作、联合发展的序幕。接着，我们先后与江门、河源、韶关等电台签订了联合发展协议书。

在联合发展工作中，我们要求职能部门对每个项目进行调查研究，了解项目的工作重点，并亲自带领经办人员和技术人员到联合发展的成员电台进行实地考查和商谈，对每一条合作条款、每一项合作项目进行仔细研究，同时坚持自愿、平等、扶持、发展的原则，坚持“成熟一个，发展一个”的思路，使得广东电台联合发展工作扎扎实实，签署一个，成功一个。目前已经同省内佛山市、江门市、韶关市、河源市、梅州市、揭阳市、阳江市、汕尾市、怀集、台山、罗定、潮安、遂溪、廉江、花都等 16 家市县广播电视台（电台）联合发展，并与广西梧州市进行跨省区联合。

申：以我个人之见，联合发展有似于西方发达国家，尤其是美国广播的网络化经营，而网络化经营对于中国广播的发展确实有值得借鉴的意义和价值。对此，你有何见解与看法？

白：你说得很有道理。20 世纪 90 年代初，我在美国参观了一个卫星音乐广播网，总部设在德州，但全美 50 个州的广播电台能够按钟点直接接收它的节目，还有印度和其他一些国家的广播电台。我当时很惊讶，竟有这样的广播电台。后来，我就一直在思考，跨越式发展除了一些具体措施外，最理想的应该是在传统广播的框架里走联合发展之路。我曾设想办一个“模拟广播频率”。这个模拟不是技术上的模拟，是一个广播电台，但又不是日常播出的那种，而是服务于全省所有参与联合的兄弟电台的广播电台。它参照美国的网络化广播的模式，制作一些综艺、音乐、娱乐和共用的资讯、服务类的节目输送给联合发展台，供他们播出。事实上，我们现在的联合发展也在朝这方面努力，只是刚刚开始，离真正的网络化运作还有很大距离。

一般来说，文化类、音乐类和娱乐类节目地域性特征不明显，但是节目资源是有限的。凭借着省台的优势，我们有条件获得这些有限的节目资源。若将某些高质量的、好听的节目输送到一些经营水平欠佳、人才匮乏、制作能力不强的市县广播电台，使他们获得难以获得的节目资源，既节约成本，又提高效益，那么全省整体的广播水平也将随之有所提高。因此，我觉得以美国为代表的西方发达国家的网络化经营是非常值得研究、值得借鉴的。也正是基于这种认识，南方广播影视传媒集团成立后将联合发展作为重要的战略部署，我们是积极配合、稳步推进，目的就是做大做强整个广东广播影视业。

申：南方广播影视传媒集团试图通过联合发展实现省、市、县条块结合，三级贯通，进而做大做强整个广东的广电媒体。初衷很好，问题是目前国内广播的管理体制是以行政权力配置资源，实现严格的地域划分，集团与市县广电媒体也不是垂直管理关系。这势必给广东广播的联合发展带来一定的障碍。对此，你有一定的思想准备吗？为了消除矛盾，突破障碍，你们都做了哪些方面的工作？

白：不错。联合发展脱离不开南方传媒集团这个大背景。集团确立联合发展战略后，由于市县广电媒体与集团的关系不是垂直管理关系而是成员单位关系，所以资产属当地，人事任免在当地。在这种情况下，联合发展怎样推进？我觉得还是应该以提高全省广播媒体整体素质和质量为诉求。为此，我们根据各联合单位的不同特点和需求，采用了多种形式，在宣传业务、人才交流培训、技术支持、节目共享、大型活动、资金支持等方面进行多层次联合协作，同时为每个联合台专门指定一个频率对口帮扶。针对联合台节目资源不足的情况，我们会在版权范围内免费向他们提供音乐、文学、戏曲等节目，通过全省新闻平台、音乐资料交换平台向各合作台提供节目源，带动提升了合作台的节目质量，也提高了合作台节目的收听率。

有的联合台在当地影响力不够，我们就与他们联合举办大型活动，办“看得见的广播”，营造声势，扩大影响。不仅如此，我们还明确联合发展电台各利益主体的权利和义务，让参加联合的单位都能得到切实利益，共享联合发展的改革成果。事实证明，在我们的帮扶与支持下，与我们联合发展的兄弟电台都增加了造血功能，宣传和节目质量得到提升，社会效益和经济效益明显增强。目前，主动要求与我们联合发展的电台还不少。

三、高瞻远瞩　着眼未来

申：据我所知，北京电台在全国广播界首发成立的广播发展研究中心，目前运作比较成功，2005 年新节目研发一项台里就投入了 800 万元。我觉得这是实现广播可持续发展的重要举措，也是广播经营运作过程中的不可或缺的一环。不知广东电台在这方面有没有什么动作？

白：我们今年也成立了广播发展研究室，目的就是对广东广播的发展进行一些战略性的研究，以及对一些项目进行论证。实事求是地说，过去，我们每年花了很多钱从赛立信、央视—索福瑞、尼尔森等媒介公司那里购买调查数据，却没有很好地利用数据进行再研究、再分析，更多的是把调查数据作为改版的依据，在数据中判断哪个节目好、哪个节目不好。各系列台往往根据这个把好的节目留下，把不好的节目砍去；或者将调查数据作为与广告客户商谈广告投放的依据。从某种意义上说，这也是一种浪费。广播发展研究室成立后，我们已着手制定适合广东电台特点的节目质量评估体系，同时对调查数据进行深入细致的分析研究，从中寻找提升节目质量的方法与途径；并联系实际、着眼未来，对广播的全球化、专业化、网络化、产业化以及规模化、数字化问题进行研究；同时对广播的跨地区、跨媒体、跨行业合作和资源整合、品牌打造、体制机制等问题也给予了必要的关注。相信广播发展研究室将会为广东广播的未来发展助一臂之力。

申：多年来，身处我国经济最发达地区之一的广东电台的经营创收，虽然稳居各省电台前列，但是从北京、天津以及深圳电台的经营状况看，仍然拥有一定的提升空间。你是否这样认为？在未来的几年里，怎样才能让广东电台的经营创收再上一个新的台阶？

白：北京电台是个奇迹，我们应该好好地向人家学习；天津电台属后起之秀，近年来改革力度较大，所以上升很快、业绩明显，也非常值得我们学习。但是，广东电台毕竟是省台。目前，全省 21 个地级以上市和 97 个县区都有广播电台，有的电台还拥有几个频率。这样，全省 100 多家电台的所有广播频率都在分割广东广播广告这块蛋糕，加上省内其他媒体尤其是报纸媒体的强势以及境外 9 个电视媒体在珠三角落户进一步切分广告市场，所以广东电台的广告经营压力是很大的。同时，省内一些市级电台像深圳、广州、佛山、东莞、中山、珠海等经营状况都不错，无形之中给我们带来了经营压力。即便如此，我还是赞同你的观点，广东电台经营创收的空间还是有的。目前，全省广播的广告价格普遍偏低，广告经营缺少含金量。如何使广东电台的经营创收再上一个新的台阶？我觉得广东电台一方面要像北京、天津等兄弟电台那样优化经营结构，向更加集约化方向发展；另一方面在于全省电台要达成共识，优化广播市场并组成广播联盟，本着互惠互利的原则签订合作协议，从市场定位、节目内容、广告经营、频率覆盖等诸多方面对各家电台不同的专业频率进行规范化的制约，坚守广播广告的价格底线，使得广东广播市场在整体上得到优化。这样，理想才会变成现实。

申：你是广东电台的台长，又是南方广播影视传媒集团的总编辑，在考虑广东电台的发展问题时，是如何协调集团的整体利益的？

白：集团的最大功能是资源整合。我分管集团的宣传业务，又是广东电台的台长，所以非常重视广东电台在宣传方面与广东电视台和南方电视台的合作。现在，三家媒体合作是经常的，关系也是几十年来最佳的。电视台举办大型晚会，电台同时进行直播；电台举办活动，电视台予以报道。尤其是广东电台的《民声热线》节目既在广播中播出，又在电视台同步直播，这在过去是很难的。而广东电视台的《今日关注》节目更是电视、广播、网络三媒合一，历史上也是绝无仅有的。总之，目前，三台沟通比过去强了，合作比过去顺畅了，合作的渴望也比过去多了。应该说，资源整合正朝着良性方向发展。相信在我们的不懈努力之下，三台未来的合作将更加密切，广东广电传媒业的明天一定会更加美好！

广东电台专业频道的发展变化

白　玲

摘　要：内地广播专业频道的发展，有着深远的历史渊源。广东是其中一个发源地。广播专业频道的运营管理，是一个经常被同行、专家、学者谈论的话题，也是一个随着广播实践的发展而不断充实、扩展、深化的课题。本文主要根据广东电台的改革实践，从三方面来阐述专业频道的运营管理：①回顾广东电台专业频道的发展变化；②介绍广东电台专业频道的运营现状；③从广东电台专业频道实践引发的几点思考。

主题词：广播　广播改革　系列台　专业频道　频道运营

一、广东电台专业频道的发展变化

开办广播专业频道，就是我们常说的系列台，是十几年来广东电台推进广播改革的一项重要成果，也是改革开放以来我国广播事业发展的一个重要标志。在广播实践当中，专业频道与系列台是同一概念。自系列台诞生以来，我们就沿用系列台的概念，而业界近年较多称作专业频道。本文为便于表述，仍采用系列台的说法。广东电台系列台大致经历了三个发展阶段：

1. 1987—1989 年，系列台设想的确立

早在 1986 年珠江经济台开播以后，广东电台就确立了建设系列台的设想。当时的台领导提出，“广东人民广播电台（含珠江经济广播电台、广州人民广播电台）现有 6 套节目，我们打算逐步把它建成各负不同任务、各具风格特色、各有自己的听众群的系列台。这是广东台改革的奋斗目标。珠江经济广播电台的建成是实现系列台设想的重大一步；正在改革的省一台，打算用两年左右的时间，建成以时政内容为主的电台。这样，连同原有的文艺台、教育台，广东台的系列台就显示出较为清晰的轮廓了。”① 这反映了广东广播人在社会主义市场经济体制的背景条件下，对广播管理体制改革的思考和探索，也是进行系列台建设的主观条件。

事实上，从 1979 年以来，广东电台一直在专题、新闻、文艺、播音等业务领域进行单项的改革探索。专题节目从开办大众化节目，进而试办主持人节目，直到创办综合性大板块节目，不断地深入改革。在提高节目质量的同时，也培养了一批业务人才。新闻节目从“长、疏、慢”（时间长、间隔疏、时效慢）到

---

① 参见：中国广播电视学刊（增刊），1988

“短、密、快”（时间短、间隔密、时效快）；文艺节目从“用政治口号训人，用概念公式说教”到“寓教育于娱乐之中，寓宣传于服务之中”；播音风格从“高调、僵硬、冷漠、不近人情”到“低声调、近距离、一对一、生活化”。这些从内容到形式的渐进改革，为广东电台推进综合改革，创办系列台，积累了经验，提供了客观条件。

2. 1989—1994 年，全面推进系列台建设

广播改革的产生，总要以一定社会经济的要求为背景。作为一项复杂的系统工程，它体现了社会对广播发展的迫切需要。党的十一届三中全会以来，广东领改革开放风气之先，兼有毗邻港澳的地理优势，社会经济快速发展，人民生活水平逐步提高。随着商品经济的繁荣，生活环境的开放，人们的思想观念、兴趣、爱好趋于多样化。面对当时境外媒体公开、直接而广泛的竞争，率先感受到细分听众、专业分工、个性服务这些反映商品经济内在要求的广播人，因而大胆进行了早于全国同行的改革实践，成为后来蓬勃于内地的系列台建设的先行者。

1989 年 11 月，以喉舌作用为己任、以新闻节目为主体的广东新闻台开播；1991 年 1 月，以弘扬民族音乐、提倡高雅艺术为宗旨的广东音乐台开播；1992 年，广东英语台开播。加上 1980 年开办的广东文艺台、1984 年开办的广东教育台、1986 年开办的珠江经济台，广东电台建成了针对不同对象、具有不同风格、多功能、多层次的 6 个系列台。

1992 年，广东电台又提出系列台建设上台阶的设想，就是利用 SCA 调频副讯道，开办经营服务型的第二系列台。经过三年努力，1993 年，珠江股市台、羊城交通台相继开播；1994 年，广东儿童台开播。至此，形成了 9 个系列台的完整格局。

3. 1994 年至今，进一步深化系列台改革

广东电台的系列台建设取得了明显成效，这主要表现在以下四个方面：

（1）尝试了对广播规律的探索。对广播规律的认识成为改革的理论基础，使系列台建设获得了最大的合理性。在系列台建设中的有益经验，经过示范作用和吸收作用，内化为同行普遍认可的价值取向和行为准则。

（2）促进了广播事业的发展。在 1986—1996 年这十年间，广东电台先后投入1 000 多万元资金建设、改造和更新系列台的播控室、录音室和采编设备，整体面貌发生了根本性变化。

（3）产生了很好的社会效益。系列台建设推动了广播改革，提升了广播竞争力，得到了社会各界一致认同，使广东广播在与境外电台的竞争中，由劣势转变为优势。

（4）取得了较好的经济效益。广东电台系列台不仅为全省的两个文明建设作出了应有贡献，自身的经济效益也有了明显增长，广告创收连续多年翻番

增长。

然而，系列台建设也存在一些不容忽视的问题：

（1）有的频道专业特色不够鲜明，频道之间的节目设置重复交叉，造成专业频道综合化，综合频道不突出。

（2）频道之间相互竞争，有时处于失控的局面，产生不必要的内耗，削弱了总体优势，影响了综合台力。

（3）有的频道不适应市场经济的要求，不适应传媒竞争的形势，宣传效果不明显，经济效益上不去。

从1994年起，我台对系列台建设进行回顾与反思，形成调整系列台布局的新思路，明确了系列台改革的指导思想："收缩战线，提高质量，多出精品，增加效益。"据此对系列台进行了以下调整：

（1）突出重点。集中力量办好新闻台和珠江台两个综合频道，以新闻节目为龙头，保证舆论导向正确。同时继续办好已经上轨、定型的音乐台、交通台和股市台。

（2）收缩战线。将教育台、英语台、儿童台合并为一个频道。

（3）优化频率资源。对效益不理想的频道进行调整，充分利用调频频率资源，在原文艺台的基础上，开办城市之声频道；利用合并教育台、英语台、儿童台后的空置频率、开办健康之声频道。

经过两年的战略调整，新闻台和珠江台两个综合频道的地位更加突出，对内对外宣传报道进一步加强；城市之声生气勃勃，健康之声普遍叫好；其他专业频道活力增强，效益大幅增加，广东电台初步形成规模经营、集团优势的新格局。今年，根据市场需求和资源现状，又把教育台改造为体育台。

二、广东电台专业频道的运营现状

广东电台的专业频道实质上是"台中台"：部门建制、特色定位、独立运作、自收自支。这里简单介绍广东电台9个专业频道的运营状况：

1. 卫星广播（FM91.4 AM648）

1989年11月15日开播，10千瓦调频、50千瓦中波同步发射，覆盖全省大部分地区，频率定位是以新闻和时政为主题的综合性电台，普通话播出，全天播音21小时，2003年广告收入为3 077.15万元。

2. 珠江经济台（FM97.4 AM1062）

1986年12月25日开播，为全国第一家经济广播电台，全省17个转播台转播，频率定位是为听众和经济界提供经济生活资讯及相关服务的大众型、信息型、服务型、娱乐型的综合电台，粤语播出，全天播音24小时，2003年广告收入为3 513.2万元。

3. 音乐之声（FM99.3 FM93.9）

1991年1月23日开播，覆盖珠江三角洲地区及其他省内部分地市，定位是音乐专业频道，双语（粤语、普通话）播音，全天24小时播出，2003年广告收入为2 730.46万元。

4. 城市之声（FM103.6）

1996年4月18日开播，以广州城市居民为主要对象，以资讯娱乐和城市文化为主要特色，以广东文艺为主要内容，粤语播音，全天24小时播出，2003年广告收入为1 921.8万元。

5. 交通之声（FM105.2）

1993年7月30日开播，定位是为珠江三角洲地区特别是广州听众提供交通信息和相关服务的专业频道，粤语播音，全天24小时播出，2003年广告收入为2 623.93万元。

6. 健康之声（FM93.6 AM999）

1996年4月28日开播，小调频传输，广州市区设2个发射点，分别以500瓦、800瓦及AM10千瓦同步发射，定位为公众健康服务型专业频道，主要传播医疗保健知识，提供健康资讯服务，粤语播音，全天24小时播出，2003年广告收入为1 314.73万元。

7. 股市广播（FM95.3 AM927）

1993年开播，1个小调频发射点，定位为财经专业频道，主要为证券投资者提供证券信息及股市行情分析，有特定的收听人群，双语（粤语、普通话）播音，FM全天24小时播出，AM 17小时播出，2003年广告收入为706.11万元。

8. 教育之声（FM107.6 AM603）

4个小调频发射点（100~300瓦），AM10千瓦同步发射，定位为中小学教育服务，为社会各界提供教育培训，以及外语教学培训，多种语言播出，全天24小时播出，2003年广告收入为506.75万元。2004年8月8日，重新定位为体育资讯广播，改版后以“竞逐1076”呼号试播。

9. 南粤之声（FM105.7）

该频率2003年12月开始全天分频播出。2004年8月20日，经国家广电总局批准，以“南粤之声”呼号正式播出。频道以深圳为立足点，以港澳地区和珠江三角洲人群为主要服务对象，以泛珠三角为辐射面，采取SRS5.1环绕立体声广播系统播出。

三、从广东电台专业频道实践引发的思考

系列台的创建、发展和变革，如果以1986年珠江经济广播电台开播为起点，到现在正好经历了18个年头。如何认识系列台，是一个经常被同行、专家、学

者谈论的话题，也是一个随着广播实践的发展而不断充实、扩展、深化的课题。从十几年来对这个课题的探讨看，认识的角度很多：有的从“窄播”的角度，阐述系列台的客观环境和基本方向；有的从“改革”的角度，论证系列台的生存与发展；更多的是从广播改革中面临的重大问题着手，展开深层次的理论反思。综合这些问题，大致有以下方面：

——系列台与专业广播

——系列台的基本模式、服务优势及业务运作

——怎样认识系列台的特殊性

——系列台是不是广播规律的反映

——系列台与广播外延扩展的关系

——系列台与广播产业化的关系

——系列台与广播管理体制改革的关系

广东电台在以往的学术研讨中，基本都涉及这些理论问题。在这里，根据我们的实践谈三点体会，仅仅是对以往理论探索的补充，作为粗浅的认识与业界同行交流。

1. 系列台运作要制度化

所谓制度化，是指稳定的、受到尊重的和不断重复的行为模式。系列台作为一种广播组织，必须承受环境挑战和时间考验。其适应性越强，制度化程度就越高。在现代传播竞争中，较为简单的媒体，往往容易被消灭。广播组织的复杂性可以产生稳定性。因为系统内部各部门功能的专业化，有利于应付各种突发的问题和挑战。系列台的运作不是孤立的，它会受到各方面的压力。因而它需要按照固有程序来运作，排除内外干扰，独立地作出决策。此外，系列台员工要聚集在一个制度下，才能达成一致性的共识，这种共识就是凝聚力的表现，是制度化的一个象征。以这种认识为出发点，广东电台在系列台建设过程中，一直重视建立各种规章制度，比如员工招聘、业务考核、节目管理、主持人管理、财务管理等，确保系列台在制度化轨道上正常运转。

2. 系列台经营机制要适应市场竞争

系列台是在市场经济的大潮中诞生的，如何适应市场竞争的需要，合理使用频率资源，不断增强“两个效益”，是我们面对的一个新课题。从 1995 年起，广东电台就提出了“全台统一管理，分级自主经营”的指导方针，在调整系列台布局的同时，逐步建立系列台经营机制，让系列台独立运作，自主经营，接受市场的考验。广东电台建立的系列台经营机制包括合约承包、风险抵押、广告代理、财务管理、组织监控、奖惩措施、收入分配等。实践证明，建立适应市场竞争的系列台经营机制，对广东电台的事业发展具有战略意义。有了较好的物质基础，系列台的活力增强了，全台综合台力提高了。在日趋激烈的市场竞争中，广

播逐渐走出低谷，扭转了被动局面。

3. 系列台改革要循序渐进

系列台改革是渐进式改革。这种改革要朝着有利于广播发展的方向前进，就要精心设计、把握和控制系列台改革的速度、方式和时机。系列台改革是一项系统工程，要从客观实际出发，全面而系统地改，坚决而有序地改，有领导、有步骤地改，分步实施，循序渐进。对系列台改革，不仅要有全局观念和整体观念，还要有程序观念和秩序观念，哪项改革先行，哪项后行，要通盘考虑。同时，对改革方案要进行可行性研究，进行论证和预测。在系列台改革过程中，不管方案如何周密，总会出现不可预见的情况，产生突发性的矛盾。这就需要改革者有良好的心理素质，顶住各种压力，努力克服困难，把改革推行下去。

上述所列举的事例，是十几年来广东电台系列台改革的经验教训，是以广东广播的实际和市场竞争的状况为背景的，明显地带有个案特点。有不对、不合适的地方，请业界同行理解和体谅。

对广播专业频道运营的再认识

白　玲

摘　要：广播专业频道的运营管理，在广东电台已经有十八年的历史。对这个课题的认识，由于主客观条件的限制，也经历了实践—认识—再实践—再认识循环往复这样一个过程。过去业界曾经从各种角度来探讨专业频道的运营管理，这些认识都是同一定的时间、地点、条件相联系的。当具体实践过程向前推进以后，现有的主观认识也应当随之转变。在近年广播专业频道的运营管理过程中，出现了一些新情况、新动向和新趋势，要求业界在搞好专业频道运营管理的同时，从理论上给予合理的阐述说明。

关键词：广播专业频道　运营管理　广播创新　媒体包装　形象推广

一、简述广播专业频道的实践经验

作为广播的管理实践，专业频道的运营管理，是与专业频道共生并存的。管理活动存在于组织活动之中。自专业频道格局确定以后，管理知识逐渐系统化，形成了专门的管理方法，实践证明是行之有效的。尽管与其他领域的管理相比，还有待进一步发展，但它成为一种专业管理，是毋庸置疑的。在长期的频道运营中，管理思想逐步形成。我们的一个愿望，就是要和同行们一起，在专家学者的帮助下，把各种管理思想加以总结，使之上升为管理理论，来指导专业频道的管理实践。我们对频道运营管理的关注，是向频道所有活动层面扩展的，因此，这些经验也就包括以下七个方面：

1. 频道定位

根据我的理解，频道运营管理就是通过特殊的约束方式使频道运作的各方面能按照既定的目标和秩序来运作和发展。这种“既定的目标”就是频道定位。一句话，定位决定目标受众，决定节目内容，决定竞争策略。

专业频道的运作，首先是规定频道与市场的关系和为达到目标而采取的行为准则。比方说，交通之声就是宣传交通、服务交通、促进交通文明建设的专业频道，它的目标之一就是争取高端听众，因此节目设置的出发点，主要是针对“汽车一族”，力求满足他们的需求。除了强调新闻、信息要短、要快，还要求不断增大信息量，加强实用性。比如，根据私家车和非专职司机日益增多的特点，为这部分听众设计了新的节目——《有车有得挥》（粤语意思是“有车就有话题”），在上午时段里，由职业司机担任节目主持人，请专业维修人员担任嘉宾，讲有关车辆维修保养的知识。节目针对性很强：开车新手比较多，就讲开车前的准备工作，讲各种情况的处理；在“黄金周”假期，自驾车出游的很多，就讲各种注意事项。节目还注意互动交流，听众可以通过打电话、发短信参与节目，提出各种问题。这个节目很受司机欢迎，收听率相当高。随着覆盖范围的逐步扩大，交通之声不断扩展服务区域，把交通信息服务延伸到珠三角的番禺、东莞、深圳等地。他们的做法是基于对频道定位的再认识：专业广播的定位要考虑趋利避害。要敢于承认自己的弱势、不足和短处。广播做不了、做不好的，就要敢于放弃，让给别的媒体去做。

2. 市场细分

细分市场以后，就能够明确方向，决定取舍。广东电台的八个专业频道，在新闻、经济、社会、民生等领域各有侧重，做到有所为、有所不为。以财经频道为例，专业化节目是其一大特色。10多年来，我国资本市场取得巨大成就，价值投资理念逐渐深入人心。深沪股市活力近年开始恢复，交易活跃程度明显提高，全国拥有6 000万股民，这支队伍正在迅速扩大。广东又是证券大省，快速增长的宏观经济为股市的健康发展提供了坚实的支持。广播在传递金融证券信息方面，具有其他媒体难以取代的优势。财经频道以证券市场为依托，有一定的优势和良好的前景。该频道全力打造“最全面权威的财经证券传媒”的品牌形象：按人气指数树立“偶像明星”，大量开展户外活动，不断开拓节目领域，如外汇、期货、港股、汽车、旅游等，建立有较好收入来源又方便与听众沟通的手机短信平台，等等，逐步打开了经营创收的新局面。一年来，通过短讯、港股、期货、电脑分析软件等新增设的栏目，增加创收近100万。由于节目贴近市场，有较好的收听率，券商纷纷特约时段。现在，财经频道每天播出的股市分析节目有近40个，全部被证券公司、投资咨询公司、电脑软件商等特约，个别时段还出现了客商竞价抢购的现象。一些在国内乃至国际较有影响力的证券机构，包括中国光大证券香港公司、香港大福证券、北京和讯、容维创富、多空阵线，都成为财经台的“铁杆客户”。过去财经频道要花钱请嘉宾来做节目。现在变成谁做嘉宾谁得出钱。开始时只有一个嘉宾，一讲就是20分钟。现在嘉宾多了，每人只能讲1分钟。随着股市开始走出熊市的阴影，股市节目越来越受投资人士关注，越来越多券商顺应股民要求，通过有线广播转播财经频道节目。财经节目在驾车一族及其他群体中的收听率也在不断提高。

再以珠江经济台为例，它不是专业的新闻频道，但新闻又是其节目重要组成部分，它的新闻就必须立足于社会民生。在该频道的宣传报道实践中，强调坚持正确舆论导向，坚持唱响主旋律，努力做到一般会议消息不报、一般工作成果不报，强调把报道着眼点放在实用的、功利的、有价值的微观经济及社会民生上。明确规定新闻及资讯类节目安排版面时，没有服务性的不用，没有贴近性的不用，没有采访素材的不用。这种市场意识已经贯穿频道节目和活动的策划与组织。

3. 节目精办

要办好节目，就要在策划、采写、编辑和制作上花大力气，聚精会神作出创意、作出个性、作出独家。在这方面，广东电台专业频道是“八仙过海，各显神通”。例如，对于如何精办节目，不同的频道有不同的做法：

（1）新闻频道的做法是加强新闻策划，做好独家报道。该频道一贯重视探索新闻改革，注意把握报道机遇，全力搞好新闻策划，使重大战役性报道实现创新，做到策划富有创意、角度精巧灵活、手法新颖独特，让领导和听众满意。去年10月15日，该频道以我国首次载人航天飞行这一重大事件为题材，主动出击，精心策划，周密部署，充分发挥广播的优势，对“神舟五号”发射升空、飞行变轨、安全返回等全过程作了报道，引起了听众的广泛关注，赢得了社会各界的赞扬。在过去几年，新闻频道与航天部门建立了紧密联系，并就“神舟一号”首航、“神舟四号”发射等重大事件组织专题节目。这些节目曾经在全省乃至全国获得较高档次的新闻奖项。新闻频道一直密切关注我国航天事业的发展，对我国航天重大事件不断跟踪，这为后来节目的策划和报道的组织打下了基础，创造了条件。当天上午8：30—10：00，新闻频道与酒泉卫星发射中心广播电视台联手，完成了特别节目《聆听这一历史时刻》，这是当天上午电视、广播、报纸媒体中唯一的现场报道。这辑节目通过电话连接酒泉卫星发射基地和新闻频道直播室，三路特约记者分别深入核心部位，包括酒泉卫星发射中心现场测发指挥大厅、东风指挥控制中心以及零号指挥身旁，现场报道了飞船发射升空这一历史瞬间，酒泉基地航天专家李建通作了同步解说。节目除了在新闻频道直播以外，还通过21CN网站进行网上直播。新闻频道成为全国乃至全球唯一直播“神舟五号”发射的媒体。

（2）城市之声的做法是独辟蹊径，双管齐下。

①独辟蹊径，就是突出文化品位，走文艺路线。城市之声的前身是广东文艺台，在文学、戏曲、音乐、综艺等创作、制作、创优方面，积累了丰富经验，具备一定的基础。近年来，该频道制作了广播剧《新生命一号》、《酒肆风雪夜》、广播文学节目《雨果的中国情结》等，举办了中国古今文学作品朗诵会《天上的街市》，开办了文学欣赏节目《文海扬帆》、人物访谈节目《新文化追击》等，吸引了众多文学爱好者。这些节目风格淳厚，品位高雅，涉猎面广，特色鲜明，体现了多元化节目高层次、高品位、高水平的一面。城市之声还开办了《城市剧场》，尝试自行录制通俗广播剧节目，以此探索通俗广播剧市场化的道路。其一年多来制作了大量通俗广播剧，反映岭南风貌，突出都市特色。城市通俗广播剧的一个卖点是，“绝对城市制造”——百分之百由城市之声员工演播，不仅降低了节目成本，更主要是营造了员工关心节目、探讨业务、增强凝聚力的氛围。

②双管齐下，就是新闻、音乐轮番出击。广播有两个拳头产品：一个是新闻，一个是音乐。城市之声一直努力办好这两类节目。新闻方面，该频道设计了一个全新的新闻杂志式节目《新闻点击》，立足广州，贴近市民，播出《桶装水质量问题追踪》、《羊城街头粽子飘香》、《国医馆的今天和昨天》等许多报道，信息量大，互动感强，报道充满社区气息，凸显城市台新闻资讯特色。音乐方面，城市之声以节目为依托，以节假日为契机，编排、制作不同的音乐节目、特辑，强化音乐版面和音乐主题，让人感受城市之声节目的清新与内容的可听；并实现日常播出与户外活动有机结合，形成节目活动互相呼应，造星工程与节目推广同步进行，扩大主持人和节目的品牌效应，在社会上产生了巨大影响。对一些新闻题材，比如系列报道《千家万户话变迁》，在节目播出以后，也从文艺角度进行再创作，制成综艺节目《千家万户话变迁》。事实说明，这种题材共享的尝试是成功的。这个节目后来获得第五届中国广播电视学会广播文艺（专家奖）一等奖。

4. 包装精巧

法国当代思想家让·鲍德里亚曾经说：当代生活就是一个符号化的过程。符号学理论认为，任何物品想要被人把握，比如说被人消费，就必须首先成为符号。只有符号化的东西，如成为广告的描绘对象，得到媒介的传播，才可能进入人们的现实生活。基于这种意义上的理解，我这样表述媒体包装的定义：媒体包装是在大众传播过程中通过选择、制造和传送符号来展示媒体品牌、树立媒体形象、吸引受众注意力、帮助受众接受媒介传播意图的行为方式。媒体包装包括频道、节目、活动和主持人的包装。随着媒体竞争的发展和运营经验的积累，我想大家已经达成一种共识，就是包装出创新力、出影响力、出竞争力。

珠江台对节目的包装别具一格。去年该频道在广东省中医院举行了两次大型户外活动：《天使的礼赞》和《情系中医70年》，都成功地运用了多媒体技术进行现场直播，音乐、画面、文字在广播现场节目中交替使用，突破了广播节目依靠语言播出的单一模式。珠江台成为内地首家运用多媒体手段进行户外直播的电台。出席活动的广东省省长黄华华对此给予高度评价：“有创意，有新意，非常成功。”

音乐之声对活动的包装别具一格。近年来，该频道参与了大型交响音乐会《东方红日》，大型歌会《颂歌献给党》，大型广播电视晚会《情系天地间》、《心手相连，共抗非典》、《雨后彩虹》的策划、组织、制作和直播。这些活动以音乐、诗歌、画面、舞蹈等多种元素包装节目，感人肺腑，催人奋进，在国内外引起轰动。2003年年底，广州地区军民春节联欢晚会首次以政府采购方式向社会公开招标，引起全国注目。以音乐之声为主设计的方案一举中标，表明社会各界对该频道活动包装的认可。

城市之声对主持人的包装别具一格。该频道有五个年轻男主持人，号称“城市五俊杰”。频道不仅在网站上为他们制作网页，还为他们写歌，让他们唱歌，给他们出碟——城市五俊杰唱片专辑；并组织了“澎湃动力五俊杰之‘比武招亲’”、“五俊杰成立一周年广播剧招募女主角”等特别策划；还推出五俊杰主演的偶像广播剧《五男三女》，成功地把五俊杰的包装由节目扩展到户外，将五俊杰的系列宣传推向高潮，在听众中形成了五俊杰效应。城市五俊杰多次参与电视台的直播节目，在2003年全国听众喜爱的歌手“金号奖”评选活动中获得“优秀组合奖”。音乐之声也为主持人举办过个人演唱会。

5. 形象推广

办“看得见”的广播，是广东电台在专业频道发展中提出的一个口号，也是在传播竞争中形成的一种业务指导思想。广播必须走进社会、走进生活、走进人群，吸引听众参与，才能拓展自身的优势，创造有利的传播环境，争取更大的生存空间。广东电台十分重视广播的形象推广，现行的一般做法是：社会活动、平面推介及网站建设多种形式并用。

近年来，广东电台以广场活动、文艺演出、公众论坛、商务策划、户外直播室等为表现形式，大力拓展“看得见”的广播新空间。频道按照不同的专业定位和各自的特点，举办各种不同规模、不同主题、不同内容的户外活动。据粗略统计，全年有超过1/3的时间，在广州乃至全省多个城市，在广场、剧院、公园等，可以看到广东电台的户外活动。以音乐之声为例，2003年策划了《音乐先锋榜》、《星CLUB PARTY》、《腾格尔广州演唱会》等一系列活动，两个月时间就举办了20多场次。可以说，活动是一个紧接一个。

平面媒介已成为广播形象推广的一种重要载体。在近年的频道形象推广中，我们选择了多种平面媒介，包括报纸、杂志、户外广告、宣传海报等。2002年珠江台创办了形象推介杂志《FM974》。2003年这本杂志进入了新的流通渠道：由7-11便利店分布在广州、深圳的146家连锁店发送，进一步扩大了珠江台在新生代受众的影响。

网站也是广播形象推广的一种技术手段。经过多年来的建设，广东电台拥有九个网站，这些网站不断更新内容，刷新版面，形成了图片与文字并举、视像与实时广播并重、最新资讯与资料并存、QQ与节目短信并进的形象宣传推广态势。这些网站吸引了大批网民，有的月访问量以万位数上升，为弥补广播的劣势、扩大电台的影响，发挥了不可忽视的重要作用。

6. 广告代理

2003年，广东电台经营业绩首次突破2亿元。然而，我们清醒地意识到，全面推行广告代理制，不断提高代理额度，促进广告创收逐年增长，是摆在面前一项紧迫的任务。交通之声的广告代理制已实行了几年。通过各类中介接收广告，按照节目折扣标准，视完成情况付给代理费，有利于降低成本，节约人手。经过几年的市场培育，取得了较好的成绩：管理规范，正常广告增多，避免了无序竞争，保证了广告价格每年可以上浮。而目前我台存在的问题是，频道之间的平均收入仍有较大差距，广告管理体制有待进一步改革。尚未实行代理制的频道广告经营成本偏高。

7. 电子化运营

进入新世纪以来，电子信息技术在广播媒体中被广泛应用，对专业频道发展产生积极的促进作用。如何利用信息技术和IT产业构建电子商务平台，实现资源有效配置，进一步提升广播生产力，是近年我们反复思考的一个问题，在这方面也进行了有益的试验。

2003年，珠江台投资建立ERP（Enterprise Resource Planning，企业资源规划）作为管理平台，把频道的选题管理、节目管理、活动管理、人员管理等纳入动态管理过程。同时请来专家给员工讲授ISO9000和ISO9002质量管理系统等十个专题的课程，并制定了《岗位管理规程》、《职效考评规程》等八个管理制度，整合频道的信息资源、业务流程、人力物力，实现频道内部的电子沟通。ERP系统运作一年来效果良好。

健康之声采用CRM（Customer Relationship Management，客户关系管理）作为管理平台，整合频道的市场资源，提高广告运营效率。他们利用CRM系统进行信息管理，及时把广告信息传递给客户，降低了广告版面空置率；进行过程管理，把广告项目进展情况输入系统，可随时追踪，有一定效果；进行动态管理，介入业务员的营销过程，帮助业务员完成最后冲刺，取得一些成效；开展核心客户管理，尽早介入企业的营销活动，帮助他们打入市场。一些客户对此表示满意。去年底，广东电台承办全国广播节目展销会。健康之声把目标客户资料输入系统，从联系客户到取得成果，都分阶段形成档案。

应当承认，珠江台的ERP和健康之声的CRM，和其他国内外媒体的同类软件相比，就规模、功能、效益来说，还是初始的、有待完善的。

二、展望广播专业频道的发展趋势

广播专业频道的发展是必然的，发展代表着一定贯彻下去的趋势。从目前来看，广播专业频道发展呈现以下特点：

1. 市场扩张

广播专业频道的市场扩张有两个途径：

（1）扩大覆盖。为争夺受众市场、扩展生存空间，未来的广播专业频道必须扩大有效覆盖。这就要求更加重视广播传输技术的研究应用，重视覆盖工作的规划，重视覆盖经费的投入。近年来，广东电台在省广电局的支持下，努力扩大在全省的有效覆盖，仅2003年就投入专项经费2 142.75万元。目前，新增发射点从广州延伸到珠三角及粤东地区，惠州、东莞、汕尾、云浮等地已顺利开通。珠江经济台、交通之声、新闻频道、音乐之声、财经频道的信号有效地传向深圳、东莞、中山、肇庆、云浮、惠州、汕尾，听众和客户反映良好。

（2）分频播出。2003年7月，珠江台105.7频率开始分频试播，12月全天分频播出。今年8月20日，经国家广电总局批准，以“南粤之声”呼号正式播出。分频播出是广播传播方式的一项开创性实验，其优点是：同一台别，同一台标，不同呼号，两个发射频道，两套广播节目，在更大范围内增加了有效覆盖面，扩大了听众市场，扩展了发展空间。该频道以深圳为立足点，以港澳地区和珠江三角洲人群为主要服务对象，以泛珠三角为辐射面，采取SRS5.1环绕立体声广播系统播出，收听效果理想，经营效益较好。未来的广播专业频道将随着分频播出的逐步实施而日益庞大。

2. 区域合作

未来的广播专业频道活动范围将更加扩大，以节目、活动、经营等多种形式开展区域合作，实现双赢或多赢。今年以来，广东电台与邻省的广西电台、省内的云浮、韶关电台确定了合作意向，筹备创办新的广播频道。7月中旬，在首届泛珠三角区域经贸合作洽谈会上，广东电台与福建、江西、湖南、广西、海南、四川、贵州、云南、香港、澳门十家电台实现大联播，从而揭开了泛珠三角区域电台长期合作、共同参与、形成合力、打造广播品牌的序幕。

3. 跨媒体发展

进入21世纪，传播竞争更加激烈。有人提出，媒体需要随时进行两种竞争：为了今天的生存，必须竞争市场份额；为了明天的发展，必须竞争机遇份额。当今世界，有人群就有市场，有朋友就有机遇，广播应当有更多盟友。

未来的广播发展要走多元化的道路，与电视、报纸、网络、短信等新老媒体充分合作。只有实现跨行业发展，才能把广播做大做强；只有与各种媒体并存，在共生中合作、在合作中发展，才能互补互利、共同进步。

近年来，无论是广播专业频道发展的过程，还是广播专业频道改革的实践，以及国内国际的传播环境，都出现了很多新矛盾、新问题。面对这些新矛盾、新问题，如何进一步推进广播专业频道发展，是一个迫切需要深入系统研究的课题，希望在这方面更多地吸收同行的经验，听取专家的意见，以开阔视野，得到启迪，拓展思路。

2008年广播发展面面观

申启武　陈　媛

2008年，这是一个注定会被载入中国广播史册的特殊年份。这一年，大直播，把握重大事件报道机遇以重塑广播强势媒体的主流地位；大联合，整合广播资源优势互补并通过多元化发展战略实现合作共赢；大调整，立足广播行业实际自觉整顿、肃清不足以实现转型升级和创新突破，同时把握重大突发事件快速广告分层创意以实现多角度公益；应急服务，重大突发事件面前“以人为本”协力构筑公共危机应对机制；大型调研，科学设计调查元素进行量化分析，搭建交流平台为探索广播的改革与发展提供借鉴和参考。在传播社会主义核心价值体系中，中国广播努力实现健康向上的多元社会价值的和谐共存，通过自身潜力的深刻挖掘，充分地发挥其作为社会系统有机组成部分的功能和作用。

一、大直播——非常态运作凸显广播不可替代的传播优势

在目前的信息传播格局中，大直播是一种非常时期、非常态的运行模式。该模式是对多重传播关系和信息交换活动的一种有机整合，不仅能够迅速及时地、全方位地传递信息，而且通过组建建设性的信息服务和信息平台在非常时期有助于政府扩展行政协调功能，从而最大限度上保障群众知情权，进而减少群众生命财产的损失。由于具有接收终端简便、信号容易抵达、传输及时迅速、受众范围广等独特优势，灾害来临，在道路受阻，通信中断，其他媒体“哑然失声”的情况下，广播无疑会成为受困群众唯一有效的获取信息的途径。这时，特别直播的大直播节目既可以在第一时间发布灾情信息，搭建“空中指挥”平台，又能够通过资源融通将直播间前移并在各级各类电台的联动中服务受难群众，实施及时广泛的救助互动。因此，2008年大直播成为非常时期广播信息传播活动的一道亮丽的风景。

在年初的抗击雨雪冰冻灾害中，中央人民广播电台中国之声的特别直播节目《爱心守望　风雨同行》从1月20日至2月12日不间断播出，历时22天。该节目将全频率贯通，使之成为全天开放的信息平台，保证了新闻的随进随出。而《汶川紧急救援》则历时20天，并且第一次进行24小时全程直播，共播出420多小时，连线前方记者、各部委负责人、专家3 100多人次，播出录音报道1 300多条，消息4 000多条。在得到因雨雪冰冻造成京广铁路、京珠高速阻滞的消息后，广东人民电台的新闻广播和交通之声两个频率迅速打破原有节目编

排，全力配合做好春运报道。1月26日中午，“羊城交通台08春运特别报道”正式推出。下午，新闻广播也随后策划并正式推出特别节目《春运2008，见证风雪回家路》。特别节目中断了原来的所有节目，24小时不间断播出，准确传递省委省政府和广州春运指挥部的声音，及时播送春运公路、铁路、民航信息，反复宣传各职能部门采取的应对措施，等等。而在地震灾情发生的一个小时后，四川人民电台就强势推出“众志成城抗震救灾特别节目”，新闻、民族、经济和音乐四个频率并机播出，交通频率则单独24小时连续播出，形成高密度、大容量的宣传态势。另外，江西、河南、武汉、湖南、安徽等交通广播参与雨雪冰冻灾害的特别直播报道、中国国际广播电台推出的全国哀悼日的18小时直播报道以及四川绵阳电台推出的抗震救灾24小时特别直播节目《我们和你在一起》等都在抗灾救灾中发挥了广播的作用和价值。在这里，各级电台高超的组织协调能力、新闻从业人员高度的社会责任感和使命感、对信息的同步跟踪和及时整合以及对救助信息的即时互动，显示出现代广播开拓与创新并存的精神风貌，体现出现代广播充分把握住重大事件报道机遇以重塑其主流媒体的战略地位和强劲的发展趋势。

二、大联合——整合资源实现多元化战略的合作共赢

联合是广播媒体弥补产业缺陷、寻求自身快速发展的必然要求，也是广播业实现利益共享、合作共赢的现实选择。2008年中国广播以“全国奥运广播联盟”为标志，秉承“世界眼光、开放胸怀、内合外联、多元发展”的开放媒介理念和前瞻性战略，以国家电台和地方电台联盟甚至跨国界联动，携手搭建资源共享、优势互补、平等互利、合作共赢的多媒体立体报道平台。尤其在非常时期，全国广播一盘棋的协作理念表现得尤为充分。

为适应新农村形式和为“新农民”提供服务的需要，区县广播联盟发挥了收听群体强烈的指向性和广播内容贴近的服务性两大优势，为广大最基层的广播机构资源整合提供借鉴性意义。天津区县广播联盟就是天津区县听众心目中一块响当当的“金字招牌”。该联盟由天津人民广播电台联合天津当地11个区县的广播电台共同组建，节目分别制作，共同播出，内容以“三农”节目和文艺节目为主，探索出了一条初具雏形、跨行政级别的专业化广播媒介经营组织形式。2008年1月19日，天津区县联盟广播研讨会召开，与会的专家、学者从不同的角度对区县广播联盟进行客观中肯的分析和评说，既分析了其成功之所在，也指明了它进一步发展的方向。

如果说区县广播联盟是基于农村城镇化进程的现实探索，那么，跨区域城市联盟则是基于城市化进程加速的必然选择。2008年3月23日，中央人民广播电台中国城市广播联盟举行盛大仪式，宣布北京奥运报道中心成立，自此《圣火

照耀城市》奥运系列报道正式启动。中央台以其独有的高端资源优势，以资源整合为重点，充分综合利用东道主优势、奥运报道特权优势、全球华语广播整合优势，牵手全国140家地方电台共同打造中国奥运广播联盟，大规模、全方位、多渠道实现传播效益最大化，最大限度地增加国家广播的整体影响力。汶川地震期间，全国73家广播电台联合直播抗震救灾大型特别报道、10家电台联手推出关注灾区儿童特别节目等，无一不是把握重大事件报道机遇，走城市联盟之路，实现可持续发展的合作共赢。

随着国际传播交流互动的日益频繁，广播还以其他多种跨国界方式展开协作，将内宣工作与外宣工作有机结合，把握国际话语权和舆论引导权，在对外传播中承担着树立大国主流媒体形象、协助政府危机公关的职能。汶川大地震期间，中国国际广播电台华语广播联合50多家主要华文媒体，推出了《华人同心，抗震救灾——携手全球华人华侨与灾区人民共渡难关》大型特别报道；日语广播积极与日本媒体加强合作，通过山梨县UTY电视台播出2分钟地震灾情报道，成为该台第一条来自中国四川的地震灾情报道。

三、大调整——结构优化营造可持续发展的广告生态

转型时期的中国广告业机遇与挑战并存。基于这样的认识，2008年广播广告正视自身的优势与不足，摒弃眼前利益，继续大胆整顿、肃清不足，走健康文明的“绿色生态”之路。同时，广播把握重大事件报道机遇，快速调整广告分层，把握企业需求变化，多角度实现公益目标，快速更新多点并进的业务流程，以实现广告客户与广播媒介的可持续性合作双赢，从而提升电台和企业的整体品牌价值。

囿于并未形成真正意义上媒体内的充分竞争，对不良广告资源的畸形依赖成为多年来广播广告的诟病所在。2007年7月，广电总局画下高压线，要求严格依法依规播放广告，凡属虚假违法、内容不良、格调低下的医疗、药品、性保健品广告和各类性暗示广告一律不得播出，掀起了以净化媒体传播环境为目的的“绿色风暴”。在日渐苏醒的电台品牌意识和国家外部政策的合力作用之下，减少“医疗坐台”，净化广告环境，提升电台的权威性和美誉度以塑造良好的媒体形象成了广播经营的不懈探索与努力之所在。2008年以来，中国广播界继续坚持自觉抵制低俗之风，摒弃“高报价，低折扣”的不合理广播广告价格机制，为广告客户设计精密广告计划，从而提供人文化、专业化、创新化服务；开展多种形式社会互动活动，从而主动培育受众市场。与此同时，国家广播电视总局继续量化具体审核标准，大力肃清低俗化节目。当然，广播经营的大调整难免产生了创收增幅放缓的阵痛，但从长远来看，此举更有利于广播经营沿着健康文明、规范化、可持续发展的轨道前进。

把握重大事件报道机遇，加强制作“精良公益广告”，对提升企业品牌价值、协助打造电台品牌形象具有重大意义。汶川大地震之后，在制作周期紧张和事件音响资料有限的前提下，中央电台中国之声广告人主要通过文字创意充分挖掘声音特性，增强传播的感染力，迅速整合资源、整合传播，调整投放结构，删除与救灾气氛不协调的广告，制作精良公益版企业广告，优化质量升级，坚持舆论导向与新闻宣传热点相得益彰。在此次播出的广告中，中国银行、蒙牛乳业等企业广告通过不断刷新增长的企业捐款数字大力“扬善”，鼓舞士气；中国石化、中化集团等感人肺腑的问候表达对灾区人民的情感关怀；中国人保财险、平安保险等9家大型保险公司高频词滚动播出保险理赔电话广告，知性广告传递实用信息；云南白药公益广告普及灾害预防及疾病防治科普知识。同一主题下丰富多元的创意广告实现了宏观和微观、导向宣传和情感传递、教育和服务相结合的多重功能。

四、应急服务——从危机中锻炼素质到常态下强化能力

突发事件应急管理不应当是政府的单向度行为，政府、社会、学者和媒介的多方配合、协同合作是灾害预警的基本原则。从2008年雪灾和地震报道中，我们看到，广播凭借其独特的传播优势深入前线，实施救助，在提升自身频率品牌的同时进一步发挥了难以替代的重要作用，其特殊的影响力在一定程度上表明构建以广播电台为中心的应急信息传播平台的必要性和可行性。广播以其创造性的报道方式和独特的影响力最大限度地发挥其在应急服务系统中的核心报道地位，对未来的危机预警机制的形成具有前瞻性意义。

在突如其来的大灾面前，中国媒体占据信息的发布权和主导权，快速反应赶赴现场并第一次抢先在全世界面前发出了自己的声音，这是媒体构筑公共危机服务系统的基本步骤。从《爱心守望　风雪同行》到《汶川紧急救援》，广播责无旁贷地坚守了国家电台的特殊职责和功能，自身得到长足的锻炼和发展并且保障了其在国家应急体系中不可或缺的有机部分。在抗冰雪报道中，中央人民广播电台形成了一整套应对重大突发事件的快速反应机制，在信息报道、交通疏导、灾情发布、安全预警、事故处理等方面显现出一套逐渐完善和明晰的报道流程。值得一提的是，灾害临近时全国超过半数交通广播相继根据各地情况以最快的速度启动频率恶劣天气应急预案。

然而，从非常时期步入常态报道，总结历史经验，构建应急信息传播平台，建立健全应急报道机制，不同媒体多维合作协助政府完善应急服务和危机预警机制，才是媒体构筑公共危机预警机制的核心任务。非常时期特别节目对主流频率的品格在常态中保持优化有诸多规律性启示。如直播要求主持人、记者、编辑、嘉宾在提纲和材料的基础上如何优化现场信息，创新报道方式，这对专业素质和

团队智慧提出更高的要求；广播广告打破常规后如何串联契合公益宣传，兼顾“两个效益”；台网互动如何持续升温，继续享受新媒体时代的“可视化”广播待遇等。应急服务是非常时期应急报道系统的核心职能之一，只有在常态中保持优化状态，以扎实的专业功底和完善的应急机制才能真正发挥广播在国家公共危机突发事件应对机制中的核心作用，从这个意义上而言，广播尚存较大的发展空间，有待广播人继续探索和钻研，任重而道远。

五、大型调研——搭建平台为未来发展提供借鉴

如果说一直以来由专业的媒介公司所进行的市场调查仅能体现局部地区的各级各类电台的经营状况和个体实力，那么2008年4月，由《中国广播影视》杂志协同国内几家著名高校发起的“2008全国广播频率综合实力大型调研”活动已经成了中国广播整体实力的一次大检阅。作为广电媒体行业较为权威的产经管理期刊，同时作为一个中立的市场观察者，《中国广播影视》杂志希望借此从未有过的调研活动为业界搭建一个实用有效的交流平台，扶优塑强、以强带弱推动整个广播事业的发展，具有前瞻性意义。本次活动首次以频率为单位进行综合实力调研，圈选了省级台、副省级台、直辖市台、城市台以及部分重点城市台作为本次调研对象，同时按步骤召开专家评议会，邀请专家团队、该刊编委和调研项目组核心成员共同确定了评估体系和榜单体系，并设立“优秀特色频率”专项调研，以期鼓励未能入围第一阵营但仍能以特色赢得市场的优秀频率。与此同时，在调研结果的基础上，一方面生产出大量翔实、可考量的科学数据为分析现状、预测态势提供科学依据；另一方面邀请各优秀频率总监撰文介绍频率特色和经营思路，极大程度上丰富了调研结果的厚实感和真实度。正如国家广电总局副局长胡占凡所言，“2008全国广播频率综合实力大型调研”一是必要，二是成功；对全国的广播频率作一个全方位的调研，是非常有价值，也是很有意义的事情。当然，受种种条件所限，广播频率综合实力评估体系有待在实践中进一步完善，但此举摸清家底、创新思路的调研行为开创了广播调研先河，为未来广播发展提供借鉴经验和参考价值。

除此之外，2008年中国广播在其他许多方面进行了有意义的尝试并呈现出良好的发展态势。如交通频率跨媒体、跨地区、跨行业推出的广播自驾游运营模式；对农广播继续贯彻“三贴近”原则，建立并完善广播公共服务体系建设；政风行风类节目继续把握好监督服务职能的“度”；进一步加强和规范广播电视播出机构举办、播出全国性奖项颁奖活动；积极进军新媒体，综合集成探索盈利新模式；制播分离积，极务实地实施机制改革战略等。这为未来广播的发展提供可资借鉴的参考。

应当承认，2008年广播在把握机遇过程中依然存在着一些问题。比如联合

直播方面，缺乏系统的宏观布局和精确的自身定位；应急服务方面，一些电台应急机制不甚完善，分工不甚明确，导致某些部门反应速度偏缓；内容产品方面，节目低俗之风和广告生态有待进一步改善；重大突发报道过程中，记者队伍素质参差不齐，有待进一步提高；市场经营方面，集团化改革过程中电台体制不顺导致边缘化，等等。因此，广播在现行体制下如何进一步优化资源配置，如何解决大直播、大联合过程中的体制壁垒和人员的合理安排，如何继续深化整顿之风、净化广播广告环境，如何转型广告经营模式、调整广告产品结构、创新创收业务，公共危机过后如何从“特别”走向“常态”强化自身综合实力，如何提升地方广播的专业素养和突发事件记者的采访技能等，都成为其亟待研究和解决的问题。

历史成就广播，广播把握机遇。在大事频繁的2008年，中国广播无不是牢牢立足媒介的自身传播特性并遵循其业态规律，以“提高国家文化软实力”和“提高舆论引导能力”的政策纲领为依归，以保障“人民群众基本文化权益”为基本目标，以提高“驾驭舆论的执政能力”为基本理念，以发挥媒介政治责任感和社会责任感为核心宗旨。站在2009年的起点上，广播人应继续解放思想、审时度势、扬长避短、深化改革、以创新精神促进广播的大发展、大繁荣，努力谱写中国广播辉煌而崭新的篇章。

二、改革开放30年来广东电台主要获奖作品目录

1981年获奖作品目录

中国广播新闻奖（优秀奖）

“祥记”为什么“执笠”

作者：陈大海、杨国彦

1983年获奖作品目录

全国优秀广播节目奖

孤儿大团年

作者：李一萍、李东、高作则、曾广星、何乃谦

1984年获奖作品目录

全国优秀广播节目奖

电波传亲情（二）

作者：李一萍、高作则、曾广星、何乃谦

1985年获奖作品目录

全国优秀广播节目奖

受奖励作品

1. 关于广州蔬菜体制改革的连续报道

作者：李镇祥、曾广星、洪森林、陈连峰、张循威

2. 个体户的挑战

作者：朱荣燊

3. 敢于破除偏见的人

作者：沈云光

4. 青山口传奇

作者：殷广基、黄云

5. 电波传亲情

作者：李东、李一萍

受表扬作品

1. 广东省慰问团慰问法卡山战士

作者：陈扬

2. 花街十里满城春

作者：江英、陈景雄、陈大海、陈丹

3. 深圳通讯组稿：

（1）蛇口口号的诞生

（2）浪尖上的蛇口人

作者：黄云、殷广基

1986 年获奖作品目录

全国优秀广播节目奖

特等奖

广州的街边仔

作者：李镇祥、曾广星

一等奖

星期天，早晨

作者：区念中、李东、柳燕

二等奖

1. 湛江市委、市政府连夜处理第九中学教师宿舍倒塌事件

作者：李观湖

2. 不怕风险的李老板

作者：黄云、严道英、邓宪全、李观湖

3. 大耕家陈其芬

作者：辛磊、甘洁芸、曾新华

三等奖

1. 学法、用法、不犯法——回答几位青年朋友的提问

作者：李一萍

2. 中华精神

作者：殷广基

3. 英雄史光柱会见女青年赵文君

作者：骆培威、赵彪

4. 大板块节目：农村天地

作者：谭有基

全国理论广播优秀节目奖

二等奖

青年人要有远大理想

作者：古敬深

广东省好新闻奖

一等奖

1. 星期天，早晨

作者：区念中、李东、柳燕

2. 湛江市委、市政府连夜处理第九中学教师宿舍倒塌事件

作者：李观湖

1987 年获奖作品目录

全国优秀广播节目奖

一等奖

广东省卷烟市场管理混乱应引起重视

作者：张帆

二等奖

1. 一批外国游客访问湛江市家电工业公司职工家庭

作者：李观湖

2. 我愿在花圈上画个疟原虫

作者：何乃谦

3. 朱森林市长与新老市民座谈

作者：吴祥珉

4. 中午新闻

作者：张宁、樊伟业

三等奖

1. 市长守岁

作者：骆培威、青利塘、邓公斌、余碧君

2. 夺三项锦标非等闲之辈

作者：曾新华

广东省好新闻奖

一等奖

1. 市长守岁

作者：骆培威、青利塘、邓公斌、余碧君

2. 广东卷烟市场管理混乱应引起重视

作者：张帆

1988 年获奖作品目录

全国好新闻奖

一等奖

1. 板块节目：11 月 21 日 7：00—8：00 珠江晨曲

记者：林敦侃、林玲、谭耀辉、徐汉泉、冯国雄、潘世权、周郁

审稿：李镇祥、周郁

主持：周郁、林劲

2. 专稿：蛇口的透明度——蛇口民主建设纪事

记者：黄云、刁剑平、谭家歆、黄河、唐松

审稿：余统浩、黄云

播音：丁磊、丹萍

3. 许海峰与广东听众交谈

记者：何乃谦、麦穗岐、邝仕仁、饶纪民、邓志盛

二等奖

1. 新闻组合：11 月 15 日全省新闻联播（首播）

编辑：何卓夫、张蔚妍、钟业魁、陈树荣、刁剑平

审稿：余碧君、阙子民、甘洁芸

播音：丁磊、丹萍

2. 对农村广播：发展开发性生产脱贫致富

作者：《农村天地》节目组

编辑：陈道

审稿：曾新华

主持：郑达、方华

三等奖

专稿：失败者的颂歌

记者：范驰

编辑：黄婉琴

审稿：黎泉生

播音：丁磊

广东省好新闻奖

一等奖

1. 越南难民外流事件的真相

作者：何乃谦、潘世权、曾广星、周郁

2. 广州市部分市民与专家、领导及本台主持人就广州物价等敏感问题开展对话

作者：关健人、张建明、黄辉镇、杜景康、罗虹、刘颖、邓志盛、吴国庆、徐晖、陈连峰、陈大海、李镇祥、曾广星

1989 年获奖作品目录

全国优秀广播节目奖

一等奖

1. 广州住房改革大家谈

作者：徐晖、罗虹、潘世权、张建明、刘颖、李镇祥

2. 面向未来——'88 南北青年对话大制作

作者：区念中、杨湛、刘力军、郑兰、丘丽萍、毛晓霞、蔡丰进、王廷将、林敏红、阙俊波

全国理论广播优秀节目奖

二等奖

滑铁卢庸将的启示——谈基层领导也要成为决策者

作者：吴祖冲、古敬深

广东省好新闻奖

特别奖

全国七届人大、政协会议大型连续报道

作者：殷广基、青利塘、骆培威、阙子民、黄其盛、刁剑平、刘绍辉、邓公斌

一等奖

1. 通讯：广州，激烈震荡的七天

作者：黄云、余碧君

2. 谈话录音：衡广复线上的“中华魂”

作者：杨自强、何穗怡、曾文博、余碧君、黎泉生

3. 录音新闻：广州四百多具先人骨灰撒向大海

作者：伊可迹、青利塘、邓公斌、骆培威、陈景雄

广东省广播好专题奖

一等奖

广州住房改革大家谈

作者：徐晖、罗虹、潘世权、张建明、刘颖、李镇祥

1990 年获奖作品目录

全国优秀广播节目奖

特等奖

专稿：江南，一个甜蜜苦涩的梦

作者：张坚、区念中、高作则

一等奖

新闻：最后四小时

作者：李镇祥、陈大海、邓志盛、林玲、李仲明、王坚、徐晖、黄曦、周郁

二等奖

对农村广播：“菜园子”与“菜篮子”一次有关羊城蔬菜问题的直播对话

作者：陈道、胡志慧、庄求方、曾新华、谭基、麦穗岐、郑达

三等奖

1. 专稿：今日南粤多壮士

作者：刘绍辉、王泰兴

2. 新闻：广州市公安机关采取果断措施打击冒充广州人的一伙歹徒

作者：刘绍辉、黄婉琴

3. 新闻组：2 月 1 日 20：30 简明新闻

作者：安琪、罗小凤

4. 信箱：关于潘美容弃婴事件的热线电话讨论

作者：余瑞金、窦文涛、吕玉兰

5. 少儿节目：红领巾的心声电话与直播室讨论“学赖宁”

作者：吴永权、李月英、窦文涛、吴晓萍

6. 理论广播：民主自由纵横谈

作者：古敬深、徐东徇、许炳义

广东省好新闻奖

一等奖

1. 新闻：最后四小时

作者：李镇祥、陈大海、邓志盛、林玲、李仲明、王坚、徐晖、黄曦、周郁

2. 新闻：广州市公安机关采取果断措施打击冒充广州人的一伙歹徒

作者：刘绍辉、黄婉琴

3. 专稿：一个公民的社会问卷

作者：黄云、王穗凤、邢福柳、陈永光、王泰兴

4. 专稿：江南，一个甜蜜苦涩的梦

作者：张坚、陈扬、区念中、高作则

广东省好专题奖

一等奖

1. 专稿：陈奇勋的傻劲

作者：赵彪、刁剑平、钟奇山

2. 节目组合：新闻台开播第一天12：00—19：00滚动式新闻

作者：刁剑平、余健雄、钟奇山、蓝福华、胡雪军、谢虹、吕继端、余碧君

3. 信箱：关于潘美容弃婴事件的热线电话讨论

作者：余瑞金、窦文涛、吕玉兰

1991年获奖作品目录

中国新闻奖

三等奖

1. 专稿：访亚洲“女飞人”纪政

作者：封新城、陈晓琳

2. 专稿：人民的儿子许子驹

作者：余统浩、曾广星、殷广基、杨自强、梁炳忠、许国良、曾文博、方文、刘绍辉

中国广播奖

一等奖

1. 专稿：人民的儿子许子驹

作者：余统浩、曾广星、殷广基、杨自强、梁炳忠、许国良、曾文博、方文、刘绍辉

2. 专稿：一曲共产党员的正气歌

作者：刘绍辉、伊可迹

编审：余碧君、殷广基、刁剑平

二等奖

专稿：访亚洲“女飞人”纪政

作者：封新城、陈晓琳

三等奖

1. 专稿：海湾危机处在战与和的十字路口

作者：芮英杰、许映金、滕晓红

编辑：安琪、关健人

2. 评论：“股票热”启示录

作者：徐晖、李仲明

广东省好新闻奖

一等奖

1. 人民的儿子许子驹

作者：余统浩、曾广星、殷广基、杨自强、梁炳忠、许国良、曾文博、方文、刘绍辉

2. 访亚洲“女飞人”纪政

作者：封新城、陈晓琳

3. 海湾危机处在战与和的十字路口

作者：芮英杰、许映金、滕晓红

编辑：安琪、关健人

1992年获奖作品目录

中国新闻奖

一等奖

1. 专稿：您好，南极人

作者：窦文涛、封新城

中国广播奖

一等奖

1. 录音新闻：锤声敲开新渠道——广州拍卖行第一天营业见闻

作者：张帆、丁海平

2. 专稿：您好，南极人

作者：窦文涛、封新城

3. 系列录音述评：肃贪警世录

作者：殷广基、伊可迹、余碧君等

4. 节目组合：粤港经贸专线（第二辑）

作者：（广东电台）曾广星、何乃谦、徐晖、谭伟、招慧霞、李仲明、陈大海，（香港电台）李銮辉、戴健文、翁月华

三等奖

赤诚的奉献——记中共博罗县平安镇镇党委书记李元昌

作者：赵南坚、吴永权、叶山青、钟楚荣

广东省好新闻获奖作品

一等奖

赤诚的奉献——记中共博罗县平安镇镇党委书记李元昌

作者：赵南坚吴永权叶山青钟楚荣

1993 年获奖作品目录

中国广播奖

一等奖

1. 新闻专题：山中，那雄赳赳又怯生生的弄潮儿

作者：张坚、陈树荣

2. 理论节目：敢为天下先——谈“冒”和“闯”

作者：邓东力、徐东绚、古敬深

广东省新闻奖

一等奖

新闻特写：“强力”还会有强力

作者：陈扬、余碧君、黄伟文

1994 年获奖作品目录

中国广播奖

一等奖

新闻专题：星罗棋布开发区——一个两难的选择

作者：张坚

中国广播文艺政府奖

一等奖

1. 文学专题：家

作者：吴剑辉

2. 综合文艺板块：音乐水晶宫

作者：马莉

3. 音乐专题：举起自己的太阳

作者：黄红星等

二等奖

文学专题：诗的音乐与音乐的诗

主创：何江平

三等奖

故事：中国历史故事

主创：陈丹、钟小萍

1995年获奖作品目录

中国广播奖

一等奖

1. 专题：市场经济中难容角色错乱

作者：张坚

编辑：张坚

播音（主持）：高原、白雪

二等奖

1. 短消息：北江大堤保住了

作者：陈扬、黄伟文、元海燕、李广敏

编辑：陈永光

2. 节目编排：6月20日7点新闻

主编：吕继端

编辑：韩俊梅、雷俊、梁俊

播音（主持）：王坚、滕菲

三等奖

评论：坚决扫除“黄赌毒”

作者：范干良

编辑：余碧君

播音（主持）：王建平

中国新闻奖

三等奖

系列报道：高价学校忧思录

作者：陈映平、方文

编辑：陈永光

中国广播文艺政府奖

一等奖

1. 文艺晚会：’94 广东国际音乐博览会开幕式晚会

主创：曾广星、白玲、王坚、马国华、陈茜、刘士明

编辑、录制：区念中、梁忠诚

2. 音乐板块：中国歌曲热线（1993 年 3 月 25 日）

主创：丁炀、刘庭乐、白玲、刘士明

二等奖

文艺晚会：跨世纪的颂歌——纪念毛泽东诞辰 100 周年歌舞晚会

主创：白玲、马国华、刘士明、陈茜

2. 戏曲专题：热情如火、缠绵悱恻的“红腔”

编辑：雄标

播音：万准

录音合成：彭雪珍

监制：何江平

3. 影视剧录音剪辑：阮玲玉

主创：吴建梁、王泰兴

录音、制作：陈文丹、伍君一

三等奖

曲艺板块：良辰美景共此时

编辑：雄标

播音：万准

录音合成：彭雪珍

监制：姜荣芳

广东广播新闻奖

一等奖

1. 短消息：北江大堤保住了

作者：陈扬、黄伟文、元海燕、李广敏

编辑：陈永光

2. 新闻专题：市场经济中难容角色错乱

作者：张坚

编辑：张坚

播音（主持）：高原、白雪

广东广播社教专题奖

一等奖

珠江暖流————为孤儿找妈妈

作者：杨湛、江曼青、石雷、文涛、白雪、余素琳、吴雨青、陈晓

播音（主持）：文涛、白雪

广东残疾人事业好新闻奖

一等奖

生死两忘唯奉献，拼将热力注伤残

作者：冯慧璇

1996年获奖作品目录

中国广播电视新闻奖

一等奖

儿童节目：小黑子来到儿童台

作者：李军、刘萍

二等奖

1. 消息：女部长光彩耀京华

作者：陈扬、赵敏

编辑：陈永光

2. 节目编排：市长与市民对话

作者：何新仕、袁家祥、崔砥、秦朔

3. 综合板块：和平与发展

作者：曾新华、张诚、余碧君、王坚、陈志锋、邓革华

中国新闻奖

三等奖

消息：女部长光彩耀京华

作者：陈扬、赵敏

编辑：陈永光

广东省优秀广播社教节目主持奖

一等奖

谢仲伟的澳洲之旅

主持：谢亮

广东省广播剧奖（连续剧类）

一等奖

水龙吟（1—15 集）

作者：周自涛、何德强、龙莆尧、白清芬、王坚

录制：郑衍、谢培伟、黄小繁、伍君一、梁军

广东省广播电视新闻、社教专题奖（新闻类）

一等奖

消息：女部长光彩耀京华

作者：陈扬、赵敏

编辑：陈永光

社教专题类

一等奖

1. 综合板块（特别节目）：和平与发展

作者：曾新华、张诚、余碧君、王坚、陈志锋、邓革华

2. 科技节目：我们走向北极

作者：封新城、窦文涛、区念中、刘刚、王华基、黄令华

3. 儿童节目：小黑子来到儿童台

作者：李军、刘萍

1997 年获奖作品目录

中国广播奖

一等奖

评论：警惕另一种形式的腐败

作者：牛日成、叶励丹、方文、张蔚妍

二等奖

新闻专题：心向祖国，情系广交——“老广交”谈广交

作者：曾新华、陆敏华、赵彦红、冯慧璇

三等奖

1. 消息：我省出现第一家为外来工而设立的医疗基金会

作者：黄粤心、陈晓、温宁安

2. 综合板块：跨越九七倒计时——粤京深联播特别节目

作者：张坚、丘丽萍、王晓菁、陈永光、石建华、苏京平、陈晓、余素琳、吴祖冲、杨湛

3. 科技节目：艾滋病传播及其高危人群

作者：黄湛、陈国宝、徐靖

中国广播评论奖

二等奖

警惕另一种形式的腐败

作者：牛日成、叶励丹、方文、张蔚妍

三等奖

不能借教育刮奢华等恶风

作者：张坚

中国新闻奖

二等奖

评论：警惕另一种形式的腐败

作者：牛日成、叶励丹、方文、张蔚妍

全国广播对外报道优秀节目奖

二等奖

对外报道：无钱也能请律师——访广州市法律援助中心

作者：何新仕

播音：王非、梁彦

中国国际新闻奖

二等奖

中国——联合国：对一位历史见证人的访谈

作者：安琪

全国广播电视学刊优秀论文奖

一等奖

1997与广东广播

作者：李东

’96全国省级广播电视报优稿优论文奖

一等奖

1. 通讯：“谢亮现象”引发广播新思考

作者：吕琳、李仲明、杨和平

2. 消息：血的直播血的故事

作者：吕琳、阙俊波、牛日成

全国社会治安综合治理好新闻奖

三等奖

齐抓共管才能治本

作者：陈志锋、张诚、鄞映霞

全国法制好新闻奖

“南头事件”再敲法治警钟

作者：林少霞、鄞映霞

中国残疾人事业好新闻奖

二等奖

一同涉过苦难的河流——记卢守荣和他的残疾学生

作者：方文、张蔚妍、叶励丹

三等奖

人生的困局——记广州“街头棋王”郑锦荣

作者：冯慧璇

广东省广播剧奖（单本剧类）

一等奖

爱的呼唤

主创：龙甫尧、杨书渔、周自涛、沈志民、何强、乔肖鸥

广东省残疾人事业好新闻奖

一等奖

一同涉过苦难的河流——记卢守荣和他的残疾学生

作者：方文、张蔚妍、叶励丹

广东省广播文艺奖

音乐节目类

一等奖

穗港儿童手拉手，喜迎回归唱未来

作者：白玲、王玉琼、马莉、谢倍伟

综艺节目类

一等奖

盛世欢歌迎五洲——’96广东国际广播音乐博览会开幕式文艺晚会

作者：白玲、马国华、陈茜、刘仕明

广播社教节目播音（主持）（作品类）

一等奖

当五星红旗升起的时候

主持：王红

广东省广播电视新闻、社教专题奖（新闻类）

一等奖

1. 评论：警惕另一种形式的腐败

作者：牛日成、叶励丹、方文、张蔚妍

2. 新闻专题：心向祖国，情系广交——“老广交”谈广交

作者：曾新华、陆敏华、赵彦红、冯慧璇

3. 新闻专题：大宾馆变大商场——广州经济的又一出悲喜剧

作者：张坚、彭金

播音：王晓菁、王珂

社教专题类

一等奖

1. 对外节目：无钱也能请律师——访广州市法律援助中心

作者：何新仕

播音：王非、梁彦

2. 综合板块：跨越九七倒计时——粤京深联播特别节目

作者：张坚、邱丽萍、王晓菁、陈永光、石建华、苏京平、陈晓、余素琳、吴祖冲、杨湛

1998 年获奖作品目录

全国精神文明建设“五个一工程”奖

儿童剧：军伢子

主创人员：曾广星、余碧君、白玲、乔肖鸥、唐同炎、杨书渔、白清芬、郑衍、伍君一、李琼、陈文丹、温伟明、张伟强、龚云洁

中国广播奖（新闻类）

一等奖

1. 连续报道：要钱还是要命

作者：樊伟业、苏再丰

2. 新闻节目编排：早新闻专辑

作者：吕继端、陈治焕、陈月德、孙焰、韩俊梅、张铿、尹浩庆

二等奖

1. 消息：依法追贷，农行行长83次上法庭

作者：张帆、部国欣、孙焰

2. 评论：在顺德，也并非“一股就灵”

作者：曾新华、谢亮

社教类

二等奖

1. 板块节目：都市现代化的选择

作者：徐晖、吴建梁、何江平、黄炜、吴庆

2. 理论节目：扭转角色错位

作者：邓东力、张坚、王非、陈永光

三等奖

1. 科技节目：毛女能变成靓女吗

作者：姜荣芳、邓敏键、马莉

2. 对农节目：共同走在农业产业化的康庄大道上

作者：曾新华、冯慧璇、郑达、黄缨

报刊新闻奖、报刊专稿奖

消息类

二等奖

消息：网上电视走进广东家庭

作者：李仲明、杨和平

通讯类

二等奖

通讯：《跨越时空的银线》

作者：余红星、李仲明、杨和平、吕琳

中国新闻奖

三等奖

评论：在顺德，也并非“一股就灵”

作者：曾新华、谢亮

中国彩虹奖对外广播奖（专题类）

三等奖

一个农民的国旗情结

作者：陈晓、张坚、梁彩霞、吴坤忠

中国之窗

三等奖

“茶艺”香飘珠三角

作者：张坚、方慧、陈永光

文艺类

三等奖

广东·神户·今日流行歌

作者：周兵、王玉琼、马国华

全国优秀播音与主持作品奖

一等奖

广东，向绝对贫困宣战

播音：万准、徐娜

三等奖

1. 中国，斗志昂扬向未来

播音：谭丽明、王坚

2. 广东，向绝对贫困宣战

播音：万准、徐娜

中国播音与主持作品奖（广播主持作品）

三等奖

’96 大事评说

主持：安琪

中国广播剧奖

一等奖

1. 儿童剧：军伢子

主创人员：曾广星、余碧君、白玲、乔肖鸥、唐同炎、杨书渔、白清芬、郑衍、伍君一、李琼、陈文丹、温伟明、张伟强、龚云洁

2. 单本剧：山稔果

主创人员：曾广星、余碧君、白玲、杨书渔、唐同炎、乔肖鸥、白清芬、李琼、陈文丹、龚云洁、伍君一、张伟强

中国广播文艺奖

二等奖

音乐节目：穗港儿童手拉手，喜迎回归唱未来

作者：白玲、王玉琼、马莉、谢倍伟

三等奖

广播歌曲：珠江我要为你歌唱

作者：马国华

’98全国抗洪救灾优秀报道奖

二等奖

1. 新闻特写：滴酒寸心敬英雄

作者：陈永光、李樾巍、张军、黄粤心、谭耀辉

2. 新闻专题：为了保住大京九

作者：蔡伟

全国省级广播电视报优秀稿件奖

一等奖

1. 消息：网上电视走进广东家庭

作者：李仲明、杨和平

2. 通讯：跨越时空的银线

作者：余红星、李仲明、杨和平、吕琳

广东广播奖（广播新闻类）

一等奖

1. 连续报道：要钱还是要命

作者：樊伟业、苏再丰

2. 评论：在顺德，也并非“一股就灵”

作者：曾新华、谢亮

广播社教专题类

一等奖

1. 对农节目：共同走在农业产业化的康庄大道上

作者：曾新华、冯慧璇、郑达、黄缨

2. 理论节目：中国失业与再就业问题的现实抉择

作者：邓东力、张坚、王非、陈永光、吴祖冲

广东省宣传文化精品奖

1. 评论：警惕另一种形式的腐败

作者：方文、牛日成、叶励丹、张蔚妍

2. 报刊专稿：“谢亮现象”引发的广播启示

作者：吕琳、李仲明、杨和平

广东省广播电视文艺奖（广播音乐节目类）

一等奖

音乐专题：时代跳动的音符——广东原创歌曲20年回顾

作者：周兵、李琼

广播文学节目类

一等奖

文学专题：这乡思，怎一个愁字了得

作者：马国华、黄红星、丁炀、丁磊

广东省广播电视播音与节目主持作品奖

广播社教、文艺节目播音（主持）（作品类）

一等奖

星空下的小夜曲

播音：马莉

广东省广播剧奖（单元剧）

一等奖

1. 山稔果

编辑：杨书渔、乔肖鸥、何德强、唐同炎

录制：伍君一、张伟强

2. 生命永恒

作者：吴建梁、关成军、白清芬、高峡、蒲逊、唐栋

儿童广播剧

一等奖

军伢子

编辑：杨书渔、乔肖鸥、何德强、唐同炎

录制：伍君一、张伟强

广东改革开放20年优秀新闻作品奖

一等奖

1. 新闻专题：走在农业产业化的康庄大道上

作者：曾新华、冯慧璇、郑达、黄缨

2. 山中，那雄赳赳又怯生生的弄潮儿

作者：张坚、陈树荣

3. 录音报道：广州的街边仔

作者：李镇祥、曾广星

4. 系列报道：广东扶贫攻坚战特别报道

作者：牛日成、张敬忠、王文峰、元海燕、黄文

5. 南国之路

作者：梁炳忠

1999年获奖作品目录

中国广播电视新闻奖

一等奖

专题：判决书何以成为一纸空文

作者：郜国欣、万准、王晓菁

二等奖

综合性节目：评说断指事件

作者：何新仕、王晓菁、江曼青、刘渊源

三等奖

1. 公众性节目：香港金融保卫战启示录

作者：徐晖、曾新华、谭耀辉、谢亮、张文、杨晓红、张耀之

2. 专访：夜空不寂寞

作者：李仲明、杨和平、吕琳

中国新闻奖

三等奖

专题：判决书何以成为一纸空文

作者：郜国欣、万准、王晓菁

中国广播文艺奖

一等奖

音乐专题：生命的礼赞

作者：白玲、马国华、黄红星、刘仕明

二等奖

综艺专题：李向群之歌

作者：黄浦生、白玲、马国华、黄红星、王玉琼、刘仕明

三等奖

文学专题：这乡思，怎一个愁字了得

作者：白玲、马国华、黄红星、丁炀

全国广播电视学术论文奖

二等奖

"林中路"——广播的特点、优势及其应用

作者：余碧君

中国广播电视播音与主持作品奖

三等奖

这乡思，怎一个愁字了得

作者：丁炀、丁磊

广东省广播电视新闻、社教专题奖（广播新闻）

一等奖

1. 评论：判决书何以成为一纸空文

作者：郜国欣、万准、王晓菁

2. 专题：城镇论坛

作者：江曼青、何新仕、王非、区念中

广播社教

一等奖

1. 综合性节目：评说断指事件

作者：何新仕、王晓菁、江曼青、刘渊源

2. 公众性节目：香港金融保卫战启示录

作者：徐晖、曾新华、谭耀辉、谢亮、张文、杨晓红、张耀之

广东省广播电视报刊新闻奖、专稿奖

一等奖

专访：夜空不寂寞

作者：李仲明、杨和平、吕琳

广东新闻奖新闻论文奖

（获奖作品不分等级）

1. 适应市场经济探索广播产业化

作者：曾广星、余碧君、黄粤心

2. 21世纪华语广播合作前景探讨

作者：曾广星

3. 因特网：广播界的认识与实践

作者：区念中

4. "林中路"——广播的特点、优势及其应用

作者：余碧君

广东广播文艺奖

一等奖

音乐专题：生命的礼赞

作者：白玲、马国华、黄红星、刘仕明

广东省广播剧奖

一等奖

1. 单本剧：李向群

作者：文新国、唐同炎、杨书渔、白清芬、曾广星、白玲、王建伟、谢倍伟、梁军

2. 短剧：咫尺天涯

作者：郑集思、胡培奋、龚云洁、唐同炎、乔肖鸥、曾广星、白玲、吴国庆

广东省广播电视播音与节目主持作品奖

广播社教、文艺节目播音（主持）（作品）

一等奖

评说断指事件

作者：王晓菁

全国理论广播优秀节目奖

一等奖

关于激活市场的理性思考

主创人员：邓东力、张坚、陈晓

二等奖

敢为天下先——广东改革开放创造性探索与实践专题节目

主创人员：王非、邓东力、张坚、陈永光

全国广播电视报刊版式设计大赛

一等奖

《声报》1078 期一版版式

主创人员：阙俊波等

全国优秀广播音乐节目奖

一等奖

生命的礼赞

作者：白玲、马国华、黄红星、刘仕明

中国广播电视学会广播文艺专家奖（综艺节目）

一等奖

李向群之歌

主创：王浦生、白玲、马国华、黄红星、王玉琼、刘仕明

三等奖

春天的赞歌

主创：何江平、李燕梅、周咏、李艺帆、万准、陈文丹

广东省宣传人民代表大会制度好新闻奖

一等奖

人大立法：广东在探索中先行（广东改革开放20年回眸之三）

作者：郜国欣、王晓菁

广东残疾人事业好新闻奖

一等奖

向命运宣战

作者：叶励丹、牛日成

羊城音乐花会音乐作品奖

一等奖

童声领唱、合唱：我们为祖国骄傲

作者：马国华、黄红星

2000 年获奖作品目录

中国新闻奖

二等奖

消息：佛山私营企业刮起经理革命旋风

作者：毛晓霞、张敬忠

中国广播电视新闻奖

一等奖

1. 评论：从“三来一补”到“三去一补”的飞跃

作者：曾新华、邓革华、张文

2. 综合性节目：评说“神舟”首航成功

作者：陈永光、何新仕、王晓菁、江曼青、丁志文

二等奖

理论节目：如何认识当前的物价下跌与通货紧缩

作者：邓东力、王珂、张坚

三等奖

消息：佛山私营企业刮起经理革命旋风

作者：毛晓霞、张敬忠

中国文艺奖

一等奖

音乐专题：天使的歌声

作者：白玲、马莉、王玉琼、刘仕明、王泰兴

二等奖

1. 歌曲：七子之歌

作词：闻一多

作曲：李海鹰

监制：白玲

编辑：马国华、刘仕明、谭天玄

2. 文学专题：冬天的阳光也暖人——记打工侍人陈传新

作者：何强、何江平、乔肖鸥、赵红、马莉、浩宇、黄小繁

中国广播文艺奖（音乐专题类）

一等奖

天使的歌声

作者：白玲、马莉、王玉琼、刘仕明、王泰兴

综艺节目类

一等奖

澳门回家了

作者：白玲、马国华、黄红星、王玉琼、刘仕明等

中国国际新闻奖（广播类）

二等奖

专家点评：奥克兰峰会看中美关系

作者：安琪

中国彩虹奖

二等奖

消息：广交会铁腕保护知识产权

作者：余素琳、王小敏

中国之窗

三等奖

专题："世外桃源"里看"无人超市"

作者：陈晓、张坚、王晓菁

中国广播节目技术质量奖

一等奖

1. 李向群

获奖者：谢倍伟、陈文丹、黄小繁

2. 九九梦园

获奖者：刘晓欢、吴建梁

三等奖

拾钗

获奖者：甘锦泉、温伟明

广播电视技术论文三等奖

立体声广播剧制作形式谈

作者：谢倍伟

全国理论广播优秀节目奖（单篇类）

一等奖

如何认识当前的物价下跌与通货紧缩

作者：邓东力、王珂、张坚

二等奖

从"八教授梦断珠海"看高科技项目市场化问题

作者：张坚、王珂、邓东力

系列类

一等奖

开创国企改革发展新局面

作者：邓东力、王玲

论文

一等奖

理论广播节目引导社会热点的独特视角

作者：邓东力、吴祖冲

广东省广播电视新闻、社教专题奖（广播新闻）

一等奖

述评：从"三来一补"到"三去一补"的飞跃

作者：曾新华、邓革华、张文

系列报道：广东应成为高新技术产品的集散中心

作者：古国真、钟翠萍、唐松弊

广播社教

一等奖

1. 综合性节目：评说“神舟”首航成功

作者：陈永光、何新仕、王晓菁、江曼青、丁志文

2. 综合性节目：英雄儿女，魂归故土

作者：吴庆、吴国庆、黄炜、林邃、刘建文、何江平

广东省广播电视文艺奖（广播音乐节目类）

一等奖

音乐专题：天使的歌声

作者：白玲、马莉、王玉琼、刘仕明、王泰兴

广播文艺节目类

一等奖

冬天的阳光也暖人——记打工诗人陈纯新

作者：何强、何江平、乔肖鸥、赵红、马莉、孙金华、谢倍伟

广东省广播电视文艺奖（单本剧）

一等奖

广播剧：新生命一号

作者：白玲、杨书渔、唐同炎、乔肖鸥、龚云洁、胡培奋、邹月照

广东省广播电视报刊新闻奖、专稿奖

一等奖

消息：广东广播人倾情呼唤和平

作者：吕琳

广东残疾人事业好新闻奖

一等奖

新闻专题：向命运宣战

作者：叶励丹、牛日成

2001年获奖作品目录

中国新闻奖（广播评论）

三等奖

“族群”效应，使广东乡镇经济实现跨越式发展

作者：陈永光、范驰、丁海平

中国广播新闻、社教节目奖

一等奖

综合性节目：致富思源，富而思进——深圳市南岭村现场讨论会

作者：杨湛、江曼青、何新仕、王晓菁、王非、丁志文

三等奖

1. 评论：“族群”效应，使广东乡镇经济实现跨越式发展

作者：陈永光、范驰、丁海平

2. 公众性节目：广东省人大代表做客直播室

作者：何新仕、王晓菁、江曼青

3. 对港澳台节目：千万富翁和他的十三妹

作者：陈晓、王晓菁

中国彩虹奖

三等奖

中国之窗：碉楼见证

作者：钟翠萍、黎辉、蓝福华

中国新闻名专栏奖

栏目：今日世界

作者：安琪等

中国广播剧奖

儿童剧：会说话的佛珠

作者：李志扑、申平、李邦禹、白清芬、唐同炎、杨书渔、乔肖鸥

中国广播文艺奖

二等奖

综艺节目：特区，我和你一起长大

作者：白玲、马国华、王玉琼、刘仕明、丁磊

三等奖

文学节目：心灵的呼唤

作者：乔肖鸥、何江平、赵红、丁磊、马莉、陈文丹、刘晓欢

全国对台对港澳广播优秀节目奖

特等奖

千万富翁和他的十三妹

作者：陈晓、王晓菁

二等奖

1. 第三届粤港澳普通话大赛总决赛

作者：区念中、陈永光、杨湛、赵欲明、徐靓

2. 流行新世纪——广东、香港、台湾原创音乐大连线

作者：白玲、马国华、谭天玄、周兵、刘仕明

三等奖

1. 所罗门政变，中央派出专机，26 名香港同胞同机安全抵达广州白云机场

作者：余素琳、黄炜、杨帆

2. 东莞，正在打造全球最大 IT 业制造基地——写在第二届中国东莞国际电脑资讯博览会闭幕之际

作者：曾新华、林少霞、张文、陆敏华

3. 和平统一要以一个中国为原则——从台湾新领导人选举结果看两岸关系

作者：陆敏华

4. 市场化，中国证券业的必然选择

作者：晓笛、蔡丰进、韩清、马鼎盛

全国精神文明建设“五个一工程”奖

广播剧：新生命一号

监制：白玲

编辑：乔肖鸥、唐同炎、杨书渔、龚云洁

统筹：吴国庆

广东省宣传文化精品奖

1. 广播剧：新生命一号

作者：白玲、乔肖鸥、唐同炎、杨书渔、龚云洁、吴国庆

2. 评论：从“三来一补”到“三去一补”的飞跃

作者：曾新华、邓革华、张文

3. 评说“神舟”首航成功

作者：陈永光、何新仕、王晓菁、江曼青、丁志文

4. 致富思源，富而思进——深圳市南岭村现场讨论会

作者：杨湛、江曼青、何新仕、王晓菁、王非、丁志文

5. 生命的礼赞

作者：白玲、马国华、黄红星、刘仕明

6. 天使的歌声

作者：白玲、马莉、王玉琼、刘仕明

7. 判决书何以成为一纸空文

作者：郜国欣、万准、王晓菁

广东省精神文明建设“五个一工程”奖

1. 新生命一号

作者：白玲、乔肖鸥、唐同炎、杨书渔、龚云洁、吴国庆

2. 咫尺天涯

作者：曾广星、白玲、龚云洁、杨书渔、吴国庆

3. 七子之歌

监制：白玲

编辑：马国华、刘仕明、谭天玄

4. 国旗，在我心中

作者：马国华、黄红星

广东省广播剧奖

一等奖

儿童剧：会说话的佛珠

作者：李志扑、申平、李邦禹、白清芬、唐同炎、杨书渔、乔肖鸥

广东省广播电视文艺奖

一等奖

1. 综艺节目：特区，我和你一起长大

作者：白玲、马国华、王玉琼、刘仕明、丁磊

2. 戏曲节目：流金岁月三十年——倪惠英从艺三十周年晚会

作者：梁力、李燕梅、何江平、刘茵林、王非、谢倍伟

3. 文学节目：心灵的呼唤——重读《渔夫和金鱼的故事》

作者：乔肖鸥、何江平、赵红、丁磊、马莉、陈文丹、刘晓欢

广东省广播电视新闻、社教专题奖

一等奖

1. 系列报道：大山的回响

作者：牛日成、郜国欣、崔仑、苏再丰、黎辉、樊伟业

2. 综合性节目：致富思源，富而思进——深圳市南岭村现场讨论会

作者：杨湛、江曼青、何新仕、王晓菁、王非、丁志文

3. 综合性节目：广东省人大代表做客直播室

作者：何新仕、王晓菁、江曼青

广东残疾人事业好新闻奖

一等奖

今生爱你到永远

作者：牛日成、叶励丹、徐娜、杨志明

广东省人大新闻奖

一等奖

消息：农民代表，你上来说

作者：徐婉玲、汤怀东、李键

广东省广播电视报刊新闻奖、专稿奖

一等奖

1. 消息：音乐之声进军维也纳新年音乐会

作者：杨和平、李仲明

2. 评论：走出医疗节目的怪圈

作者：李仲明

广东省播音与节目主持作品奖（广播播音类）

一等奖

失去的月亮

作者：徐明珠

2002 年获奖作品目录

中国广播电视新闻奖

二等奖

1. 短消息：71 名原“法轮功”痴迷者今天与邪教决裂奔向新生

作者：牛日成、黎辉

2. 长消息：广东将圆所有穷孩子的读书梦

作者：范驰、陶曼

3. 新闻节目编排：8 月 16 日晚间新闻专辑

作者：陈永光、张敬忠、陈治焕、牛日成、韩俊梅

4. 新闻现场直播：中国第一爆——广州体育馆拆除爆破

作者：陈永光、吕继端、范驰、万准、赵敏

5. 理论节目：重塑社会信用新形象

作者：邓东力、张坚、崔砥

三等奖

综合性节目：你好，中国维和警察

作者：何新仕、王晓菁、江曼青、丁志文

中国新闻奖（广播专题）

三等奖

专题节目：财富守望者的情操

作者：张坚、李文明、白云、刘启基、黄小繁

全国社会治安综合治理好新闻奖

二等奖

省委书记下令：广东要在全国树起“重典治乱”的鲜明旗帜

作者：黎辉

中国彩虹奖

二等奖

中国之窗：佛山市300岁古戏台重飘粤韵

主创人员：毛晓霞

三等奖

文艺节目：乡音绕南岭　古韵醉人心

主创人员：黄红星等

广东省广播电视新闻奖（广播新闻类）

一等奖

1. 短消息：71名原“法轮功”痴迷者今天告别邪教奔向新生

作者：牛日成、黎辉

2. 新闻专稿：财富守望者的情操

作者：张坚、李文明、白云、黄小凡、刘启基

广播社教类

一等奖

综合性节目：你好，中国维和警察

作者：何新仕、王晓菁、江曼青、丁志文

广东省广播电视播音与节目主持作品奖（广播社教、文艺主持类）

一等奖

流淌的真情——记著名作曲家印青

作者：周咏

广东省广播电视报刊新闻奖、专稿奖（消息类）

一等奖

谁将成为华语歌坛“王中王”

作者：杨和平、阙俊波

广东省广播电视文艺奖

一等奖

1. 音乐专题：大师与土地

主创人员：陈茜、刘仕明、马莉、王玉琮

2. 综艺节目：为九运喝彩，为中国喝彩

主创人员：谭天玄、王玉琼、黄红星、刘仕明、姚灏

广播剧一等奖

连续剧：山乡风云

作者：中共广东省委宣传部（广东电台）白玲、张维、邹月照、蔡淑文、杨书渔、唐同炎

2003 年获奖作品目录

中国广播电视学术专著奖

一等奖

广播节目策划论

作者：李宏图

中国国际新闻奖

三等奖

广播新闻：以反恐的名义——“9 · 11” 周年观察美国

作者：安琪、郭宪纲

广东广播新闻奖

一等奖

1. 评论：“以德营商” 应该是普遍的要求

主创人员：黎辉

2. 新闻节目编排：2002 年 12 月 25 日全省新闻联播

主创人员：徐晖、张坚、李键、杨伟萍、徐明珠、王建平

3. 对象性节目：飘动的红丝带

主创人员：吴庆、王小敏、周咏、刘晓欢

4. 综合性节目：乐昌抗洪奇迹的背后

主创人员：杨湛、江曼青、何新仕、王非、王今、贾静

广东新闻奖（新闻论文类）

一等奖

试论“以编辑为中心”

作者：范干良

广东省抗击“非典”优秀新闻作品奖

一等奖

天使的礼赞

作者：刘卫、范驰、陈石、陆敏华、王非、何新仕、林少霞

广东省广播电视文艺奖

广播文学节目一等奖

雨果的中国情结

主创人员：吕琳、白玲、吴国庆、马国华、潘伟行、刘晓翠、谢倍伟

广播综艺节目一等奖

青春的对话

主创人员：谭天玄、王玉琼、黄红星、刘仕明

广播剧一等奖

连续剧：青年白求恩

主创人员：白玲、杨书渔、唐同炎

广东省广播电视报刊奖

一等奖

1. 消息：地铁也可以听到广东电台广播啦

作者：阙俊波、郑红婴

2. 通讯：我摸到了广播

作者：阙俊波、江闽、韦星

广东省广播电视播音与节目主持作品奖

广播社教、文艺节目播音（主持）类

一等奖

警惕手机虚假信息布下的骗局

作者：黄缨

广东残疾人事业好新闻奖

一等奖

专题："自强"而快乐着——汕头永桂残疾人宝石工艺培训基地纪事

作者：李樾巍、王坚、叶励丹

2004 年获奖作品目录

广东省广播新闻奖

广播新闻类

一等奖

专题：悠然说南山

作者：钟翠萍、徐婉玲、万准、王坚、孙璟艳

广播社教类

一等奖

特别节目：连线酒泉——问候实现飞天梦想的人

作者：白云、何新仕、王非

广东省广播电视文艺奖

广播文艺节目一等奖

音乐专题：一代音乐大师马思聪

主创人员：马国华、李燕梅、周咏、吴国庆、刘仕明

广播文学节目一等奖

1. 文学专题：延绵了半个世纪的浪漫——谈谈毛泽东诗词中对杨开慧的情结

撰稿：何强

编辑：马国华

监制：吴国庆

合成：刘仕明、刘晓欢

2. 文学节目：苦难母亲的悲歌——艾青诗作《大堰河——我的保姆》赏析

主创人员：黄红星、王玉琼、梁忠诚

广播综艺节目一等奖

综艺节目：2003 感动生命

主创人员：王玉琼、黄红星、乔肖欧、谢倍伟

广播优秀栏目

音乐先锋榜

主创人员：秦海菲、董奇峰、周兵

广东省广播电视播音与节目主持作品奖（广播新闻播音）

一等奖

全省新闻联播

作者：徐明珠、刘远飞

广播社教、文艺节目播音（主持）

一等奖

CEPA 开启内地与香港经济合作新局面

作者：晓笛、王非

广东人大新闻奖

一等奖

省人大代表质疑机关幼儿园经费，呼吁公共财政要公平公正

作者：钟翠萍、央珍、李红忠、林树华

广东省广播电视报刊新闻奖、专稿奖

消息类一等奖

广东春节联欢晚会首次用政府采购式招标，广东电台音乐之声中标

作者：阙俊波

2005年获奖作品目录

中国广播影视大奖广播电视节目奖

优秀奖

现场直播：友爱进行时

作者：吕囡囡、孙慕兰、何新仕、宁晋玲、丘丽萍、陈宇

中国新闻奖

二等奖

1. 广播消息：用纳税人的钱养政府官员子孙——省人大代表批评公共财政不公平

作者：钟翠萍、李红忠、央珍、林树华

2. 广播专题：谁害苦了这群孩子

作者：黎辉、张敬忠、朱汉枢

编辑：万准、徐明珠

全国社会治安综合治理好新闻奖

三等奖

通讯：这里平等的目光，让我们安心

作者：黎辉

中国残疾人事业好新闻奖

优秀奖

1. 专题：残缺足迹印在世界之巅

作者：邓东力、孙璟艳

2. 专题：他用知识改变了命运

作者：邓东力、孙璟艳、陈晓

广东省广播电视新闻奖

一等奖

1. 特别节目：珠江奔腾

作者：白玲、李宏图、徐晖、张坚、王晓菁、郜国欣、丁海平、陈燕舒、刘凯、王晓辉、雨亭、于峰、覃理爱、郑葵、杨芳伦

2. 短消息：一桌特别的鸡晚宴

作者：元海燕

3. 新闻专题：谁害苦了这群穷孩子

作者：黎辉、张敬忠、朱汉枢

编辑：万准、徐明珠

广东省广播电视文艺奖

广播文艺节目一等奖

1. 音乐专题：人民音乐家施光南

作者：马国华、李燕梅、周咏、陈文丹、吴国庆

2. 戏曲专题：明天，给大家唱什么

作者：马国华、雄标、唐同炎、陈文丹、刘士明、吴国庆

广播综艺节目一等奖

用音乐作武器的音乐家冼星海——纪念人民音乐家冼星海诞辰100周年

作者：马国华、李燕梅、唐同炎、刘士明、陈文丹、吴国庆

广播优秀栏目

古典纵横

作者：王玉琼、赵毅敏

广播剧一等奖

1. 儿童剧：我有一个愿望

策划：白玲

监制：马国华、吴国庆

编辑：唐同炎、何强

2. 连续剧：岁月留声

总策划：白玲

监制：马国华、吴国庆

编辑：唐同炎、杨书渔

编剧：玲玲、京松

导演：王锐

广东残疾人事业好新闻奖

一等奖

专题：残缺足迹印在世界之巅

作者：邓东力、孙璟艳

2006 年获奖作品目录

广东省广播电视新闻奖

广播新闻一等奖

广播专题：家人眼中的郭春园

作者：赵晖

广播专题一等奖

特别节目：回家

作者：杨湛、江曼青、王非、陈晓琳、徐靓、白云、王晓菁

广东省广播电视文艺奖

广播文艺节目一等奖

爱心大使——丛飞

作者：马国华、张蔚妍、饶纪民、陈文丹

广播文学节目一等奖

那时花开——回忆巴金与广东的情愫

作者：吕琳、江晖、王虹、谢倍伟、吴国庆

广播综艺节目特别奖

南粤先锋颂

作者：王玉琼、黄红星、刘仕明

广播剧一等奖

连续剧：音乐之魂（四集）

作者：蔡淑文、马国华、邹月照、唐同炎

2007 年获奖作品目录

2005—2006 年中国广播影视大奖广播电视节目奖

优秀广播消息类大奖

广东单位 GDP 能耗全国最低，张德江强调科学发展任重道远

作者：黎辉

优秀广播消息提名奖

药价飞涨之迹

作者：陈红艳

优秀广播评论提名奖

横渡珠江热闹之中的冷思考

作者：余素琳、林树华、谢馨、常智峰

优秀广播剧提名奖

远方的爸爸

作者：马国华、崔博聪、张蔚妍、饶纪民、吕琳、余秀云、刘允怡

优秀广播音乐节目提名奖

爱心大使——丛飞

作者：马国华、张蔚妍、饶纪民、陈文丹

优秀广播原创歌曲提名奖

客家阿妹唱山歌

作者：马国华、周咏

中国新闻奖

二等奖

广播新闻现场直播：珠江飞出欢乐的歌

作者：范驰、黄缨、林少霞、王非

三等奖

1. 广播新闻访谈节目：许晓珠：雪域高原踏天路

作者：王非、曾宇虹、白云、邓东力

2. 广播新闻节目编排：早晨新闻

作者：李键、赵敏、黄守庄、杨伟萍、何卓夫

2005—2006 年度全国法制好新闻奖

三等奖

广播专题：村民自治不等于放任自流

作者：张坚

广东省广播电视新闻奖

消息类一等奖

广东实现了不起转折：单位 GDP 能耗量最低，开始走上科学发展

作者：黎辉、万准

广播新闻一等奖

新闻专题：天路历程

作者：李红忠、央珍、张坚、马莉

广东省广播电视文艺奖

广播音乐节目一等奖

唱响广东和谐之声

作者：马国华、张蔚妍、饶纪民、陈丹伶、吕玉兰、吕琳、陈文丹

广播文学节目一等奖

长征诗魂

作者：王玉琼、黄红星、乔肖欧、刘仕明

广东省广播电视播音主持奖

广播主持作品一等奖

丛飞，你要坚强

作者：赵晖

广东残疾人事业好新闻奖

一等奖

踏上人生新的旅程——我省第一届视障青年大专班开学

作者：陈晓、铉岚

广东省理论宣传奖

一等奖

房地产发展与和谐社会建设

作者：邓东力

广东人大新闻奖

一等奖

人大：体现着国家意志，昭显着民众利益

作者：谢馨、张坚、郑重、李红忠、央珍

编辑：梁俊

广东省五一新闻奖

广播电视类一等奖

追赶世界造船步伐的人

作者：梁炳忠

广东省精神文明建设“五个一工程”奖

优秀作品奖

1. 广播剧：愤怒的苹果

作者：蔡淑文、邹月照、唐同炎、吴国庆

2. 儿童广播剧：远方的爸爸

作者：马国华、崔博聪、张蔚妍、饶纪民、吕琳、余秀云、刘允怡

3. 歌曲：你从春风中走来

主创：陈道斌、赵季平、汤灿

4. 歌曲：梦中的卓玛

主创：陈道斌、刘聪、刘和刚

2008年获奖作品目录

全国广播电视学术论文奖

决策管理类一等奖

从“珠江模式”到跨越式发展

作者：白玲

中国新闻奖

三等奖

1. 广播编排：全省新闻联播

作者：梁炳忠、叶丽丹、张坚

2. 广播直播：天语——中国学生与国际空间站宇航员对话

作者：铉岚、林遂、王小敏、于乐、倪力、何贤

广东省广播电视节目奖、新闻奖

消息类一等奖

广东农村孩子今天起享受彻底免费义务教育，新政策暖人心

作者：黎辉

广播新闻一等奖

新闻栏目：广东：“民声热线”走进农村——倾听民声、服务农民

作者：徐晖、钟翠萍、郜国欣、王非、王晓菁、林树华

广播专题一等奖

广播公众性节目：珠江儿女关注“母亲水窖”

作者：张蔚妍、许卓晶、吕琳、刘晓欢

新闻论文一等奖

从“珠江模式”到跨越式发展

作者：白玲

广东省广播电视节目奖文艺奖

广播剧一等奖

在那遥远的地方

作者：谭天玄、马国华、吕琳、张蔚妍、饶纪民、黄湛

文艺栏目一等奖

香港乐坛始终有你——香港回归十年系列节目（六）

作者：邱秀娟、马莉、周兵、周颂威

广东残疾人事业好新闻奖

一等奖

1. 专题：笑迎新春

作者：马国华、张蔚妍、陈丹伶、欧漫、刘晓欢、白云

2. 消息：国际残疾人日，残疾女歌手李桐在广州举行个人演唱会

作者：陈刚

广东人大新闻奖

一等奖

人大代表质疑：广东法院99.85%的审判期限内案件办结率从何而来

作者：黎辉、万准

广东省2008年全国“两会”好新闻奖

一等奖

1. 消息：汪洋参加全国人大广东团小组审议时强调：广东要按照温家宝总理政府工作报告的部署，进一步解放思想，强化以人为本、执政为民的理念，做好改善民生方面的工作

作者：陈刚、朱昱子、钟翠萍、吴庆

2. 专题：“梦总能实现!”——温总理深情对话首个全国农民工人大代表

作者：陈红艳、钟翠萍、吴庆

全省理论宣传奖

一等奖

理论节目：公民权利和可持续发展

作者：邓东力

三、改革开放30年来广东电台主要获奖个人一览

1991年全国广播电视节目主持人“开拓奖”
特别金奖：李一萍
金奖：李宏图、周郁

1993年首届全国广播电视节目主持人“百优双十佳”奖：窦文涛

第二届（1995年度）韬奋新闻奖：余碧君

1992年全国优秀新闻工作者：区念中

1997年第三届范长江新闻奖提名奖：张坚

2000年中广学会节目研究会“特别贡献奖”：曾广星

全国百佳新闻工作者
第四届全国百佳新闻工作者称号：张坚
第五届全国百佳新闻工作者称号：李宏图

2005年全国先进工作者：何新仕

2008年中国广播传媒年度人物：白玲

1998年全国广播电视播控系统技术竞赛综合成绩第一名：郑毅清

第二批广东省优秀中青年新闻工作者：丘丽萍

1999年广东省优秀青年新闻工作者：张靖华、何新仕

第二届全国广播电视“百优双十佳”节目主持人“金话筒奖”金奖（“全国十佳广播节目主持人”）：陈晓琳

1997年广东省劳动模范：余碧君
2000年广东省“三·八”红旗手：白玲

1995 年第二届全国“金话筒奖”

金奖：陈晓琳（“全国十佳广播节目主持人”）

银奖：张诚、滕菲

1997 年第三届全国“金话筒奖”

金奖：安琪

银奖：梁彦

铜奖：谢亮

1999 年第四届全国“金话筒奖”

金奖：王非

银奖：王晓菁

2001 年第五届全国“金话筒奖”

金奖：王晓菁

银奖：马莉、万准

广东省“金梭奖”

1995 年首届广东省“金梭奖”：余碧君

1997 年第二届广东省“金梭奖”：李宏图

1999 年第三届广东省“金梭奖”：徐晖

2001 年第四届广东省“金梭奖”：唐同炎

2003 年第五届广东省“金梭奖”：范驰

2005 年第六届广东省“金梭奖”：马国华

2007 年第七届广东省“金梭奖”：黄红星

广东省“金枪奖”

1994 年第一届广东省“金枪奖”：陈扬

1996 年第二届广东省“金枪奖”：张坚

1998 年第三届广东省“金枪奖”：张帆

2000 年第四届广东省“金枪奖”：曾新华

2002 年第五届广东省“金枪奖”：杨湛

2004 年第六届广东省“金枪奖”：张敬忠

2006 年第七届广东省“金枪奖”：黎辉

2008 年第八届广东省“金枪奖”：钟翠萍

广东省“金话筒奖”

1996 年第二届广东省“金话筒奖”：谢亮

1998 年第三届广东省“金话筒奖”：马莉

2000 年第四届广东省“金话筒奖”：周兵

2002 年第五届广东省“金话筒奖”：陆敏华

2004 年第六届广东省“金话筒奖”：白云

1983 年 3 月，广东电台记者安珂在广州街头与持刀抢劫歹徒搏斗光荣牺牲。安珂被广东省政府批准为革命烈士，中共广东省委授予他“模范共产党员”称号。同年 4 月，中国记协授予他“优秀新闻工作者”称号。1996 年，安珂被选为第二届“中国雷锋”，安珂的事迹载入中国雷锋城永久展示。

后 记

与广播为伍30年，对广播有着一种特殊的感情。30年来，我见证了广东广播的坎坷与辉煌，亲历着广东广播的改革与发展。在改革开放30年之际，许多感慨涌上心头，就很想写些东西，但是由于工作繁忙，写东西的想法一直没有付诸行动。

今年3月，在省广播电视协会举办的节目评奖会上，启武先生说想和我合作探讨广播节目形态的问题。考虑到启武先生有过10多年广播从业的经验，目前又专门从事广播的教学与研究，所以当时说合作没问题，但是节目形态问题可留待以后研究，今年正值改革开放30年，广东广播自改革开放初期就走在全国广播的前面，尤其是广东广播的“珠江模式”更是引领中国广播的全面改革，对改革开放30年广东广播改革与发展作一番回顾与总结很有必要。因此，我建议我们的合作从总结和回顾改革开放30年广东广播的改革与发展入手。启武先生爽快地接受了我的建议。会议结束以后，我让总编室的同志将这些年来我写的一些有关广东广播改革与发展的文章以及年初总结广东电台上一年度工作的讲话稿发给启武先生。几天后，启武先生就将写作提纲交到我手里。我看了提纲觉得总体感觉能够体现广东广播30年改革发展状况，稍许提了点意见就同意让启武先生按提纲写作了。由于工作繁忙，我不可能亲自操刀，写作任务便由启武先生承担，但叮嘱启武先生在写作的过程中能够尽量化用我的一些文章的主旨和精神，同时让我的年度总结讲话在书中也能够得到体现。启武先生加班加点地辛苦了大半年。这中间，每遇一些关键性的问题，启武先生都会通过总编室的同志将问题递给我以寻求问题的解决。10月初，我仔细看了初稿，整体感觉不错，但对个别方面存在的问题作了必要的修改。接着，我委托刘建国、谭天玄、徐东绚三位同志对书稿提出修改意见。这三位同志分别看了书稿并从不同的方面对书稿提出了修改意见。之后，启武先生根据这些意见对书稿再次进行了修改，12月上旬最终定稿。

本书主体为史实呈现，所以书中援引了大量史料。其中，第一、二章中涉及的史料多来源于曾广星主编的《横空出世——广播“珠江模式”的理论与实践》和《广东省志·广播电视志》。所要指出的是，本书在史料运用过程中，基本性的史料一般不加注释，观点性史料则标注作者及原始出处。个别地方若有遗漏，祈望谅解与海涵。

范干良、黄冬两位同志负责为本书提供大量的资料，并在细节上对书稿进行了必要的把关。中华广播影视交流协会会长、中国广播电视协会副会长张振华同志在百忙之中为本书拨冗作序，为本书增添了不少亮色；暨南大学出版社的杜小陆编辑为本书的如期出版付出了许多。在这里，为他们的辛勤劳动一并表示衷心感谢。由于时间有限，本书的推出略显仓促，疏漏之处在所难免，敬请各位读者批评指正。

2008 年 12 月